本书是国家社会科学基金重点项目
"社会主义核心价值体系引领我国道德建设"研究成果

社会主义核心价值体系引领道德建设研究

龙静云 ◎ 等著

中国社会科学出版社

图书在版编目（CIP）数据

社会主义核心价值体系引领道德建设研究/龙静云等著．—北京：中国社会科学出版社，2016.12
ISBN 978-7-5161-7999-4

Ⅰ.①社… Ⅱ.①龙… Ⅲ.①社会主义—价值（哲学）—道德建设—研究—中国 Ⅳ.①D648.3

中国版本图书馆 CIP 数据核字（2016）第 074799 号

出 版 人	赵剑英
责任编辑	卢小生
责任校对	周晓东
责任印制	王 超
出 版	中国社会科学出版社
社 址	北京鼓楼西大街甲 158 号
邮 编	100720
网 址	http：//www.csspw.cn
发行部	010-84083685
门市部	010-84029450
经 销	新华书店及其他书店
印 刷	北京明恒达印务有限公司
装 订	廊坊市广阳区广增装订厂
版 次	2016 年 12 月第 1 版
印 次	2016 年 12 月第 1 次印刷
开 本	710×1000 1/16
印 张	26.25
插 页	2
字 数	440 千字
定 价	95.00 元

凡购买中国社会科学出版社图书，如有质量问题请与本社营销中心联系调换
电话：010-84083683
版权所有 侵权必究

目 录

绪 论 ·· 1

第一章 社会主义核心价值体系与道德建设概述 ················ 7

一 哲学视野中的价值范畴 ·· 7
二 社会主义核心价值体系建设的战略意义 ··················· 16
三 社会主义核心价值体系与道德建设的关系 ··············· 33
四 社会主义核心价值体系引领道德建设的必要性 ········ 36

第二章 社会主义核心价值体系引领道德建设的方法论探究 ······ 51

一 核心价值体系引领道德建设的原则和方法 ··············· 51
二 核心价值体系引领道德建设的基本方法和途径 ········ 60
三 核心价值体系引领道德建设的主要机制 ··················· 68

第三章 社会主义核心价值体系引领道德理念重构 ············· 79

一 道德建设理念重构的必要性 ····································· 79
二 核心价值体系指导下道德建设的基本理念 ··············· 82
三 道德建设理念对道德建设实践的作用 ······················ 102

第四章 社会主义核心价值体系引领道德规范建构 ············· 108

一 核心价值体系背景下建构道德规范体系的基本原则 ······ 108
二 核心价值体系视域内建构道德规范体系应处理好的
    几种关系 ··· 119
三 道德规范体系的核心、原则与基本规范 ··················· 132
四 市场道德规范体系 ·· 148

第五章　社会主义核心价值体系引领道德教育发展 …………… 167

一　大数据时代道德教育面临的问题与挑战…………………… 167
二　大数据时代核心价值体系引领作用的凸显………………… 174
三　大数据时代道德教育的内化过程与方法创新……………… 178
四　大数据时代道德教育发展与现代技术策略………………… 193

第六章　社会主义核心价值体系引领公务员道德建设 ………… 201

一　我国公务员道德建设面临的社会背景及其冲击…………… 201
二　公务员道德建设内涵及社会功能…………………………… 212
三　以核心价值体系推进公务员道德建设的主要对策………… 217

第七章　社会主义核心价值体系引领企业道德建设 …………… 227

一　企业道德建设是市场经济道德建设的重要内容…………… 227
二　以核心价值体系指导企业道德建设实践…………………… 233
三　核心价值体系渗透企业价值观管理………………………… 243
四　企业道德建设落实到自觉履行社会责任中………………… 250

第八章　以社会主义核心价值体系引领城市社区居民道德建设 … 258

一　我国城市社区的发展与社区功能…………………………… 258
二　社区道德建设的意义与当前存在的问题…………………… 264
三　社会主义核心价值体系对社区道德建设的引领…………… 274
四　社区道德建设的多元参与模式及实践思路………………… 278

第九章　社会主义核心价值体系引领乡村村民道德实践 ……… 289

一　乡村交往形态发展与乡村道德变迁………………………… 289
二　核心价值体系对乡村村民道德实践的引领作用…………… 298
三　核心价值体系引领乡村村民道德实践的具体途径………… 303

第十章　社会主义核心价值体系引领青年大学生道德实践 …… 312

一　青年大学生群体发展的身心特点…………………………… 312
二　青年大学生对核心价值体系的认同………………………… 317

三　以核心价值体系引领青年大学生道德建设的必要性………… 325
　四　核心价值体系引领青年大学生道德建设的有效途径………… 327

第十一章　社会主义核心价值体系提升道德建设实效性…………… 346
　一　提高道德建设实效性……………………………………………… 346
　二　判断道德建设实效性的维度和标准……………………………… 349
　三　当前我国道德建设缺乏实效性及其原因………………………… 365
　四　提升我国道德建设实效性的主要对策…………………………… 376

参考文献……………………………………………………………………… 392

后　记………………………………………………………………………… 412

绪　论

2006年，党的十六届六中全会通过的《中共中央关于构建社会主义和谐社会若干重大问题的决定》第一次明确提出"社会主义核心价值体系"重大命题，并首次明确"马克思主义的指导思想，中国特色社会主义共同理想，以爱国主义为核心的民族精神和以改革创新为核心的时代精神，社会主义荣辱观，构成社会主义核心价值体系的基本内容"。① 报告还指出，"社会主义核心价值体系是建设和谐文化的根本"。此后，社会主义核心价值体系建设开始进入政治议程、媒介议程和公众议程。

2007年，党的十七大报告进一步确立社会主义核心价值体系建设战略构想，并认为"社会主义核心价值体系是社会主义意识形态的本质体现。"此外，报告还着重指出社会主义核心价值体系建设的任务和路径，即："要巩固马克思主义指导地位，坚持不懈地用马克思主义中国化的最新成果武装全党、教育人民，用中国特色社会主义共同理想凝聚力量，用以爱国主义为核心的民族精神和以改革创新为核心的时代精神鼓舞斗志，用社会主义荣辱观引领风尚，巩固全党全国各族人民团结奋斗的共同思想基础。""切实把社会主义核心价值体系融入国民教育和精神文明建设的全过程，并转化为人民的自觉追求。积极探索用社会主义核心价值体系引领社会思潮的有效途径，主动做好意识形态工作，既注重差异、包容多样，又有力抵制各种错误和腐朽思想的影响。"②

2011年10月，党的十七届六中全会报告对核心价值体系的着墨更是多达10余处，足见对核心价值体系建设的重视程度和级别再次提高。这

---

①　《中共中央关于构建社会主义和谐社会若干重大问题的决定》，人民出版社2006年版，第22页。

②　胡锦涛：《高举中国特色社会主义伟大旗帜　为夺取全面建设小康社会新胜利而奋斗》，人民出版社2007年版，第34页。

次会议不仅认为"社会主义核心价值体系是兴国之魂"①,并从建设原则、建设思路等方面规定了"制定社会主义核心价值体系建设实施纲要"②等具体任务。

2012年11月,党的十八大报告再次突出强调社会主义核心价值体系建设的作用和意义,更是首次概括提炼出了24字的社会主义核心价值观:"倡导富强、民主、文明、和谐,倡导自由、平等、公正、法治,倡导爱国、敬业、诚信、友善,积极培育社会主义核心价值观。"2013年12月,中共中央办公厅印发《关于培育和践行社会主义核心价值观的意见》,对全国培育和践行核心价值观活动进行了战略部署。

2006—2013年,社会主义核心价值体系经历了提出、传播、深化、提炼到逐步完善的过程,并进入战略实践阶段。党中央之所以在诸多重大会议中一再强调社会主义核心价值体系建设的重要性,并将其作为重大命题和重要战略,是因为有着极为深刻的社会背景。任何一种重大理论的产生都依托于一定的国家发展状况,反映一定的时代背景,并为一定的社会实践服务。中国共产党人提出建设社会主义核心价值体系,也是为了适应时代发展和社会实践的需要。这一时代和实践需要,从国际上讲,是适应整个国际局势和世界经济政治发展变化的需要;从国内讲,是适应当前社会政治、经济、社会、文化发展的需要。具体来说,可以从以下两个方面来深入理解:

一方面,社会主义核心价值体系的提出是回应国际局势和时代潮流给中国带来的挑战和机遇的必然结果。

时代主题依然是和平发展,国际局势虽然保持总体和平和稳定态势,但局部性的战争、动荡与紧张有所加剧。世界朝向多极化的格局迈进,但是在很长一段时期内,美国依然是"一头独大",这从阿富汗战争、伊拉克战争、利比亚战争等多起事件足以说明,世界还没有真正多极化,迄今没有任何一支力量足以完全与美国这一超级大国抗衡。地区性的战争、暴力冲突、动荡此起彼伏,不同程度地威胁着整个世界的和平与稳定。中国等发展中国家必须把握时代发展的机遇,为世界和平发展与局势稳定作出杰出的贡献。

---

① 《中共中央关于深化文化体制改革　推动社会主义文化大发展大繁荣若干重大问题的决定》,人民出版社2011年版,第11页。

② 同上书,第41页。

科技发展日新月异，其竞争也日益激烈，经济全球化加速密切了世界的联系，但是，国际地缘政治的变化趋势以及全球化过程中出现的各种问题不但没有弱化，而且还有所激化。科技改变了整个世界的面貌，但是，由于一些人为因素，基因技术、通信技术、航天技术等既可以给人类带来福祉，也可能滥用为造成人类灭顶之灾的元凶。经济全球化促进了世界经济的发展，但是由于金融危机的影响，国际贸易保护主义的势头有所加强，近年来世界反倾销浪潮一浪高过一浪，国际贸易摩擦有所加剧。以经济、科技、文化为核心的实力增强和竞争力提升是当代中国发展的必由之路。

"当今世界正处在大发展大变革大调整时期，世界多极化、经济全球化深入发展，科学技术日新月异，各种思想文化交流交融交锋更加频繁，文化在综合国力竞争中的地位和作用更加凸显，维护国家文化安全的任务更加艰巨，增强国家文化软实力、中华文化国际影响力的要求更加紧迫。"①

社会主义核心价值体系的提出，就是在这样一个国际背景下，中国的发展向何处去的问题，是中国对世界发展带来冲击的一个回应，明确说明了中国的发展模式、中国的价值目标、中国的发展前景等问题。

另一方面，中国国内在新的历史时期、新的发展阶段所面临的矛盾和问题也需要社会主义核心价值体系这一价值共识和精神资源提供文化支持。

中国社会所面临的当代社会转型，就是社会形态和交往方式的变迁、社会结构和经济机制的转换以及由此带来的人们行为方式、生活方式和价值观念的重大变化。可以说，1978年实行改革开放以来，中国社会已经进入和正在进行转型。这一转型时期，是机遇与挑战并存的阶段，是成就和矛盾都急剧暴露的时期。这种社会剧变无疑会带来人们思想文化越来越激烈的碰撞，而这种碰撞从根本上说是价值观念和价值体系的相互激荡。

第一，科技日新月异的发展与社会交往的普遍化造成社会价值变迁的剧烈性。科学技术的发展改变了人们的交往和沟通方式，地域和空间不再成为人们交流和交往的严重障碍。但瞬息万变的科技也造成了个体巨大的

---

① 《中共中央关于深化文化体制改革　推动社会主义文化大发展大繁荣若干重大问题的决定》，人民出版社2011年版，第4页。

心理压力，个体似乎永远跟不上技术革新的步伐。科技的发展造成现代社会交往的两大特征：一是虚拟化；二是普遍化。即虚拟社会越来越发达，在一个"不署名"的虚拟社会里，人们往往可以较随意地发表言论、表达观念（即使是极端的），各种价值观念都可以在虚拟社区中生存和扩散。同时，社会交往的普遍化趋势也使得个体越来越处于"陌生人"环境，处于忙于应付的庞大交往群体中，处于更为复杂的交往事物中。科技和交往的变化，再加上中国改革开放30多年国民经济的高速发展，这些都从根源上导致各种价值观念丛生、变化多端，整个社会的各种价值思潮此起彼伏，相互竞争，变化剧烈。

第二，市场经济条件下利益格局的调整导致一些人在价值方向上产生迷失感。"我国已进入改革发展的关键时期，经济体制深刻变革，社会结构深刻变动，利益格局深刻调整，思想观念深刻变化。"[①] 经济体制的深刻变革带动了整个社会利益格局的深刻调整，导致社会的多元性及人们思想观念深刻变化。市场机制的建立，触动了原有的利益格局，"吃大锅饭"的局面被打破，不同的社会阶层和群体在改革开放中的地位和角色不同，分配方式多样化和多种所有制形式并存，新的社会阶层与利益群体得以产生。在价值目标和方向上，过去强调为集体利益而牺牲个人利益，演变为要求把集体利益和个人利益有机结合起来，再到当今彰显个人利益、宪法修正案确定个人合法财产不受侵犯。在社会贫富分化不断加剧、分配方式多样且不平衡的社会情境中，人们容易产生这样的错觉：我们的发展似乎偏离了社会主义道路，我们似乎与共同富裕的目标渐行渐远。

第三，中西方各种思潮的涌动造成个体价值标准的多元化。价值标准的多元化和"冲突失衡"表现在本土的、外来的价值思潮不断碰撞，传统的与现代的价值观念此消彼长，集体主义、个人主义似乎都能在某个时期占据主导、交替轮换，金钱至上、物质主义似乎也能被大众接受，高尚的、低俗的似乎可以共存……"在各种价值观念的冲突中，社会失去了主导的价值观念，人们失去了统一的价值标准，对事物的价值无法作出最后的评价，对行为的合理性不能作出最高的决断，在各种选择上出现了困惑和矛盾，人们把这种现象称为'价值危机'。"[②] 在多元化价值环境中，

---

① 《中共中央关于构建社会主义和谐社会若干重大问题的决定》，人民出版社2006年版，第3页。
② 兰久富：《社会转型时期的价值观念》，北京师范大学出版社1999年版，第113页。

相对主义和虚无主义似乎越来越受到人们的追捧，文化复古和民粹主义似乎也成为人们谈论的焦点，"拒绝高尚"甚至成为人们最无奈又最为广泛的价值选择。如果社会价值一味多元而没有主导和核心的话，价值领域和社会思潮将一片混乱，社会的稳定和有序发展将成为空谈。

第四，社会发展关键期各种矛盾使得人们面临越来越多的价值选择困境。正如党的十六届六中全会指出的："我国社会总体上是和谐的。但是，也存在不少影响社会和谐的矛盾和问题，主要是：城乡、区域、经济社会发展很不平衡，人口资源环境压力加大；就业、社会保障、收入分配、教育、医疗、住房、安全生产、社会治安等方面关系群众切身利益的问题比较突出……"[①] 由于市场机制的建立带来了利益主体多元性及不同主体的利益相互交织、相互渗透，形成了十分复杂的利益网络，而在多元化的利益诉求中，又存在合理正当利益和非理性利益的矛盾。所以现实中，人们常常会遇到诸如效率与公平、少数与多数、短期与长远等各种利益关系的对立。利益多元也带来了利益的分化，各种阶层、群体可能会因为分配问题产生冲突、对抗，不利于社会结构的稳定和社会秩序的健康发展。这些矛盾的出现造成了人们价值选择的困境，因为在多元化的价值背景中，价值观念和思潮似乎也成为一种特殊的商品，让人们可以自由挑选和交易。"价值商品"实在是"琳琅满目"，供大于求，而且主体有时不用为价值的选择和交易行为负责。如一些企业忽视环保价值，肆意污染环境，结果却让社会买单等。

由市场经济发展、科技革新、社会交往扩大、利益格局调整等造成的价值困境、价值标准多元、价值方向迷失等问题都呼唤社会主流价值和核心价值的重塑与彰显。在我国"面临的发展机遇前所未有，面对的挑战也前所未有"[②] 的社会发展关键期，社会主义核心价值体系的提出和建设正得其时。它是聚集社会全体力量、造就中华民族伟大复兴的文化保障，是增强我国意识形态安全、提升文化软实力的有力举措，是正确引领社会舆论方向、建构和谐社会的重要途径。

基于上述国内外背景，社会主义核心价值体系建设以及社会主义核心价值观的培育和践行则显得尤为重要。但是价值共识的达成是一个漫长的

---

① 《中共中央关于构建社会主义和谐社会若干重大问题的决定》，人民出版社2006年版，第3页。
② 同上书，第2页。

过程，核心价值体系和价值观建设效应的发挥也会有一个长期过程，需要等到社会主义核心价值体系的功能深入到思想文化和社会生活的各个领域才能得以展现。因而本课题提出"以社会主义核心价值体系引领我国道德建设"，一方面是借助社会主义核心价值体系在思想文化中的统摄地位，给我国当前的道德建设指明方向；另一方面在于以道德建设作为推动社会主义核心价值体系培育和践行的重要路径。

习近平总书记2013年在山东考察期间指出："一个国家、一个民族的强盛，总是以文化兴盛为支撑的，中华民族伟大复兴需要以中华文化的发展繁荣为条件。""国无德不兴，人无德不立。必须加强全社会的思想道德建设，激发人们形成善良的道德意愿、道德情感，培育正确的道德判断和道德责任，提高道德实践能力尤其是自觉践行能力，引导人们向往和追求讲道德、尊道德、守道德的生活，形成向上的力量、向善的力量。只要中华民族一代接着一代追求美好崇高的道德境界，我们的民族就永远充满希望。"这是十分深刻的历史洞见，也是以社会主义核心价值体系和社会主义核心价值观引领道德建设结出丰硕果实的重要指南。

第一章 社会主义核心价值体系与道德建设概述

价值问题一直是哲学界讨论的热点问题，其中价值的本质、价值的定义、社会价值的功能等问题更是探讨的焦点，这种讨论在中国20世纪80年代末90年代初达到高潮，并由此产生了价值哲学这门分支学科，此后进入了相对平稳的发展阶段。最近几年，由于社会主义核心价值体系的提出，价值问题又成为哲学界的"宠儿"。

本章将立足于以往有关价值问题的相关研究，认为价值范畴是一个发展的范畴，难以给予一个固定不变的定义，而需要从多个视角来界定它的内涵。本章首先从价值哲学的视角分析价值、核心价值、社会主义核心价值体系等相关概念，为整体研究提供理论上的支撑。然后从道德建设与社会主义核心价值体系两者的关系，以及从实证数据中有关人们的认知视角来进一步论证社会主义核心价值体系对道德建设的引领作用。

一 哲学视野中的价值范畴

价值，是一个古老而复杂的用语。自人类意识到相对于外在世界的自身世界时，就对价值问题孜孜以求。从古代的亚里士多德到近现代的马克思、洛克、尼采，无数理论先驱为此进行了思考。而今"价值"一词在哲学社会科学、自然科学乃至日常用语等语境下又有如此众多的不同指向，似乎价值的含义已经混杂到无法把握的地步。因此，非常有必要对种种歧义进行廓清，以便继续我们研究的话题。

（一）对价值定义思考方式的转变

20世纪90年代，我国哲学界对价值问题的探讨如火如荼，也取得了不少成果，出现了多种有关价值界定的学说，如"需要论"与"属性论"

之争,以及"关系论"和"效应论"的分歧等。20多年过去了,人们对价值定义的认识,仍然停留在"仁者见仁,智者见智"的阶段。而且还在不停地寻找自我证明的依据。照此下去,在价值概念上仍将长期陷入"谁也说服不了谁"的境地。

翻阅马克思恩格斯的著作,他们并没有对"价值"一词下一个定义(不下定义是他们一贯的理论风格)。因为下定义只是停留在"价值是什么"的思维阶段,马克思主义哲学在价值问题的思考中早已超脱了这一思维方式,而开启了"价值是怎样的"另一种带有革命性转变的思维图式。他们没有下定义,但是,他的话语方式及结论却比单纯的定义更为深刻和引人思考,也更为直观。马克思说:"'价值'这个普遍概念是从人们对待满足他们需要的外界物的关系中产生的。"① 概念反映的是实践关系和人们的实际需要关系。"人们实际上首先是占有外界物作为满足自己本身需要的资料,如此等等;然后人们也在语言上把它们叫作它们在实际经验中对人们来说已经是这样的东西,即满足自己需要的资料,使人们得到'满足'的物。"②

按照马克思实践唯物主义的理解,价值,是现实的人们以实践的方式把握事物的有用性。这并不是一个严格的定义,而只是为价值含义的理解提供一种概括。这种对价值的理解方式可以更简略一点——"价值是实践的"。这一理解包括三个方面的含义:

第一,价值不是抽象的,不能脱离现实的人来谈价值的存在。马克思在批判塞米尔·贝利时指出:"作为与使用价值等同的东西的财富,它是人们所利用的并表现了对人的需要的关系的物的属性。相反,在我们的作者看来,'价值'竟是'物的属性'!"③ 这里,马克思批判一些人把价值和使用价值混淆时,也批判了只看到物的属性,而没有注意到人们的"利用"和"需要"。否定了现实的人,价值就不可能存在,也没有必要存在。价值和社会问题一样,都属于人的问题,而这个人是现实活动中的人。马克思就曾批判之前的唯物主义看待社会问题时,并没有看到现实的人的实践活动,他说:"从前的一切唯物主义——包括费尔巴哈的唯物主义——的主要缺点是,对对象、现实、感性,只是从客体的或者直观的形

---

① 《马克思恩格斯全集》第19卷,人民出版社1963年版,第406页。
② 同上。
③ 《马克思恩格斯全集》第26卷Ⅲ,人民出版社1974年版,第139页。

式去理解，而不是把它们当作人的感性活动，当作实践去理解，不是从主体方面去理解。"①

第二，价值是实践的，实践既是价值产生的基础，也是人们把握的方式。马克思主义哲学考察价值问题同考察其他一切问题一样，既不是从纯粹客体方面着眼，也不是从纯粹主体方面去着眼，而是从人的社会存在和人的感性活动着眼。马克思就曾批评道："但是在一个学究教授看来，人对自然的关系首先并不是实践的即以活动为基础的关系，而是理论的关系，这两种关系在第一句话中就已经混淆不清了。"② 价值产生于满足现实的人们"需要的外界物的关系"中，产生于人们的生产实践和生活实践中。价值于实践中产生，以实践的方式解决，在实践中发展。实践是一切价值的本质源泉，也是理解价值关系、处理问题的路径。价值的实践本质使价值具备一定的客观性和相当的历史性。由于人的实践是历史的、社会的实践，人是处于社会关系中的历史的人，所以，人的价值必然打上历史的烙印。

第三，"有用"和"需要"既是价值最关键的两个词，也是价值最简单、最基本的诠释。"有没有用"在现实生活中就等同于"有没有价值"。有用是价值在日常生活中的同义词。马克思曾指出，价值本初的含义是使用价值，他说："事实上，'value, valeur, Wert'这些词在词源学上不可能有其他的来源。使用价值表示物和人之间的自然关系，实际上是表示物为人而存在。"③ 这一方面说明有价值的物必须是有用的物，另一方面说明这种"有用性"虽然呈现的是物的"自然"属性，但是，在实践上是为了满足人的需要，是"为人而存在"。换句话说，价值看上去是物的属性所产生的（这也是价值属性论的观点），事实上是产生于人们的实践需要。马克思在指出"有用"和"需要"是认识价值问题的关键时说："他们可能把这些物叫作'财物'，或者叫作别的什么，用来表明，他们在实际利用这些产品，这些产品对他们有用；他们赋予物以有用的性质，好像这种有用性是物本身所固有的，虽然羊未必想得到，它的'有用'性之一，是可作人的食物。"④ "一定的外界物是为了满足已经生活在一定的社

---

① 《马克思恩格斯选集》第1卷，人民出版社1995年版，第58页。
② 《马克思恩格斯全集》第19卷，人民出版社1963年版，第405页。
③ 《马克思恩格斯全集》第26卷Ⅲ，人民出版社1974年版，第326页。
④ 《马克思恩格斯全集》第19卷，人民出版社1963年版，第406页。

会联系中的人（这是从存在语言这一点必然得出的假设）的需要服务的。人们只是给予这些物以专门的（种类的）名称，因为他们已经知道，这些物能用来满足自己的需要，因为他们努力通过多多少少时常重复的活动来握有它们，从而保持对它们的占有。①

总之，马克思是以实践的思维方式把握价值的含义，从而消解了由于不同主体对价值定义的不同而引来的争执，给予人们以方法论指导人们认识价值问题。这种方法论就是把价值诉诸实践，从现实的人的活动探讨价值。给价值下定义固然是一项重要的工作，但是，更为重要的是从社会实践中认识价值的生成、价值的功能及价值共识的达成。因为前者属于认识世界的活动，而后者属于改造世界的活动。正如马克思所言："哲学家们只是用不同的方式解释世界，问题在于改变世界。"② 这也是我们把握和研究社会价值问题、研究和建设社会主义核心价值体系的方法论和指导思想。

（二）价值与社会价值

价值，如果按照对哪个主体有用来分，可以分为个体价值和社会价值。个体价值是以个人为主体评价的价值，是为了满足个人生存和发展的实际需要。社会价值是相对于社会而言，它遵循社会历史的发展规律，满足社会发展的需要。虽然社会是由无数个体组成的，同时也是无数个体活动的产物，但社会一旦产生，就不再是个人的附属品。社会作为一个整体，有其自身内在的发展规律。而个人却开始生存和发展于社会之中，受社会规律的支配。所以，从一般意义上说，社会价值高于个体价值。

当然，社会价值不是仅剩下代名词的空壳，在研究和把握社会价值时也必须注意三个视角：

（1）社会价值不是抽象的，而是现实个体价值的总和。不能抽象地谈论社会价值，社会价值也不是完全凌驾于一切个体价值之上的，否认了个体现实性，社会价值就会变成马克思所言的"虚幻的共同体"式的抽象概念，是脱离于社会实践的。没有社会价值就没有个体价值，同样，没有个体价值就没有社会价值。也就是说，首先，社会价值必须是对社会有用，而社会是由无数的现实个体组成的，所以社会价值也必须对个体有用

---

① 《马克思恩格斯全集》第 19 卷，人民出版社 1963 年版，第 405 页。
② 《马克思恩格斯选集》第 1 卷，人民出版社 1995 年版，第 61 页。

（即使不是对内部所有的个体有用，也要对其绝大部分成员有用）。其次，社会价值虽然有物质的和精神的、有形的和无形的之分，但必须是相对于现实的社会而言，而不是对于抽象的世界或未来而言的价值。脱离于对现实社会的有用性的所谓的社会价值只不过是宗教的呓语。最后，社会价值是个体价值的总和。总和是有机的统一，并非个体价值简单机械地相加。社会价值的内容纷繁复杂，但一个社会中最主流的价值一定是占统治地位的那个阶级的价值。社会主流价值并不是囊括所有人的价值，只要阶级社会存在，社会主流价值就会把一部分个体的价值排除在主流价值之外。即使在消灭了阶级和剥削的社会主义社会里，主流社会价值也不能将所有个体的价值涵盖其中。

（2）社会价值也是实践的，因而是历史的。社会价值存在于社会实践中，而社会发展有其客观规律，所以社会价值也并非一成不变。在一个社会发展相对稳定的阶段，社会价值是稳定的，但如果社会出现转型或重大变革等，社会价值也会随之巨变。我们可以以改革开放以来中国社会正在经历的经济体制转型而带来人们社会价值观念和心灵情感的剧变来加以说明。

（3）社会价值具有系统性和层次性。根据系统论的观点，宇宙间一切事物、一切现象都组成一个整体系统，而每个事物本身也是一个系统。虽然各个系统有不同的层次结构，但它们之间却是联系的、可以共通的。每个系统相对于更高一级的系统又是要素，而每一个要素相对于更低一级的要素又是系统。社会是一个有机系统，社会价值也是一个价值系统。社会价值也分为地区的、国家的和世界的，另外，社会价值也包含主流社会价值和非主流社会价值、核心价值和一般价值等，可以从不同的视角对社会价值进行划分，而每一个不同层面的社会价值及其地位和功能又是有差别的。

（三）社会价值体系与社会主义核心价值体系

价值由于具有个体性与社会性、实践性与历史性等诸多特征，所以是多元的。如果具备一定的思想理论基础，有一定的系统性和层次性的价值往往被称为价值体系。价值体系是指"各种价值要素的综合，包括了实际的价值关系、人们的价值意识、价值观念、评价标准、评价活动，等等，它们共同构成了价值的现实运动，构成了从评价到价值创造到价值实现过程的各个环节。"① 而社会价值体系是指"一定社会历史条件下产生并存在的价值观念体系，它在内容上集中体现了这一时期特有的对社会价值的理解和把握，它与一般价值观念的区别，在于它专注于社会价值的有无、高低、大小以及与此相关的评价方式和评价标准。"② 一般而言，社会价值体系是受一定社会基本制度制约的，是由一定社会倡导的价值思潮、思想理念、理想信念、道德风尚和精神文明等因素构成的价值集合。

又由于社会价值体系往往指涉具体的、感性的、实践的人，即以一定的群体、阶级、政党、团体等为载体，所以社会价值体系依然有一定的层级性、群体性。不同层次和群体的社会价值体系其作用和影响依然差别很大，只有社会核心价值体系才是整个社会价值中最基础、最主流的、受到大多数人认同的价值。正如有学者所指出的，社会核心价值体系是"在社会生活中居于统治、引导地位的社会价值体系，它能够有效地制约非核心、非主导的社会价值体系作用的发挥，能保障社会经济制度、政治制度、文化制度的稳定和发展。"③

社会核心价值体系至少包含四个方面的特征：

（1）共识性与科学性。社会核心价值体系是一个社会的成员在重大价值问题上，特别是以什么为价值指导、以什么社会为追求目标等最重要问题上的基本共识。社会核心价值体系是社会拥有和共享的，是为整个社会服务的，基本体现了社会的集体意识、文化意蕴和价值追求。这也决定了社会核心价值体系在社会价值问题上的中心和指导地位。同时，这一体系又不是由众多的、杂乱的观念、意志组成的，而是严谨的逻辑图示，在结构上体现相当的系统性与科学性。即核心价值体系必须以"马克思主义的科学世界观和方法论为指导，以实事求是为价值前提，遵从社会发展的内在规律。"④ 只有以科学真理为指导的核心价值体系才能真正凝聚全社会的力量，引领整个社会的发展。

（2）主流性与包容性。社会核心价值体系是被社会的统治阶级或主流政治力量所倡导的，能够为社会的绝大多数成员尊崇和践行的，并在基本制度中有所体现的价值体系。社会核心价值体系有一定的阶级性，是统

---

① 马俊峰：《价值论的视野》，武汉大学出版社2010年版，第328—329页。
② 王宏维：《社会价值：统摄与驱动》，人民出版社1995年版，第57页。
③ 吴潜涛：《社会主义核心价值体系的科学内涵》，《道德与文明》2007年第1期。
④ 白海若：《社会主义核心价值体系的特征探析》，《人民论坛》2011年第8期（下）。

治阶级的意识形态，但又具备一定的包容性，借鉴和吸收了统治阶级以外的社会成员的要求。胡锦涛在十七大报告中明确指出："积极探索用社会主义核心价值体系引领社会思潮的有效途径，主动做好意识形态工作，既尊重差异、包容多样，又有力抵制各种错误和腐朽思想的影响。"① 也就是说，社会核心价值体系既强调某一意识形态的主导性地位，同时也承认社会文化的多样性和差异性，既要彰显社会最主流、占据主导性地位的阶级意识，又不能排斥非主流的、符合社会发展需要的价值理念、精神和思想。

（3）稳定性与先进性。社会核心价值体系总体上是稳定的，特别是在一个社会稳定发展阶段，它能够保持一定的连续性，也需要保持连贯性，以发挥社会价值的引导作用。社会核心价值体系的稳定性一方面体现在作为一个社会主流的价值体系，在一定时期是稳定的，不会轻易地变动；另一方面体现在社会核心价值体系自身的结构和层次是稳定的，核心价值体系本身的内核与边缘、本与末、主与次等关系是清晰的。社会核心价值体系之所以要保持先进性，一方面在于它是要引导一个社会向前发展的精神支柱，不能是落后的、无生命力的价值理念；另一方面是因为它要体现时代的特征、紧跟时代的步伐，要加入时代的元素才能更加吸引人、更加具有活力。

（4）应然性与现实性。社会核心价值体系不能一味拔高，而一定要有可操作性。它不能成为"海市蜃楼"，更不是乌托邦，而是与最广大人民利益相结合的，能为人民理解、接受并欣然向往和为之奋斗的。因而社会核心价值体系应立足于社会实践，但是又不能完全照搬社会实践已有的价值体系，而应具备一定的目标性和理想性，它将在社会的基本制度和大众信仰上有所体现。它的目标性和理想性使之与现实保持一定的张力和距离，在这种"既渴望亦可即"的状态中，最有利于激发人们追求的动力、提升人们实现目标的信心。

在分析价值、价值体系、社会核心价值体系等相关概念时，才开始接近研究主题，即社会主义核心价值体系。这是党的十六届六中全会提出的重大命题和战略任务，这次会议明确了"马克思主义指导思想，中国特

---

① 胡锦涛：《高举中国特色社会主义伟大旗帜　为夺取全面建设小康社会新胜利而奋斗》，人民出版社 2007 年版，第 34 页。

色社会主义共同理想,以爱国主义为核心的民族精神和以改革创新为核心的时代精神,社会主义荣辱观,构成了社会主义核心价值体系的基本内容。"随后,党的十七大、十八大等多次会议报告对社会主义核心价值体系的各项内容、功能、结构以及建设任务和路径等作出了详细诠释和说明。

马克思主义指导思想是社会主义核心价值体系的灵魂。"马克思主义指导思想是社会主义核心价值体系的灵魂。这样的判断,基于对中国社会性质的准确把握,既是对历史经验的深刻总结,也是对中国现实的科学归纳,回答了社会主义核心价值体系的首要问题。"① 整个历史就是以马克思主义为指导的中国革命和社会主义建设的历史,历史中一系列胜利均是在将马克思主义指导思想与中国革命和建设的实践相结合而取得的。同时中国共产党是由历史决定的中国革命和社会主义事业的领导者,而马克思主义是我们党的根本指导思想,这就决定了马克思主义在社会主义核心价值体系乃至整个思想文化中的统摄性地位。"马克思主义指导思想决定了社会主义核心价值体系的性质和方向,是社会主义核心价值体系的灵魂。"②

中国特色社会主义共同理想是社会主义核心价值体系的主题。中国特色社会主义共同理想一方面体现了社会价值体系的共识性和实践性,另一方面体现了它的应然性和理想性。"随着社会主义市场经济深入发展,我国经济成分、组织形式、就业方式、利益关系和分配方式日益多样化,不可避免会出现社会意识的多元化,这就必须要有一个能够代表广大人民根本利益、为社会各个阶层广泛认可和接受、能有效凝聚各个方面智慧和力量的共同理想。"③ "中国特色社会主义共同理想充分反映了我国最广大人民的共同愿望、利益和要求。"④ 共同理想主要包括在中国共产党领导下,把我国建设成为富强民主文明和谐的社会主义现代化国家,把我国建设成人民生活幸福的家园,实现中华民族的伟大复兴。

---

① 人民日报评论员:《铸就灵魂,坚持马克思主义指导地位——二论全面准确理解社会主义核心价值体系》,《人民日报》2006年12月22日第1版。
② 李长春:《全面准确理解社会主义核心价值体系的深刻内涵,牢牢把握核心文化建设的正确方向》(李长春2006年12月1日在全国宣传部长会议上的讲话),《党建》2007年第1期。
③ 同上。
④ 人民日报评论员:《突出主题,坚定中国特色社会主义共同理想——三论全面准确理解社会主义核心价值体系》,《人民日报》2006年12月23日第1版。

民族精神和时代精神是社会主义核心价值体系的精髓。一个民族在共同地域而长期相处的生产、生活基础上，会逐步形成为民族大多数成员所认同和接受的思想文化、道德品德和价值取向等，这就是民族精神。它是一个民族较为稳定的心理特征、文化传统、思想情感等的综合反映。而时代精神是一个国家和民族在新的历史时期、在新近的创造性实践中激发出来的，能够引领社会进步方向、代表社会主流趋向、激发社会成员积极向上的、为社会大多数成员普遍认同和接受的思想观念、价值取向、道德规范和行为方式等，是一个社会的时代气息、时代风貌、精神时尚和人文气质的综合体现。"建设社会主义核心价值体系，一个重要方面，就是要树立在全社会得到广泛认同的精神旗帜，铸就民族奋发向上的精神支撑，激发引领全体人民共同奋斗的精神力量，不断增强我们民族的凝聚力、向心力、创造力。"①

社会主义荣辱观是社会主义核心价值体系的基础，是社会成员应有的道德价值评价标准。"以'八荣八耻'为主要内容的社会主义荣辱观，是对与社会主义市场经济相适应、与社会主义法律规范相协调、与中华民族传统美德相承接的社会主义思想道德体系的全面系统、准确通俗的表达，它旗帜鲜明地指出了在社会主义市场经济条件下，应该坚持和提倡什么、反对和抵制什么，为全体社会成员判断行为得失、做出道德选择、确定价值取向，提供了基本的价值准则和行为规范。"② 社会主义荣辱观"明确了当代社会最基本的价值取向和行为准则，既有先进性的导向，又有广泛性的要求，贯穿社会生活各个领域，覆盖各个利益群体，涵盖了人生态度、社会风尚的方方面面，集中反映了社会主义的价值导向。"③

社会主义核心价值体系四个方面的基本内容，相互联系、相互贯通、相互促进，是一个有机统一体。建设社会主义核心价值体系，就需要按照铸造灵魂、突出主题、把握精髓、打牢基础的基本要求，将其融入整个国民教育体系和社会主义精神文明建设全过程之中，贯穿落实到

---

① 人民日报评论员：《把握精髓，弘扬民族精神和时代精神——四论全面准确理解社会主义核心价值体系》，《人民日报》2006年12月24日第1版。

② 李长春：《全面准确理解社会主义核心价值体系的深刻内涵，牢牢把握核心文化建设的正确方向》（李长春2006年12月1日在全国宣传部长会议上的讲话），《党建》2007年第1期。

③ 人民日报评论员：《打牢基础，践行社会主义荣辱观——五论全面准确理解社会主义核心价值体系》，《人民日报》2006年12月25日第1版。

理论宣传、新闻传播、文艺影视、思想道德建设和社会科学研究等各项社会实践中去。

二 社会主义核心价值体系建设的战略意义

社会主义核心价值体系的提出,无疑是中国共产党又一次重大的理论创新,更重要的是,它体现了我党对于当代中国发展模式发展道路、和谐社会建设和国家资本积累等现实问题的理性思考。如同考察任何价值问题一样,对社会主义核心价值体系建设意义的思考也应该立足于具体的社会实践和时代背景,并站在国家战略的层面上。

(一) 中国发展模式的视角

以往研究大多从思想道德建设和精神文明建设视角来认识核心价值体系建设的意义,这样做无疑是正确而重要的,但是核心价值体系的意义不应该仅限于此,特别是在国内外都关注中国发展道路、中国模式、"北京共识"等话题的背景下。李景源曾指出:"社会主义核心价值体系的命题,已经超出了精神文明建设的范围,成为当代中国发展道路的题中应有之义。"[①] 考察核心价值体系的战略意义,应该着眼于中国发展道路和发展模式的视角。因为核心价值体系凸显了我党对中国发展道路的经验总结,体现了当代中国的发展理念,昭示了中国未来的发展之路。

1. 核心价值体系是对社会主义中国发展道路的历史总结

新中国成立以来,特别是改革开放以来,中国经济社会发展取得的巨大成就,日益引起国内外的强烈反响,有关中国发展道路、发展模式的谈论也日趋激烈。中国共产党人立足于社会发展的实践,不断自觉地进行总结、归纳、提炼,提出了一系列的理论思考,核心价值体系就是共产党人在中国发展道路上的又一次理论探讨,是中国特色社会主义理论的重要组成部分。

以毛泽东同志为核心的第一代领导集体对民主革命的探索、对社会主义建设初期的理论与实践成果,为中国发展道路的形成奠定了重要基础,具有深远的指导意义。邓小平同志早在1979年3月召开的党的理论工作

---

① 李景源:《核心价值体系与中国发展道路》,《马克思主义研究》2010年第5期。

务虚会上就指出:"过去搞民主,要适合中国情况,走毛泽东同志开辟的农村包围城市的道路。现在搞建设,也要适合中国情况,走出一条中国式的现代化道路。"以邓小平同志为核心的第二代领导集体作出了改革开放的历史抉择,并进一步回答了"什么是社会主义","怎样建设社会主义"等重大问题,开辟了中国特色社会主义道路,形成了中国发展道路的基本内容。以江泽民同志为核心的第三代领导集体,提出了"三个代表"重要思想,对建设中国特色社会主义的发展道路、发展阶段、根本任务等重大问题,作出了更为明确的回答,丰富了中国发展道路的理论。以胡锦涛同志为核心的领导集体,立足于新世纪、新时期的中国实践,提出了科学发展观、社会主义和谐社会、社会主义核心价值体系等重大理论,为中国发展道路注入新的理论内涵。从历代领导集体对中国发展道路的探索可以看出,社会主义核心价值体系的提出与以往有关中国特色社会主义发展道路的理论是一脉相承的,是新时期对中国发展道路的又一次理论提升。

马克思主义是中国共产党人一以贯之的指导思想,也是我党在革命和实践中取得一次又一次胜利的重要法宝,是经受住考验的伟大思想武器。马克思主义指导思想的真理性、科学性,理应包含于我国发展道路的理论之中。中国特色社会主义共同理想,是把我国建设成为富强民主文明和谐的现代化国家,这更是中国发展道路的直接体现,是中华民族孜孜不倦的追求,是几代人付出努力的追寻之路,也是我们应该继续前行之路。以爱国主义为核心的民族精神和以改革创新为核心的时代精神,是中国社会发展的精神支柱,为中国长期的发展提供了源源不绝的凝聚力、向心力和战斗力,也是中国共产党人对中国发展道路动力的理论概括。以"八荣八耻"为主要内容的社会主义荣辱观,为中国社会发展提供了可靠的道德评价标准,其"八荣"的内容,更直接体现了中国发展的社会主义性质和新的道德风貌,并承继和发展了中华民族及新中国成立以来的优良道德规范和道德标准。

2. 核心价值体系是对当代中国发展模式理念的展示

关于当代中国发展模式的讨论,已经频繁地见诸国内外媒体的头条。国内外社会各界,特别是国外理论界、学术界及舆论界对中国发展模式的研究热情之高涨令人吃惊。据学者统计,"近30年来,已发表的关于社会主义发展模式研究的学术论文 300 多篇，相关的学术论著 40 多本。"①而这还是三年前的数据，我们有理由相信，如果截至 2011 年，实际的研究成果肯定更多。国外对中国发展模式的讨论更是如火如荼，有的研究侧重于对中国发展模式的概念，有的在中国发展模式的根本性质和基本走向上争论不休，还有的偏重于考察和预测中国模式给世界带来的变化和影响。各种讨论角度各异，褒贬不一，显示这一话题成为国际话语的热点。在这种无休止的争论中，结论纷繁复杂，如"北京共识""中国争霸论""中国崛起论""中国威胁论""中国失败论""中国崩溃论"；等等。这些思潮相互交织，此起彼伏。无论是为中国发展唱"赞美诗"，还是妖魔化中国，这些理论的依据除中国社会经济巨大发展以外，还有中国的发展理念和现实社会价值观等。

　　面对国内外对中国发展模式的争论，几代党的领导人都曾公开而旗帜鲜明地展示过党和国家对自身模式的理念。邓小平同志在 20 世纪 80 年代就曾指出："世界上的问题不可能用一个模式解决"，"中国有中国自己的模式"。"发展模式"这一提法也曾写入党的十六大报告："我们主张维护世界多样化，提倡国际关系民主化和发展模式多样化。"② 2008 年 4 月 12 日胡锦涛同志在博鳌亚洲论坛 2008 年年会开幕式上的演讲说道："世界上没有放之四海而皆准的发展道路和发展模式，也没有一成不变的发展道路和发展模式，必须适应国内外形势的新变化，顺应人民过上更好生活的新期待，结合自身实际、结合时代条件变化不断探索和完善适合本国情况的发展道路和发展模式。"③

　　正是因为回应国内外对中国发展模式、发展道路的论争，中国共产党人才一次次向世人展示真正适合国情的发展模式和道路。社会主义核心价值体系是中国共产党又一次客观准确、全面深入揭示"中国模式"的内涵，是中国发展的价值之路，是中国共产党在理论自觉的基础上，积极向世界宣传中国、介绍中国发展模式的价值理念，是把握"中国模式"话语主动权的尝试，可以有力避免"中国模式"遭到误解和曲解的局面。

　　社会主义核心价值体系昭示着怎样一条发展道路呢？那就是一定要以

---

　　① 徐贵相：《中国发展模式》，人民出版社 2008 年版，第 10 页。
　　② 《十六大以来重要文献选编》（上），中央文献出版社 2004 年版，第 36—37 页。
　　③ 胡锦涛：《坚持改革开放，推进合作共赢——在博鳌亚洲论坛 2008 年年会开幕式上的演讲》，《人民日报》2008 年 4 月 13 日。

马克思主义为指导思想，坚持中国共产党的领导；以中国特色社会主义共同理想为奋斗目标，依靠人民，服务人民；以民族精神和创新精神为动力，实现中华民族的伟大复兴；以社会主义荣辱观为行动指南，创造良好的社会环境和道德风尚。

3. 核心价值体系为中国未来的发展之路提供价值资源

思想和理念体系的提出，绝不仅仅是为了总结回顾过去，更重要的在于指导未来。核心价值体系既是对中国共产党成立以来实践经验的总结，特别是对改革开放以来中国发展过程中价值理念的提炼和归纳，又是对于今后一段时期"中国发展向何处去"的深刻回答，它揭示了当代中国发展的历史规律，为未来中国发展道路提供价值资源。

马克思主义是我们立党立国的根本指导思想，是社会主义意识形态的旗帜和灵魂。始终坚持和巩固马克思主义在我国意识形态领域的指导地位，是党和人民团结一致，始终沿着正确方向前进的根本思想保证。马克思恩格斯的实践唯物主义、阶级理论、交往理论等，以及马克思主义中国化的毛泽东思想、邓小平理论等依然是中国未来发展应坚持的指导思想，也是未来中国发展的思想理论宝库。

中国特色社会主义共同理想，充分反映了我国最广大人民的共同愿望、利益和要求，是中国特色社会主义道路不断前进的向导和动力。理想是人民在实践中形成的具有实现可能性的对未来的向往和追求，中国特色社会主义理想既是我们一贯的追求，也是未来中国一段时期的追求。富强、民主、文明、和谐既是共同理想的内容，也是指引中国未来发展的核心理念。

民族精神和时代精神，是中国社会思想文化的核心内容，是一个民族赖以生存和发展的精神支柱，是中国未来发展的推动力和支撑。中国的长期发展和中华民族的复兴是伟大的事业。伟大的事业需要崇高的精神，以爱国主义为核心的民族精神，是中华民族的优秀精神品格，是中华民族长期以来保持强大凝聚力的关键。而以改革创新为核心的时代精神，则是中国保持旺盛生命力和卓越创造力的精神支撑。二者的结合，是未来中国社会发展强有力的精神动力。

社会主义荣辱观说明在社会主义中国，是非、善恶、美丑的界限是绝不能混淆的，坚持什么、反对什么、倡导什么、抵制什么，都必须旗帜鲜明。中国未来的发展之路绝不会是一帆风顺的，而是充满坎坷和荆棘，因而在大是大非面前，中国发展的方向绝不能变，人们的道德风尚必须保持和创造良好的状况。社会主义荣辱观中所透露的价值理念、美丑善恶标准必定是今后中国发展所应坚持的。

（二）建构社会资本的视角

社会资本概念及理论自20世纪70年代正式提出之后，特别是经布迪厄、林南、科尔曼等人挖掘、扩展后，获得了极大发展空间，成为一个热门的研究领域和理论范式。国内一些热衷的学者也在中国话语背景下对社会资本理论进行了较为深入的研究。但是，自"社会主义核心价值体系"这一重大命题提出以来，迄今还未见社会主义核心价值体系与社会资本建设两者关系方面的研究。本书认为，社会主义核心价值体系对于社会资本的产生、积累、优化、评价、增值等各个环节都有引导、促进作用。

1. 社会资本理论及其内容

社会资本是资本时代才出现的范畴。当物质资本和人力资本不能充分解释某些资本运行时，社会资本理论应运而生。社会资本作为一种新的理论范式，从社会学视野扩展到几乎所有的人文社会科学领域，成为极具影响力的理论分析框架。

社会资本是随着社会交往的不断扩大和交往行为渐趋理性而产生的。一方面，社会交往的扩大带来"陌生人"不断涌现于人们的交往视野，人们已经走出了传统的"熟人社会"时代，需要通过一种机制与越来越多的陌生人交往。人们想获得更大的交往圈，获取更多的资源和收益，就必须与更多陌生人进行利益的交换和转让。正如科尔曼所说的："行动者为了实现自己的利益，相互进行各种交换，甚至单方转让对资源的控制，其结果形成了持续存在的社会关系。"[①] 这种社会关系就是社会资本的基础。罗纳德·伯特也认为，"社会资本指的是一种优势。社会可以被看作是一个市场，为了追求自己的利益，人们在这个市场中交换各种商品，交流他们的思想。某些人或某些人的群体因此而可以得到更好的回报，有些人获得更高的收入……社会资本是人力资本的一种补充。社会资本的比喻指的是，那些做得更好的人其实从某种程度上来说都是联系更多的人……"[②] 另一方面，理性化的行为趋向使社会行为者只有在获得更多

[①] 科尔曼：《社会理论的基础》，邓方译，社会科学文献出版社1999年版，第330页。
[②] 转引自周红云《社会资本理论述评》，《马克思主义与现实》2002年第5期。

预期价值和效益的前提下才愿意转让、交换自己的利益，从而使整个社会实现价值增值，即行为者必须具有前期的信任经验和期望的收益，当然这种收益可以是物质的、人力的或者社会意义上的。普特南从能促进信息流通、减少交易成本、提高社会效率的社会网络、普遍的信任和规范等方面来定义社会资本。在普特南那里，社会资本包含的最主要的内容就是社会信任、互惠规范以及公民参与网络，并且把社会资本的主体从个人层面扩展到了组织、国家等更为宏观的层面。

普特南的分析推动了社会资本理论的发展和应用，因为他清楚地看到了社会资本中最重要的两个因素信任和价值规范。信任使得人们愿意参与到社会化之中，进行利益的交换、转让和获取，而价值规范使得参与有章可循，保障了社会资本的良性运行。正因如此，当弗兰西斯·福山从经济发展和社会繁荣来研究社会资本中的信任时，便引起了相当大的反响。

从上述对社会资本的分析可以看出，信任是社会资本的基础，有信任（虽然信任的程度有高有低）才会有社会化的交往和社会资本的产生，因此有的学者也把信任作为一种社会资本。另外，一个问题还没有解决，信任何以产生？从个体的角度来说，之所以敢于并积极参与到社会网络和关系中去，既是因为利益的驱使，也是因为信任整个社会网络。信任可能来源于血缘、地缘、业缘等因素。但是这些都是较为表面层次的原因，信任的产生最深层的原因来自整个社会价值的趋同。只有当某种价值或者价值体系能够基本上为社会成员认同时，人们才会参与到社会资本的投入和收益中去。社会资本的发展内含于社会共同的价值判断和价值取向。当然，价值认同通常是相对而言的。相对的认同主要体现在两个方面，一是内容上的相对性，即在核心价值上，必须取得几乎每一位社会成员的认同。但是核心价值之外的其他价值形态并不一定是全体社会成员整齐划一地认同和遵守的。二是指人数上的相对性，即共识和认同在现实操作层面上，一种非核心价值形态的规范只能取得一部分人的认同，即使是社会的核心价值，在它被提出之时，还有一个成员接纳、吸收和认同的过程。沙因认为，"基于某种给定价值的解决方法在运用时可能是不稳定的。只有那些容易得到自然和社会证明的并且一直稳定的被运用来解决群体问题的价值才会转变为假设"。[①] 他这里的"假设"就是指最核心的价值和理念的

---

① 朱国云：《沙因的组织文化理论》，《江海学刊》1997年第2期。

假设。

此前不少研究都把社会参与网络当作信任或者社会资本产生的深层，如科尔曼认为，有待偿还的义务关系是在公共网络成员中普及信任的基础。托马斯·福特·布朗就指出了这一解释的不足之处，"这个解释的问题是，它没有说出形成社会联系和信任别人的几种可供选择的动机的意义，例如预先存在的规范和价值方面的文化制度，或者——保持在理性选择的框架内——预先存在的交易规则的影响，它在社会制度内部产生，并用来培养信任。"① 当然也有社会学家认识到了价值认同和共享在社会资本中的重要性，如埃莉诺·奥斯特罗姆就认为，"社会资本是关于互动模式的共享知识、理解、规范、规则和期望，个人组成的群体利用这种模式来完成经常性活动。"② 所以，他把家庭结构、共享规范、先例习俗、规则体系等看作是社会资本的形式。笔者认为，特定结构的社会网络及其相适应的规范观念、价值体系一经形成，会促使社会参与的个体产生"路径依赖"，形成自我内化机制，外化于人们的交往行为，并最终形成一个社会的合作与信任模式，后来的人们经过社会化的学习和历练，就从这种合作模式中寻求自保和互助，从而形成该社会的社会资本形式。正如肯尼斯·纽顿所说的，从规范和价值的角度看，"社会资本是由一系列公民价值和态度组成的一种影响和决定公民如何互相关联的主观现象。"③ 所以说，价值认同才是社会成员参与社会网络的本质因素。

社会主义核心价值体系是立足于社会主义经济基础之上的价值认同系统，反映社会主义制度的本质要求，是社会主义意识形态的本质性内容。它"植根于中华社会的文化之中，是正确的民族价值观和时代价值观，它是中华民族全体成员共同认可的价值目标、价值追求和行为规范的评价标准，是全体中国人民共同的价值信念和信仰以及共同选择的价值实现途径、方式和道路。"④ 社会主义核心价值体系的四大基本内容涵盖了社会发展的指导思想、意识形态、价值取向等方面，影响社会成员的思想观

---

① 托马斯·福特·布朗：《社会资本理论综述》，《马克思主义与现实》2000年第2期。
② 埃莉诺·奥斯特罗姆：《社会资本：流行的狂热抑或基本的概念？》，《经济社会体制比较》2003年第2期。
③ 肯尼斯·纽顿：《社会资本与民主》，《马克思主义与现实》2000年第2期。
④ 赵彤、时红杰：《社会主义核心价值体系与社会意识形态》，《社会科学战线》2008年第11期。

念、思维方式和行为规范。它是国家赖以存在和发展的精神支柱，是在社会主义发展历史过程中形成的、由社会成员认同的普遍性价值观念。其中马克思主义指导思想是"指对人类社会发展规律的价值认同"，中国特色社会主义共同理想是"指对国家、民族追求的未来美好发展前景的价值认同"，以爱国主义为核心的民族精神和以改革创新为核心的时代精神是"指对实现共同理想的动力之源的价值认同"，社会主义荣辱观是"指公民思想行为选择标准的价值认同"。① 核心价值体系只有被社会成员广泛的认同才能发挥巨大的社会功能，产生巨大的社会资本。一旦社会成员认同和接受这些核心价值，就会产生执行这些价值规范的自觉性，这些价值就会成为社会成员的行动目标。从某种意义上说，社会成员接受核心价值体系的过程就是社会资本的积累和增值过程。

2. 核心价值体系建设对于社会资本建构的意义

从总体上说，社会主义核心价值体系构成我国社会资本的价值基础，是普遍信任能够产生、发展的最深层原因。它能够规范和引导社会交往中人们的交往思维、交往精神，把社会成员共同生活的相同或者相似需要纳入认同的规范化领域，使社会行为主体自觉不自觉地遵守自身特定的角色义务。这种共同义务和权利组成的价值共同体，在其内部具有更大的信任程度，具有更强的合作精神，具有更高的感情认知，从而提高了内部的行为效率，提升了社会资本。

具体来看，社会主义核心价值体系对社会资本建设的意义体现为：

（1）马克思主义指导思想为社会资本的主体提供思想指南。从心理学上讲，人的行为可以分为两类：一类是有明确的行为动机、目的的，为自己所感知的行为，称为意识行为，受人的意识和思想控制。另一类是没有明确目的或者至少自己没有清醒意识到行为的目的的行为，可能（而不是一定，因为还有其他一些诸如精神障碍者的非意识行为）就是潜意识行为，受潜意识控制。一般而言，意识行为在社会生活中占据绝对主导地位。作为社会主义核心价值体系的灵魂的马克思主义指导思想揭示了世界普遍的本质和发展规律，既是科学的世界观，又是科学的方法论；既是认识世界的理论，又是改造世界的理论。它同我们党和国家的命运、同人民群众的利益息息相关，是我们立党立国的根本指导思想，是经过实践检

---

① 吴潜涛：《社会主义核心价值体系的科学内涵》，《道德与文明》2007年第1期。

验的伟大而正确的思想武器。

　　进一步说，马克思主义的全部理论就是人的理论。马克思主义指导思想始终紧紧围绕如何使人摆脱剥削、压迫和异化，实现人的自由、解放和发展来展开的，并把实现人的自由、解放和发展视为无产阶级和人类奋斗的价值理想和目标。这也是社会资本发展最核心的实质，社会资本如果偏离了人的价值实现这一轨道，就不能称为有效的社会资本。马克思主义指导思想对社会资本的统摄作用体现在：第一，马克思主义指导思想揭示了社会发展的客观规律，而社会发展的规律和方向正是社会资本存在和发展的前提。社会资本的积累和壮大必须充分认识和利用这一思想武器以适应整个人类社会发展的客观规律。第二，马克思主义指导思想中人的理论既是社会资本主体的价值目标，本身也是主体的行动指南。人积极参与到社会资本建设中去，终极的目的就是人的自由而全面发展。第三，马克思主义指导思想是社会资本主体认识世界和改造世界的强大武器。

　　（2）中国特色社会主义共同理想为社会资本的行为者设立共同的目标。社会发展是内含价值理想的历史过程，因为人类社会的实践活动总是围绕一定的价值目标和追求展开的。在一定意义上说，这种目标和追求就是理想。理想，对个体而言，是人生的奋斗目标，人生前进的动力。而共同理想，体现了人们对美好生活的向往和追求，是广大人民群众的共同追求和实践目标，是一个国家和民族奋勇前进的精神动力。因为"共同的理想是以认知理性为基础的价值理性，这种价值理性往往能激发起社会成员的激情和为之献身的坚强意志。"①

　　社会资本建设过程中离不开共同的价值目标和理想。中国特色社会主义这一共同理想和价值追求，引领着中国人民为实现解放生产力、发展生产力、消灭剥削、消除两极分化、最终达到共同富裕的社会主义目标而进行的价值实践活动。"这个共同理想，把党在社会主义初级阶段的目标、国家的发展、民族的振兴与个人的幸福紧密联系在一起，把各个阶层、各个群体的共同愿望有机结合在一起，具有令人信服的必然性、广泛性和包容性，具有强大的感召力、亲和力和凝聚力。"② 这样的共同理想既是对

---

　　① 李景源：《牢固树立中国特色社会主义共同理想》，《人民日报》2008年4月28日第7版。

　　② 《人民日报》评论员：《突出主题，坚定中国特色社会主义共同理想——三论全面准确理解社会主义核心价值体系》，《人民日报》2006年12月23日第1版。

人类历史一切合理价值理念的继承,又经受得住中国历史和实践的检验,对中国社会资本的行为者来说,能够起到吸引、感染、凝聚和鼓舞的重大作用。总而言之,中国特色社会主义之所以能成为中国社会资本行为者的共同目标,是因为其符合中国社会发展的规律,体现了广大人民群众的根本利益,是被实践证明了的实现中华民族伟大复兴的必由之路。

(3) 以爱国主义为核心的民族精神和以改革创新为核心的时代精神为社会资本发展注入不竭动力。

民族精神和时代精神是一个社会赖以生存和发展的精神支撑,是一个民族和社会的生命力、凝聚力和创造力的不竭源泉。民族精神一方面使得社会资本参与主体在感情上相互维系,信任彼此,共同发展;另一方面直接为社会资本发展提供传统资源(这里的传统资源既包括关系资源,也包括认知资源)。因为"民族精神是民族文化最本质、最集中的体现……作为一个民族漫长历史的积淀与升华,以爱国主义为核心的伟大民族精神,已经深深地融入我们的民族意识、民族品格、民族气质之中,成为各族人民团结一心、共同奋斗的价值取向。"① 对于社会资本的发展来说,民族精神的凝聚力主要体现在社会力量的整合功能上。在一个国家或民族中,不同社会群体因利益的异同,其力量往往是分散状态的,要把分散的社会群体的不同思想观点、价值观念和取向以及由此而带来的行为进行力量的整合,使之取得基本一致或服从于同一目标,就需要民族精神这一凝聚力来完成。合力一旦形成,对社会资本的促进将是巨大而深远的。另外,在五千年的历史演进中,中华民族形成的以爱国主义为核心的团结统一、自强不息的伟大民族精神,以及明礼诚信等传统价值规范也是社会资本发展最直接的影响因素。

时代精神是在社会资本建设过程中激发出来的,而时代精神的出现和凝聚又将推动社会资本建设的进一步发展。时代精神是一个社会在新近实践中激发出来的,反映社会进步的发展方向、引领时代进步潮流、为社会成员较为普遍认同和接受的思想观念、价值取向和道德规范。以改革创新为核心的时代精神,是马克思主义与时俱进的理论品格、中华民族富于进

---

① 《人民日报》评论员:《把握精髓,弘扬民族精神和时代精神——四论全面准确理解社会主义核心价值体系》,《人民日报》2006年12月24日第1版。

取的思想品格与改革开放和现代化建设实践相结合的伟大成果，已经深深地融入我国经济、政治、文化、社会建设的各个方面，成为各族人民不断开创中国特色社会主义事业新局面的强大精神力量。

（4）社会主义荣辱观为社会资本建设明晰了道德评价标准。荣辱观是对荣辱问题的基本观念，是评价荣与辱、善与恶、美与丑的道德评价标准或者规范体系。它集中反映了社会的价值导向、人们的精神状态和社会的文明程度，反映了人们在一定社会中的道德认知水平和道德境界，同时也规定了社会道德行为的价值标准与评价尺度。在社会资本建设中，社会主义荣辱观的作用在于：一是提示个体做出正确的善恶选择，对于社会资本的参与个体来说，社会主义荣辱观有助于个体回归人伦的公共本质，遵循共同的道德标准，形成理想的道德人格；二是明确主导价值标准，形成社会道德影响力。在社会资本建设过程中，由于道德评价标准的明晰，人们评价善恶标准的趋同，整个社会的道德批判力量和维护力量就会拧成一股合力，使社会资本发展不至于偏离健康的方向。正如："荣辱观是一个社会的价值目标和道德标杆，没有荣辱观的社会必定失去价值导向。一个社会，如果荣辱倒置，就会陷入一片混乱。"①

（三）文化软实力的视角

经济全球化和科技迅猛发展的今天，国与国之间的竞争日益加剧，文化越来越成为民族凝聚力和创造力的重要源泉，文化软实力也越来越成为综合国力的重要因素。伴随经济、科技、军事、人口等构成的"硬实力"竞争愈演愈烈之时一场由意识形态、价值观、文化、社会制度、国际形象等为重要内容的"软实力"竞争也风起云涌。各国除了致力于有形的硬实力的提升外，还把文化等软实力的强化作为参与国际竞争的重要举措。作为已经在经济领域取得举世瞩目成就的中国（经济规模排名世界第二），更是需要从战略部署到日常工作都将提升国家文化软实力作为当前和今后一段时期的重要任务。

1. 文化软实力战略的提出

文化建设历来是我党的重要工作内容，进入 21 世纪之后更是受到了前所未有的重视，文化软实力战略的提出也成为文化建设的题中应有

---

① 杨业华：《"八荣八耻"：社会主义思想道德建设的新境界》，《马克思主义研究》2006年第11期。

之义。

21世纪初，我党就充分认识到文化在综合国力竞争中的重要作用。2002年党的十六大报告中就开始强调"文化的力量"，"文化建设的战略意义"等，报告明确指出："当今世界，文化与经济和政治相互交融，在综合国力竞争中的地位和作用越来越突出。文化的力量，深深熔铸在民族的生命力、创造力和凝聚力之中。全党同志要深刻认识文化建设的战略意义，推动社会主义文化的发展繁荣。"2004年，党的十六届四中全会报告中出现了"文化生产力"的提法，报告指出："深化文化体制改革，解放和发展文化生产力"，还呼吁"加强文化发展战略研究，抓紧制定文化发展纲要和文化体制改革总体方案。"① 2006年10月，党的十六届六中全会报告指出，"社会主义核心价值体系是建设和谐文化的根本"②，进一步明确了文化建设的核心问题。

2006年11月，胡锦涛同志在中国文联第八次全国代表大会、中国作协第七次全国代表大会讲话中指出："面对当今世界各种思想文化相互激荡的大潮，面对国家发展和人民生活改善对文化发展的要求，面对社会文化生活多样活跃的态势，如何找准我国文化发展的方位，创造民族文化的新辉煌，增强我国文化的国际竞争力，提升国家软实力，是摆在我们面前的一个重大现实课题。"③ 这既是党的文献中第一次出现"软实力"的提法，且与"文化的国际竞争力"结合在一起。此时，文化软实力战略已经呼之欲出。

"文化软实力"正式载于党的文献是在党的十七大报告中。2007年，党的十七大以全局意识和世界眼光看待文化发展问题，报告明确提出了"文化软实力"，报告指出："当今时代，文化越来越成为民族凝聚力和创造力的重要源泉、越来越成为综合国力竞争的重要因素，丰富精神文化生活越来越成为我国人民的热切愿望。要坚持社会主义先进文化前进方向，兴起社会主义文化建设新高潮，激发全民族文化创造活力，提高国家文化

---

① 《中共中央关于加强党的执政能力建设的决定》，《〈中共中央关于加强党的执政能力建设的决定〉导读本》，人民出版社2004年版，第21页。

② 《中共中央关于构建社会主义和谐社会若干重大问题的决定》，人民出版社2006年版，第22页。

③ 胡锦涛：《在中国文联第八次全国代表大会、中国作协第七次全国代表大会上的讲话》，人民出版社2006年版，第5页。

软实力，使人民基本文化权益得到更好保障，使社会文化生活更加丰富多彩，使人民精神风貌更加昂扬向上。"①

2011年，党的十七届六中全会十分突出"文化软实力"的重要性，并使之上升到"国家文化安全"的高度，报告中多次使用"文化软实力"一词，并有专门论述"文化软实力"的内容，说明文化软实力理论已渐趋成熟。报告指出："当今综合国力竞争的一个显著特点是文化的地位和作用更加凸显，越来越多的国家把提高文化软实力作为发展战略的重要内容。……在这样的形势下，我们必须大力弘扬中华优秀传统文化，大力发展社会主义先进文化，不断扩大中华文化国际影响力，形成与我国国际地位相称的文化软实力，牢牢掌握思想文化领域国际斗争主动权，切实维护国家文化安全。"②

2. 文化软实力的指向

最早明确提出"软实力"概念的是美国著名国际关系学者约瑟夫·奈。约瑟夫·奈说："在1989年撰写的《注定领导》一书中，我率先提出了'软权力'的概念。"③ 根据约瑟夫·奈的解释，软实力是与硬实力相对应的概念。硬实力是一种有形的力量，包括资源力量、军事力量、科技力量和经济力量等，而软实力主要体现在国家的凝聚力、吸引力以及国家事务的参与力和影响力，包括社会制度、发展模式、意识形态、价值理念、生活方式、文化形态等所具有的吸引力和模仿力等。

在奈看来，软实力和硬实力是不可分割的两面，同属于国家的综合国力。如果没有硬实力，软实力就缺乏基础；而如果没有软实力，硬实力也难以得到持续长久的提升。对于一个硬实力不断增长并显著提高的国家，软实力如果不能同步发展，其国际竞争力将大打折扣。他还以美国软实力的建构为例，"一个国家的文化具有全球性，它具有建立一套良好的规则和机制以约束国际行为的能力，是其力量的重要源泉。美国大众文化、高等教育和外交政策中经常体现的民主、个人自由、经济和社会地位的流动

---

① 胡锦涛：《高举中国特色社会主义伟大旗帜　为夺取全面建设小康社会新胜利而奋斗》，人民出版社2007年版，第33—34页。
② 《中共中央关于深化文化体制改革　推动社会主义文化大发展大繁荣若干重大问题的决定》，人民出版社2011年版，第47页。
③ ［美］约瑟夫·奈：《硬权力与软权力》，门洪华译，北京大学出版社2005年版，第7页。

性、公开性等价值观,都在多方面加强了美国的力量。"① 另外,约瑟夫·奈还突出强调"软实力在很大程度上源于价值观"。② 他说:"我提出'软权力'的概念,用以指一种常常源于文化和价值观念并在大多情况下被忽视的吸引力"。③ 最后,奈归结道:"国家软力量主要来自三种资源:文化(在能对他国产生吸引力的地方起作用)、政治价值观(当它在海内外都能真正实践这些价值时)及外交政策(当政策被视为具有合法性及道德威信时)。"④

由于"软实力"给国际竞争注入新的视角,体现了一种不仅仅是依靠军事和政治力量,而是凭借文化、价值观念施展影响力和吸引力,从而引领世界、参与国际事务的新思路。它一经提出,就受到广泛关注,在世界范围内具有深远的影响。中国学者也结合国情和我国文化传统,将"文化软实力"的研究推向深入。

王沪宁是最早关注约瑟夫·奈"软实力"理论的中国学者之一,他于20世纪90年代初撰文分析了软实力概念的演变,并指出:"软权力与硬权力有所不同,硬权力基本上可以在一定的政治共同体内得到和扩展,而软权力更依赖于国际对一定文化价值的承认,依赖于一定的体制在国际上得到支持,所以国家的软权力更加依赖于国际文化的势能,即国际整个文化和价值的总趋势"。⑤ 此后,软实力逐渐为我国学者接受并进行广泛探讨,也达成了一些共识。"所谓的'文化软实力'实际上指的是,一个民族国家的传统文化和现代文化所具有的、由于体现了鲜明的民族精神特质及发展态势而对其他民族国家的受众产生的精神魅力。"⑥ 李君如认为,国家文化软实力主要涵盖"民族凝聚力、文化的吸引力和感染力、文化传播能力、国家发展的总体战略、文化认同",等等。⑦ 李鹏程则指出,"文化软实力包括文化吸引力、文化亲和力和文化规制力"。⑧ 洪晓楠将文

---

① 李百玲:《美国建构国家文化软实力的路径分析》,《当代世界与社会主义》2011年第6期。
② 张西立:《加强文化建设提高国家文化软实力》,《马克思主义与现实》2007年第6期。
③ [美]约瑟夫·奈:《硬权力与软权力》,门洪华译,北京大学出版社2005年版,第6页。
④ [美]约瑟夫·奈:《软力量——世界政坛成功之道》,吴晓辉、钱程译,东方出版社2005年版,第11页。
⑤ 王沪宁:《作为国家实力的文化:软权力》,《复旦学报》(社会科学版)1993年第3期。
⑥ 霍桂桓:《文化软实力的哲学反思》,《学术研究》2011年第3期。
⑦ 李君如:《增强国家文化软实力的六点思考》,《新闻战线》2012年第1期。
⑧ 转引自杨威《文化软实力的跨学科对话——"2009年文化哲学论坛:国家文化软实力建设"学术研讨会综述》,《哲学动态》2009年第8期。

化软实力归结为五个层面:"一是激励民族形成强大向心力的文化凝聚力;二是获得国外仿效的文化吸引力;三是推动、追求领先的文化创造力;四是将文化要素组织成效能最大有机整体的文化整合力;五是向外界的文化辐射力。"①

3. 核心价值体系建设对于提升我国文化软实力的意义

一个国家和民族的文化是通过创造、传播、吸引等途径和方式形成自身的"文化软实力",而作为思想文化领域具有统摄和支配地位的社会主义核心价值体系,它是我国社会主义意识形态的本质体现,它的生成、发散、认同传承等过程将有助于大大增强我国文化软实力,甚至可以说核心价值体系是国家文化软实力建设的核心。

有关国家价值观特别是核心价值在文化软实力中的作用已经得到国内外学者的认同。软实力理论提出者约瑟夫·奈曾说:"一个国家有可能在国际政治中获得其所期望的结果,是因为其他国家仰慕其价值观,模仿其榜样,渴望达到其繁荣和开放的水平,从而愿跟随其后。"② 我国学者在定义文化软实力时也注重强调价值观的地位和作用,"一般认为,'国家文化软实力'是指一个国家的文化所具有的凝聚力、生命力、创新力和传播能力,以及由此产生的感召力和影响力。由于软实力的说服作用、渗透能力和吸引力主要是通过文化来体现的,文化软实力特别是文化中的核心价值观,便构成国家软实力的核心因素。"③

社会主义核心价值体系对于提升我国文化软实力的作用和意义包括以下四个方面:

(1) 以马克思主义为指导思想有助于提升我国文化形态的吸引力和引导力。马克思主义深刻揭示了人类社会发展的内在矛盾、本质和规律,为人们提供了认识世界和改造世界的科学立场、观点和方法。在国内,马克思主义一直是我们立党立国的根本指导思想,是我们一切工作的行动指南,而且也引导我国现代化建设从一个胜利走向另一个胜利。无论是在革命还是在建设时期,马克思主义这一精神旗帜始终指引我们,它是社会主

---

① 转引自李重、张再林《文化与人化:从文化软实力的角度来看——"全国文化哲学发展论坛"综述》,《哲学动态》2009年第5期。

② [美]约瑟夫·奈:《软力量——世界政坛成功之道》,吴晓辉、钱程译,东方出版社2005年版,第5页。

③ 赵宇:《国家文化软实力》,《党的文献》2012年第1期。

义各项事业取得胜利的根本保证。现阶段，我国面临十分复杂的国际国内环境，资本主义的各种思潮涌入我国，自由主义、拜金主义、个人主义等等的不良影响正在与我国主流的价值观相冲突，封建主义的一些不良因素也依然暗流涌动，在这一处境中，我们更应该高举马克思主义的旗帜，以科学的理论武器、实践经验来反驳、抵制、战胜这些不良思潮，让世人更加了解马克思主义的立场、观点和方法，更加深刻认识到马克思主义的科学性和真理性，更加自觉地运用马克思主义来解决现实的问题和矛盾。在国外，美国次贷危机和欧洲债务危机等重大事件的发生，发达资本主义国家陷入一场深重的危机之中。资本主义制度受到了越来越多的质疑和批判，世界的眼光越来越多地转向于社会主义和马克思主义。在这样一场制度和思潮的较量中，我国更应该旗帜鲜明地以马克思主义为指导，弘扬中国模式、中国发展实践、社会主义文化，增强我国文化的吸引力和影响力，提升文化软实力。

（2）以中国特色社会主义共同理想为奋斗目标有助于提升民族的凝聚力和向心力。党的十七大报告明确指出："中国特色社会主义是当代中国发展进步的旗帜，是全党全国各族人民团结奋斗的旗帜。"民主富强和谐、共同富裕等共同理想代表最广大人民的根本利益，是社会主义社会发展的方向，已经为社会各阶层所广泛认同和接受，能够有效凝聚各种力量和各个方面智慧，集中体现和反映了亿万人民群众的意志和愿望，是凝聚全体社会成员奋斗力量的精神纽带。追求人民富裕、国家富强是中华民族几千年来的奋斗目标，吸引了亿万炎黄子孙为之奋斗终生。当今，一方面中国特色社会主义道路在改革开放以来取得了伟大的成就，向着共同的理想前进了一大步，中国发展模式越来越受到国际社会的关注，社会主义制度又一次展现了巨大的影响力和吸引力；另一方面，由于分配不均带来的贫富分化等社会矛盾也日益突出，由市场经济带来的一系列不良影响也在发酵，这在一定程度上影响了人们为共同理想而奋斗的动力和信心。在这样一个关键的发展期，我们更应该以社会主义共同理想、共同目标来解决现实矛盾，处理人们广泛关注的教育、医疗、贫富分化、腐败、食品安全等问题。只有这样，我们才能调动最广大的人民群众为建设中国特色社会主义而奋斗。

（3）以爱国主义和改革创新为精神支柱有利于提高民族文化的辐射力和创造力。中华民族在五千多年历史中形成了优秀的文化传统和民族特质，集中体现为以爱国主义为核心的团结统一、爱好和平、勤劳勇敢、自强不息的民族精神。这些民族精神已经深深地融入民族意识、民族品格、民族气质之中，成为民族文化的重要部分和特征，成为全民族奋发向上的精神力量和团结和睦的精神纽带。以爱国主义为核心，有助于团结一切可以团结的力量（包括港澳台同胞、海外侨胞等），影响和促进所有华人（因为它消除了意识形态的色彩和各种现实的差异），为实现中华民族的伟大复兴而奋斗，重塑民族自信心与自豪感，提升民族文化的凝聚力和向心力。正是因为近几十年中国经济和社会发展等各方面取得的伟大成就，中华文化又散发出迷人的魅力，我们要利用这一时机，不断扩大民族文化的输出，提高民族文化在世界的影响力和辐射力。

以改革创新为核心的时代精神，是中国特色社会主义永葆生机和活力的法宝。时代精神是一个民族精神风貌的鲜明展现，是一个社会在最新的创造性实践中激发出来的。改革开放以来，人们的视野得到拓展，人们的自主自强意识得到提升，并在此基础上催生了具有中华民族特质的富强、民主、创新、法治、公平、和谐、文明、以人为本等为内容的时代精神，它们已经成为我国现代化建设的精神支柱和力量源泉。在全球化竞争日趋激烈的今天，我们更应该高扬改革创新的时代精神，增强民族文化的创新能力，使民族文化在内容形式、体制机制、传播手段等方面取得创新性成果，激发全民族的创新意识，为文化发展和文化安全提供动力和保证。

（4）以社会主义荣辱观为行动标准有利于提高社会主流文化的规制力和整合力。社会主义荣辱观"可以引导人们明辨是非、善恶、美丑，对人的思想行为具有推动、引导和调节作用。对个体而言，它起着潜移默化的教育作用，影响人们的思想和行为；对社会而言，它具有明确的价值导向作用，引导、培育人们和谐的思想观念和价值取向，树立良好的社会风气"。① 市场经济条件下，树立和弘扬社会主义荣辱观，能够提升人们的精神层次，塑造人们的精神品格，引导人们形成共同的价值评判标准和价值取向，发挥道德的整合作用。特别是在假丑恶没有得到相应的批判、庸俗主义兴起的当今，在道德虚无主义、相对主义泛滥的今天，社会主义

---

① 李树业、孙兰英：《提升社会主义核心价值体系的文化软实力》，《中国特色社会主义研究》2008年第4期。

荣辱观的提出，倡导尊重劳动、艰苦奋斗、公平正义、团结互助、遵纪守法等价值标准，使世人如沐道德的春风。社会主义荣辱观明确指出什么是真善美、什么是假丑恶，为全体社会成员判断行为德行、做出道德选择、确定价值取向，提供了基本行为规范和价值准则。这对强化人们对主流规范的认同，塑造民族健康的道德品质，形成强大的道德批判力和良性社会舆论提供了前提。

总之，中国共产党提出建设社会主义核心价值体系是对中国发展道路和模式的总结和理念彰显，其建设实践能够夯实我国社会资本的价值基础、为社会成员普遍信任提供精神动力，也是提升我国文化软实力和综合国力的必由之路，这就是以往研究容易忽视的核心价值体系建设在战略上的重大意义。

三 社会主义核心价值体系与道德建设的关系

社会主义核心价值体系的提出已经有七八年的时间，但其建设的路程将是漫长而艰巨的，如何实现上述三大战略意义则应该成为学术界和主管部门思考和讨论的重点。因而本书一方面主张发挥核心价值体系的引领作用以促进社会的思想道德建设，另一方面侧重于以道德领域的建设来培育和践行社会主义核心价值体系。

（一）社会主义核心价值体系对道德建设具有指导价值[①]

社会主义核心价值体系是当前我国具有普遍认同性的价值指导体系，也是国家社会发展的重大战略举措。它的提出、凝练和践行对思想文化建设和道德建设具有重大的引领和指导作用，其对道德建设的指导作用主要体现在以下几个方面：

首先，社会主义核心价值体系为道德建设引领方向和规定任务。马克思主义作为社会主义核心价值体系的灵魂，为社会主义道德建设提供了根本的立场、观点和方法。用马克思主义理论指导道德建设，既体现理论引领道德建设发展的正确方向，又能在充分尊重差异、包容多样的基础上最

[①] 关于社会主义核心价值体系对道德建设的指导作用部分内容，转引自龙静云《社会主义核心价值体系引领道德建设论纲》，《华中师范大学学报》（人文社会科学版）2011年第6期。

大限度地形成社会的思想共识，体现道德建设的现实性和针对性，确保道德建设广泛性的要求得以体现，使社会主义道德先进性的导向获得广泛认同。

其次，社会主义核心价值体系为道德建设创设价值动力。建设经济富强、政治民主、文化文明、社会和谐的社会主义现代化国家，必须使全民族有共同理想和追求。中国特色社会主义是中国社会的历史选择，是中华民族实现伟大复兴的必由之路，是现阶段我国各族人民的共同理想，反映了全体人民的共同愿望和根本利益，是当代中国发展的方向和目标，实践证明，中国特色社会主义无论是理论还是实践都具有广泛的社会共识和令人信服的必然性、广泛性和包容性，用这一目标引领道德建设，使其反映这一目标要求的规定性内容，引导人们摆正个人与集体、国家的关系，正确处理个人与社会、竞争与协作、先富与共富、经济效益和社会效益的关系，确立全体公民普遍认同和自觉遵守的行为准则，会使公民的道德自律意识由于目标的认同而更加自觉和主动，道德实践活动由于方向的确认而更加规范和正确，这是道德建设的现实性要求和正确选择。毋庸置疑，社会主义道德建设有了中国特色社会主义这一核心价值的引领和整合，将会产生广泛认同的合力，从而形成思想道德推动力，成为综合国力的价值推动力。

再次，社会主义核心价值体系为道德建设提供文化源泉。以爱国主义为核心的民族精神和以改革创新为核心的时代精神，是我国文化的民族性和时代性的集中表现，道德建设要弘扬和凸显这种民族性和时代性要求。由于不同思想文化的相互影响和相互渗透，当代人们的生活方式、价值取向日益呈现多元化和复杂化，人们的思想活动及道德选择日益具有独立性、选择性、多变性和差异性，这种客观情形不能任其随意发展而必须加以引领，使其获得正面的效应以利于社会的健康发展。道德建设只有根植于有着深厚文化底蕴的民族精神和时代精神的丰厚沃土，才能获得巨大的向心力和凝聚力，道德的规范性和约束性力量才能在广大群众的道德认知和道德实践中产生积极的作用。

最后，社会主义核心价值体系为道德建设奠定心理基础。以"八荣八耻"为主要内容的社会主义荣辱观，是当前我国在社会转型期明是非、辨善恶、识美丑的道德评判准绳。倡导和宣传"八荣八耻"，必将在社会上下形成良好的社会风气，进而影响人们的道德认知道德判断和道德行为，为社会主义道德建设提供良好的心理氛围和现实基础。

（二）道德建设对核心价值体系建设具有促进作用

道德，是具有广泛性的社会规范，与每一个人的生活息息相关。通过道德以及舆论的传播机制、道德的教化和渲染功能，能够促使社会主义核心价值体系向纵深传播、内化、扩散和践行，因而道德建设对核心价值体系建设具有促进作用。

首先，思想道德文化是社会主义核心价值体系有效的传播手段。社会主义核心价值体系是国家和社会发展的重大战略目标，是对中国长期的发展道路、制度体系、实践经验以及价值理念的总结，其内涵是复杂的，体系是庞大的，而且带有浓厚的意识形态色彩。正因如此，人民群众对核心价值体系以及其所透露的中国发展理念仍不够了解和熟悉。因而需要大众文化作为媒介进行传播和内化。各种形态的思想文化方式可以以生动活泼、丰富多样的传播内容和形式提升人民大众对核心价值体系的知晓度、熟悉度、满意度和认同度，使人们在熟悉和理解中国发展模式的具体内涵和精髓的基础上，逐步认同、接受、内化，最后能够自觉地将国家发展道路和模式映射到个体自身的行为实践和价值理念上，即人们在了解和熟悉之后，又需要经历内化和外化过程，实现个体价值与社会价值的统一，实施与核心价值体系要求相适应的个体行为。

其次，道德建设也是生成和提升我国社会资本，凝聚共同理想目标的基本途径。一个组织或国家社会资本的维系、生成和积累需要凭借相互信任、群体认同以及和谐关系的支撑。核心价值体系所包含的民族精神和时代精神以及共同的理想等内容，可以为内部成员和谐关系的构建及团结协作提供价值基础和文化根基。但核心价值体系本身是一个静态的理论体系，它不能自发生成社会的信任和成员的认同，这些又是构成社会资本的内在因素。所以，必须通过道德传播和诚信关系构建，即通过各种道德措施和文化建设促进个体之间、组织之间的信任关系，提升人们对社会命运共同体、利益共同体的认知，使得全体社会成员在了解我国的精神文化实质的基础上，自觉秉承共同的文化精神和行为习惯。只有全社会能够共享核心的价值理念才能形成思想文化的合力、社会发展的合力。而核心价值体系的共享和共同理想的树立需要道德建设的支持，如人际和谐关系的构建、社会诚信建设、个体道德文明的提升等。

最后，道德建设和社会主义核心价值体系践行都是当前提升我国文化软实力的重要路径。道德和价值同属于文化的范畴，道德是文化的具体形态和建设途径，而价值则是文化的核心问题。当前，我国各种价值思潮风起云涌、此起彼伏，多元价值冲击的现状恰恰说明核心价值体系主导地位凸显的必要性和重要性，也充分说明我们必须以提升文化软实力来增强国家意识形态的安全。但是，社会主义核心价值体系的践行是一个合力的过程，它需要借助思想文化的各项内容和机制。思想道德作为大众化的传播和教化机制，使得党和国家重大战略能够以隐性的教化方式、灵活多样的形态展示给普通民众，以增强核心价值体系的吸引力和影响力。另外，文化软实力的提升必须依靠整个民族的凝聚力、战斗力以及民族文化的影响力和吸引力，只有成万上亿的民众都能认知、认同并内化社会主义核心价值观，才能形成巨大的思想合力，才能团结一切可以团结的力量，在建设实践中发挥出惊人的活力和动力。

四　社会主义核心价值体系引领道德建设的必要性

社会主义核心价值体系的提出已经有几年的时间，人们对其接触和认知已经在逐步提升，无论是媒体宣传还是学术探讨，抑或民众培育和践行，社会主义核心价值体系建设和核心价值观建设已经进入高潮阶段。但我们通过调查也发现，一方面，不同社会群体对于核心价值体系及其内容的认知和认同还存在较大的差异，这充分表明社会主义核心价值体系的践行是一个漫长的过程，需要思想文化建设的各项机制推动核心价值体系的扩散和内化；另一方面，道德领域的一些问题比较突出，人们希望通过核心价值体系的培育和践行，从深层次上促进我国社会一些道德问题的解决和良性伦理秩序的建构。

（一）实证调查的基本信息

为了获取有关民众对核心价值体系和道德建设的第一手资料，课题组组织了全国范围的问卷调查，本节简要介绍调查数据的来源、调查的组织实施情况、被调查对象的基本信息等，以为进一步的深入分析打下基础。

1. 调查问卷的组织与实施

2010年6—11月，课题组组织实施了"社会主义核心价值体系引领我国道德建设研究"问卷调查。调查地涉及浙江、广东、湖北、新疆等13个省（自治区），共发放问卷1200份，回收1109份，回收率为92.4%，经过初步筛选、甄别，以及录入时的辨认，有效问卷为1060份，问卷有效率为95.6%。问卷调查的方式为抽样调查，采取随机抽样和系统抽样相结合的途径进行。

问卷调查的对象设定为青年学生（主要为大学生）、公务员、企业人员、乡村村民、社区居民五大群体类型。调查问卷的内容分为七个部分：基本信息、社会主义核心价值体系建设现状、公民道德建设现状、社会主义核心价值体系引领我国道德建设、社区道德建设、选做题和主观题。（见附录）问卷回答的设计时间为45—90分钟。

2. 被调查者的基本情况

2010年11—12月，课题组组织专业调研人员对问卷进行录入，并运用SPSS17.0软件对所有的调查结果进行分析（有些数据在呈现方式上利用了Excel作为制图工具），调查对象的基本信息如下：

（1）被调查对象五大类型的比例。原本设计每类调查对象的样本容量为200人，但是受实际调查的条件限制以及问卷有效性的影响，最后农民、企业员工、社区居民、学生、公务员的有效样本分别为189份、228份、190份、242份和206份（频率依次为17.9%、21.6%、18.0%、22.9%、19.5%），共1055份，另外5份没有作答何种群体类别。样本的类型分布基本符合原初的调查样本设计。

（2）被调查对象的性别与年龄构成。被调查的男性516人，占总样本的50.3%，女性为509人，占总样本的49.7%，基本符合我国最近一次人口普查有关男女比例构成的数据。[①] 这说明我们的调查具有较高的可信度。被调查者的年龄基本分布在14—40岁，这一区间的比例占被调查者总数的3/4，累计比率为75.2%，见表1-1。

---

① 2011年4月28日由中华人民共和国国家统计局公布了《2010年第六次全国人口普查主要数据公报》（第1号）指出："大陆31个省、自治区、直辖市和现役军人的人口中，男性人口为686852572人，占51.27%；女性人口为652872280人，占48.73%。"

表1-1　　　　　　　　被调查对象的年龄分布频率

年龄	频数	有效百分比（%）	累积百分比（%）
14岁以下	9	0.9	0.9
14—28岁	484	46.1	47.0
29—40岁	297	28.3	75.2
41—60岁	230	21.9	97.1
60岁以上	30	2.9	100.0
合计	1050	100.0	

说明：(1) 缺失值为10，以下图表的数据如果符合相关统计规定，不再单独对缺失值加以说明。

(2) 此表为笔者根据课题组的调研资料绘制，以下章节未加说明的图表均为笔者绘制。

（3）被调查对象的政治面貌构成。在被调查者政治面貌中，中共党员、共青团员和群众基本上各占1/3（各自的比例为33.7%、35.8%和28.7%，另外民主党派的比例为1.6%），见图1-1。

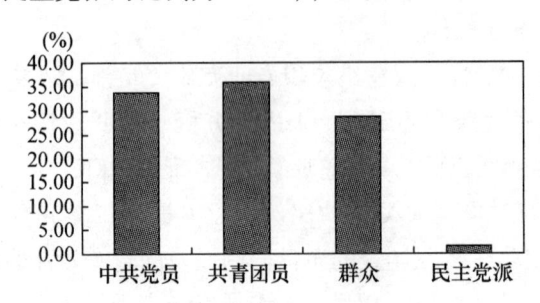

图1-1　被调查对象的政治面貌构成

（4）被调查对象的文化程度。在文化程度上，一半左右的被调查者的文化程度为"本科"，26%的人属于"中学及以下"，"大专"所占据的比例为22%，另有4%的被调查者属于"研究生及以上"教育程度，见图1-2。

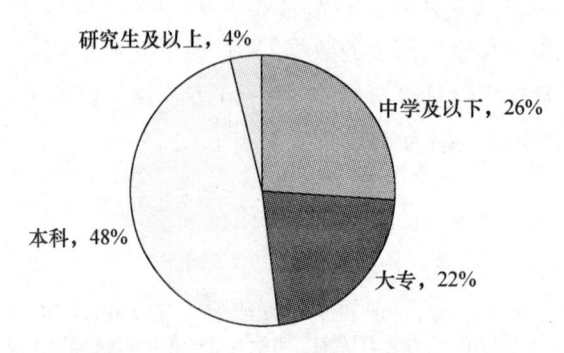

图1-2　被调查对象的文化程度

(5) 被调查对象的居住地状况。"居住场所"的统计显示,"大城市""中等城市""农村"的被调查者几乎各占25%左右,"城镇"在20%以下(见图1-3),这一趋势非常有利于进行对比性分析。

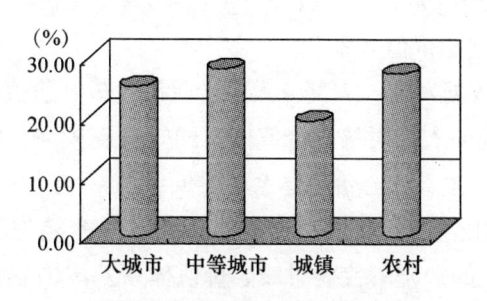

图 1-3 被调查对象居住地分布

以上基本信息显示本次调查基本符合最近人口普查的相关数据,也比较符合人们常识的判断,并且调查分析的相关流程也符合统计学的规定,因而调查结果具有较高的信度和效度。

(二)社会主义核心价值体系建设现状的描述统计分析

我们分别从知晓度、认同度和满意度来分析社会主义核心价值体系建设现状。因为知晓度是社会主义核心价值体系建设的基础,是形成情感、意志、信念和行为的起点和前提;认同度是核心价值体系建设的动力,是核心价值体系建设得以开展的有力保证;而满意度是人们对核心价值体系建设的评价,直接影响人们对核心价值体系的进一步践行状态。

1. 社会主义核心价值体系内容的总体知晓情况

社会主义核心价值体系提出以来,人们通过多种途径逐渐了解和熟悉核心价值体系,对于构建社会核心价值具有充分的认识。但也要清醒地认识到,若要达到核心价值体系真正刻在人们心中,还有一段相当长的历程。

首先,对"核心价值体系"的战略知晓度较高。关于对"核心价值体系"的了解程度。核心价值体系构建被提上国家战略地位之后,通过多种传播媒介进入大众视野。调查发现,60.5%的人们"非常了解"或者"基本了解"社会主义核心价值体系,还有30.8%的人"不太了解,较模糊",4.9%的人虽然不了解,但是"听说过",仅有3.8%的人"没有听说过"。

关于核心价值体系的知晓途径。人们通过多种传播媒介了解到核心价值体系及其基本内容,其中排在第一位的是书本,占 1/3 (38.0%),通过"电视"和"报纸杂志"了解的排居第二、第三位,比例分别为 25.0% 和 16.6%,其后依次是通过"网络"、"听报告"、"交谈"和"其他",比例分别是 5.7%、5.0%、3.5% 和 0.2%,在这一栏中有 6.0% 的人"没有听说过核心价值体系"。

从上述两组数据发现,大部分人至少听说过核心价值体系,没有听说的在 6% 以下,说明人们对核心价值体系的知晓度较高,绝大多数的人开始知晓并关注社会主义核心价值体系建设问题。

其次,不少社会成员对核心价值体系基本内容熟识度有待提高。对"核心价值体系"的知晓不代表对核心价值体系基本内容及其关系和结构的熟识,这充分说明从"知晓到熟识",核心价值体系建设依然有很多工作要做。

关于核心价值体系基本内容的熟识度。虽然党的多次代表大会和多份文件已经明确将社会主义核心价值体系的基本内容公布为"马克思主义指导思想、中国特色社会主义共同理想、以爱国主义为核心的民族精神和以改革创新为核心的时代精神、社会主义荣辱观"四项。调查发现,只有 30% 的人知道"科学发展观"不属于核心价值体系的基本内容,还有高达 21.0%、20.7% 和 17.9% 的人误认为"中国特色社会主义共同理想"、"马克思主义指导思想"、"社会主义荣辱观"不属于社会主义核心价值体系的基本内容。这也说明核心价值体系的基本内容要么没有得到准确的传播,或者因内容字数较多而并未被很多人熟悉和识记。具体见表 1-2 和表 1-3。

表 1-2　　对不属于"核心价值体系基本内容"的辨析度　　单位:%

	社会主义荣辱观	马克思主义指导思想	科学发展观	中国特色社会主义共同理想	民族精神和时代精神	合计
乡村村民	21.0	18.2	36.5	14.4	9.9	100.0
企业员工	20.8	20.8	22.2	20.4	15.8	100.0
社区居民	13.4	22.6	30.6	24.7	8.1	100.0
学生	21.5	21.9	21.9	28.7	5.9	100.0
公务员	11.5	19.4	42.4	14.7	12.0	100.0
合计	17.9	20.7	30.0	21.0	10.3	100.0

表1-3　　　　　对"核心价值体系灵魂"的熟识度统计　　　　单位:%

	民族精神	时代精神	中国特色社会主义共同理想	马克思主义指导思想	社会主义荣辱观	合计
乡村村民	27.5	21.4	26.4	15.4	9.3	100.0
企业员工	23.3	16.3	40.5	10.1	9.7	100.0
社区居民	34.9	18.0	26.5	15.9	4.8	100.0
学生	33.9	25.1	18.0	13.0	10.0	100.0
公务员	31.8	10.9	29.9	18.9	8.5	100.0
合计	30.3	18.5	28.2	14.5	8.6	100.0

关于核心价值体系内容的基本结构。党的一些文件及其权威文章都把"马克思主义指导思想"看作核心价值体系的灵魂,认为"中国特色社会主义共同理想"是主题、"以爱国主义为核心的民族精神和以改革创新为核心的时代精神"是精髓、"社会主义荣辱观"是基础。但是调查发现,人们对核心价值体系内容的结构和层次并没有那么清晰,例如在询问"您认为社会主义核心价值体系的灵魂是?"这一问题时,只有14.5%的人能够准确回答"马克思主义指导思想",而回答"民族精神"(比例为30.3%)、"中国特色社会主义共同理想"(比例为28.2%)、"时代精神"(比例为18.5%)的比例和人数都高于或远远高于回答"马克思主义指导思想"的比例和人数,见表1-3。

2. 核心价值体系构建的总体认同态势

与知晓度不同的是,人们对于构建核心价值体系的必要性有积极的认识和共识,同时对核心价值体系建设颁布的四项基本内容认同度很高。

(1)对构建核心价值体系必要性的认同度较高。人们对于社会价值现状以及核心价值体系构建都有较为积极主动的认识,这从人们对党提出这一战略的响应以及人们对一个社会核心价值观的看法就能得出结论。具体见表1-4。

上述数据说明,一方面,人们普遍认为党提出核心价值体系建设战略必要而及时。在回答党的十六届六中全会决议要建立社会主义核心价值体系是否必要和及时时,超过一半的人高度认同(选择"十分必要和及时"的比例高达51.6%),另外,还有33.1%的人认为"比较必要"(另12.4%的人认为"有点必要",只有2.2%的人认为"基本没必要",认为

"完全没必要"的人只占0.7%），这充分说明人们对于核心价值体系建设的呼唤，说明党提出要建设核心价值体系这一理念是深入人心的，是及时的，也彰显了人们高度认同构建核心价值体系这一战略，见表1-4。

表1-4　　　　对核心价值体系建设战略必要性的认识　　　　单位:%

	十分必要和及时	比较必要	有点必要	基本没必要	完全没必要	合计
乡村村民	44.3	35.5	16.9	2.2	1.1	100.0
企业员工	54.0	30.1	12.8	1.8	1.3	100.0
社区居民	47.6	35.3	14.4	2.7		100.0
学生	46.3	39.3	10.3	3.3	0.8	100.0
公务员	65.8	24.8	8.4	1.0		100.0
合计	51.6	33.1	12.4	2.2	0.7	100.0

另一方面，大部分人认同一个国家或社会应该有自身的核心价值观。高达92.6%的人"完全同意"或"基本同意""任何社会和国家都应该有它自己的核心价值观"，只有1.1%的人"不同意"这一观点，"坚决不同意"的比例更少（仅为0.4%）（见表1-5）。这些数据都充分说明核心价值体系建设势在必行，人们高度认同核心价值体系建设的开展（见表1-5）。

表1-5　　　　对国家和社会应该有自身核心价值观的认同　　　　单位:%

	完全同意	基本同意	部分同意	不同意	坚决不同意	合计
乡村村民	48.4	37.0	10.9	2.2	1.6	100.0
企业员工	59.3	32.7	6.6	1.3		100.0
社区居民	45.0	49.2	4.8	1.1		100.0
学生	62.0	33.9	2.9	0.8	0.4	100.0
公务员	67.6	27.0	4.9	0.5		100.0
合计	57.0	35.6	5.8	1.1	0.4	100.0

（2）对社会主义核心价值体系四项基本内容的认同度也很高。不仅

如此，对于核心价值体系的四项基本内容，大部分的人都给予了积极的评价，这充分反映了我党将这四项基本内容纳入核心价值体系的正确性和远见性。

对"马克思主义指导思想"的认同。56.3%的人认为马克思列宁主义"没有过时"，还有17.6%的人更是认为"永远不过时"，只有2.3%的人认为马列主义"完全过时"，9.5%的人认为"基本过时"。在回答马克思主义是真理还是谬误时，近一半的人认为马克思主义是"科学真理"（比例为49.1%），还有27.5%的人认为马克思主义"基本上属于真理"，只有2.0%的人认为马克思主义"含有不少错误因素"，而认为马克思主义"完全是谬误"的人少之又少（仅为0.8%）。

对"中国特色社会主义共同理想"的认同。在回答"您同意中国特色社会主义是全国各族人民的共同理想吗"时，近七成的人表达赞同的态度，只有6.2%的人不赞同这一观点，仅有0.4%的人表示"坚决反对"。同时，大部分人对于我国能否成功建设中国特色社会主义有信心，这一比例为74.3%。也有近70%的人赞成"中国特色社会主义共同理想是历史和人民的选择"。

对"以爱国主义为核心的民族精神和以改革创新为核心的时代精神"的认同。通过调研发现，近八成的人认为自己"爱国"或者"极其爱国"。也有高达83.7%的人"非常强烈"或"强烈"希望国家和平统一。83.3%的人认为在众多时代精神中，改革创新"非常应该"或"应该"成为时代精神的核心。这些数据都说明人们对民族精神和时代精神的认同度很高。

对"社会主义荣辱观"的认同。有65.3%的人"非常赞同"或"赞同"把"八荣八耻"作为我国社会生活的主流荣辱观，而"有点不赞同"和"完全反对"的比例分别仅为5.4%和1.1%。

从上述数据可知，无论是核心价值体系建设战略本身，还是核心价值体系基本内容，大部分的人都给予极高的认同度，这充分证明核心价值体系建设开展得及时而深入人心。

不仅如此，大部分的人认为核心价值体系建设重要且必要，并且大多数民众对当前的社会主义核心价值体系建设状况也表示"非常满意"或"基本满意"，两者的比例分别为8.7%和41.2%，当然，我们也看到有30.2%的人仅仅表示"比较满意"，还有17.0%的人表达"不满意"，

2.9%的人认为"非常不满意"。无论是满意还是不满意,都说明人们对核心价值体系建设的呼声很高。

(三)社会主义核心价值体系深入推进的必要性

调查发现,从总体上说,人们对核心价值体系的知晓度、认同度和满意度都比较高,这充分说明迄今为止,核心价值体系建设状况总体是良好的。但是我们基于群体的调查数据发现,各个群体之间对核心价值体系建设的知晓度和满意度等方面还存在不少差距。

1. 核心价值体系建设的群体差异

总体认知度、认同度和满意度虽然取得了令人满意的效果,但是另外一个现象也是引人关注和思考的——如果把总体细分为乡村村民群体、企业员工群体、社区居民群体、学生群体和公务员群体五大群体的话,这些群体在很多指标上都存在差距。

一是知晓度的群体差异,见表1-6。在回答"您是否了解社会主义核心价值体系"时,60.5%的人"非常了解"和"基本了解"社会主义核心价值体系,但是,乡村村民群体的这一比例仅为26.0%(其中,"非常了解"的村民仅为1.1%,"基本了解"的比例为24.9%),说明对核心价值体系了解的乡村村民的比例只占村民数的1/4左右。这一比例在所有群体中都是最低的,且没有达到总体平均比例的一半。另外还有近六成的村民"不太了解"或"不了解"核心价值体系,高达15.1%的乡村村民"没有听说过"核心价值体系,而公务员群体中只有0.5%的比例。

表1-6　　群体类型与核心价值体系知晓度的交叉分析　　单位:%

	非常了解	基本了解	不太了解,较模糊	不了解,但听说过	没听说过	合计
乡村村民	1.1	24.9	43.8	15.1	15.1	100.0
企业员工	9.0	53.4	33.6	3.1	0.9	100.0
社区居民	7.4	55.8	30.0	4.2	2.6	100.0
学生	12.0	55.8	28.5	2.1	1.7	100.0
公务员	11.7	66.8	19.5	1.5	0.5	100.0
合计	8.5	52.0	30.8	4.9	3.8	100.0

群体知晓度的差异不仅体现在对"核心价值体系"建设战略的知晓度,也体现在核心价值体系基本内容的知晓度上。如表1-7所示,乡村村民群体"基本能背诵""八荣八耻"内容的比例均为总体比例的一半左右;反之,乡村村民"听说过,但不能背诵"的比例却是总体比例的近两倍。另外,公务员群体对"八荣八耻"的熟悉度最高,他们"背得非常熟"以及"基本能背诵"的比例达到62.9%。

表1-7　　　　群体类型与对"八荣八耻"的熟悉程度　　　　单位:%

	背得非常熟练	基本能背诵	仅能记住一两点	听说过,但不能背诵	没有听说过	合计
乡村村民	5.4	20.5	31.4	38.4	4.3	100.0
企业员工	6.7	48.0	25.8	17.8	1.8	100.0
社区居民	10.0	34.7	33.2	21.1	1.1	100.0
学生	10.9	35.3	29.4	23.9	0.4	100.0
公务员	9.4	53.5	26.2	10.9	0	100.0
合计	8.6	38.8	29.0	22.1	1.4	100.0

二是知晓途径的群体差异,见表1-8。人们了解核心价值体系的途径不尽相同,某些群体有相对单一的主流渠道来获得有关核心价值体系建设的相关信息。乡村村民们基本上依靠电视(比例为41.1%)得知核心价值体系的信息,而学生主要通过书本(比例为59.5%)来获取相关信息。而企业员工群体获取信息的途径相对多样,他们通过书本、电视和报纸杂志都占有20%以上的比例。

表1-8　　　群体类型与核心价值体系的知晓途径的交叉分析　　　单位:%

	书本	报纸杂志	电视	听报告	网络	交谈	没有听说过	其他	合计
乡村村民	19.5	10.3	41.1	1.1	2.2	8.6	17.3	0	100.0
企业员工	31.7	20.3	29.1	6.6	6.6	1.8	3.5	0.4	100.0
社区居民	36.7	17.6	28.2	5.9	6.4	2.1	2.7	0.5	100.0
学生	59.5	9.5	13.6	3.3	5.4	2.9	5.8	0	100.0
公务员	37.3	25.9	16.4	8.0	7.5	3.0	2.0	0	100.0
合计	38.0	16.6	25.0	5.0	5.7	3.5	6.0	0.2	100.0

2. 核心价值体系认知差异的启示

鉴于人们都普遍认同核心价值体系建设的必要性，我们应该乘势而上，进一步加快核心价值体系的个体内化和践行进程。这是思想文化建设大有可为之处，通过开展人民群众喜闻乐见的精神文明实践活动，促进国家战略深入个体内心，促使其产生强烈的认同感，并化为积极的行动。

（四）社会主义核心价值体系与道德建设关系的实证分析

要以社会主义核心价值体系引领我国道德建设，是基于两个方面的因素：一是社会主义核心价值体系在整个思想文化中的地位和作用，二是当前我国道德建设出现的一些问题。在面临这些当代道德问题时，人们在积极思考其背后的深层次原因，并将焦点定格在价值体系和价值理念上。

1. 当前我国道德建设面临的种种问题需要发挥社会主义核心价值体系的引导作用

当前，我国道德建设所面临的问题有：市场经济进入风险社会，信用危机频发（如"三鹿毒奶粉"事件）；社会主义道德（乃至所有的道德体系）面临新的挑战，如"陌生化社会"的到来、生物基因工程的突破、虚拟空间的扩展等；经济全球化对民族国家的冲击使人们的国家观念和民族情感有可能慢慢淡化；社会主义陷入低潮使一部分国人甚至包括某些党的领导干部对社会主义理想和信念发生动摇，同时也使得一部分人逐渐丧失对道德理想和高尚人格的追求；西方思潮泛滥使主流道德观影响减弱，所谓普世价值观和道德观的理论曾一度流行，给人们的思想和道德认识造成了极大的混乱；权力腐败现象和官民冲突时有发生使老百姓对政府道德权威的怀疑不断加剧，领导干部的道德影响力严重下滑，等等。如何用一种具有充分说服力和凝聚力的核心价值体系指导人们去迎接挑战，解决矛盾，走出困境，这是道德建设实践提出的新要求。

课题组的调查发现，第一，我国的道德水平和公民的道德素质有待进一步提高，与发达国家相比还有一定的差距。49%的受访者认为我国公民的道德现状与发达国家相比"较差"，而认为"比较好"和"很好"的只有25.2%，见表1-9。第二，道德对于公民的规范和制约功能正在弱化。33%的人认为道德的功能在弱化，与认为道德功能在强化的人数一样多。同时虽然有42%的人对社会上一些道德败坏现象"深恶痛绝"，但也有23.3%的人"有不好的感觉，但是无可奈何"。第三，金钱至上的观念在当前社会正在逐步强化。如只有30.6%的人"不同意"和"坚决不同意""有钱就能办到一切"的观点,见表1-10。第四,社会失信状况比较严重,如调查发现只有16.9%的人"不同意"或"绝不同意""老实人容易吃亏"的观点,换句话说有83.1%的人完全同意或者部分同意这一观点。因而对于社会总体诚信状况进行评价时,47.4%的人认为"一般",同时有18.9%的人认为"较差",见表1-11,等等。

表1-9　　　　我国公民道德状况与发达国家相比　　　　单位:%

	很好	比较好	差不多	较差	很差	合计
乡村村民	7.6	22.8	29.9	35.3	4.3	100.0
企业员工	5.7	23.8	15.4	47.6	7.5	100.0
社区居民	1.6	15.9	22.2	51.3	9.0	100.0
学生	6.7	13.0	18.8	55.2	6.3	100.0
公务员	1.5	27.7	13.1	53.4	4.4	100.0
合计	4.7	20.8	19.5	49.0	6.3	100.0

表1-10　　　　对"有钱就能办到一切"观点的看法　　　　单位:%

	完全同意	基本同意	部分同意	不同意	坚决不同意	合计
乡村村民	12.4	26.5	26.5	23.8	10.8	100.0
企业员工	9.7	27.4	37.2	18.1	7.5	100.0
社区居民	7.5	26.7	39.0	20.3	6.4	100.0
学生	14.7	20.2	36.1	21.8	7.1	100.0
公务员	8.3	16.0	37.9	30.1	7.8	100.0
合计	10.7	23.2	35.5	22.7	7.9	100.0

表1-11　　　　对当前社会诚信的总体评价　　　　单位:%

	很好	比较好	一般	较差	很差	合计
乡村村民	8.2	23.1	49.5	15.4	3.8	100.0
企业员工	5.3	30.1	41.6	18.1	4.9	100.0

续表

	很好	比较好	一般	较差	很差	合计
社区居民	3.7	21.4	51.3	22.5	1.1	100.0
学生	11.3	20.1	48.1	18.4	2.1	100.0
公务员	1.5	25.9	47.3	20.0	5.4	100.0
合计	6.2	24.2	47.4	18.9	3.5	100.0

2. 对于是否要以核心价值体系来引领道德建设进行道德问题治理具有较高的认同度

基于对当前道德领域一些问题及其危害的认识，被调查者普遍认为，要从国家战略和民族深层的价值理念入手展开社会道德建设。首先，社会主义核心价值体系在整个思想文化领域中具有统领作用决定着其对道德建设亦具有统领作用。一方面，社会主义核心价值体系作为社会意识形态或上层建筑，本来就是社会主义文化建设的核心，是社会主义精神文明的重要内容，是维护社会主义制度长治久安的内在规定性。另一方面，社会主义核心价值体系集中体现了社会主义国家的理想信念，价值标准和道德规范，是社会主义制度、社会主义社会的精神内核。没有社会主义核心价值体系的导引，社会的理想信念、思想文化发展以及人际关系建构很可能会迷失方向。特别是在我国经济体制深刻变革、社会结构深刻变动、利益格局深刻调整、思想观念深刻变化的新情况下更是如此。因而只有建设具有广泛感动力和深刻说服力的社会主义核心价值体系，才能引领和整合思想观念和社会思潮，抵御西方腐朽文化的侵蚀，形成全民族奋发向上的精神力量与团结和睦的精神纽带。所以，我们的调查也发现，对于"社会主义核心价值体系在我国思想文化领域居最核心地位"这一观点的认知，63.6%的人认为"非常正确"或"基本正确"。只有6%的人认为"基本不正确"或"完全错误"，见图1-4。

其次，基于核心价值体系的重大作用，人们认识到道德建设的进行必须要有一个科学合理、普遍有效的道德价值体系存在，这是一个先决条件，只有这个条件存在，道德建设才不会失去方向和取得实践效果。否则，没有一个普遍认同的价值指导体系，道德建设就会失去正确方向；评价道德建设的标准就会混乱；道德建设就会无效而终。受访发现，56.3%的人认为社会主义核心价值体系能够引导我国道德建设，同时还有

35.0%的人持基本肯定的态度。这说明人们对这一问题的高度认同,见图1-5。

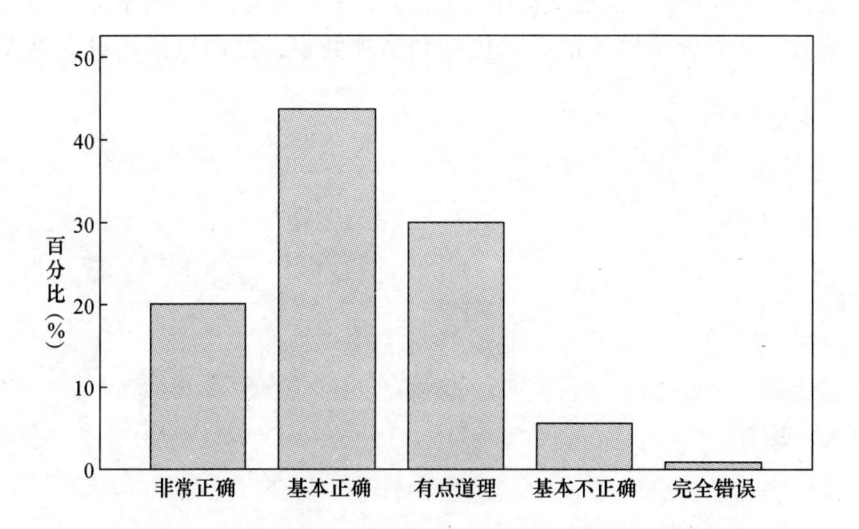

图1-4 对"核心价值体系在我国思想文化领域居最核心地位"的认同

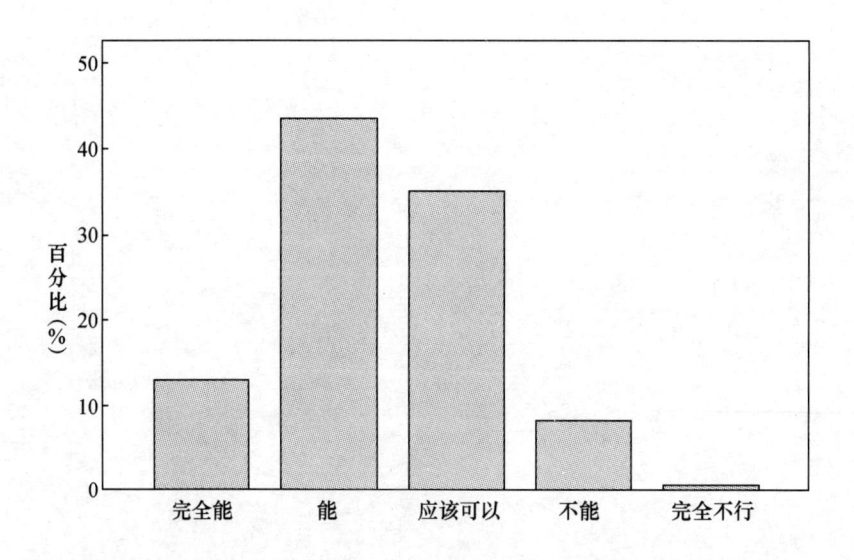

图1-5 对"社会主义核心价值体系能否引导我国道德建设"的认同

综上可见,以社会主义核心价值体系引领道德建设,不仅是社会主义核心价值体系建设深入到思想文化道德建设当中的需要,也是我国当前社会道德建设实践状况所需。开展这一课题的思索和探讨，一方面，有利于推进社会主义核心价值体系本身研究的深化，有利于探讨核心价值体系的功能和作用以及引领思想文化建设的路径；另一方面，有利于借助发挥历史铸就的主流价值体系的资源优势和精神共识，推动道德建设向纵深发展。

第二章　社会主义核心价值体系引领道德建设的方法论探究

在马克思主义视域中，世界观就是人们关于世界是什么和怎么样的根本观点。而用这种观点为指导去认识和改造世界便是方法论。以社会主义核心价值体系引领道德建设首先需要确立原则性方法和思路，才能为具体方法和路径的确立提供基础，这样方能增强社会主义核心价值体系对道德建设引领的自觉性和有效性。

一　核心价值体系引领道德建设的原则和方法

人的认识和实践活动，总是要以一定的原则为指导。但是，科学的方法原则"不是人的用具，而是自然界和人的规律性的表现。"[①] 也就是说，在人的认识和实践活动中，只有当客体的属性和规律被主体认识并转化为主体的行为准则（在实践活动中可称为实践原则）时，这才构成人的认识与实践活动的客观依据。自然界和人的规律性本身并不构成科学的方法和原则，但它一旦被人认识并被应用于指导人的实践，成为主体行为的准则时，就完成了向实践原则的转化。由此可见，人的实践活动原则是由客观规律所决定的，是对客观规律的正确反映，它可以应用于实践，指导和规范人的实践活动。这种转化和运用是在人的价值目标主导下进行的，是实践主体对认识到了的自然界和人的规律性进行自主能动选择、运用的结果，因此是客观与主观的统一，是客观规律与价值目标的统一。基于此，需要以我国道德体系的本质属性和社会主义道德建设的特点为基本视点，探讨以社会主义核心价值体系引领我国道德建设的原则方法，为我国道德

---

① 《列宁全集》第38卷，人民出版社1959年版，第87页。

建设提供有效的方法论指导。当前，在原则方法上必须坚持如下"五个统一"以指导引领活动：坚持马克思主义道德理论的创新品格与实践品格的统一、坚持价值观引领的主导性与多样性的统一、坚持道德规范的理想性与现实性的统一、坚持道德体系建构的历史传承与现实创新的统一、坚持道德发展的民族特性与世界性的统一。

（一）马克思主义创新品格与实践品格的统一

在用社会主义核心价值体系引领道德建设的过程中，首先要把握马克思主义道德理论的创新品格与实践品格的统一，解决新问题。

马克思曾把人类把握世界的方式分为四种，即科学理论的、艺术的、宗教的和实践精神的。作为一种特殊的社会价值形态，道德是人们以善恶评价的方法进行行为调节的规范手段，也是人类自我完善的一种实践精神。"道德，不论是作为社会意识形式的道德规范和价值标准、个人素质的道德品质或德行，还是作为两者的现实表现形式的社会道德风尚，从来都不是自然生成的，而是人的实践的产物。"[①] 道德以实践的方式来把握世界，离开了实践，道德便成为无源之水、无本之木。

实践不是给定的不变状态，而是一个包含受动性与创造性于自身之内的矛盾统一体，是一个自我运动、自我发展的总体。实践的这种超越性决定了道德和道德理论也必然是发展的，具有面向未来的品格。从历史的角度讲，并不存在什么永恒的道德，道德本身是在不断发展和变化的。因为："人们自觉地或不自觉地，归根结底总是从他们阶级地位所依据的实际关系中——从他们进行生产和交换的经济关系中，获得自己的伦理观念。"[②] 实践的发展必然会带来人的道德观念的变化。因此，道德理论来源于人类的实际生活和生产实践，但绝不仅仅只是对客观现实的简单"临摹"，而是始终贯穿着人类创造的力量和实践品格。道德理论是对实践生活的生动提炼，是群众创造精神的升华，是时代呼唤的产物，也只有贴近实践、指导实践、在实践中不断创新、对人的行为产生出积极的导向和规约作用时才能找到自身存在的根据和意义。

坚持马克思主义道德理论的创新品格与实践品格的统一为原则方法，要求道德建设充分体现实践性。道德建设首先必须适应和把握当前社会生

---

① 钱广荣：《论道德建设》，《道德与文明》2003年第1期。
② 《马克思恩格斯选集》第3卷，人民出版社1995年版，第434页。

活实际和道德状况，认清当前人们的真实道德心理、道德期望和道德水平，只有深入实践，才能做到道德建设的创新和发展。因而，道德建设一方面要研究和遵循道德本身的规律和社会发展的规律，使二者有机地协调起来，切不可违背道德规律和社会发展规律。另一方面要牢牢掌握社会实践和道德实践状况，适应社会发展需要，不断创造性地开创新方法、新阵地、新境界。当然，道德建设不是一味被动地适应，还要引领实践的发展，"一切伟大的伦理学家们的显著特点正是在于，他们并不是根据纯粹的现实性来思考。如果不扩大甚至超越现实世界的界限，他们的思想就不能前进哪怕一步。"① 伟大的伦理学家的思想正是人类道德思想的集中反映，这就表明，道德建设在适应眼前的生产力发展要求和人们的思想道德水平的同时，还应充分表现和反映人类对先进的道德理想和精神文明的追求，对现实生活的一定超越，从而能对现实的实践产生实际的指导作用，引领着实践更自觉、更科学地发展。时代在前进，社会在发展，与时俱进是马克思主义的理论品格，当然也是马克思主义伦理思想的理论品格，唯有坚持实践基础上的理论创新，才能更好地以社会主义核心价值体系引领新的道德建设实践。尤其是在建设创新型国家中的道德建设实践更应如此。

（二）价值观主导性与多样性的统一

在 21 世纪，因为经济全球化趋势的加速，思想文化体系在国际范围内不断碰撞、相互激荡，意识形态领域的斗争日趋复杂和激烈。与此同时，国内伴随改革开放的日渐深入，社会经济成分、组织形式、物质利益、就业方式日益多样化，人们思想活动的独立性、选择性、多变性、差异性明显增强。这一系列变化，在给我国社会和人们的思想带来空前活力的同时，也带来巨大的冲击。现代与传统、新生与腐朽、先进与落后、光明与黑暗、现实与虚拟等依据二值判断被归为水火不容的现象交织、纠缠在一起，人们用多种思维角度思考价值问题，许多新的价值观念得以形成，人的价值观也呈现出多样化的趋势。正如学者所说，"各民族、各地区、各群体的文化对话、交流已成为一种普遍现象。各种价值观念的碰撞、冲突更加激烈，增加了个体价值目标的选择自由度，激发了价值主体个体性特征的张扬，从而使得社会价值多元化更趋于明显。人们不再习惯

---

① 恩斯特·卡西尔：《人论》，上海译文出版社1985年版，第76页。

于一种声音,'嘈杂'成了我们这个时代的一个特征。"① 多元化的价值现状迫切需要社会主义核心价值体系给予正确引导,以形成新的思想精神文化的共识,以凝聚各方力量实现中国社会主义现代化的巨大发展。而在以社会主义核心价值体系引领道德建设时,需要坚持价值观引领的主导性与多样性的统一。

坚持价值观引领的主导性实质是坚持用社会主义核心价值观引导和牵领多样化的价值观,主导和引领整个社会的价值取向,使社会主义核心价值体系的内容成为社会主流的价值取向和评判标准。在不少人看来,因为利益的多元化、社会异质性的增强等社会实践状况所映射的价值多元化是一个必然的趋势,个体与个体之间、个体与群体之间价值观的差异似乎也没有优劣,各种价值观差异并存,似乎又不可通约,甚至彼此冲突、难成共识,这就是韦伯所谓的价值世界中"诸神的斗争",这是一种"没有标准的选择的生命中不能承受之轻的存在主义的焦虑"②。但是所谓"没有标准",其实质并不是真正意义上的"标准"缺失,而是面对多种标准,不少个体无法适应,难以抉择,对于价值观的冲突慢慢丧失了部分甄别力和评判能力,这极易出现精神危机,信仰缺失和意义失落。因此,社会的道德建设需要确立起主导性,如果说文化多元、价值多样产生了所谓"诸神之争"或"诸道冲突"从而妨碍社会整合和价值整合,核心价值观则为我们提供了我们迫切需要寻求的一种新"道",用以落实和安顿我们不断强调的、对个体和集体生死攸关的"德",为我们提供选择依据和价值导向。

坚持主导性的前提却是多样化价值观的客观存在。在传统社会中,由于个体长期受限于狭窄的交往空间,再加上同质化的社会生活和生产活动,容易达成共识性的价值而为大多数成员所认同,并具有较强的制约性。而现代社会中社会结构的改变,社会交往的急剧扩大,使得原先统一的价值世界随之瓦解,领域分化、多元分殊。这是必须承认的一个客观事实。因此坚持主导性不是消灭差异、取消差异,而是在差异中求认同,在包容中求共识。实质上,尊重多样、包容差异、谋求对话是人类文明形成的基础和重要标志,也是当代文明交融和发展的充要条件。面对多样化的

---

① 侯惠勤等:《冲突与整合:如何认识我国社会主义改革实践过程对人们思想的影响》,中国人民大学出版社2004年版,第229页。
② 孙正聿:《属人的世界》,吉林人民出版社2007年版,第151页。

价值观念和价值取向，只有通过有效、畅通、制度化的对话，做到"尊重"和"包容"，才能有效发挥主导作用。只有尊重差异，才能凸显主流价值的重要性以形成社会共识，只有包容多样，才能在思想交融中碰撞出思想共识。因此既要坚持一元主导的统领和引导，又要兼顾人们价值观念多样化的客观性；既尊重差异、包容多样，又有力抵制各种错误和腐朽思想的影响；使各人都能在原有基础上有所前进，达至多样性的统一。在尊重差异中扩大价值认同、在兼容多样中形成价值共识，正所谓"各美其美，美人之美，美美与共，天下大同"（费孝通语）。

（三）道德规范理想性与现实性的统一

任何社会的道德规范都是一定时代社会道德诉求的具体表现，道德规范是理想性与现实性的统一，一方面表达了人们对道德的美好期望，另一方面又是对现实生活实践的伦理观念表现。以社会主义核心价值体系引领道德建设，必须坚持道德规范的理想性与现实性的统一。

"道德是人存在的理想关系状态。道德不是现象的，而是反思的。它是对现实的评价性反映。故，它虽居于现实，却总是指向未来理想。""道德既是 being，又是 doing，becoming。"① 道德作为人类一种反思性的存在，理应是指向未来的，是对道德理想的构建。道德的应然性是道德存在的根本价值和真实意义。所谓"应然"，就是理想的道德，是人们对道德的期望，也是道德"建设"的根据。

"应然"的道德是在现实思考之后形成的，道德建设不能只追求对现实生活的超越，而不顾及和理解人的正常生活需要，不能只停留在纯粹理想的状态，而必须对道德的"实然性"有足够的认识和理解。所谓"实然"就是现实生活的实际现状，就是道德的现实，道德建设的实际情况。因此还"要防止使道德脱离了人类现实生活的整体，仅仅强调其超现实的、理想化的观念性质，而忘记了它首先是人的现实存在形式、生活方式、实践方式之一。如果忘记了这一点，就不可能真正认识道德的历史，更不可能正确估价道德的现实，不能够立足现今社会伦理演进的客观形势，寻求建设新道德的根基。"②

钱广荣指出，"对于道德建设来说，道德作为一种特殊的社会意识形

---

① 高兆明：《伦理学理论与方法》，人民出版社2005年版，第17页。
② 李德顺、孙伟平：《道德价值论》，云南人民出版社2005年版，第23页。

式是'应有'的目标,道德国情是'实有'的基础,从'实有'的基础出发去逐步实现'应有'的目标,才是道德建设应持的方法论原则。"①因此,道德建设应该循着从"实然"到"应然"的理路,坚持走继承、创新、发展的道路。"我们过去对道德国情与道德建设的真实关系缺乏深刻的理解而重视得不够。主要表现在两个方面:一是只立足于现实的经济关系,只从现实的经济关系可能产生的伦理观念出发,思考和设计道德建设的正统文化——道德的原则规范体系和道律教育的内容,把道德国情其他重要的方面丢弃在一边。二是片面强调道德正统文化的超越性特点,以'应有'代替'实有',以'应当'代替'正当'。这是'左'的思想方法在道德建设问题上的表现。"②

"道德是人的内在觉醒,是人的智慧选择,是对现实生活的真实反映和有效引领。脱离生活基础的道德只会成为部分别有用心者口中的肥皂泡——色彩斑斓,越吹越大,最终带给人们的只能是失望和失望之后的叛逆。道德当然应该具有一定的理想色彩,但是它应该是一种生活的理想和理想的生活,必须走'从生活中来,再回到生活'的理性路径,即走'实然—应然—实然'的建设方略"③,在社会主义核心价值体系引领道德建设过程中,必须注意立足人们成长、进步的要求制定相应道德规范,同时结合时代发展要求和规律,用应然的道德规范导引现实道德规范的不断进步。道德规范既源于现实又高于现实,因此,在提炼、选择、实施道德规范时,一要从实然出发去建设应然;二要以应然指导实然,循序渐进;三要鼓励先进又要照顾多数,把先进性要求与广泛性要求结合起来。唯有如此,社会主义核心价值体系引领道德建设才能扎实推进。

(四)道德体系历史传承与现实创新的统一

道德作为社会追求的一种理念、规范和行为总和,主要通过一定的道德体系来体现社会的主流伦理观念和价值追求,因而道德建设需要建构一定的道德体系。道德的实践性决定道德体系的建构也应该具有历史继承性和创新品格,因为任何道德体系的形成都与一定时代、一定的社会实践密切相关,由一定时代的社会实践所催生。"人们自己创造自己的历史,但是他们并不是随心所欲地创造,并不是在他们自己选定的条件下创造,而

---

① 钱广荣:《道德国情论纲》,《安徽师范大学学报》(人文社会科学版)2000年第2期。
② 同上。
③ 杜灵来:《当代中国道德建设实效性研究》,博士学位论文,华中师范大学,2007年。

是在直接碰到的、既定的、从过去承继下来的条件下创造。"① 一切划时代的体系的真正的内容都是由于产生这些体系的那个时期的需要而形成起来的。所有这些体系都是以本国过去的整个发展为基础的，是以阶级关系的历史形式及其政治的、道德的、哲学的以及其他的后果为基础的。道德的实践精神本质决定了道德体系的建构过程必然是历史传承与现实创新的结合。以社会主义核心价值体系引领道德建设也应坚持道德体系建构的历史传承与现实创新的统一。

我国有着悠久而深厚的道德文化传统，传统道德对现代社会道德建设有着根源性和前提性的重要地位，不管人们对它是推崇、褒扬还是厌恶、否定，它都是流淌于我们中国人血脉之中的文化基因。对待传统道德，我们应该本着批判继承、去粗取精、去伪存真、推陈出新的原则，继承其精华，剔除其糟粕，彰显其文明的内核。"任何现代理论或观念都不可能完全建立在缺乏传统文化资源的基础上，对传统的承接和创新往往是新理论得以形成和发展的生长点之一。同时，对传统的依托也绝不是简单的、护卫性的续接，而是创造性的更新与拓展。"② 因此，对传统道德体系的继承必须把传统道德体系中所蕴含的合理的且与现代社会相容的并为现代社会所需求的部分加以大力地弘扬。"告别传统的真正含义应当被理解为超越传统文化和传统道德的既定价值观框架，通过理性的批判重构，实现其由传统向现代的创造性转型，而不是斩断文化和道德的传统命脉。道德的传统不等于传统的道德，前者可以且必须在自我更新和自我调适中求得延伸和发展，是一个民族和社会的文明与文化得以生存和发展的精神支柱；而后者则应当随着时代生活状态的改变而不断地自我更新和自我调整。"③

同时要注意到，道德体系的建构必须随着时代的发展而发展。坚持与时俱进、开拓创新，道德发展过程中出现的负面因素、道德发展的阻力和惰性才能得以消弭，从而使道德体系保持优秀品质，不断提升到新的历史高度，更加鲜活生动，获得更加饱满深刻的现实内涵。因此，在社会主义核心价值体系引领道德建设过程中，我们必须认真把握新情况，研究新问题，分析新矛盾，以创新的精神在实践中不断地提出解决现实问题的新思路、新方法和新对策，促进道德体系和道德建设随着时代的发展而不断

---

① 《马克思恩格斯选集》第1卷，人民出版社1995年版，第585页。
② 万俊人：《美国当代社会伦理学的新发展》，《中国社会科学》1995年第3期。
③ 万俊人：《世纪回眸——"道德中国"的道德问题》，《天津社会科学》2001年第3期。

发展。

　　道德体系的构建"继承"是前提,"创新"是动力,在继承与创新辩证统一过程中道德体系获得发展和进步。社会主义核心价值体系引领道德建设过程中,不能割裂道德体系继承与创新之间的关联性,在热衷于某一环节的同时,放弃对其他环节的建设;不能"谈继承,就过度强调对传统的因循,努力地从前人那里为今天的道德生活寻找根据和佐证;谈创新,则钟情于'拿来主义',对自己的道德国情和文化传统视而不见,在'科学主义'的旗帜下实施起各种各样的嫁接手术"。① 既要反对历史虚无主义和全盘西化倾向,又要反对复古主义、以"新儒学"指导道德体系建构的倾向。总之,按照理论与实践相结合、历史与现实相结合的原则,探索建立与社会主义市场经济相适应、与社会主义法律规范相协调、与中华民族传统美德相承接的社会主义道德体系,应该成为社会主义核心价值体系引领道德建设的基本思路。

(五) 道德发展民族特性与世界共性的统一

　　人类的道德世界是丰富多彩的,道德建设需要立足于自己国家和民族的基本国情和社会现实,在继承传统美德前提下充分汲取人类道德文明的一切优秀成果,既保持民族性,又具有世界性。社会主义核心价值体系引领道德建设要坚持道德发展的民族特性与世界性的统一。

　　道德建设要获得向心力和凝聚力,必须根植于民族特性、民族品格和民族精神之中。以爱国主义为核心的民族精神是社会主义核心价值体系的精髓。民族精神是为民族大多数成员所认同和接受的思想品格、价值取向和道德规范,是民族的心理特征、文化传统、思想感情的综合反映。植根于民族精神、民族特性,道德的规范性作用和道德的约束性力量才能在广大群众认知和行为中产生积极的作用。当今经济全球化、世界多极化、文化多元化,各国所代表的文化在全世界范围内角逐,植根于民族特性进行道德建设是中国文化建设的一个重要原则,这是新形势下提高文化软实力和保证文化安全的需要。我国是一个社会主义国家,道德建设除了要吸取传统道德文化的精华外,还必须保持社会主义性质,尤其是现代社会西方所代表的资本主义意识形态正无时无刻不以各种方式对我们进行渗透,它们企图以思想文化的多元化为借口来否定马克思主义在我国的一元化指导

---

① 杜灵来:《当代中国道德建设实效性研究》,博士学位论文,华中师范大学,2007年。

地位。在国内，也出现一些思潮，宣扬抽象的"普世价值"，"淡化意识形态"，其实质是淡化马克思主义意识形态，是妄图否定社会主义制度，否定中国共产党的领导。道德建设必须始终坚持以社会主义意识形态为主导，坚持爱国主义、集体主义、社会主义主旋律教育，以坚定人们建设中国特色社会主义的共同理想信念。

道德建设植根于民族特性并不意味着盲目排外，在现代社会，必须以宽容、开放心态面对世界各种各样优秀的道德文化，使我国的道德建设始终行进在人类文明大道上。在如何对待外来文化上，毛泽东曾有过非常精辟的论述："中国应该大量吸收外国的进步文化，作为自己文化食粮的原料，这种工作过去还做得很不够。这不但是当前的社会主义文化和新民主主义文化，还有外国的古代文化，例如各资本主义国家启蒙时代的文化，凡属我们今天用得着的东西，都应该吸收。但是一切外国的东西，如同我们对于食物一样，必须经过自己的口腔咀嚼和胃肠运动，送进唾液胃液肠液，把它分解为精华和糟粕两部分，然后排泄其糟粕，吸收其精华，才能对我们的身体有益，决不能生吞活剥地毫无批判地吸收。"[①] 就我国当前的道德建设而言，要用马克思主义的立场、观点和方法，识别、吸取、借鉴人类一切优秀的道德成果。

总之，以社会主义核心价值体系引领道德建设，要在努力传承中华民族博大精深的优秀道德文化，开发挖掘传统优秀道德文化资源的同时，积极吸纳全人类的道德智慧，批判地借鉴和吸收国外优秀的道德文化和资源，整合各种不同的道德资源，不断增强社会主义道德的先进性、解释力和辩护力，以形成在理论上更加完整的道德体系。同时，在广泛吸收国外道德建设经验时，还要努力做到在"和而不同"原则指导下坚持自主创新，坚持积极吸纳与审慎过滤相结合，注意防范和抵御西方消极道德价值观的渗透与侵蚀，从而锻造出一个适应社会主义发展要求，并真正代表全体人民共同生活愿望和价值诉求的、具有历史风范和时代精神的优秀的道德世界。

---

① 《毛泽东选集》第二卷，人民出版社1991年版，第706—707页。

二 核心价值体系引领道德建设的基本方法和途径

人的认识和实践活动，除了要以一定的原则方法为指导，还要运用具体的方法、适当的途径和合适的方式才能得以进行。因此，以社会主义核心价值体系引领我国道德建设的方法论研究，还必须重视基本方法和途径的研究。我们认为，以社会主义核心价值体系引领我国道德建设的基本方法和途径，主要包括渗透的方法和途径、管理的方法和途径、教育的方法和途径、评价的方法和途径、践行的方法和途径。

（一）渗透的方法和途径

这里所指的渗透的方法和途径，主要是指把社会主义核心价值体系的基本内容、理念和要求渗透到社会主义道德体系之中，转化为社会主义道德的理念、要求、内容。

道德建设需要依据一定道德体系和道德规范，而一定的道德体系又蕴含着特定时代的道德理念、道德价值要求，并在一定程度上规定着道德建设的具体内容。社会主义核心价值体系包括马克思主义指导思想、中国特色社会主义共同理想、以爱国主义为核心的民族精神和以改革创新为核心的时代精神、以"八荣八耻"为主要内容的社会主义荣辱观。它是社会主义意识形态的本质体现，其内容涉及人与自然、人与社会、人与人、人与自身关系的价值和道德理解，是在对社会成员诸多道德和价值观念整合和提炼基础上形成的共识。它既是当前中国社会特有的文化、文明的精神实质和显著标志，也是社会赖以维系的精神支柱，还引导着个体的价值理想和道德信念，因此它拥有最广泛的接受者和最深刻的解释力。但是当前人们的思想观念、道德意识、价值取向越来越呈现出层次性和矛盾性。不能因为存在着多层次的思想道德而降低甚至否定先进性的要求，或不大力弘扬高尚的道德风貌，当然也不能不顾人们思想道德的差异，用一个统一的标准去要求所有的社会成员。社会主义核心价值体系既体现了思想道德建设上的先进性要求，又体现了思想道德建设上的广泛性要求；既坚持了先进文化的前进方向，又兼顾了不同层次群众的思想状况；既体现了一致的愿望和追求，又涵盖了不同的群体和阶层。它具有广泛的适用性和包容性，具有强大的整合力和引领力，为人们的道德评价、价值选择提供着有说服力的价值认同标准和依据。因此，社会主义核心价值体系引领道德建设，除了坚持正面进行社会主义核心价值体系宣传教育外，还必须将社会主义核心价值体系的理念、要求渗透到道德体系之中，转化为社会主义道德的理念、要求和内容。

一是要把社会主义核心价值体系的理念和要求转化为社会主义道德的理念和要求从而指导道德建设。要始终以社会主义核心价值体系为指导，保证马克思主义对社会主义道德建设的核心指导地位，牢牢把握社会主义道德体系的先进性、科学性。要大力弘扬民族优秀道德文化传统，建设中华民族共有的精神家园，同时积极吸收和借鉴其他民族有益的道德传统和文明成果，充分调动一切可以调动的积极因素，凝聚民族力量、激发社会活力，进一步打牢全党全国各族人民团结奋斗的思想道德基础，形成全民族奋发向上的精神力量和团结和睦的精神纽带。把社会主义核心价值体系的理念和要求渗透到社会公德、职业道德、家庭美德、个人美德中，形成爱国、敬业、诚信、友善等道德规范和社会习俗，树立知荣辱、讲正气、促和谐的社会风尚，形成尊老爱幼、扶贫济困、礼让宽容的和谐人际关系，塑造自尊自信、理性平和、积极向上的社会心态。还要把社会主义核心价值体系的基本内涵与社会生活方式、社会风气、社会习俗等融合在一起，把社会主义核心价值体系的基本要求渗透到行业组织、社会中介组织、民众自治组织之中，渗透到市民公约、乡规民约、民风民俗之中，从而逐渐使社会主义核心价值体系所体现的价值理念和理想追求内化为国民信仰。

二是要把社会主义核心价值体系理念和要求转化为社会主义道德的内容。以社会主义核心价值体系为指导，在社会公德、职业道德、家庭美德、个人美德方面提出具体的道德规范。同时要把社会主义核心价值体系的宏观要求分解成具体的、可操作性的、可量化的细则，如"十星文明户""五好家庭""五好门栋""个体户守则"等，以进一步完善市民公约、乡规民约、学生行为守则等，使人们有规可遵、有矩可循。

（二）管理方法和途径

所谓管理方法和途径，是指把社会主义核心价值体系的部分内容转化为社会管理规则，通过管理发挥对人们品德行为习惯的养成教育功能。

一般而言，管理是在一定的环境或条件下，管理主体（如一定社会、国家、民族、阶级、集团、组织、群体等）为了达到一定的目的，运用一定的职能和思想方法对管理客体施加影响和进行控制的过程。管理与道德都可以为人的行为明示方向，从"可为"和"不可为"两个方面来规范人的行为，并从中引申出"应如何行为"的行为指向，发挥着调节人们行为、规范社会关系和社会生活的作用，引领着社会关系和社会活动朝着人类所追求的价值方向发展。但管理通常表现为用制定的章程、制度等来规范人们的行为活动，协调各种关系，从而具有一定的强制性；道德则主要通过社会舆论、人的良心和内心信念的反省、传统和风俗习惯等起作用，它的形成和实施具有非强制性。当人没有违法而做出不道德行为时，道德除了教育或谴责外很难对其进行制约，但管理作为一种有形力量，可以通过政治、经济和文化等制度、体制的作用去进行制约，对某些违法乱纪行为进行适当的处分或罚款，对模范践行规章制度、遵纪守法的人和事进行表彰、奖励。所以，通过管理来修正某种认识、改变某种行为是可能的；加强社会管理、利用完善而科学的管理制度、体制去制约和限制各种不道德行为、鼓励和支持各种有利于社会发展的优良的道德行为是必要和有效的。正所谓"无规矩不能成方圆"，各国的道德建设实践都充分证明了有效管理所具有的道德养成功能。

以社会主义核心价值体系引领道德建设，要求加强社会主义核心价值一元引领力和社会整合力。面对社会成员的多样选择和个性，需要在多样性与个体性之间建立一种道德整合力量，这种整合力量就是个体的道德自律精神与社会管理的道德他律机制的有机结合。因此，社会主义核心价值体系引领道德建设一方面要靠道德教育去激发社会成员的道德自觉和自律精神，另一方面要靠有效的社会管理。社会管理为了调节人与人之间的利益关系的矛盾、冲突和对立，把人们的利益、矛盾、冲突和对立限制在一定范围内，就需要制定相应的管理规则或管理制度，即制定出有利于人们正当行为获利而不利于不正当行为获利的规则，大至制度、体制、法律、政令，小至政策、纪律、条例、规章、守则等。因此，必须把社会主义核心价值体系的部分内容转化为社会管理规则，将社会主义核心价值体系的要求体现在法律法规、政策方针、制度规章之中，充分体现这一体系对人的行为的激励与约束，让模范践履社会主义核心价值体系的人得到表彰和奖励，使违背这一体系要求的行为受到应有的惩处。

在经济管理方面，严惩制假售假，杜绝"权钱交易"、不正当竞争现象的滋生与扩大；在政治管理方面，政务公开、反腐倡廉，对管理者进行约束，规范管理者自身的行为，真正做到权为民所用；在文化管理方面，既丰富人民文化生活，又严打黄、赌、毒使其没有滋生繁衍的土壤，从而"抑恶扬善"，丰富和发展优良的社会道德风尚。为此，各级宣传、教育、文化、科技、组织人事、纪检监察等党政部门，工会、共青团、妇联等群众团体以及社会各界，都应当在党委的统一领导下，守土有责，各尽其责，相互配合，把道德建设与业务工作紧密结合起来，实行"一岗双责"纳入目标管理责任制，制定规划，完善措施，扎实推进。各级文明委和党委宣传部，在以社会主义核心价值体系引领道德建设过程中要担负起指导、协调、组织、管理的具体职责，逐步推进社会主义道德建设良性运行长效机制的形成。

（三）教育方法和途径

所谓教育方法和途径，即广泛运用各种各样的教育方法和各种媒体及其他可以使用的手段，宣传社会主义核心价值体系与社会主义道德，使其深入人心，引导社会成员，以扩大人们的认同感。

道德主要靠内心信念、良心起作用，它重在自觉、自律，而这又取决于内心的认同。尤其是当代中国社会，由于利益多元化，思想多样化，多种社会思潮涌动，各种文化思潮相互碰撞、激荡、交融，多元价值取向出现，多种信仰选择并存，不少人在道德取向、价值信仰领域陷入困惑、迷茫。在这样的情况下，尤其需要道德建设确立起主导性的道德和价值取向，并使这种主导性、核心的道德取向和价值取向获得广大民众的认同，转化为他们的自觉追求。

认同过程包括认知、内化和外化三个阶段。认同的过程一般而言是从认知经过情感、意志、信念，最后到达行为。认同离不开认知，人们在接受一定的价值观或价值体系之前，首先应对其有一些基本的认知和了解，随后通过思维对信息进行分析、加工和处理，并通过判断、推理进行一定的评价和选择，达到不仅"知其然"而且"知其所以然"。经过理性思维和价值选择后才能形成稳定的认同。

认同是在认知和学习的基础上建构意义而实现的，换言之，价值认同是在深入了解该价值体系的前提下建构和确立的。为了促使人们形成理性的认知，需要进行必要的宣传教育，因为社会主义意识不会自发产生，而必须从外面灌输进去。因此，以社会主义核心价值体系引领道德建设，必须以全体社会成员为教育对象，采取群众喜闻乐见的多种形式，或通过集中培训、在职学习、自学等途径，搞好社会主义核心价值体系和社会主义道德体系的宣传教育工作。从而启发自觉、转变观念，促使民众准确把握社会主义核心价值体系的实质要求和精神内核，形成对社会主义核心价值体系的理性认知和自觉认同，并积极践行核心价值体系。

在教育的过程中，要把灌输原则与尊重群众的主体性、自主性结合起来。教育过程是主体客体化和客体主体化的双向互动过程，作为对象化的道德原则和规范（往往是社会需求），在多大的程度上被内化到主体的道德品质、道德需求和道德层次，取决于主体接受的程度、认同的程度。道德准则和规范只有为接受主体认同、承认、接纳，才有可能真正转化为道德行为和道德品质，实现他律向自律的转化。因此要高度重视群众主观能动性的发挥，使其在接受核心价值体系的灌输教育的同时，充分发挥自我教育和品德自主建构的作用，在自我意识基础上，通过主体的自我认识、自我评价、自我监督、自我调适等，主动地接受和践履社会主义核心价值体系和社会主义道德体系。

在运用教育的方法和途径时，还要注意教育的层次性。对于领导干部，要求应高一些。因为担任领导职务的领导干部的道德具有导向作用，人们既从领导干部的道德言论中感悟社会所提倡的道德要求，更从领导干部的道德行为中判断善恶是非。对于广大人民群众则坚持先进性要求与广泛性要求相结合，对于先进分子，可以响鼓重擂、适当提高要求；对于广大群众应坚持基本要求的基础上逐步提升境界。同时要注意加强和改进对青少年群体的道德教育，加强学校德育工作。

（四）评价方法和途径

所谓评价方法和途径，是指将社会主义核心价值体系细化为各种各样的道德评价标准，并运用这些标准对人的行为进行价值判断和评定，从而帮助人们弃恶从善。

道德评价是行为主体依据一定的社会道德规范和标准，借助于传统习惯、社会舆论、内心信念、奖惩机制等方式对他人或自己的思想和行为进行善恶价值判断，以表明褒贬态度、"扬善抑恶"的道德活动。在道德建设中，道德评价是非常重要的一部分，通过道德评价，可以澄清和匡正道德价值观念，优化道德选择的心理图式，提高道德选择能力，促进个体和群体道德水平的提高。道德评价通过对不道德行为的威慑和遏制，通过对道德行为的赞赏和褒扬，在社会中形成一种向善的价值取向、道德风尚和社会风气。

　　道德评价对行为主体的思想认识和行为活动往往具有直接的影响力。无论是自我道德评价还是社会道德评价都是如此。自我道德评价是行为者本人依据一定的道德标准（有可能是社会标准，也可能是自我内心已有的标准），对自己思想和行为做出对与错、善与恶的自我认识、评估和判断，通过评价不断修正自己的思想和行为，提高自身修养，形成良好的道德品质，乃至获得道德的满足。社会道德评价则体现一定的阶级、国家或社会组织的意志和需求，其目的主要是通过这种道德评价活动有意识地在社会层面向人们昭示社会最基本的道德主张和价值导向，向人们传播、灌输某种道德原则规范，帮助人们吸收和接纳阶级或社会主流的道德诉求，以促进人们提高自身的道德认识水平和道德判断能力。同时社会道德评价通过改变他人的观念——对行为理由的强化或质疑——来改变其行为，一定程度上起到了律他的作用，因为人的社会本性使人们不能不在意别人的评价。

　　进行道德评价，必须设立一定的道德价值标准，因为人们总是依据一定的道德价值标准来对具体的人和事进行善恶、好坏的价值判断。而一旦失去较为统一的评判标准，人们在面临"知是非、辨善恶、别美丑"时将显得无法适从。涉及道德价值标准，就不得不提及道德绝对主义与相对主义的争论。前者更多地强调统一、绝对、普遍的道德评价和选择的标准、根据、尺度而淡化个体的道德选择；后者凸显个体选择，但淡化评价和选择标准，认为道德评价不可能存在统一的判断标准，评价的主体是人，每个人都有自己评价的标准，没有高低优劣之分。

　　实质上，道德标准应该是普遍性与多样性的统一。在进行道德评价时，对于道德评价的标准，既不能将之绝对化，也不能将之相对化以致虚无。需要注意的是，社会存在多元的道德观念，但多元之中又必然有一个居于主导地位，即具有广泛适用性的道德观念，它是一定社会最基本的是非善恶的价值取向。任何个人合理而有效的道德判断中都必然包含着某种更为普遍的道德观念。"一个特殊判断实质上包含有一个普遍判断。因此，除非人们也愿意接受所包含的普遍判断，否则人们不能把一个特殊判断看作有合理的根据；反之，也一样。"①

社会主义核心价值体系表现了社会主义意识形态的本质特征，代表了社会主义道德评价标准的先进性，体现了社会主义社会道德的基本价值取向，它包容多样，引领多元。因此，社会主义核心价值体系蕴含的主导价值观体现了社会主义的本质属性，代表了中国社会最基本的善恶是非的主流标准，它对于形成良好的社会秩序、维护基本的社会稳定、保持社会和谐健康发展都具有十分重大的意义。因此应将其设为社会主义道德评价的标准，统领个人多样的道德评价标准。我们绝对不能只看到多元性而否定主导性，单纯承认每个人的道德评价标准，很容易造成评价上的混乱，从而导致道德失范、道德约束的无力。否定共识性的道德标准，夸大价值之间的不可通约性，最终还会滑向虚无主义的深渊，会使道德"有可能在境遇权衡之下丧失其权威性与有效性。绝对的相对，就是虚无"。② 假如每个人都自由地选择自己的"上帝"，尽管这种"上帝"实质上可能是"魔鬼"，上帝与魔鬼不分，最终将丧失善恶标准，不仅造成社会生活分崩离析，也会造成个人道德生活的封闭，从而造成人的退化。

（五）践行的方法和途径

所谓践行的方法和途径，指在认同社会主义核心价值体系的要求和规范的前提下，通过各种各样的道德活动使社会主义核心价值体系变成人的实实在在的行为的方法。

道德以"实践—精神"的方式来把握世界，具有意识和行为、理论与实践相结合的特点。思想根本不可能实现什么东西。为了实现思想，就要有使用实践力量的人。③ 因此，道德建设不能纸上谈兵、仅仅停留在口头或书面上；良好的社会风尚不是讲出来的，而是在不懈践履中形成的，道德认知、道德研究、道德宣传固然重要，但道德毕竟不是形而上学，它更重要的是要转化为一种实际行动，其旨归在于充满理性的"行"和"实践"，它强调潜移默化、个人觉悟和生活践履，强调情感体验和知行统一。孔子曰："好学近乎知，力行近乎仁，知耻近乎勇。"（《中庸·问政章》）荀子曰："闻之不若见之，见之不若知之，知之不若行之，学至

---

① 威廉·K. 弗兰克纳：《善的求索——道德哲学导论》，辽宁人民出版社1987年版，第237页。
② 高兆明：《伦理学理论与方法》，人民出版社2005年版，第443页。
③ 《马克思恩格斯全集》第2卷，人民出版社1957年版，第152页。

于行之而止矣。"(《荀子·效儒》)道德获得的最终落脚点在于"行",在于实践,止于至善。从个体角度讲就是要追求自我修养中内在道德意识与外在道德行为之间的有机统一,从社会角度讲就是要追求道德基础理论建设和道德实践活动建设的有机统一。脱离生活、脱离实践的道德只会使道德建设走入歧途,道德实践精神是道德建设的根本保障。

实践主体是社会生活中的人,道德建设是一种全员性的实践活动,社会主义核心价值体系引领道德建设就要努力探索如何促使人们在认同社会主义核心价值体系的要求和规范的前提下,通过各种各样的道德活动使社会主义核心价值体系变成社会成员实在的行动。

社会主义核心价值体系引领道德建设,要大力开展广泛群众性的道德实践活动,使社会主义核心价值体系体现的价值理念和要求深入群众生活,反映大多数民众对美好生活和良性社会秩序的向往和追求。群众既是道德建设的参与者,也是道德建设成果的受益者,要坚持将价值体系融入群众性的日常精神文明活动中,深入到乡村村民的文化生活、深入到社区自治之中、深入到企业生产经营活动之中、深入到党政干部的作风建设之中、深入到青少年学习生活之中,使各类群体在自觉参与中思想情感得到熏陶和感染,精神生活得到丰富和充实,道德境界得到提升和递进。同时要注意因势利导,发挥基层组织和群众团体中的先锋和模范的示范作用,坚持从具体事情做起、从群众最关心的事情抓起,使道德实践活动与各项业务工作紧密结合,遵循"三贴近原则",即贴近基层、贴近群众、贴近生活,端正干部的生活作风、工作作风,防止和克服官僚主义和形式主义,促进道德建设健康稳步发展。

道德实践活动还要有广泛性,除了道德实践活动人员参与的广泛性外,在实践领域、实践内容、实践形式、实践目标方面也要有广泛性。在参与人员上要实现社会成员各类群体的全覆盖,要在现有的道德建设领域进一步划分职业界限和年龄,对大中学生、青少年群体的道德建设要重点抓,对于公务员道德建设要下力气、下功夫去抓,同时对社会弱势群体的道德状况也要给予足够的重视。在建设领域上,既要重视社会公德教育,也要加强官德政德建设;既要重视自上而下的道德建设活动,也要发挥基层自下而上的道德实践和创新活动。此外,在加强城市社区居民道德建设和自治活动中,还要关注广大乡村村民、进城农民工的道德建设。既要从硬件上改善公民道德建设的平台和阵地,还要从软件上提升民众的道德素质和文明素养。总之,"在道德实践内容上要从教育实践、职业实践向广泛的社会实践扩展,在道德实践形式上要从重视个体德行修养的自我实践向完善制度和完善道德奖惩机制等社会实践的方向转变,在道德实践目标上要实现层次性和多样化。"①

三 核心价值体系引领道德建设的主要机制

无论是以社会主义核心价值体系引领道德建设,还是以道德建设促进社会主义核心价值体系建设,都需要一整套社会机制作保障,其中最关键的是利益的公平分享机制、社会矛盾的协调与社会心理的调适机制、法律和制度的规范机制、权力文明的示范机制、社会舆论的扬抑机制。

(一) 利益公平分享机制

道德的原则和规范,都是从一定的利益关系中引申出来的,反映着人们的实际需要。"人们自觉地或不自觉地,归根结底总是从他们阶级地位所依据的实际关系中——从他们进行生产和交换的经济关系中,获得自己的伦理观念。"② 道德与利益有着天然的关联,马克思说过:"人们奋斗所争取的一切,都同他们的利益相关。任何人如果不同时为了自己的某种需要和为了这种需要的器官而做事,他就什么也不能做。正确理解的利益是整个道德的基础。道德'思想'一旦离开利益,就一定会使自己出丑。

法国哲学家爱尔唯修说,"河水不会向源头倒流,人们不会逆着利益的浪头走"。③ 我国古代哲人也有类似观点,所谓"仓廪实而知礼节,衣食足而知荣辱。"(《管子》)"民富则易治","民穷则难治","民有余即让,不足则争;让则礼仪生,争则暴乱起。"(《淮南子·齐俗训》)"礼仪生于富足""盗窃起于贫穷""民富国安""民穷国乱"(《后汉书》)。可以说,利益冲突之处,正是道德作用之时。道德因为利益而存在,利益因为道德而持久。利益是道德存在的前提和基础;道德是利益取舍的标尺和准星;利益与道德互存共荣,相辅相成。

---

① 杜灵来:《当代中国道德建设实效性研究》,博士学位论文,华中师范大学,2007 年。
② 《马克思恩格斯选集》第 3 卷,人民出版社 1995 年版,第 434 页。
③ 北京大学外国哲学史教研室编写:《十八世纪法国哲学》,商务印书馆 1979 年版,第 573 页。

邓小平指出："不讲多劳多得，不重视物质利益，对少数先进分子可以，对广大群众不行，一段时间可以，长期不行。革命精神是非常宝贵的，没有革命精神就没有革命行动。但是，革命是在物质利益的基础上产生的，如果只讲牺牲精神，不讲物质利益，那就是唯心论。"① "利益作为人类道德之基础的根据有二：一是因为人类利益和利益关系的无所不在、无时不在，决定了道德在人类生活世界的普遍性和现实性。二是利益或者更准确地说，寻求互利是人们道德行为最经常最基本的动因。"② 只有正视人们追求正当利益的合理性，才能更好地焕发人的精神动力，激发出人内在更加巨大的能量。所以道德建设只有与人的利益紧密结合，才能获得恒久的发展动力。

因此，社会主义核心价值体系引领道德建设的过程中，要着力探索保证利益公平分享的机制。利益公平分享是建构社会主义和谐社会的要求，胡锦涛同志强调指出，一定要尊重人民群众的主体地位和首创精神，最大限度地激发广大人民群众的参与热情和创造活力，最大限度地实现好、维护好、发展好广大人民群众的根本利益，把共同建设、共同享有贯穿于和谐社会建设的全过程，真正做到在共建中共享、在共享中共建。实现利益的公平分享也是科学发展观的内在要求，科学发展观的灵魂和核心是以人为本，就是要保障人民群众共享发展的物质成果和精神文化成果。实现利益的公平分享也是社会主义核心价值体系的重要理念之一，社会公平是一种伟大的价值目标，社会主义发展就是要在不断解放和发展社会生产力基础上不断向着这一目标迈进。只有保证利益公平分享，使社会资源和发展成果在社会成员中合理分配，社会主义核心价值体系才能获得广泛认同。

人的利益是多层次、多方面的，既有物质方面的利益，也有精神方面的利益。道德建设既不能无视人的物质欲求，也不能背离人的精神理想。在社会主义核心价值体系引领道德建设过程中，要继续推进经济体制、政治体制、文化体制、社会体制的改革，保障人民群众的合法权益，消除涉及人民群众权益分享中的不平等因素，保证人民群众公平地分享到改革发展成果，实现社会公平与正义。在尊重和保护个人利益的过程中，逐步把社会成员的利益期待引导到更高的社会价值目标和认识视野中来，促使他

---

① 《邓小平文选》第二卷，人民出版社 1994 年版，第 146 页。
② 万俊人：《人为什么要有道德？》（上），《现代哲学》2003 年第 1 期。

们树立正确的世界观、人生观、价值观和利益观。

（二）社会矛盾协调机制

改革开放以来，社会矛盾频发，把社会各种矛盾及时化解，是社会主义核心价值体系建设的目的之一，同时也为其发挥作用创造条件，因此社会主义核心价值体系引领道德建设需要建立起社会矛盾的协调机制。同时，随着社会主义市场经济的发展和生活节奏的加快，各种各样的社会心理问题不断出现，对社会心理问题加强疏导、及时调适，可以为社会主义核心价值体系引领道德建设提供良好的心理基础，为此，还需要建立起社会心理的调适机制。

1. 建立社会矛盾的协调机制

价值判断与人们的利益直接相关。一般来说，只有与人们的利益和需要相符合的事物，才被视为有价值的事物。目前我国经济体制深刻变革、社会结构深刻变动、利益格局深刻调整、思想观念深刻变化，这种空前的社会变革，给我国发展进步带来巨大活力，也必然带来这样那样的矛盾和问题。随着社会迅速转型，我们既处于发展的重要战略机遇期，又处于社会矛盾的凸显期，社会上各个阶层之间利益关系的分化和重组会更加频繁和复杂，矛盾冲突也日趋明显和激烈。面对利益来源多样化、利益主体多元化、利益差距扩大化、利益冲突激烈化的客观现实，需要统筹协调各方面利益关系，妥善处理社会矛盾。否则，如果任凭矛盾和问题积累、发展，必将对社会造成巨大的破坏，也必然难以使社会成员形成对社会主义核心价值体系与社会主义道德的认同。因此，要在理论和实践中不断探索新形势下解决人民内部矛盾的科学方法，坚持在全国人民根本利益一致的基础上，妥善协调各种具体的利益关系和内部矛盾，正确处理个人利益和集体利益、局部利益和整体利益、当前利益和长远利益的关系。要坚持科学发展，统筹兼顾，形成科学有效的利益协调机制、诉求表达机制、矛盾调处机制。努力探索人民调解、行政调解、司法调解的有机衔接，形成化解社会矛盾的合力，最大限度地把社会矛盾冲突解决在初始阶段。

2. 建立社会心理的调适机制

经济社会转型过程中，面对社会分层结构的变迁和利益格局的变化、收入差距的扩大和社会地位的变动，一些公众产生了心理失衡，由此产生挫折感、失落感，甚至产生"被剥夺感"，从而导致群体性事件不断出现并且很容易激化为社会矛盾和利益冲突。当前的社会心理失衡，"一是心理焦虑，包括对社会环境变动的焦虑、对个人发展和收入的焦虑、对社会安全及生活保障的焦虑等；二是情绪受挫，包括工作挫折、生活挫折、社会挫折等引起的不良情绪；三是不公平感，主要是在比较中觉得自己的所得不如他人而产生的不公平感。"[1] 这些心理失衡问题使人对社会产生失望、怀疑和抵触情绪，不利于核心价值体系建设和践行，不利于社会主义道德建设，因此在以社会主义核心价值体系引领道德建设的过程中要加强人文关怀，注重心理辅导，培育奋发进取、理性平和、开放包容的社会心态。要着力引导公众进行自我调适，指导公众自觉加强个人修养，增强公众对环境的适应能力和对挫折的承受能力，引导公众正确对待社会问题。要通过各种机会和途径加强对社会成员心理健康教育和心理咨询服务，有效排解公众的不良情绪。政府作为掌握公共权力、管理公共事务的特殊社会组织，要通过制定和实施法律规范及公共政策来影响和调节公众的心理和行为，还要通过社会动员、社会协调等多种方式来调动各种力量发挥对公众心理调适的主导作用。总之，要用科学的人生观、价值观和利益观疏导社会成员的利益诉求、调适社会成员的社会心理，为社会主义核心价值体系引领道德建设提供心理基础。

（三）法律和制度规范机制

道德的本质特征在于人的精神自律，但是，"人们奋斗所争取的一切，都同他们的利益有关。"面对利益，尤其在道德追求与现实利益发生冲突时，不是所有人都具有同样高尚的道德境界。因此，在道德建设过程中，在一定条件下通过必要的法律和制度措施对道德的践履提供必要的保障是一种必然的选择。通过法律和制度的刚性约束来规范人们行为，这种机制对社会主义核心价值体系对人的行为的软性约束起着强有力的支撑作用。

道德和法律、制度具有同源性。在生产生活实践过程中，因为各自生活和生产不同，拥有物品不一样，因而必须以一定方式交换各自产品，从而产生人人交往活动，这就在人与人之间产生了社会关系（其中物质生产关系具有决定性的作用）。生产若要顺利进行，社会关系必须和谐有序，因此就需要一定的规范来协调，这就为道德的产生奠定了基础。随着相似博弈，人们将某些大多数人认为合理的交往关系、交往规范和社会规

---

[1] 艾医卫：《重视公众心理调适》，《人民日报》2011年4月20日。

制确定下来、固定下来从而调节生产，这就形成了法律和制度。"在社会发展某个很早的阶段，产生了这样一种需要：把每天重复着的生产、分配和交换用一个共同规则约束起来，借以使个人服从生产和交换的共同条件。这个规则首先表现为习惯，不久便成了法律。"① 习惯与习俗就是法律、制度与道德的前身。道德、法律、制度间的血缘关系是天然的，相互之间的紧密联系也是必然的。

道德和法律、制度殊途同归。不论是道德，抑或法律和制度，在根本上都是人为自己立法的产物。道德建设是为了人类自身更好地生存和发展，法律和制度虽然不是以善为立足基础，并且以恶为制恶的手段，但无可否认，法律和制度实乃善的外在或承载，通过和睦社群、协调冲突、平衡善恶、引导、匡范人类完成动物性到人性的过渡，这是制度生成、存活的不竭之源，也只有这样它才是道德的、合理的、有生命力的。法律和制度将伦理精神和要求结构化、实体化、明确化，向人们明示或默示着道德要求，并整合人的行为。

道德与法律和制度互为补充。在物质资源不充分、伦理广谱性不足以抗衡或压抑人的生物性欲望、人的生物性本能及所欲无法被满足的现实生活中，在人的自律性不足、道德水平参差不齐情况下，道德建设的效用很容易被搁置，因此，仅指望道德、伦理的软约束达至良好秩序难以奏效。这就需要有凌驾于个体之上的公共权威才能弥合，这就涉及法律和制度的设计，于是，问题转为诉诸法律和制度的安排。道德建设实效的内在生成机制是建立在其外在规范机制的基础之上的，法律和制度建设是道德建设走向实效的基本保障。

社会主义核心价值体系引领道德建设，需要建立法律的规范机制。"为形成良好的道德秩序和建立道德社会，一个国家在道德建设中的重中之重，是要建立一套有效的法律制度，一方面惩处道德恶行，增大恶行成本；另一方面激励道德行为，增加德行收益。"② "一个社会赏罚严明，便会对社会大众起到良好的督导作用。它犹如一种酵素，推动着人们按照社会所倡导的道德规范去严格要求自己，规范和约束自己的行为，并由此进一步推动社会道德欣欣向善。反之，如果一个社会赏罚错位，是非混淆、

---

① 《马克思恩格斯选集》第3卷，人民出版社1995年版，第211页。
② 张晓明、王欣：《经济学视角中的道德建设》，《社会科学》2001年第2期。

善恶颠倒，那么，它必然会扶邪驱正，推动着道德之风的腐败和堕落以及道德危机现象的蔓延。"① 所以要进一步健全和完善法制，以法律权威性来保障人们的"善"行能够得到及时的褒奖，对各种"恶"行能够依法处置。同时要树立法律的权威，法律执行中减少任意性、随意性，不因领导人的改变而改变，不因领导人看法和注意力的改变而改变，并杜绝以言代法、以权代法现象的发生。

社会主义核心价值体系引领道德建设，还需要建立制度的规范机制。罗尔斯指出："离开制度的正当性来谈个人的道德修养和完善，甚至对个人提出各种严格的道德要求，那只是充当一个牧师的角色。"② 良好的制度设计和制度规范是道德建设的基础，若没有良好的制度保障，说教和感化只会显得苍白无力、流于空谈，难以发挥有效的精神力量。"精神可以诱导人向善，但物利身欲的张力，常会让精神之为归于虚空无着，使善被排挤。于是，制度的意义和价值以此而彰显。"③ 在社会不断分化，价值观冲突，利益冲突，物欲主义泛滥，功利主义躁动狂热下，道德建设无法有效地发挥其整合作用就说明了这一点。在这种情况下，需要通过制度安排的力量把道德原则明确化，并依靠强制力的指挥棒来保证其践履，通过赏罚机制，直接、明确、快捷地作用于人的行为。正如邓小平所说：制度更带有全局性、根本性、长期性和稳定性；制度更靠得住；"制度好可以使坏人无法任意横行，制度不好可以使好人无法充分做好事，甚至走向反面。"④ 制度的支持会促进道德的有效实现和践履，因此，要使社会主义核心价值体系所蕴含的伦理要求和内容在制度中得到有效的体现和充分反映，在制度的环境下逐步培育出道德的情操，产生出对道德的向往和追求，最终对社会的道德建设发挥出积极的推动和保障作用。

在社会主义核心价值体系引领道德建设的过程中，要综合调动各种手段，把社会主义核心价值体系的精神融入经济、政治、文化和社会建设各个领域，使提倡与反对、引导与约束、鼓励与惩罚有机结合，形成有效的法律支持、政策保证和机制保障。通过法律、制度政策的设计和架构，通

---

① 龙静云：《治化之本——市场经济条件下的中国道德建设》，湖南人民出版社1998年版，第207页。
② 约翰·罗尔斯：《正义论》，中国社会科学出版社1988年版，第22页。
③ 江山：《制度文明》，中国政法大学出版社2005年版，第10页。
④ 《邓小平文选》第二卷，人民出版社1994年版，第333页。

过各类奖惩制度的建立和完善，融社会主义核心价值体系于法律、制度规范、政策规定之中，发挥其激励约束作用，使体现这一体系要求的行为得到鼓励，违反这一体系要求的行为受到抵制。当然，由于法律和制度主要通过外部的、功利性的赏罚机制起作用，"如果说道德建设在于为人类之善铺设一条金光大道并在这条大道的前方悬挂一幅绚烂的图画以作吸引的话，那么制度安排就在于为人类之恶圈围起一道牢固的栅栏并在栅栏四周派驻重兵把守以作警戒。"① 在物欲膨胀条件下，对尚不具备足够的道德自觉性的个体来讲，法律和制度的约束可以在一定程度上达到客观有效。但法律和制度的约束始终主要是工具性质的，而且，由于法律和制度依赖外部的赏罚机制发挥作用，一旦离开强制力就会失效，这样，道德就会失灵。道德从根本上依赖伦理自身的精神力量和自觉的伦理约束，如果大众不是真正从内心体认法律和制度中的伦理价值，那么，法律和制度也只是一个空壳，其社会整合作用是难以奏效的。因此道德建设中还要探索如何使人们对法律和制度的遵守由被动走向主动，由他律走向自律。

（四）权力文明示范机制

"所谓权力，是指某一主体（权力角色，或曰掌权者）凭借和利用某种资源对客体进行价值控制致使客体服从主体，以实现主体意志、目标或利益的能力及其影响力。"② "权力文明就是在人类社会发展的一定历史过程当中，特定的群体在构建国家政权的过程中所取得的制度性成果，以及这些制度性成果所造成的社会效应。它主要包括三个方面的内容：制度化权力文明、主体化权力文明和社会化权力文明。"③ 权力文明集中体现在权力运行的文明程度和权力角色（掌权者、权力主体）的道德操守，而这两方面又直接影响着人们对官方意识形态的态度。因此，社会主义核心价值体系引领道德建设，需要保证权力运行的文明，提高权力角色的道德操守，建立权力文明示范机制，这是一个重要条件。

1. 保证权力运行的文明程度

权力观直接影响着权力的运行，因为权力观反映掌权、用权的价值取

---

① 檀传杰：《论道德建设与制度安排的互补关系》，《现代哲学》2001年第1期。
② 龙静云：《论社会主义权力道德建设》，《华中师范大学学报》（哲学社会科学版）1997年第4期。
③ 厉忠教、张金富：《权力文明初探——社会主义精神文明建设的新视角》，《学术探索》1994年第1期。

向，直接支配权力的运行方式，也在很大程度上决定着权力到底为谁服务以及服务的效果等。根据契约论，政府的权力是人民赋予的，何况在社会主义社会，权力的来源本是无产阶级及广大民众，权力的运行必须体现人民的意志和利益。毛泽东同志早就说过，我们的权力是谁给的？是人民给的。谁授权，就要为谁服务，就要对谁负责。既然权力是人民赋予的，就必然要求权为民所系、权为民所用，这是共产党领导下的社会主义权力文明的本质特征。

权力运行的文明程度还依赖权力的民主化。一方面，权力毕竟以服从为条件，否则权力就不成其为权力；另一方面，权力必须以民主为基础，否则权力就会走向专制的泥潭，权力民主化就是把权力与民主有机地统一起来。

保证权力文明运行还必须加强对权力的监督和制约。就公共权力本身而言，它一方面同社会的公共利益相联系，另一方面又是由社会中的一部分人直接掌握，因而就有可能同掌权者的个人利益相联系。在权力运用过程中，权力容易在公共性与私用性间发生矛盾，在增进社会公益和满足一己私利之间、在正态的运行和被异化、滥用而变态的运作间发生冲突。有权力的人容易滥用权力，为了消解权力的弊端，使公共权力运行符合其设立的本意和预定的运行规则，维护社会公平、公正和正义，需要对公共权力进行必要的制约，从决策和执行等环节加强对权力的监督，建立起结构合理、配置科学、程序严密、制约有效的权力运行机制，保证把人民赋予的权力真正用来为人民谋利益。

2. 提高权力角色的道德操守

这实质上涉及权力道德的问题。"所谓权力道德，是权力角色在权力运作和行使过程中所产生的道德意识、道德规范以及道德行为实践的总和。它既表现了社会对权力主体运用权力控制和影响客体所提出的道德规范、道德戒律；又反映着权力主体在权力行使过程中所应追求的价值目标、道德人格和理想境界。"[1] 权力主体的道德水平和道德修养，直接影响和制约权力文明建设。由于权力阶层手中掌握着一定的社会资源、行使一定的自由裁量权，其道德品质和道德行为不仅受到社会大众所关注

---

[1] 龙静云：《论社会主义权力道德建设》，《华中师范大学学报》（哲学社会科学版）1997年第4期。

（在信息传播迅速化的今天更加如此），而且直接对社会大众起示范效应和导向作用，影响着民德和民风。孔子曾说："君子之德风，小人之德草。草上之风，必偃。"（《论语·颜渊》）当权者"其身正，不令而行，其身不正，虽令不从。"（《论语·子路》）"上行下效，捷于影响。"（《四书章句集注·大学章句》）毛泽东指出："只要我们党的作风完全正派了，全国人民就会跟我们学。党外有不良风气的人，只要他们是善良的，就会跟我们学，改正他们的错误，这样就会影响全民族。"①

尽管我们的绝大多数领导干部都能以人民公仆的身份严格要求自己，但也有少数国家干部置党纪国法于不顾，为了自己的私利而滥用人民赋予的权力，大搞以权谋私、权钱交易，在人民群众中造成了极坏的影响。执政党必须加强对各级领导干部的权力道德教育，促进他们为人民掌好权，用好权，当好人民公仆。除了制度性约束外，各级领导干部也必须加强自身道德修养、提升自身道德境界，努力做到自重、自省、自制、自警、自励，自觉抵制外在的不良诱惑，始终把人民拥护不拥护、赞成不赞成、高兴不高兴、答应不答应作为一切权力行为的出发点和归宿。始终把人民群众的安危冷暖时刻放在心上，勤政为民、管理民主、公平正直，为人民群众谋取实实在在的利益。同时还要将公务员和领导干部的道德要求法律化，通过法律的强制性以护卫社会主义权力道德的纯洁性。

（五）社会舆论扬抑机制

舆论对道德建设具有重要作用，罗国杰曾把舆论对道德建设的作用概括为五个方面，即形成正确的道德观念，弘扬高尚的道德情操，评价指导道德选择，揭露贬斥缺德现象，营造良好的道德氛围。② 用社会主义核心价值体系引领道德建设的过程中，充分发挥舆论的引导作用，利用社会舆论对善予以肯定和颂扬、对恶予以否定和鞭笞，不断扩大社会主义核心价值体系和社会主义道德的影响力，通过舆论的褒贬评价形成扬抑机制是非常重要的。

舆论可以广泛影响社会成员。"社会舆论作为一种控制社会生活的现实伦理力量，具有无孔不入的渗透性，它造成包围人们的某种道德氛围，无形地控制和影响着每个社会成员的言行。社会舆论之所以对个人是一种

---

① 《邓小平文选》第二卷，人民出版社1994年版，第178页。
② 罗国杰主编：《道德建设论》，湖南人民出版社1997年版，第507—510页。

强大的约束力，其原因是通过普遍存在于社会成员内心的一种特殊心理机制——荣辱心而起作用的。荣辱心根源于人的社会性，任何人都不能离开社会而存在，每个正常人都需要人群，需要交往，需要他人的赞誉和尊重。因此，凡是有人群的地方，任何人都会有这种精神、心理需要，都要程度不同地受社会舆论的支配和制约。"① 人的思想观念来源于社会实践，深受社会舆论的影响和左右，社会舆论形成的观念磁场和从众效应对个体的思想观念、情感世界、道德取向等都将发挥巨大的影响和感染作用，从而使社会舆论具有其他社会控制手段所不能达到的效果。因此舆论一方面是反映社会道德水平的"导航标"，大众道德意识和取向的"观察站"；另一方面舆论也可以发挥弘扬真善美、鞭挞假恶丑重要作用，为道德建设营造出良好的人文环境。

政治学家威尔逊和犯罪学家凯琳曾提出"破窗理论"，该理论认为，如果有人打坏了一个建筑物的窗户玻璃，而这扇窗户又得不到及时的维修，别人就可能受到某些暗示性的纵容去打烂更多的窗户玻璃。久而久之，这些破窗户就给人造成一种无序的感觉。当今中国社会多元文化并存，人们的思想与观念多样化，是非善恶的界限模糊了，道德规范的权威性遭遇轻蔑。因此，注重舆情分析，营造健康向上的社会舆论氛围，发出正确的社会道德评价声音，形成良好有序的道德风气，创造良好的道德环境去感染人、约束人、引导人便显得尤为重要。

一切思想文化阵地、精神文化产品，都要宣传科学理论、传播先进文化、塑造美好心灵、弘扬社会正气、倡导科学精神，大力宣传体现时代精神的道德行为和高尚品质，激励人们积极向上，追求真善美。坚决批评各种不道德行为和错误观念，帮助人们辨别是非，抵制假恶丑，为推进道德建设创造良好的舆论文化氛围。广播、电视、报纸、刊物等大众媒体，要坚持团结稳定鼓劲、正面宣传为主，弘扬主旋律，弘扬社会主义核心价值，牢牢把握正确舆论导向。要利用群众喜爱的名牌栏目，加强对社会普遍关注的道德热点问题的引导。要积极开展舆论监督，有力地批评背离社会主义道德的错误言行和丑恶现象。要发动群众参与，对具有典型意义的人和事展开讨论，将社会主义核心价值观深深扎根在人们的大脑里面、心灵深处。计算机互联网作为开放式信息传播和交流工具，是道德建设的新

---

① 魏英敏：《新伦理学教程》，北京大学出版社2003年版，第218页。

阵地。要大力开发网络思想道德建设资源,加大网上正面宣传和管理工作的力度,鼓励发布进步、健康、有益的信息,防止反动、迷信、淫秽、庸俗等不良内容通过网络传播。要搞好网上信息的汇集、分析、反馈工作,一方面为主动改进道德建设工作提供可靠依据,另一方面分清轻重缓急引导社会舆情,把问题解决于萌芽状态。要有专人经常在网上与网民交流沟通,及时回复群众关注的问题,防止对网上群众意见建议反应滞后和失语导致的舆论放大或炒作,而使个别负面情绪蔓延为群体情绪。要揭露西方"互联网自由"鼓吹者的双重标准和推销资本主义政治制度与价值观的实质,提高网民的政治敏锐感和辨别力。健全网络他律机制和自律机制,引导网络机构和广大网民增强网络道德意识,共同建设网络文明。

第三章　社会主义核心价值体系引领道德理念重构

所谓理念，在哲学中是指事物本质联系的根本概念，在事物的发展中起着灵魂核心作用，从而在根本上指导和规定着事物的发展趋势和本质方向。因此，任何社会实践活动（尤其是宏大的实践活动）首先要进行理念体系的建构，通过理念体系的规范与引导。道德建设作为社会的一项常态性活动，也必然有自己的理念体系并随着社会的变化而不断更新自身的理念。在新世纪、新阶段，社会主义核心价值体系以其丰富而又与时俱进的价值理念为人们所认同、所诉求。这一体系蕴含的一系列新的理念对现今的道德建设必将起着至关重要的引领作用。

一　道德建设理念重构的必要性

理念是思想和行动的先导和灵魂，社会主义核心价值的主要内容涉及的理念能对当前社会价值观和道德建设理念进行解答和关照。社会主义核心价值体系在如何体现中国特色社会主义意识形态的本质要求、如何对待祖国的传统精神文化资源、如何把握时代的精神要求；以及如何成为共同的理想追求和社会荣辱标准等问题上都给予了回答，作为思想文化建设之一的道德实践活动，也应该结合核心价值体系的主要内容及其理念，结合时代特征，在道德建设理念层次上进行细致深入的理论探究。

具体而言，以社会主义核心价值体系指导道德建设理念重构的必要性在于：

（一）理论的必要性

第一，只有首先从理念上回答道德建设的方向和目标，才能从逻辑结构上形成更完善的道德建设理论。道德建设理念作为道德建设的灵魂与核心是道德建设理论的根本指针，是道德建设中各项内容的"骨架"，道德建设各项组成部分的顺利开展无不受到理念的根本制约与影响，理念正确，道德建设才会有根本保障。只有首先从理念上确认道德建设的基本思想，明确道德建设应当坚持的基本价值理念，才能为道德建设的具体建构，包括道德目标的确定、道德要求的确立、道德教育具体内容的构建、道德教育方式方法和途径的选择、道德建设的具体模式选取、道德建设的体制机制的构建等提供根本的思想和方法论指导，从而形成较为完善的道德建设理论，为道德建设的发展打下良好的基础。

第二，道德理念既是对当前道德建设方向的规定，也是对以往我国道德建设经验和问题的反思和总结。重视社会主义精神文明与道德建设的发展是我国的优良传统。我国的道德建设经过长期的发展确实取得了不少令人欣慰的成绩，全社会的整体思想道德素质不断提高，社会风气明显好转，人们的思想道德素质显著提高。但是，无论是历史的道德建设还是现实的道德境况都也存在着一些不容忽视的问题，如道德教育疲软无力，人民群众的道德建设的主体地位没有得到很好地重视与尊重，道德文化狭隘保守排外，道德建设忽视物质保障和激励，道德建设的目标和要求过高过虚，某些封建道德观念仍然束缚和制约着人们的思想等问题，而这些问题产生的根源在于道德建设理念上的偏差与失误。因此，唯有首先从理念上正本清源，才能更好地反思与总结我国道德建设中的有益经验和存在的问题，才能在道德建设实践中避免问题的再次出现，从而保证道德建设朝着正确的方向发展。

第三，与时俱进的道德理念将更充分地体现社会主义道德建设的本质。我国道德建设的本质是形成具有社会主义性质、中华民族特色与时代特色的、能凝聚全国各族人民的和谐道德文化。社会主义核心价值作为我国社会主义意识形态的本质体现，其所包含的主要内容，即马克思主义指导思想、中国特色社会主义共同理想、以爱国主义为核心的民族精神和以改革创新为核心的时代精神、社会主义荣辱观等，无不体现和表达着中国特色社会主义的本质特征、中国民族文化的特性，彰显中华道德文化独具匠心的道德魅力。因此，用社会主义核心价值体系进行道德建设理念重构，能够突出道德建设的民族特色、民族风格与民族气派，真正培育出具有社会主义性质并且体现时代精神和追求的中国特色和谐道德文化，从而突出我国道德建设的本质特征和要求，使我国的道德建设、道德教育和道德文化充满中国特色的和谐韵味，以鲜明的中国特色与民族特征彰显独特的魅力与价值。

（二）实践的必要性

理念上的反思和探索是为了实践的深入和开展。2007年，党的十七大报告以鲜明的态度确立了"社会主义核心价值体系是社会主义意识形态的本质体现"。报告中着重指出了当前我国社会主义核心价值体系建设的战略、任务和路径，即"要巩固马克思主义指导地位，坚持不懈地用马克思主义中国化最新成果武装全党、教育人民，用中国特色社会主义共同理想凝聚力量，用以爱国主义为核心的民族精神和以改革创新为核心的时代精神鼓舞斗志，用社会主义荣辱观引领风尚，巩固全党全国各族人民团结奋斗的共同思想基础。""切实把社会主义核心价值体系融入国民教育和精神文明建设过程，转化为人民的自觉追求。积极探索用社会主义核心价值体系引领社会思潮的有效途径，主动做好意识形态工作，既注重差异、包容多样，又有力抵制各种错误和腐朽思想的影响。"[①] 将社会主义核心价值体系融入国民教育和精神文明建设过程，意味着新阶段、新时期的思想道德建设指导思想的进一步确立。

从实践层面看，用社会主义核心价值体系引领我国道德建设理念重构源于两个方面：

一是更为先进的价值理念的引领将促使道德建设更好地为社会主义事业服务。道德是一个重要的意识形态范畴，是人类社会发展进步不可缺少的重要内容。道德通过一定的善恶标准和行为准则要求，来规范人际关系和个体行为，以协调和促进社会关系的和善，最终促进社会和谐关系和良性伦理秩序的形成。但是道德绝不是凭空产生的，在阶级社会里，不同阶级有不同的道德，道德总是为一定的阶级的利益服务的。正如恩格斯所说："人们自觉或不自觉地，归根到底总是从他们阶级地位所依据的实际关系中——从他们进行生产和交换的经济关系中，获得自己的伦理观念"。[②] 任何社会正常而充分的发展，都离不开道德建设。社会主义道德是人类历史上最进步、最革命、最科学的道德。在全面建设小康社会，加快改革开放和现代化建设步伐的背景下，在新的市场机制中，必须以社会

---

① 胡锦涛：《高举中国特色社会主义伟大旗帜　为夺取全面建设小康社会新胜利而奋斗》，人民出版社2007年版，第34页。

② 《马克思恩格斯选集》第3卷，人民出版社1995年版，第434页。

主义核心价值体系指导重构和完善社会主义道德建设理念，并使之深入到具体的道德实践中，逐步形成与完善与社会主义市场经济相适应的中国特色的社会主义道德体系。以新的价值理念全面开展道德建设对弘扬我国民族精神和时代精神，对于形成良好的社会道德风尚，对于促进物质文明与精神文明的协调发展，乃至全面推进建设有中国特色社会主义伟大事业，都具有极为重大的意义和作用。

二是当前我国道德体系面对新情况新问题时理念上供给不足。当代中国道德问题的存在，除外在因素之外，也与当前我国道德体系发展滞后、道德理念自身创新供给不足有关。如现有的道德规范体系和道德理念对以下问题的发生显得尤为无力：首先是市场经济领域的道德规范和道德理念更新不足。由于市场体制在我国确立时间不长，加上道德作为上层建筑本身发展的滞后性，适合社会主义市场经济体制的新的道德规范体系还没有完全确立。如自由平等、产权保护、环境责任等规范我国经济主体的意识和活动的作用还不强烈。其次是民间组织参与道德建设的规范体系也未确立。我国民间组织已经具有一定的规模，但是我国并没有制定专门的社会组织管理法律，更没有明确相关的道德规范。再次是应对科技领域创新和突破的道德理念更新严重不足。如宇航学的发展，改变着伦理学研究中心的传统观点；生命工程技术（克隆人等）的崛起，改变了传统生命伦理的基本理念；生物基因技术的运用（转基因食品），影响到日常食品安全；核科技带来的风险，呼唤新的责任伦理规范。但是现实生活中，这些科技领域的道德规范远未建立和完善。最后是虚拟领域的道德理念建设严重落后。网络技术发展至今，信息垃圾、病毒传播、虚拟犯罪、网络沉溺等问题已经严重威胁社会安全和健康发展，其中一个重要的原因是虚拟道德理念严重落伍和这一领域的集体道德习惯还未养成。

对于上述问题，归根结底是道德领域的供给和更新已经落后于现实需要、社会主义道德建设理念有待重构。而居意识形态中心位置的社会主义核心价值体系，内含诸多新型的价值规范和价值理念，将为道德建设提供理念借鉴和价值引领。

二 核心价值体系指导下道德建设的基本理念

社会主义核心价值体系内容丰富、层次鲜明、包容多样，构成一个有机的现代价值系统,包含当代社会建设诸多的价值理念诉求,如爱国主义精神和改革创新精神以及"八荣八耻"所蕴含的理念等,都对我国道德建设具有价值理念引导的作用。在社会主义核心价值体系建设过程中,党的十八大更明确指出了24字的社会主义核心价值观,"富强、民主、文明、和谐;自由、平等、公正、法治;爱国、敬业、诚信、友善",对引领整个社会思想文化建设的价值理念做了更为清晰明确的概括和提炼。我国当前的道德建设,应该结合和体现社会主义核心价值体系的内容和社会主义核心价值观的要求,树立适合当代社会道德建设的理念:

(一) 以人为本理念

在马克思主义视域中,以人为本就是以每个人的自由全面发展为根本。在《共产党宣言》中,马克思、恩格斯就曾将人的自由全面发展作为共产主义的重要特征,他们指出:"代替那存在着阶级对立的资产阶级旧社会,将是这样一个联合体,在那里,每个人的自由发展是一切人的自由发展的条件。"[①] 而在当前中国社会,以人为本就是要以最广大人民的根本利益为本,促进每个人的全面自由发展。第一,从理论逻辑上来看,以人为本体现了马克思主义的本质,是马克思主义人学理论的根本,也是社会主义区别于以往社会的本质和核心,更是社会主义核心价值体系的基本要求。第二,从社会演进的规律看,以人为本具有悠久的历史渊源,如中国传统社会的"民本"思想等。中国共产党人结合传统优秀文化和人类文明成果而提出的"以人为本"理念具有继承性和创造性。第三,从当前的社会实践看,以人为本既是贯穿社会主义核心价值体系的主线,又是我国社会科学发展观的核心理念。简言之,无论从理论基础、历史演进还是社会实践看,以人为本都深刻地体现在马克思主义指导思想、社会主义共同理想以及民族精神和时代精神之中。如以人为本就是中国特色社会主义共同理想形成和达成的基础,因为只有将人的全面发展与推动社会政治经济文化发展相结合,让每个人都在社会发展中共享成果和发展自我,才会使得社会主义共同理想更具有吸引力和凝聚力。

以人为本理念要求在具体的道德建设中,把实现好、维护好、发展好最广大人民的根本利益作为一切实践的出发点和落脚点,作为道德价

---

① 《马克思恩格斯选集》第1卷,人民出版社1991年版,第294页。

值和道德行为评判的最终标准，而在具体的道德实践中，更要尊重人民的主体地位，尊重民众的首创精神，尊重人们当前和长远的道德需要，切实保障人民各项基本权益，以促进人的全面发展（包括道德方面的发展）。

以人为本的价值理念体现在道德实践中，主要应把握以下角度：

1. 道德建设应合乎广大人民的需要，也应合乎个人自由发展的需要

人民是社会主义国家的主人，民众的道德认识、道德水平和道德期望，将体现一个民族的最基本素质，反映一个社会的现代文明程度。第一，随着市场经济体制的建立和深入发展，需要建立与之相适应的道德规范体系和道德评价体系。这就迫切要求人们进一步解放思想，转变观念，增强与市场相适应的自主意识、平等意识、互利意识、竞争意识、效率意识、民主法制意识和开拓创新精神等。第二，由于市场经济的健康发展亟须契约精神和诚信机制的支撑，这就要求人们在市场活动中必须遵守契约、信守承诺、诚信无欺。第三，随着市场经济带来的利益多元化、差异化的趋势，迫切需要人们树立社会主义的义利观，正确处理个人利益与集体利益、局部利益与整体利益、当前利益与长远利益的关系。第四，随着市场逐利行为带来的一些消极影响，如诱发拜金主义、享乐主义和极端个人主义等问题，迫切要求人们要树立正确的价值观，自觉克服和抵制不良思想观念和生活方式的侵蚀。

人的自由全面发展是"人以一种全面的方式，占有自己的全面的本质"。因而人的全面具有丰富的内涵和多重规定性。其一，人的自由全面发展应该是人的活动形式和内容的全面发展。它既表现为人的实践活动内容和形式的丰富性、多样性、自由性，又充分体现人的能力全面性、多样性和需求的多元化，以及自我实现的多样性，等等。因为社会主义发展的目标就是"使每一个社会成员都能够完全自由地发展和发挥他的全部力量和才能"。其二，人的自由全面发展也标志着人的社会关系的全面发展。社会关系体现人的本质，社会关系的发展程度决定人的全面发展的程度。个人的全面性不是一些概念的堆积和想象中的全面性，而是他的现实社会关系的全面性和社会实践的全面性。总之，人的自由全面发展体现了社会主义的终极价值和根本指向。那么，以社会主义核心价值体系为指导，开展道德建设既合乎人民的需要，也合乎人的自由全面发展。

2. 道德建设应尊重人的主体地位，尊重人民群众需要，发挥其主动性和创造性

国家"十二五"规划明确指出："坚持把保障和改善民生作为加快转变经济发展方式的根本出发点和落脚点。完善保障和改善民生的制度安排，把促进就业放在经济社会发展优先位置，加快发展各项社会事业，推进基本公共服务均等化，加大收入分配调节力度，坚定不移走共同富裕道路，使发展成果惠及全体人民。"① 这是"以人为本"的一个重要体现。党的十七大对尊重人民需要、尊重人的主体地位等方面做了全面筹划："社会建设和人民幸福安康息息相关。必须在经济发展的基础上，更加注重社会建设，着力保障和改善民生，推进社会体制改革，扩大公共服务，完善社会管理，促进社会公平正义，努力使全体人民学有所教、劳有所得、病有所医、老有所养、住有所居，推动建设和谐社会。"这也充分体现了人的主体地位得到尊重，人民群众的需求日益得到满足，而人民的主动性和创造性也将得到充分发挥。道德建设以人为本，充分尊重人的主体地位，尊重人民群众的需要，尊重人们的主动性和创造性。

3. 道德实践应致力于实现人在道德上的共同发展，提升人们的道德境界和道德素养

以人为本的价值理念要求在道德实践中促进人的全面发展，满足人的道德需要，构建良好社会秩序，创造人人相互信任、社会关系和谐、生态优美、社会风气良好的社会形态。社会关系能否和谐，社会秩序运行能否良好，国家发展能否长治久安，在很大程度上取决于全体人民的思想道德素质和文化素质。道德是一种社会意识形态，它是在一定社会经济基础之上产生的，但是它与法律规范不同的是它不采取强制性的手段和途径，而是通过社会舆论、传统习惯等方式将其内化为主体的认知、情感、意志和信念，依靠业已形成的内心良知来规范和评判自身行为，使其行为和意识能够符合社会大多数的需要和人民根本利益。如果没有共同的文化基础和价值理念，没有共同的理想追求，没有良好的道德约束和规范，社会不可能良性运行和有序发展。以人为本的理念要求社会道德建设要从人们的道德诉求出发，培养人对他人、对自然、对社会的责任和义务，提升人的道

---

① 《中共中央关于制定十二五规划的建议（纲要）》，2010年10月18日中国共产党第十七届中央委员会第五次全体会议通过。

德品质、善恶评判能力以及道德境界，培养人的崇高的道德信仰和善良的道德意志，养成良好的道德行为和习惯。如在对待自然的问题上，尤其是面临日益严重的生态危机，人类应开始以崭新的视角重新审视自身行为的正当性和长远性，即使人类把握自然、社会和自身中类本质能力在不断增强，也不能一味地向自然索取，否则不可持续的生活及生产方式将贻害后代子孙的全面而自由的发展。

（二）公平正义理念

正如罗尔斯在《正义论》开篇所言："正义是社会制度的首要价值"，而且他还将正义作为原则、制度和感观合一的价值。公平正义是古今中外道德建设中的重要话题，几千年以来，中外学者对此问题进行了十分广泛的思考。自从亚里士多德开创分配正义理论先河以来，众多的思想家都根据当时社会发展需要提出了各种相关的理论。其中最具有代表性的有以下几种分配正义理论：按"道德应得"分配正义理论、按劳或按社会贡献分配正义理论、按资格或权利分配正义理论。公平正义是指社会组织或个人依据一定价值体系对参与分配的对象所实施的一种合理化对待。它由三个要素所组成：分配的对象和主体、分配正义的标准和分配正义的度。从其本质来说，它是对人们利益关系的一种调节，不但具有相对性，而且具有和谐性。分配正义内含着三个基本原则：起点的机会平等原则、过程的公平对待原则、结果的合理补偿原则。目前影响中国分配正义实现的问题有很多，如贫富差距和腐败问题，等等。这些现实问题的突出以及民众对这些问题的关注，使得将公平正义作为当代道德实践的重构性理念显得更加重要和迫切。

公平正义状况是衡量一个社会、民族或者国家文明程度的重要标准，也是构建社会主义和谐社会的重要内容和现实要求。2005年，时任中共中央总书记的胡锦涛同志在省部级主要领导干部提高构建社会主义和谐社会能力专题研讨班讲话中指出："公平正义，就是社会各方面的利益关系得到妥善协调，人民内部矛盾和其他社会矛盾得到正确处理，社会公平和正义得到切实维护和实现。"从实践看，将公平正义作为我国道德实践的重要价值理念，一方面就是要在道德建设中满足公民对社会公平正义的要求、提升公民的幸福感和对社会的满意度；另一方面就是要将道德作为维护公平正义的手段和路径，建立各种相应的道德机制和社会协调机制。

第一，要将公平正义的道德理念贯穿到社会基本结构和制度安排中。

社会基本制度和结构安排是实现公平正义的重要保障，因为制度安排与利益分配、价值评价密切相关。而根据马克思主义的基本原理，利益是道德的基础，是思考几乎所有社会问题的出发点。一种不道德、难以扬善惩恶的社会制度设计会使社会秩序变得紊乱，不合理、非正义的社会结构和制度只会导致尔虞我诈、弱肉强食、优胜劣汰，在这种状况中，更别谈伦理秩序和道德建设，人会变成无道德的人。伦理环境的毒化、社会道德规范的错乱，无疑会使人们丧失最基本的道德评判标准，继而产生出忽略甚至是蔑视和否认崇高与道德的偏好。而蔑视和否认崇高与道德的偏好的日益盛行，势必又会传导到其他领域，进而毒化整个社会经济基础的运转环境。因此，公平正义的社会结构和基本的制度安排，既是一个社会健康有序运行的重要条件，又是保障转型期中国成功和发展的关键。目前，我们的重要任务就是要通过公平正义的社会基本结构和制度安排为道德建设的推进和社会秩序的良化提供坚实基础。

第二，充分发挥道德的利益调节功能以实现公平正义。道德对于人类社会的最现实意义莫过于它的调节功能。道德往往代表大多数人的利益和诉求，因为大多数人希望社会秩序良好，那么和谐和良性发展就成为道德的主要内容。同时，社会又是由具体的个体组成，个体往往会因为自己的愿望和需求，希望保持自己的个性、需求、独立与自由。因此，某种程度上，个人与社会之间不可避免会出现各种冲突、矛盾、不和谐、紧张因素，等等。这时，就需要一些媒体和路径来调节社会与个体的矛盾，以实现两者的平衡。这就出现了法律和道德，但是在现实社会中，并非所有的问题都需要诉诸法律，或者大部分事件并不会经过法律程序，那么人们约定俗成的道德便有了用武之地。道德调节的特定内容和范围就是社会生活中的这些是非善恶，它通过人的情感、理性、良知和信念起作用，而不太使用强制性手段，所以调节的范围相当广泛。因为道德调节往往既主张他律更强调自律，既主张社会节制和约束，又倡导自我约束和管理，以达到社会和个体、个体与个体之间的相互协调和共赢。因此可以说，道德的产生和运行本身就蕴含了公平正义、协调发展的诉求。道德的发展促使社会各方面的利益关系得到妥善协调，各种矛盾得到合适而及时的处理，社会公平和正义得到倡导和实现。

第三，要发挥道德的评价机制以实现公平正义。道德评价的机制主要有自我评价和社会评价。自我评价就是个体业已形成的良性评价，而社会评价主要是舆论评价和监督。要将公平正义的价值理念深入社会发展进程中，社会舆论的引导和扬抑机制建设尤为重要。从某种意义上讲，社会舆论中对善恶问题的评价反映出人们对某一行为的基本态度。人们以道德原则及其规范体现的"善"与"正义"对其行为进行批判。舆论往往就是社会评价的"风向标"。人们通过社会舆论，褒奖和赞扬那些大公无私、洁身自好、忧国忧民、兢兢业业、克己奉公、刚正不阿、忠于职守的典型，这就是社会所提倡的善。而对于阴险狡诈、坑蒙拐骗、趋炎附势、以权谋私、以强凌弱等行为，社会舆论绝对不会置之不理，而是强烈愤懑和不断谴责。

公平正义既是当代社会民众的价值诉求，也是协调社会各个阶层、集团、群体、个体等相互关系的重要理念，它的实现过程也就是凝聚社会力量，达成社会共识，形成社会合力和向心力过程。社会主义的发展历史无疑不断证明了这一点，只有在改革和发展各项事业中秉承这一原则，社会的凝聚力和向心力才越发强大，政府和政党才能获得最广泛的社会支持。换言之，道德建设只有将公平正义深化到公众的日常生活之中，体现这一共识性的价值诉求，社会民众才会积极认同和自觉维护社会共同体的利益，促进共同体内部之间的和谐和发展。

（三）民主发展理念

民主是社会主义本质特征之一，在《家庭、私有制和国家的起源》中，恩格斯曾预言未来的社会主义社会："管理上的民主，社会中的博爱，权利的平等，普及的教育，将揭开社会的下一个更高的阶段，经验、理智和科学正在不断向这个阶段努力。这将是古代氏族的自由、平等和博爱的复活，但却是在更高级形式上的复活。"[①] 同时恩格斯还指出，民主在今天就是共产主义。民主已经成了无产阶级的原则，群众的原则。

建设社会主义就必须发展民主，不断扩大人民群众的民主权利。党在提出"建构社会主义和谐社会"时，就将民主法治作为和谐社会的重要特征，并排在首位，即和谐社会的特征是"民主法治、公平正义、诚信友爱、充满活力、安定有序、人与自然和谐相处"。民主法治既是和谐社会必要的保障，也是和谐社会构建的重要目标。党的十七大报告把"中国特色政治发展道路"作为中国特色社会主义道路的重要组成部分，明

---

① 《马克思恩格斯选集》第4卷，人民出版社1995年版，第179页。

确提出要坚定不移发展社会主义民主政治。报告要求从各个层次、各个领域扩大公民有序政治参与，但民主参与还需要公民树立民主法治、自由平等和公平正义的观念。党的十八大更是直接将"民主"等范畴作为社会主义核心价值观的具体内涵，并明确将"富强、民主、文明、和谐"作为社会主义国家层面的核心价值观。党的十八大还明确指出："加快推进社会主义民主政治制度化、规范化、程序化，从各层次各领域扩大公民有序政治参与，实现国家各项工作法治化。"

将民主发展作为社会主义道德建设的价值理念，应注意以下问题：

（1）道德建设要将民主发展作为实现社会利益格局平衡的指针。首先，民主发展可以有效改变社会群体利益表达不均衡的格局。经济社会的发展和进步，使我们清楚地认识到，现代社会不仅仅是一个伦理社会，还是一个利益多元化、交织、冲突、分化的社会。要使社会各个群体的利益诉求都能够在合法的轨道和形式中，就必须健全民主法治体系、丰富和完善民主形式、拓宽民主参与的渠道和路径、创新和完善民主化的利益表达机制。"一个拥有高度制度化的统治机构和程序的社会，能更好地阐明和实现其公共利益。"[①] 因此，畅通有效的民主机制，可以保障各个群体和个体通过制度化、合法的路径表达自身利益诉求。其次，推进民主政治建设，扩大民主参与，也是社会主义的本质诉求，是社会主义社会的目标和优越性所在。同时发扬民主、扩大民主参与，可以为各种具体矛盾冲突提供协调、整合、平衡的框架和机制。最后，民主政治建设是健全和完善社会主义社会公共权力使用和运行监督机制和约束机制的重要途径，以实现"权力关在笼子里"、"权力在阳光下运行"。

（2）要将民主发展纳入和谐社会关系的构建之中。积极推进社会主义民主政治建设，承认人民在国家生活中的政治地位，保障人民当家做主的权利，才能凝聚形成社会共同体的认同感，真正实现社会主义的和谐社会。开展民主建设，健全社会各群体的利益表达机制，形成社会各阶层共同分享改革发展成果的政治机制，保障人民享有更多更切实的民主权利。因此，民主政治建设不仅是协调各方利益的机制和平台，也是形成社会共识、促成社会认同的重要路径，而共识和认同又是构建社会主义和谐社会

[①] 塞缪尔·亨廷顿：《变化社会中的政治秩序》，生活·读书·新知三联书店 1989 年版，第 23 页。

的重要保证。

(3) 道德建设要突出民主发展的理念，以激励社会发展的创造性活力。社会主义和谐社会必然是一个充满活力和创造性的社会，而社会的活力则来自广大人民群众从事各项社会建设事业的积极性、主动性和创造性。只有积极推进社会主义民主发展，才能有效地激励社会发展的创造性活力。只有立足于民主政治的发展，才能调动人民群众积极性、主动性和创造性。只有当人民群众在参与国家政治经济文化社会各项事业的权利得到保障，主体地位得到尊重，各项合法利益得到实现和优化，主人翁地位得到落实，体验到社会公平正义的制度性安排，人们的积极性、主动性和创造性才能被真正激发出来，国家富强、民族振兴、人民幸福的伟大目标才能得以实现。马克思指出，民主制是一切形式的国家制度的已经解开的谜。在这里，国家制度不仅自在地，不仅就其本质来说，而且就其存在、就其现实性来说，也在不断地被引回到自己的现实的基础、现实的人、现实的人民，并被设定为人民自己的作品。

简言之，以社会主义核心价值引领道德建设树立民主发展的理念，就必须构建社会主义民主发展和民族理念所需要的道德品质和道德诉求；必须增强广大人民群众参与道德建设的热情，发挥人民群众对道德建设的影响力；采取民主的方法来塑造具有民主素养的现代公民；将民主发展提升为民众自觉的道德意识，等等。

(四) 民族本位理念

这里所讲的民族本位并非"唯本民族论"，而是强调我国当前的道德建设更应该秉承优秀传统文化，充分挖掘中华民族的文化之根，建立中国气派、中国特色的现代道德文化，以提升我国的文化软实力，实现中华民族的伟大复兴。事实上，人类每个民族及其文明都有自我保存、自我表现和自我发展的需要。在面临西方文明极大冲击、各种文化相互激荡的当代（亨廷顿称之为"文明的冲突"），我国的道德文化建设更应该树立对传统优秀文化的自觉继承和自我确信。社会主义文化是以马克思主义为指导的文化，是批判继承古今中外优秀文化基础上而形成的新文化。这种文化要求将马克思主义的基本原理、立场和方法与中国的具体实践相结合、与中华民族的优秀文化传统相结合，实现马克思主义的中国化。

民主本位是任何一个民族在传承和发展中坚持的原则，同时也体现于社会主义核心价值体系的主要内容之中，如社会主义的共同理想，其目的是为了实现中华民族的伟大复兴；在精神和价值资源中也强调民族精神和时代精神的结合；而以"八荣八耻"为主要内容的社会主义荣辱观，更是直接体现中华民族传统美德、优秀革命道德与时代精神的完美结合。

民族本位理念对道德建设的要求体现在以下几个方面：

1. 道德建设应弘扬中华民族传统文化，建立中国社会主义特色的道德文化体系

毛泽东同志在《新民主主义论》中指出，"从孔夫子到孙中山，我们应当给以革命的总结。吸收其民主性精华，剔除其封建性糟粕"。中国的传统文化，特别是伦理道德文化，博大精深，闪耀着东方智慧，表现了人类最伟大的人文情怀和社会理想，蕴含着极为丰富的真理因素，它不仅是中国人民的骄傲，而且也是世界文明的宝藏财富。中国传统伦理文化，不但在中华民族几千年的发展历史上发挥了巨大的凝聚力、推动力，保证了我们民族的生存和繁荣，而且直到近现代，仍然发挥着重要作用。不论是在旧民主主义革命和新民主主义革命，乃至在社会主义革命和建设事业中，无数革命战士、志士仁人都自觉或不自觉地从中汲取精神营养，激励革命斗志。

在当代社会主义道德建设过程中，我们要充分吸收和承继传统文化的优秀成果，取其精华，去其糟粕，不断丰富当代文化建设成果，提升社会主义文化的吸引力、凝聚力和认同感。如中国传统的道德观强调个人对他人，对社会的责任和义务，并将其作为人们行为和互处的道德准则。在这种道德准则下，义在利先。"一切违背这一准则的行为，视为不道德。西方的主流道德观念强调社会对个人权利的保护与尊重。这些个人的权利即人权，包括平等、自由言论、自由结社、机会均等、个性独立、隐私不受侵犯、选举权等。一切触犯他人这些权利的行为，就是不道德"。[①] 再如，结合传统的"民本思想"，当代文化建设提出的以人为本、人的全面发展、全心全意为人民服务等，都推动了当代中国文化道德建设的发展与进步。

2. 综合和吸纳中国各民族的道德传统，以增强中华民族的道德认同

中国是个多民族的国家，除汉族外还有 55 个少数民族。他们有着不同的语言和文字，在漫长的历史中，每个民族都形成了自己独特的文化和

---

① 冯俊、龚群：《东西方公民道德研究》，中国人民大学出版社 2011 年版。

生活习惯。综合起来，中国的传统美德强调爱国主义，注重社会责任；强调"厚德载物"、"推己及人"；推崇"见德思义，见利思义"的道德方法；强调见义勇为、舍生取义的献身精神和"宁为玉碎，不为瓦全"的崇高气节等。在经济全球化的今天，中国仍以文明古国的雄姿屹立于世界东方，这离不开中国传统文化，尤其与这些传统美德是分不开的。因而在当代，要继续弘扬中国古代优良道德传统和近现代革命时期优良的道德风气和道德精神，吸取世界上一切优秀民族的道德成就，努力创建社会主义先进的精神文明。

同时，充分吸收各民族道德文化传统，也是增强各民族对社会主义道德认同的重要途径，是增强民族认同感和凝聚力的重要方式。在文化竞争日益强烈的当今时代，文化不仅仅成为综合国力的重要因素，也越来越成为民族凝聚力和创造力的重要源泉，成为增强文化自信和文化强国的重要路径，成为推进社会主义文化大发展大繁荣的重要动力。早在党的十六届三中全会通过的《中共中关于完善社会主义市场经济体制若干问题的决定》中就强调："要大力加强社会主义文化建设，着力建立与社会主义市场经济相适应，与社会主义法律规范相协调，与中华民族传统美德相承接的社会主义思想道德体系，弘扬和培育民族精神，不断提高全民族的思想道德素质和科学文化素质，为改革和发展提供强大的精神动力和智力支持。"

3. 以传承民族文化传统的"八荣八耻"为核心，塑造各民族人民共同的道德价值观

"八荣八耻"是时任中共中央总书记胡锦涛同志于2006年3月4日看望政协委员时提出的，他强调，要引导广大干部群众特别是青少年树立社会主义荣辱观，"坚持以热爱祖国为荣、以危害祖国为耻，以服务人民为荣、以背离人民为耻，以崇尚科学为荣、以愚昧无知为耻，以辛勤劳动为荣、以好逸恶劳为耻，以团结互助为荣、以损人利己为耻，以诚实守信为荣、以见利忘义为耻，以遵纪守法为荣、以违法乱纪为耻，以艰苦奋斗为荣、以骄奢淫逸为耻"。"八荣八耻"的重要论述，形象而生动地体现了社会主义的世界观、人生观和价值观，涵盖了中华民族传统美德以及时代的诉求，也是当前中国社会最基本的道德规范和评判标准，更是对马克思主义伦理观的新概括，是对社会主义道德体系的完善和发展，在随后的时期内，更是直接确立为社会主义核心价值体系的基本内容。以传承民族文

化传统的"八荣八耻"为核心塑造全国人民共同的道德价值观,是新形势下社会主义思想道德建设的重要内容。

(五) 与时俱进理念

与时俱进,就是要求全党和全国各族人民在思想和理论上保持与时代的同步,并力求站在时代的前沿,不断推动理论创新和思想创新;在实践上,创造社会主义事业的新境界、新水平和新阶段,创造性地完成社会主义社会初级阶段的各项重要目标,促进社会先进生产力的发展、促进我国综合国力的提高。因而,与时俱进理念体现了中国特色社会主义理论和实践的诉求,是中国特色社会主义的时代精神和时代特色。

在核心价值体系引领下的道德建设和实践活动更要强调时代精神和时代特色,要不断改革创新,锐意进取,不断更新道德规范内容和价值诉求,增强社会主义道德的时代说服力和吸引力,探索和完善具有时代特色的社会主义道德规范体系,弘扬时代特色的道德价值,创造道德教育的新理论和新的实践模式,提升人们的思想道德水平和文化修养。在与时俱进的理念指导下,道德建设要研究新情况、解决新问题,时刻紧跟当代中国发展步伐,推动道德创新。在这一理念指导下,道德建设要注意以下几个方面的工作:

1. 道德建设要以促进公民社会的培育和成长为战略依托

道德具有一定阶级性,是马克思主义伦理观的基本理论之一。在社会主义道德体系出现之前,封建道德和资本主义道德都具有突出的阶级性,都突出地沦为阶级压迫和剥削的工具。在封建专制时期,道德建设以"天道君主秩序"为幌子,以"臣民道德"为核心,各项道德规范和伦理要求都是出于维护地主阶级专政的需要;在资产阶级专政时期,因为标榜"自由、平等、博爱"为核心价值,其道德观看上去似乎颇为新颖,也很吸引人,虽然也为市民社会的发展提供了一些条件,但是仍然摆脱不了为资产阶级专政和服务的本质。只有在社会主义社会,人民真正实现当家做主,公民社会的成长才有可能真正为每个人的自由发展服务。

随着世界多极化和经济全球化趋势的不断发展,在科技进步日新月异、综合国力竞争日趋激烈这样一个国际大背景下,我国的改革开放正在逐步深化,中国社会也在经历重要的历史转型,尤其是市场经济体制的建立和完善,导致的一种转变就是"单位人"转向"社会人",即中国社会由原先的"乡土社会"向现代的"公民社会"的转变。一个与社会主市场经济相适应的比较完善的公民社会正在逐渐形成。但是与公民社会不相适应的一些问题依然存在，比如现代消费主义盛行与传统社会提倡勤俭节约之间的矛盾、个人追求利益最大化的驱动与整个社会集体利益之间的矛盾、个体对道德理想和目标追求与社会实践之间的差距等。虽然一个成熟公民社会的形成和发展，离不开市场经济的推动以及民主法治建设的保障，但是也离不开个体的道德素养的提升和道德品质的提高。因此，中国公民社会发展壮大必须要以《公民道德建设实施纲要》为指导，注意把握十八届三中全会提出的24字的社会主义核心价值观，以更好地促成公民社会的建成和公民道德素质的提升。

2. 道德建设要以全面提升公共道德素养为首要目标

21世纪新阶段，我国真正跨入完全意义上的"公民道德建设"新阶段。因为公民社会逐步到来，人们在社会公共领域的道德表现和道德水准成为衡量一个社会公共文明的重要标志，社会公德得到普遍性的遵守成为一个社会先进和文明的特征。公共生活质量的提升，一靠社会制度和安排的合理性以及人们互动交流的广泛性和密切性，二靠每个公民道德责任的觉醒以及个体道德努力。所以，每个公民都要自觉遵循《公民道德建设实施纲要》中所提出的道德规范："从大处着眼，从小处入手，从自身小事做起，'勿以恶小而为之，勿以善小而不为'，各人自扫门前雪，也管他人瓦上霜。"道德建设强调时代精神和时代特色，不断改革创新，就要以全面提升公共生活质量为首要目标。

3. 道德建设要以推进人的全面发展为战略目标

人的全面发展强调"每个人的自由发展是一切人的自由发展的条件"，其中就包括道德发展。人的全面发展是共产主义和社会主义的重要特质。因此，建设中国特色社会主义，进行的一切工作和从事的所有事业，都要着眼于人们发展的现实物质文化基础和需求，着眼于人民思想文化素质的提升，为每个人的自由全面发展提供条件和基础。当前，我国进入全面建设小康社会的新时期，处于聚集力量为实现民族伟大复兴而努力奋斗的新阶段，人的全面自由发展必然成为这一新时期、新使命的重要内容。我们要在社会主义物质文明和精神文明建设成就的基础上，把进一步推动人的全面自由发展同中国特色社会主义的政治、经济、文化、社会、生态文明等各项事业的进步和发展联系起来，使其相辅相成，相互推进。

（六）实践至上理念

社会主义核心价值体系是全党全国各族人民团结奋斗的共同思想基础，核心价值体系的建设和培育不仅是单纯的理论研究问题，更重要的是贯彻和践行的过程。以社会主义核心价值引领我国道德建设更需要把握实践至上的理念，突出马克思主义的实践特色。"实践"构成整个马克思主义哲学的基石，实践的观点是马克思辩证唯物主义认识论中最根本的观点。早在《1844年经济学哲学手稿》《神圣家族》《关于费尔巴哈的提纲》《德意志意识形态》中马克思和恩格斯就明确地宣称他们的哲学是"实践的唯物主义"，这一哲学的问题和根本任务"在于改变世界"[1]"使现存世界革命化，实际地反对并改变现存的事物"[2]。列宁这样说过：实践高于（理论的）认识，因为它不但有普遍性的品格，而且还具有直接现实性的品格[3]，"通过实践而发现真理，又通过实践而证实真理和发展真理。从感性认识而能动地发展到理性认识，又从理性认识而能动地指导革命实践，改造主观世界和客观实践。实践、认识、再实践、再认识，这种形式，循环往复以至无穷，而实践和认识之每一循环的内容，都比较进到了高一级的程度。这就是辩证唯物论的知行统一观"[4]。理论与实践相结合，是我党的优良传统。在道德建设上，实行理论与实践相结合，坚持实践至上，道德建设才能真正取得实效。道德理论是道德实践的指南，正确的道德理论才能带来道德实践的硕果，道德理论的发展才能推动道德实践的进步。同时，道德实践又是道德理论的源泉、动力、目的，以及检验理论真理性和价值性的唯一标准。

1. 实践至上意味着鼓励和动员各类群体参与各种类型的社会道德实践活动

道德建设不是仅仅停留在理论上，更应该在实践中探索和完善道德理论与道德规范。公民道德建设过程，是和实践相结合的过程。新形势下加强公民道德建设的重要途径就是以活动为载体，吸引群众普遍参与。而且每个公民不能仅仅是社会物质文明和精神文明的受益者，更是道德建设的参与者和实践者，每个群体应该积极参与到社会各项事业的发展和各种类

---

[1] 《马克思恩格斯选集》第1卷，人民出版社1995年版，第57页。
[2] 同上书，第75页。
[3] 《列宁全集》第55卷，人民出版社1990年版，第183页。
[4] 《毛泽东选集》第一卷，人民出版社1991年版，第296页。

型的道德实践活动中,在社会道德的氛围和感染下,努力提升自身的道德修为,提升自身的道德品质,提升自我的道德境界,使自身的精神得到充实,思想得到升华。实践至上同时意味着各种道德实践活动不仅要坚持理念现行,更要注重从具体事情做起,从群众最关心的事情抓起,从大多数人的道德理想和道德诉求出发,将道德实践活动与各项业务各类工作紧密结合,防止和克服形式主义和官僚主义,促进公民道德建设稳步向前发展。

2. 实践至上要求道德理论研究关注中国人的道德实际状况,分析我国公民道德行为及影响因素

我国人民道德建设实践领域十分宽泛,涉及各个范围和领域。理论研究与各个层面上的实践活动相结合,以实践检验人们的道德理论正确与否,并在实践的基础上升华为真理。我国当前的道德状况是一个复杂多元性的图景,道德建设活动应着眼于个体的道德行为模式和影响因素才能取得成效。通常情况下,人们的道德行为整体表现其道德品质状况。一个社会的全体或绝大多数成员的道德行为和道德认识往往体现了该社会总的道德水准和道德风尚。人们的道德行为过程包括确定目的和形成动机、实际的行动、行动后的效果和评价三个基本环节。其中实际行动起核心作用,在理论研究关注道德实践领域基础上,应重点分析我国公民道德行为及其趋势,研究良好道德行为养成的途径和方式。

3. 以实践的理念构建当代道德建设体系和道德教育方式

改革开放之前30年左右,我们已经在理论建设和道德实践相结合方面取得了很大的成绩。比如,初步确立了社会主义道德体系,并涌现出了一大批像雷锋、焦裕禄等英雄模范人物。但那时轻视科学文化,道德理论发展受到了极大的制约。在"左"的思潮的影响下,揠苗助长,大大提高道德建设的要求,理论脱离实际,使道德实践脱离中国的实际,陷入"假、大、空"的困境。改革开放后,我们吸取以往的教训,并开始重视理论建设和道德建设相结合。并从中国的实际情况出发,发展具有中国特色的道德理论和社会主义道德体系。在"百花齐放、百家争鸣"方针指导下,适应社会主义市场经济要求的道德体系正在逐步建立和完善,社会主义道德越来越具有吸引力和时代性。因此,21世纪新阶段,只有以实践的理念构建道德建设和教育的方式,我国的道德建设才会不断向前推进。

（七）开放包容理念

改革开放是发展中国特色社会主义的强大动力，是决定当代中国命运的关键抉择，并提出在思想文化领域和意识形态领域要"尊重差异、包容多样，又有力抵制各种错误和腐朽思想的影响。"因此，社会主义核心价值体系本身就内含着开放包容的价值追求，那么这一理念也应该融入到社会道德实践中去。

开放包容理念的实质是主张在道德文化建设和发展中坚持文化包容和宽容的基本价值取向。俗话说，"海纳百川，有容乃大"，"天空包容每一片云彩，不论其美丑，故广阔无比；高山包容每一块岩石，不论其大小，故雄伟壮观；大海包容每一朵浪花，不论其清浊，故浩瀚无涯。"文化以其多样性的本质特征要求其具有兼容并蓄的包容特性，文化只有具有广阔的包容性，自身才会强大。尤其是在当前我国改革开放不断深化，世界其他民族的各种文化不断涌入国内，各类文化包括道德文化的相互影响和感染也在日益加深，如果以守旧主义、文化闭关主义的态度进行道德建设无法回应当今世界文化日益交融的发展趋势，我国道德建设也会因为缺少新鲜有益的道德文化血液而无法增强其自身的免疫力和"造血"功能。回顾历史，我们之所以能成为一个强大的民族，就是因为我们这个民族有着"开放包容"的胸怀，在多次的民族融合中不断吸纳和借鉴外民族先进的东西。

因此，在我国现阶段道德建设的过程中应当确立开放包容的基本理念，一方面要以文化宽容的心态与开放的姿态来进行道德建设，去其糟粕，对我们不利与相悖的东西就要摒弃，取其精华，学习、借鉴和吸收世界先进的道德文化成果，包容世界不同文化的道德追求，吸取其有益的成分，丰富自身的道德文化内涵，做到以我为主，为我所用，并将其与我国的道德文化传统与民族文化心理等相互融合，使我国的道德文化在与外民族道德文化的相互激荡中取长补短，凸显道德文化的民族特色，从而保证我国民族道德文化走向世界，影响世界，以其独特的魅力屹立于世界文化之林。另一方面，开放包容的基本理念还要求在道德建设过程中要对我国自身的道德文化进行深刻的反思，反思我国传统的道德文化中存在的封建性、保守落后性的内容因素，努力清除其消极影响，摒弃与现阶段我国社会主义现代化建设以及改革开放的新形势不相适应的过时落后的道德文化，并充分发挥优秀传统道德文化的感召力与凝聚力作用。同时，在道德文化建设中坚持主导性与多样性统一，在保证社会主义的、中华民族的道德文化主导的前提下包容与倡导不同层次和多样性的道德文化，百花齐放、百家争鸣，着力构建与我国改革开放、社会主义市场经济深入发展以及全面建设小康社会等现阶段发展目标相协调一致的具有时代特征的新的道德文化，与时俱进，开拓创新，以兼收并蓄、海纳百川的博大胸怀不断接受新的道德文化，不断丰富与完善我国道德文化的内容体系，从而满足不同层次人们对道德文化的不同需求，促进我国道德文化的全面发展。

（八）依法建设理念

依法治国是党的十五大提出的治理方略，十八届四中全会得到进一步确认和深化。依法治国是发展市场经济的必然要求，也是一个社会和国家文明进步的重要标志，更是实现国家长治久安以及社会和谐发展的重要保障。依法治国就是要依照人民的意志和社会发展的规律来制定法律，并以法律方式来治理国家，要求国家的经济、政治、文化、社会等各项活动都在法律框架内运行，法律成为衡量一切具体问题的准绳，其运行不应当受任何个人意志的干预、阻碍或破坏，其要点在于有法可依、有法必依、执法必严、违法必究。道德建设作为我国社会精神文明建设的一个重要组成部分，其发展与推广完善是一个长期的艰苦过程，需要社会各个方面提供保障与支持，尤其需要以国家强制力为后盾的法律保障。为此，需要将道德建设纳入依法治国的轨道当中，确保其在依法治国方略的指导下依法有序进行。如果没有法律强有力的保障，没有依法进行道德建设，那么我国的道德建设就将陷入疲软混乱的无序状态。

因此，随着我国全面落实依法治国的基本方略，依法建设也是道德建设中不可或缺的基本理念。依法建设理念，一方面要求道德建设中的一部分带有强制性质的要求和内容应通过立法途径加以法律上的确定，使这一部分内容和要求有法可依，建立与完善道德建设的相关法律法规，杜绝在道德建设中出现各种人为随意变更、违反现象，确保道德建设的各项任务和目标得以顺利实现。而对于违反法律所规定的相关道德建设要求和规定的行为应当做到有法必依、执法必严、违法必究，按照相关的法律规定追究责任，从而保证道德建设的严肃性和刚性，确保道德建设的顺利高效进行。另一方面，依法建设的理念不仅意味着法治精神要深入到道德实践的各个领域和层次，更意味着通过道德建设来弘扬法治精神，建设法治国家，树立依法进行道德建设的自觉性，增强全体公民的法律意识和法制观念，使人们自觉将道德建设纳入法制的轨道。美国法哲学家伯尔曼就曾指出："确保遵从规则的因素如信任、公正、可靠性的归属感，远比强制力更为重要。法律只在受到信任，并且因而并不要求强力制裁的时候，才是有效的，依法统治者无须处处都仰赖警察。……总之，真正能阻止犯罪的乃是守法的传统，这种传统又植根于一种深切而热烈的信念之中，那就是，法律不仅是世俗政策的工具，而且还是生活终极目的和意义的一部分。"① 因此，培养公民依法进行道德建设自觉性，树立与弘扬法治精神是依法进行道德建设的根本保障和终极奋斗目标。

（九）利益激励理念

利益理论是马克思主义的重要组成部分。马克思主义经典作家毫不掩饰其对利益问题的关注与研究，从不耻于言"利"。列宁指出："物质利益问题是马克思主义整个世界观的基础。"正是由于对利益问题的研究才推动了马克思向历史唯物主义的转变。马克思曾指出："思想"一旦离开"利益"，就一定会使自己出丑，正确理解个人的利益，是整个道德的基础。可见，对人们思想问题的分析与研究离不开对其相关利益问题的探讨与研究。同时，马克思主义还强调追求利益不仅是个体从事社会活动的欲求和动因，也是推动社会发展的内在驱动力。马克思曾指出：人们奋斗所争取的一切，都同他们的利益有关。正是有了利益的驱动作用，才推动人们去进行各种活动，利益成为人和社会发展的内在动力源泉。我国现阶段道德建设的主体是人，道德文化的构建、道德精神的弘扬、道德实践行为的践履都离不开作为道德建设主体的人的活动，而人又是处于实际生活中有着各种需求和欲望的"现实的人"。所以，人们的道德建设活动离不开相应的利益激励作用，道德建设者，不论是个体还是集体，都需要利益激励。因此，以社会主义核心价值体系引领我国道德建设应表达和体现利益激励的理念，这是辩证唯物主义的题中应有之义。利益激励理念包括奖赏与惩罚两个方面，即正强化与负强化。利益激励的理念要求对践行合乎社会主义核心价值体系和社会主义道德的个人和集体给予一定的精神鼓励、社会荣誉和物质奖励等方面的激励，以鼓励其在今后继续保持这种良好行为，确保其践行社会主义核心价值体系和社会主义道德更有动力，起到正面引导和示范的作用。而对那些践踏社会主义核心价值体系和社会主义道

---

① 伯尔曼：《法律与宗教》，上海三联书店1991年版，第43页。

德的个人和集体应当给予相应的物质与精神性的惩罚，通过惩罚的强制与警示作用促使其改变原有的错误观念和终止错误有害的行为，并鼓励其向正确的行为方向发展。通过利益激励理念的正强化与负强化作用，社会正气能够得到弘扬，积极向上的道德行为习惯得以支持与鼓励，社会风气才能够得到净化，利益激励理念的赏罚机制是形成良好的社会风尚的重要途径之一。

（十）物质保障的理念

管仲云："仓廪实则知礼节，衣食足则知荣辱"。这句话很好道出了物质与精神之间的关系，即物质是基础，物质决定精神和意识，只有有了必要的物质保障，人们才能产生更高的精神需要，才会有关于道德等方面的追求，这是唯物主义的基本观点与实质。在历史唯物主义看来，物质保障是最根本的基础性条件，在相应物质基础没有保障的条件下，是无法使人们有高尚精神追求的，同时，物质生活水平的高低还直接影响和制约着相关上层建筑的发展水平。恩格斯在《在马克思墓前的讲话》指出："正像达尔文发现有机界的发展规律一样，马克思发现了人类历史的发展规律，即历来为繁芜丛杂的意识形态所掩盖着的一个简单事实：人们首先必须吃、喝、住、穿，然后才能从事政治、科学、艺术、宗教等；所以，直接的物质生活资料的生产，从而一个民族或一个时代的一定的经济发展阶段，便构成基础，人们的国家设施、法的观点、艺术以至宗教观念，就是从这个基础上发展起来的……"因而，根据历史唯物主义基本观点，作为社会意识与上层建筑的道德归根结底是由社会存在决定的，是社会存在的反映，所以道德的存在与发展离不开相应的社会存在的物质保障作用。

因此，在道德建设中要确立物质保障的基本理念，明确物质基础与道德发展的根与叶的密切关系，只有根深，才能叶茂。如果没有必要的物质基础保障，人们就会仍在为满足最基本的生活需要忙碌奔波而根本无暇产生相应的高层次的道德追求。同时，道德建设是一个极其复杂的艰苦过程，优良道德行为的倡导、良好的道德风气的弘扬、群众性道德建设活动的开展等都离不开一定的人、财、物等物质基础供应和保障，缺乏物质资源提供后盾支持，道德建设的开展将步履维艰。此外，良好的道德建筑在坚实的物质基础之上，道德建设水平的提高也必须以社会物质生活条件的不断提高作保障。只有社会物质生活条件的改善与提高，道德建设才会有充足的人力、物力和财力保障，才会获得发展的动力与后劲而不断向高水平方向发展。

（十一）和衷共济理念

道德建设是全社会共同的事业，离不开全社会的参与和支持。根据马克思主义历史合力论的观点，历史的最终结果并不是由某个单独的因素而决定的，任何事件的最终完成都不是仅仅靠某一单一的力量和因素可以完成的，它需要动员各方面的力量，协调好各方面的影响因素并使之共同发挥作用才能最终达成任务和目标。为此，在建设体现社会主义核心价值的道德文化的过程中要树立和衷共济理念，因为以社会主义核心价值体系统领的道德文化是我国各族人民的奋斗目标与价值追求，各族人民丰富多彩的社会主义建设实践、道德实践都对我国道德文化的丰富发展起着十分重要的促进作用，我国道德文化走出中国，并以其独特的民族特色迈向世界更需要全国各族人民的共同努力和奋斗，需要整合各方力量以形成巨大的道德吸引力。因此，建设体现社会主义核心价值的道德文化，是全党全国各族人民团结奋斗的共同事业，符合广大人民群众的根本利益，需要发扬和衷共济的精神，既要充分发挥党组织、各级政府以及相关部门在道德建设中的主导作用，确保道德建设始终朝着正确方向发展，保证道德建设发展的正确方向性；又要同心协力，万众一心，共同克服前进中遇到的困难，充分调动全国各族人民参与道德文化建设的激情与动力，动员各种社会力量积极参与到道德建设当中，努力为道德建设的发展构建良好的社会环境，着力构建与形成道德建设的相互协调、和谐发展的网络，使道德建设成为全社会人民共同的事业，举全社会之力共同推进道德建设顺利进行。

（十二）风俗习染理念

道德建设的目的是使人们接受与掌握与社会主义现代化建设相协调一致的道德规范，并将这种道德规范践行而养成道德行为习惯。道德建设的作用对象——人和人的思想，这一对象的复杂性决定了道德建设过程并非疾风暴雨而是和风细雨式的渐进染化过程。渐进式的染化教育理念和方法早已有之，我国古代德治的主要方法就是化民成俗，即将具体的道德要求化为人们日常生活环境中的规则、习惯、礼俗等，使人们在约定俗成的乡规民约、民俗中无意识、不自觉地受到道德教育的影响，习焉不察，在潜移默化中接受教育，从而规范自身的行为。

因此，道德建设应当吸取我国古代德治中化民成俗的渗透教育方法，树立风俗习染的基本理念，推动自身的发展。道德建设中坚持风俗习染的理念，一方面要求将道德规范要求世俗化、具体化，使其纳入到社会各个不同层面的日常行为规则当中去；同时，对传统的民俗、风俗文化中所蕴含的道德价值进行凸显与弘扬，使其更加充满道德教育与感化的力量；此外，要结合我国的传统文化和人们的心理特点以及现阶段的具体实际，创造性地创设一些新的、具有明确道德规范要求和丰富道德价值的民俗、风俗，通过对民俗、风俗文化中道德价值的提升，使人们在各种民俗、风俗活动中习得道德规范和要求，在民俗、风俗的禁忌中规范自身的行为，从而在风俗中受到潜移默化的感染与教育。另一方面，风俗习染的理念还要求做好相应的道德环境建设，创设与优化良好的外部环境，净化社会风气，坚持弘扬社会正气，切实规范大众传媒的活动，创设积极向上的社会舆论环境，同时，积极引导和构建良好的社会中观环境与微观环境，包括家庭、学校、社区等环境，使置身于其中的人们受到积极正面的影响而受到感化与教育，接受优秀道德文化与氛围的熏陶，不断提升自身素质。

三 道德建设理念对道德建设实践的作用

之所以提炼出社会主义核心价值体系所蕴含的价值理念，以作为当前道德建设的理念和原则，一方面是因为这些价值理念是新时代、新阶段对思想道德文化建设提出的新要求；另一方面是因为价值原则和价值理念是指导思想道德文化建设的重要基础，对道德实践活动起到定向、指导、调控和战略定位的作用。

(一) 定向作用

道德建设理念在道德建设中起定向作用。道德建设理念具有先导性、基础性和广泛性功能。这些道德理念往往体现社会成员主流的道德诉求，是社会成员利益表达和诉求的体现，因而也是各种社会关系的调节器。因此，道德建设的各个方面，包括道德建设的领导与实施、道德建设的宣传、道德建设内容的建构及道德教育人员的培训等，都应以这些道德建设的理念为宗旨。

1. 道德建设理念对道德建设的领导与实施的定向作用

道德建设需要道德建设理念的支撑与引导，加强道德建设，首先离不开共产党员和领导干部的模范带头作用。共产党员和领导干部要管理好身边的工作人员,用良好的道德形象取信于民,带动广大群众做好工作,就离不开道德建设中以人为本、与时俱进、实践至上等理念。其次,道德建设的实施本身就是一个理论联系实践的过程,道德建设理念对道德建设的实施的定向作用主要表现在,是人们了解新情况、分析新问题的基础;促使人们探索道德建设规律,并改进方式方法;指导道德建设全面开展工作。

2. 道德建设理念对道德建设的宣传定向作用

道德建设理念能够加大道德建设宣传力度,发挥其导向作用,并以正确的理念引导人们的行为。博物学家赫胥黎说过:"人们所真正害怕的不是法律,而是别人的议论。"在道德教育或道德建设的宣传中,道德建设理念的导向作用是巨大的。首先,道德建设的理念可以使某种道德原则和道德规范为大多数人所接受和信奉并形成强大社会舆论,对人们行为进行适当的引导和定向,从而深刻地影响整个社会的道德风尚。其次,道德建设的理念促使人们坚持真善美,抵制假丑恶,促使人们"择其善者而从之,其不善者而改之",从而不断地提高自己的道德品质,促使社会形成良好的风气。最后,道德建设通过广播、电视和互联网等大众传媒,运用新闻报道、故事讲授、名家评论、群众评议、戏剧演播和公益广告等多种形式,宣传道德规范、普及道德要求、传播文明新风、弘扬社会正气、光大社会善能量、针砭社会时弊,营造道德建设的浓厚舆论氛围,同样离不开道德建设理念的支撑与引导。

3. 道德建设理念对道德内容建构的定向作用

随着现代化事业的不断发展和深入,中国社会主义精神文明建设取得了可喜成就,道德建设呈现积极健康的良好态势。爱国主义、集体主义和社会主义思想日益深入人心,为人民服务的精神不断发扬光大,人民群众开始自觉追求科学、民主、健康的生活方式。但是,我国公民道德建设方面仍然存在不少的问题。例如,物欲主义、拜金主义、享乐主义、消费主义、极端个人主义等也在滋长,见钱眼开、见利忘义、损公肥私、贪赃徇私等行为也不断发生,等等。如果这些问题得不到及时、有效的解决,那么将严重损害正常的社会秩序,损害改革发展稳定的局面。道德建设的一系列理念对道德内容的构建起着积极的引导作用。

4. 道德建设理念对道德教育人员培训的定向作用

道德教育是一种以一定社会的道德原则和规范为内容，有目的地对人们的思想观念和行为习惯施加影响，以引导人们自觉履行道德义务的活动。道德教育是培养、提高、完善人们道德品质的根本途径，包括激发道德意识、培养道德情感、确立道德理想、学习道德规范、养成道德习惯、完善道德评价等。教育人员不仅是教育实践活动的一个基本要素，而且是教育实践活动的主体，道德教育人员的培训离不开道德建设理念的定向引导。

首先，道德建设理念可以加强教育人员的职业道德。宋代著名历史学家司马光说过："才者，德之资也；德者，才之帅也。"可见，教师的素质是教师教书育人的基础，是影响教育质量的直接因素。道德建设中以人为本的理念，使教师牢固树立以学生为本的理念，尊重学生的主体地位，尊重学生的差异性，积极引导学生。与道德建设理念息息相关的"爱国守法、爱岗敬业、关爱学生、为人师表、终身学习"等是每一位教育人员必须遵守的职业道德。由此可见，道德建设理念可以增强教育人员的职业道德感，加强教育人员的职业道德建设。

其次，道德建设理念可以有效提高教育人员道德素养。"学高为师，身正为范"，教育者要加强自身的职业道德修养，就必须融会贯通这些道德建设理念，教育无小事，教师无小节，道德教育者的一言一行、一举一动都会对学生产生影响。所谓学为人师，行为世范，所以，教育者要不断地加强师德修养，把个人理想、本职工作与祖国发展、学生发展紧密联系起来，树立高尚的道德情操和精神追求。孔子曰，"一日三省吾身"，只有不断地加强自身的修养，在面对道德困境时才能权衡利弊，用满腔热忱去爱每一位学生。

(二) 战略作用

道德建设理念致力于激发全民族道德建设的热情和创造力，提高国家文化软实力，最终服务于中华民族的伟大复兴。因而道德建设不仅仅在于改进社会风尚和提高个人的道德素养，而且在于增强民族的道德特色，在国际上发挥道德影响力；同时增强民族凝聚力，更好地促进国家政治、经济和军事的发展。这些价值理念强调道德建设要从战略的高度看待价值观在思想文化中的战略意义：

1. 改进社会风尚和提高个人道德素养

马克思认为,"人创造了环境,同样,环境也创造人"。环境以其自身独特的形象潜移默化地感染人、熏陶人,使人在不知不觉中受到影响。人的道德水平的形成与发展与社会环境密切相关。社会环境对人的道德起重要的作用,同样,正确的道德建设理念可以引领良好的社会风尚,从根本上激发全民族的道德建设热情和创造力。一个国家没有健康的社会风气,没有良好的道德水准,经济再发展,它的综合国力也强大不起来,很难屹立于世界民族之林。事实证明,加快改革开放的步伐,推进现代化建设,实现全面建成小康社会的目标,都需要共同的思想基础,需要共同的道德规范,需要共同的精神合力。在当今社会,随着社会的深刻变革,经济的迅速发展,文化的相互激荡,人们的思想观念和生活方式以及价值理念都发生了很大的变化。虽然我们社会精神风貌的主流还是热爱祖国、科学文明、团结友爱等,但是也存在一些不明是非、不知荣辱、不分美丑的现象。需要不断地提高个人的道德素养。道德建设的理念不仅可以改进社会风尚,还可以提高人们的道德素养,使人们养成良好的道德素养。俗话说:"敬人者人恒敬之、爱人者人恒爱之。"如果每个人都养成了良好的道德习惯,那么,整个国家就会形成良好的社会风尚。

2. 增强民族的道德特色,在国际上发挥道德影响力

毛泽东指出,"人总是要有一点精神的",同样,一个民族和国家更是如此。民族精神和时代精神既是对我国业已形成的精神的提炼和升华,更是中华民族未来发展的精神支柱和思想基础,也是中华民族屹立于世界民族之林的精神动力。反之,如果一个民族没有高尚的品格追求,没有坚定的毅力信念和远大的理想目标,就不可能凝聚各方力量,成就民族复兴的伟业。同样,一个民族若不能与时俱进、改革创新,就不会有持久不竭的生机和活力。中华民族是一个具有悠久历史传统和璀璨文明的民族,是一个不断进取、锐意创新的民族。在五千年的历史中,我们形成了以爱国主义为核心的团结统一、爱好和平、勤劳勇敢、自强不息、奋斗不止、爱国兴业的民族精神。同时,在近代以来的革命和实践中,在继承和发扬优秀传统的基础上,在不断开创社会主义事业的新局面中,形成了改革创新、努力奉献、万众一心等为内容的时代精神。十七大报告指出,"新时期最显著的特点是改革开放,最大的成就是快速发展,最显著的特征是与时俱进"。道德建设的以人为本、与时俱进等理念使我们民族的道德特色

不断增强，并深深地融入我国经济、政治、文化、社会建设的各个方面，不断在国际上发挥道德影响力。

3. 增强民族凝聚力，更好地促进国家政治、经济和军事发展

党的十七大报告明确指出："中国特色社会主义伟大旗帜，是当代中国发展进步的旗帜，是全党全国各族人民团结奋斗的旗帜。"旗帜如同航标一样，在迷雾中引领方向，鼓舞力量、凝聚人心。社会主义核心价值体系下道德理念的重建，就是要求把党立足于社会主义初级阶段这一基本国情，在制定政策、方针、路线时将国家的发展、民族的振兴与个人的幸福以及个体的道德水平紧密联系在一起，把社会各个阶层和群体的共同愿望有机地结合起来。增强民族的凝聚力，密切各民族之间的经济文化联系，不断地提高我国的综合国力，更好地促进国家政治、经济和军事的发展。

（三）指导作用

道德建设理念是在实践中形成和发展起来的，理念来源于对现实的深入思考，而理念形成后又会反过来对道德建设产生能动的反作用。作为道德建设的灵魂和核心的道德建设理念集中反映了社会主义核心价值体系的内在价值，贯穿于道德建设理论与实践的方方面面，对道德建设的顺利进行起着十分重要的指导作用。

首先，在道德理论建设方面，道德建设中的民族本位理念要求在道德文化理论的构建中要体现中华民族的民族精神与文化传统，深入挖掘我国各民族的道德遗产，同时结合社会主义民主发展的现实要求，综合创造具有民族特色的民主的道德理论，以增强中华民族的道德认同，指导我们在理论上要全面认识中华民族的传统道德，使道德文化的各方面充分体现中华民族的独特魅力与民族特色；开放包容的理念指导我们在道德理论的发展和完善中要以文化宽容与包容的心态，求同存异，以开放的心态学习和借鉴他文化当中的有益成分来充实与完善我国的道德文化体系，做到兼收并蓄，为我所用，使我国的道德文化理论在与外民族道德文化的相互激荡中取长补短而得到充实发展；与时俱进的基本理念则指导我们在当前道德文化理论的构建与完善过程中要不断探索和创新具有鲜明时代特色、与现阶段人们的实际生活状况相适应的道德精神与道德要求，使道德理论发展与时代发展、人民的实践活动协调一致。

其次，道德建设理念对道德建设的实践发展具有重要的实际指导作用。依法建设的理念指导人们制定相应的法律法规、政策来确保道德建

的严肃性和刚性，从而确保道德建设在依法治国的轨道上顺利发展；实践至上理念引导人们正确对待道德建设中的实践问题，明确道德建设中注重实践的意义和价值，指导人们摆正心态，使人们在道德教育的内容建构中体现实践的原则、要求和精神，更加关注于人们的道德实践领域的内容，改变重知轻行的传统道德教育方式，有效地推动道德实践的发展；以人为本、利益激励、物质保障、和衷共济、风俗习染等理念则指导人们致力于道德建设的具体模式的探索与构建，从而从动力、保障、机理等方面共同指导道德建设实践顺利有效发展，促进道德建设的顺利进行。

（四）调控作用

道德建设理念作为道德建设中必须遵循的基本要求和宗旨，其作用还在于对道德建设具有调控作用。道德建设作为一个复杂的过程，其影响因素是复杂多变的，这一特性决定了在道德建设中存在着许多未定和未知的变化，这就决定了作为道德建设灵魂与核心的道德建设理念具有调控各种影响因素，保证道德建设顺利向前发展的功能。

道德建设理念的调控作用，首先表现为依照相关道德建设法律法规、政策和规章制度指导道德建设，协调法律法规相关内容之间的整体性、互补性和和谐性，避免法律政策之间出现矛盾，确保道德建设始终沿着正确的方向发展。其次，体现社会主义核心价值体系的道德建设理念能够根据道德建设的实施与发展情况及时对道德建设相关的法律法规、政策和规章制度以及建设模式等进行适时调控，对不符合现实道德建设实践情况的法律法规的相关内容进行修改，废止在实践中难以实施的相关内容，与时俱进地依据道德建设实际不断对道德建设相关的法律、政策和制度进行补充和完善。最后，道德建设理念能够结合对各级各类有关道德建设的监督、评估等及时获取道德建设相关信息，及时纠正道德建设中出现的问题，及时调整道德建设各主体之间的关系，采取更加有效的建设措施和手段，保证道德建设目的的顺利实现。

第四章　社会主义核心价值体系引领道德规范建构

以社会主义核心价值体系引领道德建设，必然要求根据社会主义核心价值体系的内容着手进行道德规范的建构，因为只有科学完整的道德规范，才能有系统的道德教育和实在的道德践行。本章就此开展探索和研究。

一　核心价值体系背景下建构道德规范体系的基本原则

研究社会主义道德规范体系基本原则，就不能不研究与社会主义道德规范体系紧密相关的一些因素。这些因素与社会主义道德规范体系的关系可以从两个层次和维度上讨论：一是从经济基础与上层建筑之间的关系看，经济基础决定上层建筑，上层建筑又对经济基础具有能动的反作用。因此，我们研究社会主义道德规范体系的基本原则，就不可避免地需要将作为经济基础的社会主义市场经济这一因素纳入其中。所以，建构社会主义道德规范体系的基本原则之一就是与社会主义市场经济相适应的原则。二是从上层建筑自身的构成要素看，既包括政治上层建筑，也包括思想上层建筑。前者包括政治法律制度及设施、政治组织；后者又称为观念上层建筑或意识形态，包括政治法律思想、道德、艺术、宗教、哲学等思想观点。社会主义道德规范体系作为上层建筑的一部分，必然与其他上层建筑之间相互影响、相互作用。因此，体现社会主义价值体系本质要求、与社会主义法律规范相协调、与中华民族传统美德相承接的原则也应是建构社会主义道德规范体系基本原则的题中应有之义。

此外，道德作为人类社会的一种普遍现象，早已有之，它不单为某一社会、某一国家所特有。正是人类社会道德存在的这一普遍性决定了我们在建构社会主义道德规范体系时还需要符合道德自身发展的规律。因此，符合道德自身发展规律也是建构社会主义道德规范体系的基本原则之一。

（一）体现价值体系本质要求的原则

人类社会发展过程中，每一个社会都有与其生产力发展水平和经济基础相适应的价值体系。"从一定意义上说，一个社会的'价值体系'，是指一个社会中的价值目标、价值追求、价值评价和价值取向等与价值有关的综合体系。从政治导向和思想道德建设方面来看，'价值体系'主要是指整个社会的'价值导向'的各个层次、各个方面的总和。"[①] 社会主义价值体系的本质要求，强调坚持社会主义公有制，坚持马克思主义理论的科学指导，坚持社会主义的性质和发展方向。一方面，我国是社会主义国家，实行以公有制为主体，多种所有制共同发展的基本经济制度，"消灭剥削，消除两极分化，最终实现共同富裕"是社会主义的本质。这种本质决定了社会主义道德规范体系中体现出来的集体主义、为人民服务的内容和本质。马克思指出："统治阶级的思想在每一时代都是占统治地位的思想。"[②] 马克思主义作为我党的指导思想，理应成为社会主义国家占统治地位的思想，而社会主义价值体系正是马克思主义的题中应有之义。另一方面，随着经济全球化和世界一体化的飞速发展，在我国改革开放深入发展且成果辉煌的今天，我国社会中的各种非无产阶级思想，如个人主义、拜金主义、享乐主义之风不断滋长，从而使社会主义价值体系所倡导的集体主义、为人民服务、团结互助等精神与道德品质受到质疑和挑战。在这样的情况下，道德建设更要体现和坚持社会主义价值体系的本质要求。这不仅有利于保证中国特色社会主义道路的正确方向，而且有利于坚持社会主义先进文化的前进方向。

另外，体现社会主义核心价值体系的本质要求。在价值多元社会里，国家主导价值观的确立是不可或缺的。任何一个社会都不能缺少为大多数社会公众所认同并用以调节自身行为的基本道德规范和价值观，共同的信仰要比信仰自我有力量得多。有学者指出："社会倘若不能给其成员提供一套值得信任的人文价值系统和可以接受的人文价值标准，那么，这个社

[①] 罗国杰、邢久强：《我们党思想上精神上的一面旗帜——关于建设社会主义核心价值体系的对话》，《前线》2007年第3期。

[②] 《马克思恩格斯选集》第1卷，人民出版社1995年版，第98页。

会必然出现价值紊乱、信仰真空和精神危机。"① 社会主义核心价值体系"是社会主义意识形态的本质体现"。② 它不仅适合社会的发展，而且具有最强的社会影响力和开放性，它因全社会的人逐步认同接受，而成为社会的共同信仰，从而引导社会心理和社会意识统一为共同的精神，成为整个社会发展的精神支柱和强大力量。"社会主义核心价值体系，在所有社会主义价值目标、在整个社会主义价值体系中处于统摄和支配的地位。"③ 用社会主义核心价值体系引领社会主义道德规范建设，不仅要坚持马克思主义的指导思想，而且必须彰显其内含的包括以爱国主义为核心的民族精神和以改革创新为核心的时代精神以及社会主义荣辱观等基本内容。具体而言，就是要在社会主义道德建设中进行爱国主义、集体主义教育，正确处理国家、集体和个人的利益关系，积极践行社会主义荣辱观，将社会主义核心价值体系的主要内容通过学校教育、大众传播媒体、网络等各种途径融入和渗透到国民教育和精神文明建设的方方面面，使社会主义核心价值体系深入人心，落实到人们生活的实际行动中。

（二）与市场经济相适应的原则

恩格斯曾经指出："人们自觉地或不自觉地，归根到底总是从他们阶级地位依据的实际关系中——从他们进行生产和交换的经济关系中，获得自己的伦理观念。""一切以往的道德论归根到底都是当时的社会经济状况的产物。"④ 道德植根于社会关系，并受社会经济关系的性质和发展变化而决定。建构社会主义道德规范体系只有深入市场经济关系中寻找它的经济基础，体现社会主义市场经济的基本原则和要求，与社会主义市场经济相适应，才能更好地为我国进一步实行改革开放和发展社会主义市场经济提供思想保证和精神动力。否则，它不仅不能对市场经济发挥调节作用，而且也难以获得广泛的社会认同。

1. 社会主义市场经济是现代中国道德的一个新生长点

马克思曾经深刻地指出：物质生活的生产方式制约着整个社会生活，

---

① 李刚：《社会转型代价论》，山西教育出版社1999年版，第181页。
② 胡锦涛：《高举中国特色社会主义伟大旗帜　为夺取全面建设小康社会新胜利而奋斗》，《人民日报》2007年10月25日第1版。
③ 罗国杰、邢久强：《我们党思想上精神上的一面旗帜——关于建设社会主义核心价值体系的对话》，《前线》2007年第3期。
④ 《马克思恩格斯选集》第3卷，人民出版社1995年版，第434、435页。

政治生活和精神生活的过程。任何真正意义上的道德进步都源于生产力的发展和人们物质生活条件的改善。社会主义市场经济促进我国社会资源的优化配置，它是促进我国生产力发展的一种基本制度安排，也是现代中国道德的一个新的生长点。其一，市场经济促成了人的主体意识的增强与个性的独立发展。与前市场经济相比，市场经济把人从过去的人身依附关系中解放出来，把个体从以往等级的社会身份中分离出来，使之成为具有独立利益、独立目标、独立价值追求的真正意义上的主体。其二，市场经济培养了人们的自由和平等的道德意识。马克思说，"商品是天生的平等派"。[①] 市场经济等价交换原则要求市场主体机会均等，公平竞争地参与市场活动，享有对等的权利和义务，从而培养了人们自由和平等的意识，特权意识不断被削弱，在市场上人们充分享受"价值面前人人平等"的权利。其三，市场经济增强了人们的效率意识。市场效率的道德价值，既表现在它的竞争法则促使主体必须提高自己行为的效率，以尽可能小的投入去取得尽可能大的产出，在尽可能短的时期成就尽可能大的实绩；又表现在它的结果上，推动社会财富以更快的速度增加，不断满足人们日益增长的物质需求。布坎南指出："如果一个体系由于无效率和生产不足而不能满足人的根本需要或不能实现人的潜能，维护它就不仅是不合理的，而且是不道德的，至少是不人道的。"[②] 正是在这个意义上说，市场效率无疑具有道德价值。

2. 道德为市场经济健康发展提供价值导向与精神动力

市场经济是迄今为止人类发现的能最有效配置社会资源的经济运行方式，但这并不是说市场经济就是完美无缺的。实际上，市场机制也存在着局限性，甚至缺陷性。这种局限性首先表现在市场经济调节和配置社会资源是靠市场价格波动来实现的，具有盲目性、自发性。美国著名经济学家萨缪尔森说过："市场是没有心脏和大脑的"。因而，在市场运行过程中，主体的行为实际受着一种外在必然性的支配，这种外在必然性或斯密所说的"看不见的手"，不可能充分完全合理地去调节主体间的相互关系，不可能考虑国家的战略需要、国计民生大局和社会弱势群体的救助。在自发市场机制的支配下，就可能甚至必然在一些方面造成对人的主体价值和需

---

① 《资本论》第一卷，人民出版社1975年版，第103页。
② 布坎南：《伦理学·效率与市场》，中国社会科学出版社1991年版，第67页。

要的排斥、产生异化等不利于人的发展的消极后果，还必然造成背离人类某些道德法则如公平、同情等的不道德后果，诱发唯利是图、拜金主义、利己主义等思想和行为。

面对市场经济与道德建设的"二律悖反"，社会主义道德建设不仅要适应现代市场经济的发展，而且要超越其"局限性"，加强对市场经济发展的价值引导与行为制约。合理的道德规范能降低个人、集体与社会利益的冲突，减少经营成本，提高经济效益，推动经济与社会不断向前发展。倡导与社会主义市场经济相适应的新的道德规范，必然能给中国的经济发展注入新的活力，带来新的经济与社会效益。

（三）与法律规范相协调的原则

道德和法律是人类社会规范世界的两个不同维度，道德维度关注人的价值层面，寻求人的存在意义与意志自由；法律维度关注人的行为层面，寻求人的权利保障与行为自由。在价值一般意义上，道德与法律并无高低之分。对于人类社会来说，它们都有不可或缺的价值，都是人类社会组成其国家形式，尤其是民族国家形式不可缺少的价值维度和政治文化资源。它们相互配合、相互支持，构成一种价值资源互补关系。

1. 法以道德为伦理基础与价值导向

建设社会主义法治国家需要与之相匹配的精神文明状态。从发生学意义上来说，道德是立法内容的重要渊源和指导思想。任何法律规则的制定，必须以该社会占统治地位的道德价值体系为内在根据。只有与社会道德价值体系相吻合的"良法"才会被社会成员所普遍认同并产生持久的效力。同时，道德保证执法主体的执法能力。博登海默指出："当法律出现模糊不清和令人怀疑的情形时，法官就某一种解决方法的'是'与'非'所持有的伦理信念，对他解释某一法规或将一条业已确立的规则适用于某种新的情形来讲，往往起着一种决定性的作用。"[①] 如果一个执法、司法人员缺乏起码的法律情感、缺乏对法律的忠诚、敬业精神与公平正义的司法品德，在具体的法律行为上漠视法律的要求，甚至贪赃枉法，就有可能导致执法不公、司法腐败与违法犯罪行为，给社会带来更严重的危害。此外，道德还制约着公民的守法心态。日本著名学者川岛武宜提出：

---

① E.博登海默：《法理学——法律哲学与法律方法》，邓正来译，中国政法大学出版社1999年版，第378页。

"法不是只靠国家来维持的，没有使法成为作为法主体的个人的法的秩序维持活动，这是不可能的。……大凡市民社会的法秩序没有法律主体的个人守法精神是不能维持的。"① "道德犹如哨兵，它保护着法律，不叫任何人违反；相反地如果缺乏道德，就会使人忘记或忽视法律。"②

2. 道德以法为强制力量与外部保障

道德成为法律的精神支柱，而运用法律的强制力量维护道德的尊严，已是越来越多的人所关注的话题。既发挥道德主体的能动作用，又将道德的基本规范纳入法律义务，以法律意识保障和促进道德观念的确立，以法律武器来惩恶扬善，并教育、启迪全体公民，是法律对道德的支撑。在现代国家，法律所体现的总是这个国家占主导地位的价值观。可以说，越是文明发达、法制健全的国家，其法律法规中的道德内涵就越多。法律对道德行为还具有前导和预测作用。在现实生活中，人们在考虑一件事是好是坏的同时，往往还以合法不合法为标准，当人们将自己的行为对照于法律标准来衡量、取舍、选择时，就好似道德内省的过程。但这一过程却比道德内省更为具体，更有强制力。确切地说，这就是行为动机的前导和行为后果的预测。除此之外，法律对道德自律还具有监督和教化作用。法律可以通过监督机制保护文明道德行为，通过禁止直至惩罚不文明道德行为教化人们。可以说，法律是维系一个民族道德水准的最后防线。

（四）与中华传统美德相承接的原则

任何一个民族的道德，都体现着它所代表民族的心理情感，反映了它所代表的民族的伦理特色。华夏文明具有五千多年的历史，其中关于伦理道德的主张和思想源远流长。今天我们所建构的社会主义道德规范体系绝不是无源之水、无本之木，它与我国几千年所形成的传统的伦理道德密不可分。当今中国，文化多元化的发展和意识形态的挑战警醒我们更不能忽视中华民族传统伦理道德，尤其是中华民族的传统美德。

"中华文明的基本精神"对于当代的生命活力已引起全世界关注。英国历史学家汤因比警示人们："人类已经掌握了可以毁灭自己的高度技术文明手段，同时又处于极端的政治意识形态的营垒之中，要使世界避免危机，最重要的精神就是中国文明的精髓——和谐。"③ 1988年1月，全世

---

① 川岛武宜：《现代化与法》，申政武等译，中国政法大学出版社1994年版，第19页。
② 《西方法律史参考资料选编》，北京大学出版社1983年版，第333页。
③ 陈荣耀：《追求和谐》，上海社会科学院出版社1995年版，第32页。

界的诺贝尔奖获得者在巴黎开会，发表了一个宣言。宣言说："如果人类要在 21 世纪生存下来，必须回到 2500 年前去吸取孔子的智慧。"① 著名儒学研究家牟钟鉴先生也认为，"单靠经济的发展和科技的进步，人类还不足以摆脱危机，走向和平和幸福。""世界迫切需要一种新的仁学，它能够促使人性和社会关系健康化、化解敌视，消融残忍，避免人类在互斗中同归于尽。当此之时，儒家仁学的再生可以说是恰逢其时，有国内国际双重意义，前途充满了希望。"② 因此，建构社会主义道德规范体系必须与传统美德相承接。"它不仅包括中国优良传统道德，而且包括中国新民主主义革命、社会主义革命和建设过程中所形成的中国革命道德。"③ "只有这样，我们的社会主义道德才具有民族性和渗透力，才能成为中华民族全体成员共同的价值取向和行为准则；也只有这样，我们的民族传统美德才不至于在经济全球化条件下遭遇沉沦的劫难。"④

1. 批判地继承中华民族传统道德

对待我国的传统道德，应当坚持历史唯物主义的观点和态度，既不能全盘否定，也不能全盘肯定。批判继承中华民族的传统美德，一方面需要去其糟粕，比如传统道德中的具有宗法血缘关系和等级色彩的"三纲"、否定男女平等的"三从四德"等封建伦理思想；另一方面需要取其精华，比如反映整体观念、注重和谐、重义轻利等方面内容的优良传统美德。从总体上看，中华民族优良道德传统主要包括："第一，强调为民族、为国家、为社会的'公忠'道德，提倡'国而忘家、公而忘私'的整体主义精神。第二，推崇宽容仁爱，倡导明礼诚信，强调和谐理念。第三，重视伦常关系，强调人伦责任。第四，追求'止于至善'的理想人格和无私无畏的高尚境界。第五，强调修身养性，提倡克己慎独，注重道德理论与道德实践、道德认识与道德行为的统一。"⑤ 建构社会主义道德规范体系就要继承和大力弘扬这些优良的传统道德，"要对中国古代优秀的思想道德传统予以新的解读，注入新时代、新实践的鲜活力量，使其不断深入人

---

① 杜维明：《儒学传统的现代转化》，中国广播电视出版社 1992 年版，第 51 页。
② 牟钟鉴：《儒学价值的新探索》，齐鲁书社 2001 年版，第 71 页。
③ 杜邦云：《略论社会主义道德建设中传统美德的继承问题》，《思想理论教育导刊》2008 年第 9 期。
④ 同上。
⑤ 罗国杰：《罗国杰自选集》，中国人民大学出版社 2007 年版，第 190—205 页。

心、发扬光大"。①

2. 大力弘扬中国革命传统道德

邓小平指出:"为什么我们过去能在非常困难的情况下奋斗出来,战胜千难万险使革命胜利呢?就是因为我们有理想,有马克思主义信念,有共产主义信念。"②在新的历史条件下,弘扬中国革命传统道德对于我们的社会主义道德建设具有重要的积极作用。所谓"中国革命传统道德,系指1919年五四运动以来,以中国共产党为代表、为主体的仁人志士,在整个人民民主革命和社会主义革命与建设的伟大实践过程中,所创造并身体力行的新型的优良道德。"③它"是中国古代思想道德传统的新的升华,是我们民族道德精神在新时期的最高体现"。④我国革命传统道德主要包括:"坚持社会主义、共产主义理想信念,为人民服务,集体主义,爱国主义,热爱科学,热爱劳动,革命英雄主义,革命人道主义,新兴职业道德、社会公德和家庭美德等"。⑤当前虽然国际国内形势发生了很大的变化,但是,党领导人民在长期的革命斗争与建设实践中形成的革命传统道德仍然是我们现在以及今后都要大力弘扬的宝贵精神财富。尤其是在当前我国市场经济体制深入发展,对外开放水平不断提升,人们的思想观念、价值追求更加复杂、多样化的背景下,大力弘扬社会主义、共产主义的理想信念,为人民服务,集体主义等中国革命传统道德有助于我们坚持中国特色社会主义的共同理想,凝心聚力,进行社会主义现代化建设。

(五) 符合道德自身发展规律的原则

道德作为人类社会普遍存在的一种社会现象有其自身发展的规律,结合道德的不同分类,我们认为道德自身发展的规律主要有经济基础决定律、合力作用律、发展阶段律和交互影响律。社会主义道德规范体系的建构应符合这些规律、体现这些规律,否则,我们所建构出的道德规范就会因为违背规律而缺乏科学性和现实性。

---

① 吴潜涛:《发掘和弘扬中华民族古代优秀思想道德传统》,《学校党建与思想教育》2006年第3期。
② 《邓小平文选》第三卷,人民出版社1993年版,第110页。
③ 罗国杰、夏伟东、关健英、杨宗元:《德治新论》,研究出版社2002年版,第284页。
④ 吴潜涛:《发掘和弘扬中华民族古代优秀思想道德传统》,《学校党建与思想教育》2006年第3期。
⑤ 夏伟东:《变幻世界中的道德建设》,河南人民出版社2003年版,第298—304页。

1. 遵循道德发展的经济基础决定律

马克思指出:"人们在自己生活的社会生产中发生一定的、必然的、不以他们的意志为转移的关系,即同他们的物质生产力的一定发展阶段相适合的生产关系。这些生产关系的总和构成社会的经济结构,即有法律的和政治的上层建筑竖立其上并有一定的社会意识形式与之相适应的现实基础。物质生活的生产方式制约着整个社会生活、政治生活和精神生活的过程。不是人们的意识决定人们的存在,相反,是人们的社会存在决定人们的意识。"① 恩格斯也指出:"人们自觉地或不自觉地,归根到底总是从他们阶级地位所依据的实际关系中——从他们进行生产和交换的经济关系中,获得自己的伦理观念。"② "一切以往的道德论归根到底都是当时的社会经济状况的产物。"③ 由此得知,道德发展的经济基础决定律是指一个社会经济基础决定该社会的道德性质,有什么样的经济基础就有什么样的道德观念。就当前我国社会状况而言,我国社会主义道德规范体系的建构应当立足于我国社会的基本经济制度,即以公有制为主体,多种所有制经济共同发展的基本经济制度。因此,我们所构建的社会主义道德规范体系既要强调大公无私、服务人民的集体主义,又要肯定个人追求正当、合理的个人利益;既要大力弘扬社会主义核心价值观,又要宽容地看待人们思想观念、道德观念的多样化。另外,道德作为上层建筑还具有相对的独立性。这表现为它对经济基础有能动的反作用,并且同经济基础的发展并不总是保持着一致和平衡。因此,在我国社会主义初级阶段中的现阶段,我们所构建的社会主义道德规范体系也应倡导一部分先进分子积极践行共产主义道德,而对于那些落后于社会主义经济发展水平的道德观念则需要对其予以否定和剔除。

2. 遵循道德发展的合力作用律

道德发展的合力作用律是指一定社会道德发展的历史路向是该社会人们道德水平发展的实际状况与其所倡导的道德要求交互作用的合力结果。一方面,一定社会人们道德水平发展的实际状况体现为人们在该社会的生产劳动中所形成的维系正常社会生产和生活秩序的道德规范。这一道德规范受制于该社会物质生产的方式。另一方面,在每一个社会中,统治阶级

---

① 《马克思恩格斯选集》第2卷,人民出版社1995年版,第32页。
② 《马克思恩格斯选集》第3卷,人民出版社1995年版,第434页。
③ 同上书,第435页。

都会主张和倡导自己的治国理想和社会理想。这其中当然包括其处于上升的历史阶段里所弘扬的道德要求。可见，一定社会道德发展的历史路向是该社会人们道德水平发展的实际状况与其所倡导的道德要求交互作用的合力结果。构建以社会主义核心价值体系与核心价值观为主要内容的社会主义道德规范需要遵循道德发展的合力作用律，使我国社会主义社会所倡导的道德要求与人们实际道德发展水平之间保持适度的张力。换句话说，我们构建的社会主义道德规范体系既不能仅仅是人民已有的道德水平的简单归纳和反映，也不能只是一味地提倡大公无私的共产主义道德要求。我们所构建的社会主义道德规范体系应该是先进性与广泛性、一元性与多样性的统一。这样既避免了道德体系的要求过低而达不到提高人们道德素质的目的，又避免了道德体系的要求过高而使道德主体经过努力也难以达到的情况，从而使我们所建构的社会主义道德规范体系更具科学性和可行性。

3. 遵循道德发展的阶段律

瑞士心理学家皮亚杰通过对4—12岁儿童进行研究提出了儿童道德认知发展理论，该理论认为，儿童的道德认知发展分为三个阶段，即前道德判断阶段、他律道德判断阶段和自律道德判断阶段。美国心理学家柯尔伯格认为，人的道德发展大致分为三种水平六个阶段，分别为前习俗水平——第一阶段：服从和惩罚的道德定向阶段。第二阶段：相对论者的快乐主义定向阶段。习俗水平——第三阶段：好孩子定向阶段。第四阶段：维护权威和社会秩序的定向阶段。后习俗水平——第五阶段：社会契约定向阶段。第六阶段：普遍道德原则的定向阶段。由此可见，道德的发展具有阶段性，是一个循序渐进的过程。道德发展的阶段律是指个体道德发展过程依次表现为无律、他律、自律和自由四个阶段。所谓无律阶段是指这一时期道德个体尚不具有明确的道德意识，对道德规范尚不能判断，直接接受行为结果；所谓他律阶段是指这一时期道德个体对道德判断受自身以外的价值标准所支配，比如父母、老师等的权威效应、奖惩的刺激效应等；所谓自律阶段是指这一时期道德个体的道德判断受自己的价值标准所支配；所谓自由阶段是指道德个体的道德观念和道德行为超越了具体的道德规范和要求，而使其道德行为下意识地成了一种习惯。今天构建社会主义道德规范体系，应该认识到道德个体道德发展水平的阶段性，遵循个体道德发展的阶段律，提出与个体道德发展水平每一阶段相适应的道德要求，从而使个体道德每一阶段的发展都为下一阶段的发展打下良好基础。

4. 遵循道德发展的交互影响律

道德发展的交互影响律，是指一方面人类社会普遍认可的共同道德与某一社会的特定道德之间相互作用、相互影响；另一方面某一社会的特定道德与该社会的上层建筑的其他方面，如政治、法律、文艺、宗教、哲学等相互作用、相互影响。具体而言，从宏观上看，在人类历史发展进程中，每一社会形态都有该社会特有的道德规范，比如，封建社会的等级观念、资本主义社会的私有观念和社会主义社会的集体主义等。与此同时，人类社会还具有适用于一切社会的道德规范，如真诚、守信、公平、公正等。因此，某一社会的道德规范是人类社会的共同道德与该社会所倡导的特定道德相互作用的结果。从微观上看，"道德作为人类历史斗争的一个重要内容，它同样受到社会上层建筑的其他各种因素的强烈影响。"[①] 任何社会道德规范的形成和作用的发挥与该社会的政治、法律、文艺、宗教、哲学等其他上层建筑关系密切，相互影响。一方面"政治、法律、文艺和宗教对道德流变究竟是起善的促进作用，还是起恶的阻碍作用，归根到底取决于它们所反映的经济基础的性质及以其为精神武装的阶级、社会势力的历史作用。"[②] 另一方面"政治、法律、文艺和宗教对道德流变影响的强弱程度，往往视其对社会生产方式、经济基础的反映状况而定。"[③] 此外，道德发展也会影响社会其他上层建筑的发展，这一影响又会反过来影响道德的进一步发展。构建社会主义道德规范体系遵循道德发展的交互影响律，一方面要求我们在社会主义道德规范体系的建设中积极借鉴人类社会道德发展的一切优秀成果，为我所用；另一方面要求我们充分发挥我国政治、法律、宗教、哲学等对社会主义道德建设的积极作用，促进社会主义道德规范与其他各上层建筑之间的良性互动。

---

① 叶忠明、侯建民：《道德流变规律的宏观探析》，《理论与改革》2004年第1期。
② 同上。
③ 同上。

二 核心价值体系视域内建构道德规范体系应处理好的几种关系

(一) 道德规范的先进性与广泛性关系

社会主义道德规范的先进性要求就是共产主义道德要求；道德的广泛性要求是指渗透在人类社会生活各个领域的基本道德要求。先进性要求制约着广泛性要求，而广泛性要求的认真实践，可以推动先进性的道德在更广范围内变成现实。

1. 引导共产党员与先进分子追求共产主义道德的美好理想

社会主义道德和共产主义道德本质是同一的，社会主义道德是共产主义道德在现阶段的具体体现，共产主义道德则体现了社会主义道德发展的未来方向，并激励着人们为了这个美好的方向和理想而不懈奋斗。现阶段的道德建设，既要适应现阶段社会生产力发展水平和人们的现有道德水准的广泛性要求，也要引导人们向更高层次的先进性要求迈进。正如马克思所说："蜘蛛的活动与织工的活动相似，蜜蜂建筑蜂房的本领使人间的许多建筑师感到惭愧。但是，最蹩脚的建筑师从一开始就比最灵巧的蜜蜂高明的地方，是他在用蜂蜡建筑蜂房以前，已经在自己的头脑中把它建成了。"① 美好而崇高的共产主义道德理想正是我们全体社会成员通过实践在"头脑中"所设计的道德建设的宏伟蓝图，是我们社会主义道德建设努力的方向，对其起到了强有力的引导和规范作用。

共产主义道德深深植根于中国革命实践和中国特色社会主义实践中，表现出一种无私奉献，全心全意为人民服务的高尚品质。全心全意为人民服务是中国共产党的宗旨，强调热爱人民，关心人民，一切从人民群众的根本利益出发。《公民道德建设实施纲要》中明确指出，为人民服务"是社会主义道德区别和优越于其他社会形态道德的显著标志"②，是社会主义道德建设的核心。人民群众是实践的主体，是历史的创造者，我们只有真正做到了全心全意为人民服务，以人为本，一切为了人民，一切依靠人

---

① 《资本论》第一卷，人民出版社 1975 年版，第 202 页。
② 《公民道德建设实施纲要》，人民网，2001 年 10 月 24 日。

民，才能使广大人民群众的利益得到有效维护，使全社会公民的精神文明素质得到提升，使我们党的执政地位得到巩固，使我们的社会生活安定和谐。

共产主义道德规范的先进性还要求共产党员和先进分子树立马克思主义信仰。马克思主义深刻揭示了人类社会的发展规律，是科学性与价值性的统一；它以改造世界为己任，与时俱进，不断发展，为人类的进步和发展指明了方向。所以马克思主义是坚定共产主义道德理想的理论基础，也是我国公民道德建设的指导思想。共产党员和先进的知识分子只有在马克思主义理想信念指导下，才能不断完善和规范自己的言行，努力在社会生活中，遵守各项道德规范，并在全社会中起到良好的带头作用，引导社会主义道德规范朝着共产主义道德规范的要求迈进。

2. 强化全民的社会主义道德与荣辱观的基本要求

道德规范的广泛性要求是指渗透在人类社会生活中各个领域的基本道德要求。社会主义道德渗透到了人们生活中的方方面面，包括政治生活、经济生活和文化生活等。社会主义道德，是指"在无产阶级自发形成的朴素的道德基础上，以马克思主义的世界观为指导，由无产阶级自觉培养起来的道德；是以为人民服务为核心，以集体主义为原则，以诚实守信为重点，以社会主义公民基本道德规范和社会主义荣辱观为主要内容，代表无产阶级和广大劳动人民利益和长远利益的先进道德体系。"① 包括为人民服务这一核心要求，集体主义的先公后私、先人后己、公私兼顾、不损公肥私的普遍性要求和自觉遵守社会公德、职业道德和家庭美德，并突出强调了社会主义荣辱观。

第一，为人民服务是社会主义道德的核心和灵魂。"一个道德体系的核心是其灵魂，决定该道德体系区别于其他道德体系的根本性质和发展方向，是该道德体系区别于其他道德体系的主要标志。"② 在改革开放和社会主义现代化建设的过程中，为人民服务显得尤为重要，并且具有广泛性的要求，渗透到了人们生活中的方方面面。我们广大的党员和领导干部要做到为人民服务，一切政策的制定和工作的开展都应该坚持人民群众的利益至上，将群众的利益作为出发点和落脚点，真正做到"权为民所用，

---

① http://baike.baidu.com/view/618198.htm.
② 罗国杰：《建设社会主义道德体系的几个问题》，《思想理论教育导刊》2010年第6期。

情为民所系，利为民所谋"。要坚决杜绝贪污腐败等违法乱纪行为。同样，我们社会上的先进分子和广大群众也应做到为人民服务，将为人民服务的精神落实到日常的工作和生活中去。

第二，集体主义是社会主义道德的原则。它强调集体利益与个人利益的辩证统一，集体利益高于个人利益，重视和保障个人正当利益。集体主义的先公后私、先人后己、公私兼顾、不损公肥私等要求具有普遍性。每年，我国都会涌现许多在平凡的工作岗位上做出不平凡事迹的模范人物，如每年的感动中国人物、全国劳动模范等，正是这种集体主义大无畏的精神深深地感动着我们每一个人，并默默地为社会做出贡献，维系着社会的和谐、稳定与安宁。

第三，公民应自觉遵守社会公德、职业道德和家庭美德。只有使这三类道德规范在现实生活中得到良好的运用，才能为我们的共产主义道德要求的实现奠定良好的基础。

第四，树立社会主义荣辱观。"以'八荣八耻'为主要内容的社会主义荣辱观，与发展社会主义市场经济相适应，与社会主义法律规范相协调，与中华民族的传统美德相承接。"① 广大干部群众在践行社会主义荣辱观的过程中，要坚持做到爱祖国、爱人民、爱劳动、爱科学、爱社会主义，坚决同拜金主义、享乐主义和极端个人主义进行斗争，树立正确的世界观、人生观、价值观和道德观。

3. 道德规范的先进性与广泛性是目标与现实的关系

理想与现实，道德规范的先进性与广泛性是密不可分的，二者是辩证统一的。先进性要求要与广泛性要求相结合，既要在全社会宣传共产主义道德，又要区别道德的层次性，要有"最低要求"。②

首先，先进性要求是以现实为基础，并指向未来的道德发展方向。在我国现阶段，共产主义道德规范的理想和道德规范先进性的目标，对我们社会生活各个领域基本道德规范体系的建构具有重要的指导意义，既明确了道德规范体系建构的目标和方向，也为现阶段进行道德规范体系的建构起到了有力的规范作用，引导人们的道德思想和道德行为朝着正确的方向发展。

---

① 吴潜涛：《多维视野下的社会主义荣辱观建设》，《河北学刊》2006年第5期。
② 罗国杰：《罗国杰自选集》，学习出版社2003年版，第284页。

其次，广泛性要求是理想实现的基础，并受先进性要求的规范和调节。普列汉诺夫曾以恩格斯为例指出："恩格斯把自己的全部生命献给一个非常崇高的目的：解放无产阶级。他也曾有过'理想'，但是他的理想从来没有脱离过现实。"① 我们在进行社会主义道德规范体系的建构中，不能脱离道德规范的广泛性而空谈其先进性。道德规范先进性的实现不是一蹴而就的，它是建立在人类社会生活各个领域的基本道德要求实现的基础之上的。如果离开现阶段具有广泛性的社会主义道德规范而空谈共产主义道德规范的先进性，则只会使共产主义道德规范成为空中楼阁，缺乏实现的现实基础，即道德规范的广泛性是其先进性的现实基础，为先进性的实现提供了良好的条件和前提。

最后，坚持道德规范的先进性与广泛性的有机结合。在共产主义道德规范指导下，努力推进社会各个领域的道德规范建设，为社会生活各领域道德规范建设指明方向；同时在树立共产主义道德理想的过程中，脚踏实地，全面建构当前我国社会各界的道德规范体系，为共产主义道德规范体系的实现提供良好的基础和条件。"只有坚持体系的先进性要求与广泛性要求的统一，才能先进带后进，不断提升社会成员的道德水平，促进社会主义道德的不断进步。"②

（二）道德规范的一元性与具体取向多元性关系

从社会个体成员来说，道德价值取向是多元的；但是就社会整体而言，道德价值导向应是一元的。一元的价值导向引导道德的基本走向，决定社会道德风貌的主流。

1. 凸显社会主义核心价值体系的一元价值导向

社会主义核心价值体系所确立的精神内涵体现了道德规范的一元性。"社会主义核心价值体系是社会主义制度的内在精神和生命之魂，在所有社会主义价值目标中处于统摄和支配地位。"③ 社会主义核心价值体系包括马克思主义的指导思想、中国特色社会主义的共同理想、以爱国主义为核心的民族精神和以改革创新为核心的时代精神、社会主义荣辱观。

坚持马克思主义指导思想。现阶段一切社会活动的开展，都必须在马

---

① 《普列汉诺夫哲学著作选集》第1卷，生活·读书·新知三联书店1959年版，第547页。
② 陈延斌：《论中国特色社会主义道德体系的建构》，《江海学刊》2004年第6期。
③ 陈亚杰编著：《建设社会主义核心价值体系》，人民出版社2007年版，第1页。

克思主义思想指导下进行。马克思主义能够成为中国革命和建设的指导思想正在于它的科学性、先进性与人民性。具体来说：其一，马克思主义是迄今为止世界上唯一"以改造世界为己任"的科学理论体系。马克思在《关于费尔巴哈的提纲》中指出："哲学家们只是用不同的方式解释世界，问题在于改变世界。"① 这鲜明地表明了马克思主义重视实践、以改造世界为己任的基本特征。其二，马克思主义对社会发展具有导向性。"马克思主义关于人类社会必然走向共产主义的基本原理，是建立在对人类社会发展规律正确认识基础上的科学预见。作为一种人生的精神追求目标，作为人们对理想社会的希冀和自己人生的寄托，实现每个人自由而全面发展的共产主义社会无疑具有终极关怀的意义。"② 胡锦涛指出："必须认识到，我们现在的努力以及将来多少代的持续努力，都是朝着实现共产主义这个最终目标前进的。"③ 其三，马克思主义是一个开放的、与时俱进的理论体系，它本身的创新发展是其富有生命力的源泉。马克思主义指出了明确的奋斗目标——实现共产主义，并为我们实现这一目标提供了指导思想、基本思路和实事求是、具体问题具体分析等方法论要求，这对我国社会物质文明、精神文明、政治文明和生态文明建设起到了良好的导向作用。

坚持中国特色社会主义共同理想。"我们认同中国特色社会主义作为我们的共同理想，这不仅取决于它的制度优越性，更取决于它的价值性。在马克思主义的视野里，社会主义既是一种制度，一种优越于资本主义制度和以往一切剥削制度的社会形态，也是一种价值取向。"④ 实现人民的富裕幸福是建设社会主义的根本目的，促进人的全面发展是建设共产主义社会的本质要求。"中国特色社会主义共同理想既代表着人类社会发展的理想目标和进步方向，又代表着全国各族人民群众追求幸福和谐生活的美好愿望，它把党的目标、国家发展、民族振兴与个人幸福紧密联系在一起，把各个阶层、各个群体的共同愿望有机结合在一起，实在具体又鼓舞

---

① 《马克思恩格斯选集》第 1 卷，人民出版社 1995 年版，第 57 页。
② 梅萍、林更茂：《论社会主义核心价值体系与公民的价值认同》，《中州学刊》2009 年第 3 期。
③ 胡锦涛：《在新时期保持共产党员先进性专题报告会上的讲话》，节选自《十六大以来重要文献选编（中）》，中央文献出版社 2006 年版，第 622 页。
④ 梅萍、林更茂：《论社会主义核心价值体系与公民的价值认同》，《中州学刊》2009 年第 3 期。

人心。它因其广泛性、包容性和人民性，而具有最大的感召力、亲和力和凝聚力。"①

坚持以爱国主义为核心的民族精神和以改革创新为核心的时代精神。民族精神和时代精神共同构成一个民族的精神状态、精神支撑和精神动力。五千多年的发展，使中华民族形成了"以爱国主义为核心的团结统一、爱好和平、勤劳勇敢、自强不息的伟大民族精神"；在改革开放实践中，中华民族又形成了解放思想、实事求是，与时俱进、勇于创新，知难而进、一往无前，艰苦奋斗、求真务实，淡泊名利、无私奉献的时代精神。民族精神与时代精神的融合体现了中华民族共同的价值追求与价值理想，是实现整个民族的国家认同、文化认同的思想来源。"在中国的文化传统里，西方意义上的宗教并不起十分重要的作用。中国人的安身立命之感来自于民族精神及其哲学。民族精神的涣散意味着一个信仰体系的瓦解与生活意义的耗竭。"②

坚持社会主义荣辱观。荣辱观是世界观、人生观和价值观的重要组成部分，关乎个人的为人处世，关系民族的生死存亡。元代文学家盛如梓强调："贫莫大于不闻道，贱莫大于不知耻。"管子曰："礼义廉耻，国之四维。一维绝则倾，二维绝则危，三维绝则覆，四维绝则灭。"（《管子·牧民》）都说明正确的荣辱观是国之基，人之本。社会主义荣辱观贯穿了爱国主义、集体主义、社会主义思想，"是对社会主义核心价值体系的内涵进行从高到低，从理论到实践，从信仰到行动上的科学归纳。它旗帜鲜明地指出了在我们社会里，什么是真善美，什么是假丑恶，应当坚持什么，反对什么，提倡什么，抵制什么；它的内容贯穿社会生活各个领域，覆盖社会各个利益群体，涵盖人生态度、社会风尚的各个方面，为各民族、各阶层、不同利益群体的人们在社会主义市场经济条件下判断行为得失，明确价值取向，做出道德选择，涵化德行修养，彰显公民人格提供了基本规范和标准。"③

---

① 梅萍、林更茂：《论社会主义核心价值体系与公民的价值认同》，《中州学刊》2009 年第 3 期。

② 顾红亮：《民族精神与和谐社会的文化认同》，《华中科技大学学报》（社会科学版）2005 年第 3 期。

③ 梅萍、林更茂：《论社会主义核心价值体系与公民的价值认同》，《中州学刊》2009 年第 3 期。

2. 包容人们道德境界的多层次和多元价值取向

人们思想意识的多样性，归根结底源于现实生活的丰富多彩。马克思曾指出："意识在任何时候都只能是被意识到了的存在，而人们的存在就是他们的现实生活过程。"① 当前社会经济成分、组织形式、就业方式、分配方式日趋多样化，从而带来利益关系多样化，不同的社会群体在经济地位、社会角色、职能分工、生活方式等方面的差异日益明显，思想活动越来越表现出独立性、选择性、差异性和多变性，从而引起人们的思想意识和价值追求的日趋多样化。

影响人们价值观多元的还有一重要因素，就是经济全球化引发的异质文化的多元碰撞。全球化，用熊彼特的话来说，就是一种"创造性的毁灭过程。"② 经济全球化既带来了异质文化的交流、对话、碰撞与融合，为民族文化的发展带来新的契机，为价值观念的更新带来新的驱动力，同时全球化进程中的文化冲突又呈现出更为复杂的态势，今天的文化环境中，有反映社会主义意识形态和价值观念的主流文化，有代表人文知识分子的精英文化，更有追求商业利益满足人们文化消费需求的大众文化；有科学的、理性的文化，也有封建的、迷信的乃至腐朽的文化；有经世致用、根深蒂固的传统文化，也有新颖开放、强势渗透的外来文化，从文化的生产、流通到文化的消费、接受，从高雅文化到通俗文化乃至庸俗文化，等等，可以说我们正处于一个多元并存、多枝同根、多态同源、共生互动的新文化共同体中。

多元化的文化明显体现着转型社会中的人们理想信念、价值观念、道德观念、生活态度的多元化和多变性，满足了人们不同层次的文化消费需求。这一方面给社会带来无穷的活力，推动着人们思想观念和思维方式向现代的转型；另一方面也给现代伦理秩序所追求的思想统一、观念整合的目标带来消极影响。面对中华民族传统道德、西方伦理道德、社会主义市场经济道德等各种各样的道德规范的冲击，人们可进行的价值选择多种多样，并且在绝大多数情况下没有绝对的对与错。"市场经济是一种多元主

---

① 《马克思恩格斯选集》第1卷，人民出版社1995年版，第72页。
② 熊彼特：《资本主义、社会主义和民主主义》，绛枫译，商务印书馆1979年版，第104页。

体经济，它以经济活动的主体、价值主体的多层次、多样化、多元化为前提。"① 社会主义市场经济允许道德规范多样性的出现，道德规范的多样性，"在很大程度上，这意味着社会道德的历史进步性。原因很简单，唯其多元，才有矛盾、活力和发展，也才谈得上思想、道德的解放；而'罢黜百家、独尊儒术'式的一元化，则必然走向僵化和禁锢，从而丧失此种道德的生命力"。② 多样性是事物存在和发展的基本形式。作为人类社会存在的现实和实践方式，它构成人类文明程度的标志和本质内容。多样性的形成、分化组合和消解始终与国家、阶级的产生、发展和消亡相一致，并由人类社会生产方式螺旋式上升的发展趋势所规定。多样性是人类社会的重要资源，失去它，就可能会剥夺人类一切智慧的源泉，以及充满争议和选择的各种可能性。在沟通、协调和合作基础上实现共同利益的增进和社会的和谐，在文明的发展、交往和互动的进程中贯彻包容多样性的理念，只会带来"互利共赢"的结果而非"零和"意义上的利益缺失，这是人类社会有规律进步的客观要求和趋势。因此，我们应该尊重个体的思想差异，在遵循核心价值体系规范的前提下，包容人们道德境界的多层次和多元价值取向，为我国的道德建设、精神文明建设营造生动活泼、"百花齐放，百家争鸣"的氛围。

3. 道德规范一元性与多元性是主流与支流的关系

道德规范的一元性与多元性是唯物辩证法中主次矛盾和矛盾的主要方面、次要方面的关系，即主流与支流的关系，二者缺一不可。一元性是多元性的核心与灵魂，多元性是一元性的表现形式。社会思想的多样，并不等于这个社会占支配地位的思想就要多元。恰好相反，因为它占支配地位，必然要求用一元引领多元。"任何社会的价值观都可以分为两大类，即社会主义核心价值观和非社会主义核心价值观。多元的非社会主义核心价值观能够增强社会活力，统一的社会核心价值观则有利于维护社会的稳定与和谐。"③ 因此，道德规范的一元性与多元性对立统一于社会发展过

---

① 李德顺：《与改革同行——中国特色社会主义的哲学理路之思》，黑龙江教育出版社2008年版，第239页。

② 郭广银：《伦理新论——中国市场经济体制下的道德建设》，人民出版社2004年版，第316页。

③ 王桂芬：《多元文化时代价值观变迁与社会核心价值观共识》，《南京政治学院学报》2010年第6期。

程中，具体表现在以下几个方面：

第一，道德规范一元性指引着多元性前进的方向。社会思想多元，有利于促进思想的解放，激发社会的活力。但是，多元的社会思想，必须以有序化为前提。杂乱、无序的多元不利于社会的稳定和发展。现代中国正因为有了马克思主义的指导思想，才使得全体社会成员的道德思想和行为在马克思主义的指导下，沿着正确的道路发展；正是因为有了中国特色社会主义的共同理想，才为社会成员道德的发展指明了前进的方向，指引着社会成员为追求人类幸福美好生活而奋斗；正是因为有了以爱国主义为核心的民族精神和以改革创新为核心的时代精神，才使我们全体社会成员在社会生活中不断接受爱国主义教育，拥有伟大的爱国主义情怀，践行着爱国主义行为，同时不断努力创新自己的思维方式，以创新推动时代的发展和社会的进步；正是因为有了社会主义荣辱观，才使社会成员在社会生活中规范自己的言行，明确什么是荣，什么是辱，什么符合社会的要求，什么为社会所耻。

第二，道德规范多元性从各个层面表现着一元性的规范。对于每一个社会成员来说，道德规范的一元性毕竟相对抽象，或是离现实比较遥远。而实际上一元性只是给多元性指明了一个前进的方向，就像河流的主流只是为支流引路，而支流虽说大致的流向不变，却有着各自不同的表现形态。价值的多元性，体现了将社会主义核心价值体系一元性指导与每个个体的具体世界观、人生观、价值观的有机结合。它丰富发展了道德规范的一元性，对道德规范一元性的完善也起到了良好的促进作用。

第三，坚持道德规范的一元性与多元性的有机结合，不能离开多元性空谈一元性，更不能脱离一元性放任发展多元性。"科学性问题是我们在确立教育伦理目标首先必须注意的，而衡量我们所确立的教育伦理目标是否科学，关键是视其能否坚持一元价值导向和多元价值取向的有机统一。"[①] "我们越是强调思想、文化和价值观的多元现象，越是强调吸收人类所创造的一切优秀文明成果，我们就越要提倡用马克思主义的价值导向来分析和鉴别"。[②] 马克思主义能够成为一种指导思想，就在于它勇于和善于汲取人类社会创造的一切优秀文明成果，具有与时俱进的理论品格。

[①] 刘云林：《教育善的求索：实然与应然》，《教育理论与实践》2003年第5期。
[②] 罗国杰：《罗国杰文集》下卷，河北大学出版社2000年版，第1251页。

坚持马克思主义的一元指导地位，有利于我们以更加积极的态度、宽阔的视野、广博的胸怀，去学习、吸收和借鉴人类一切优秀文明成果。总之，我们要在道德规范一元性的指导下发展多元性，在多元性的基础上突出一元性，努力促进社会主义道德规范的良性发展。

（三）道德规范的调节性与激励性关系

道德规范的调节性即道德规范的调节功能，这是道德最突出、最重要的社会功能。道德规范通过调节人们的利益矛盾来维持人际和谐，保证人类生活的正常运转。道德在本质上并不是为了规范和约束个体，而是人认识自我、肯定自我和发展自我的一种重要方式，是人的需要和人的生命活动的一种特殊表现形式。"在构建社会主义和谐社会的过程中，思想道德建设的凝聚和激励作用体现在激发各行各业人们的创造活力，为社会发展提供持久而强劲的动力上。"① 因此，道德规范还具有激励性或激励功能，激励人们认识自我的价值，探索生命的意义，追求人格的完美。

1. 道德调节人们的现实利益关系

人不是孤立的存在物，人是生活在社会中的。人总是要与自己的同类发生这样或那样的关系和联系。因此，不可避免要发生各种矛盾。在非对抗性的矛盾范围内，就需要道德加以调节，调节人与人之间的各种关系，诸如个人与家庭成员之间的关系、个人与朋友、同事之间的关系、个人与集体乃至与国家之间的关系，等等。

第一，道德规范能够有效调节组织与组织之间的利益冲突。在激烈的市场竞争前提下，部分组织为了自身利益，不惜牺牲其他组织乃至全社会及其人民的利益。特别是一些以营利为目的的组织，更是为了追逐利润而对其他组织带来威胁甚至损害。因此，如何有效化解组织间的矛盾，实现组织间的双赢和利益最大化，成为人们所关注的问题。而道德规范所具有的零成本高收益、调节方式靠自律、调节范围广、渗透性强等特性使得其在化解组织冲突中起到十分重要的规约作用。当前，面对部分企业出现的诚信缺失、破坏环境、随意克扣员工薪水等不良行为，我国大力倡导"企业社会责任"，强调各级组织机构要具备社会责任感，不能为了一己私利而损害其他组织和社会的利益，就是运用道德调节功能制约引导企业行为。

---

① 孔燕：《构建和谐社会对思想道德建设的诉求》，《道德与文明》2006年第2期。

第二，道德规范能够有效调节个人与组织之间的利益冲突。每一名社会成员都生活和工作在一定的社会组织之中，"作为个人行动的原则，集体主义有时是一种底线性的要求，有时则是一种超高的要求。"①《国民经济和社会发展第十二个五年规划纲要》指出，要"加强和完善党和政府主导的维护群众权益机制，形成科学有效的利益协调机制、诉求表达机制、矛盾调处机制和权益保障机制，切实维护群众合法权益。"② 这种机制既包括法律规约机制、制度保障机制，更包括广泛的道德调节机制。只有在科学而有效的道德规范引导下，息息相关的组织利益与个人利益才会朝着更加和谐稳定的方向发展。

第三，道德规范能够有效调节个人与个人之间的利益冲突。人们因观念、信仰、情操、审美、品位、性格等不同，道德的自主选择各不相同。在多元化的市场竞争中，竞争、工作分配与协调等方面会存在不可避免的矛盾。面对这些矛盾的出现，道德规范将会在其中起到十分良好的调节作用，指导人们的行为，使其朝着正确的方向发展，促进人与人之间和谐友爱地相处。

2. 道德激励人们探索生命的意义

人不仅是实体的存在，也是意义的存在，从本质上说，对意义的追寻，是人的生存方式，是人之生命独特性的特征。高清海教授把人的本质看作超生命的生命，他说："人是不会满足于生命支配的本能的生活的，总要利用这种自然的生命去创造生活的价值和意义。……人的生存和生活如果失去意义的引导，成为'无意义的存在'，那就与动物的生存没有两样，这是人们不堪忍受的。"③ 为了追寻意义，人们需要精神生活，需要有道德的生活。道德不仅以规范的形式调节各种利益关系，从而保证人的生存和发展，而且道德也是人类生活的内在目的之一。道德以追求"至善"的目标和"利他"的奉献精神体现人与动物的区别，体现人的高贵与尊严。中国儒家视道德理想为一切价值理想，视人生的意义就是完成某种道德使命，即"为天地立心，为生民请命，为往圣继绝学，为万世开

---

① 杨伟清：《集体利益如何能够高于个人利益？——重新认识集体主义原则的本性以及有效性》，《天津社会科学》2010 年第 6 期。

② 《国民经济和社会发展第十二个五年规划纲要》，中央政府门户网站，www.gov.cn，2011 年 3 月 16 日访问。

③ 高清海：《人就是"人"》，辽宁人民出版社 2001 年版，第 213 页。

太平。"实际上，就是把道德看作一种内在于人，促进人的自我肯定、发展、完善与自我实现的东西。人们正是在追求自身不断发展的过程中，不断地将原本是社会对其成员个体所提出的外在规范变成人自身发展的德性诉求，从而使道德的至善成为生命追求的终极目标之一，成为生命意义实现的终极体现。

第一，道德激励人们追求生命的自由发展。所谓生命的自由发展，是指每一个真实的个体，基于人格的独立，在遵守现实社会理性规范的前提下，依照自己的自由意志而充分展开自己的生命活动，积极发挥自己的创造才能的过程。陈寅恪在王国维碑铭中所言"自由之思想，独立之精神"可以说是中国现代性伦理教化的核心旨趣。当然，这里的自由绝非个人的任性妄为，而是以对社会的理性规范的遵从和敬重为前提。自由一开始就包含着某种内在的自我限制与约束，这种约束和限制是为了使每一个人的自由得到更充分的实现。21世纪的伦理精神必须以尊重个人的独立人格、尊重人格的自由与平等为前提，对个人正当合理的欲望和需要表示最充分的理解，允许并积极鼓励个人的个性和才能在合乎人类规范的前提下充分自由地发展。

第二，道德激励人们追求生命的全面发展。在现代中国，人的片面的、畸形的发展（如单面人、空心人、经济人），将得不到伦理道德的合理支持。拜金主义、功利主义、享乐主义和极端个人主义，始终会受到道德批判和谴责。要抑制现代社会的人的"物化"、"工具化"，必须全力引导人走向全面发展的轨道上来。人之为人，不只在于肉体生命，更在于精神生命。人不仅追求知识、理想和人生价值的实现，还追求社会的尊重和深刻丰富的情感体验。所以，真正的幸福应该是在求得外在享受过程中求得内在完善。道德的使命促进人的完整发展，一方面从伦理上确认人的物质的、感性的、外在的、当下的生活和享受的合理性，鼓励人们正当谋利、获利与享利；另一方面，又从伦理上积极引导人们自觉追求精神的、理性的、内在的、理想的生活，鼓励人们追求心灵的充实与安顿，旨在实现当下与未来，创造与享受的适度的、合理的、动态的平衡。

第三，道德激励人们追求生命的和谐发展。生命的和谐不光是身与心、感性与理性、理想与现实的和谐，也是内在与外在、人与人、人与社会、人与自然的和谐。幸福是身、心与道德健康的和谐统一。健康的体魄、欢愉的心灵与得到社会和他人认可是幸福的必要条件。健康是幸福的载体，健康的身体是维持和延长生命的物质基础。同时，人的心理状态、道德修养也直接影响着人的生活状态，"获得幸福的生活方式是道而不是利，或者说，幸福不是由利而是由道而德（得）"①，只有保持身心的平衡，道德的完善，人才能感受到圆满。同样，幸福也是人与人、人与社会、人与自然的和谐：个人与社会是相互联系，个人与他人是相互支撑，个人与自然是唇亡齿寒。人作为类的存在物，有自身的道德责任。当他为类做出贡献甚至牺牲时，会产生一种极其崇高的幸福感，这种幸福感将远远超过个人渺小的幸福。现代伦理精神倡导生命的和谐发展，就必须超越人类中心主义与自然主义的对立，个人主义与整体主义的对立、利己主义与单纯利他主义的对立以及感性主义与理性主义的对立，引导人们善待自然、善待他人、善待社会，珍惜当下，把握未来。

3. 道德规范调节功能与激励功能是应对压力与增强动力的关系

我们所要建构的道德规范体系既包含对调节现实关系的实用因素，又具有对崇高的激励因素。

第一，道德规范的调节功能是其激励功能的基础与前提。在激烈的社会主义市场经济竞争过程中，社会所存在的一系列矛盾与冲突是不可避免的，而道德规范体系通过规范组织与个人的行为，促使其朝着社会要求的方向发展，使人们在社会生活中不断规范自己的言行，调节自身与社会、与他人之间的矛盾，其应对压力的能力也得到了有效增强。这就为其道德水平的提升奠定了良好的心理素质基础，也是增强道德规范激励功能的基础和前提条件。

第二，道德规范的激励功能是调节功能的发展方向与动力。道德规范始终激励人们朝着崇高的道德理想不懈奋斗，为人们日常生活中的道德行为提供了奋斗目标、前进方向和不懈努力的动力。道德规范的激励功能告诉人们什么是他们的奋斗目标，为实现这一目标应走什么样的道路并为人们道德理想的追求提供了强大的动力支持。道德规范的激励功能为其调节功能的有效发挥带来了强大的动力和支持，具有十分重要的意义。

第三，努力发挥二者的合力，促进二者的有机结合与功能的有效发挥。道德的调节功能与激励功能，从某种程度上讲，面临的是挑战与机遇问题，也是压力与动力问题。它要求人们在激烈的社会主义市场经济的竞

---

① 赵汀阳：《论可能生活》，生活·读书·新知三联书店1994年版，第16页。

争中，首先要具备战胜困难的勇气和信心，树立崇高的道德理想，并为实现道德理想而努力奋斗，化压力为动力，不断鞭策和督促自己，为实现最高道德理想，即共产主义道德理想而努力奋斗。

三　道德规范体系的核心、原则与基本规范

党的十六大、十七大报告已经提出了社会主义道德规范体系的基本架构，我们的研究重点是，这种完整的道德规范体系如何显化社会主义核心价值体系的主要内容和引领作用。

（一）道德规范体系的核心

为人民服务体现了社会主义道德建设的性质和方向，是社会主义道德规范体系的核心。党的十七大报告和新党章把"全心全意为人民服务"进一步诠释和发展为"权为民所用，情为民所系，利为民所谋""发展为了人民，发展依靠人民，发展成果由人民共享"。新时期，用社会主义核心价值体系引领为人民服务的价值观，重点是：

1. 凸显马克思主义的群众主体观，坚持发展依靠人民，当好人民的公仆

马克思主义唯物史观揭示了人类社会发展的基本规律，把社会发展的最基本动力归结为生产力的发展，而人又是生产力中最活跃、最重要、最革命的因素。因此，真正推动社会历史发展的主体是广大人民群众，他们是社会精神财富和物质财富的创造者，是社会变革和发展的决定性力量。新形势下，党和国家领导人根据当前社会发展中存在的突出问题和矛盾，继承并发展了马克思主义的群众主体观，提出"要把实现好、维护好、发展好最广大人民的根本利益作为党和国家一切工作的出发点和落脚点，尊重人民主体地位，发挥人民首创精神，保障人民各项权益，做到发展为了人民、发展依靠人民、发展成果由人民共享"①；"要坚持权为民所用、情为民所系、利为民所谋，真诚倾听群众呼声，真实反映群众愿望，真情关心群众疾苦，多为群众办好事、办实事"。②这些观点正是国家领导人

---

① http：//news.xinhuanet.com/newscenter/2007－10/24/content_6938568.htm.
② http：//china.rednet.cn/c/2007/06/25/1239009.htm.

执政为民思想的本质内涵。

道德规范体系的核心——为人民服务，是马克思主义理论中的群众观点和马克思主义道德学说在当代中国的新发展，是党的宗旨和社会主义的本质体现。可以说，马克思主义的群众主体观和为人民服务的价值观是源与流的关系。为人民服务以马克思主义的群众主体观为指导，是对马克思主义群众主体观的继承、丰富和发展，与其紧密结合。但是，发展理论的最终目的在于指导实践。我党之所以高度重视继承、丰富马克思主义群众观点，其意义不仅在于理论的发展，更重要的是实践的需要。新时期，在弘扬社会主义核心价值体系的大背景下，我们要凸显马克思主义的群众主体观，最重要的是真正践行马克思主义群众主体观，真正体现人民群众的历史主体地位。列宁有一句名言：生气勃勃的创造性的社会主义是由人民群众自己创立。[1] 人民群众始终是社会主义建设事业的推动者和践行者，实现中华民族伟大复兴的目标，需要依靠人民群众的积极参与，依靠亿万群众的才能、智慧、积极性和首创精神。

发展要依靠人民，首先是坚持"权为民所用"。执政党和人民群众之间是权力使用者和所有者的关系。换言之，领导干部手中的权力是人民赋予和授权的，这从本源上决定了人民的权力必须用于为人民服务、为人民执政，否则就背离了权力的授受关系。党员干部要为人民掌好权、用好权、管好权，对于一些重大问题，尤其是事关民生的问题，不能仅凭主观意志下判断、作结论，而必须深入群众中去，倾听群众的呼声，了解群众的意愿，集中群众的智慧，接受群众的评判；必须加强清正廉洁建设，推进政务公开制，创造条件让人民批评政府、监督政府，让权力在阳光下运行，以此赢得人民的信任和支持。

其次是坚持"情为民所系"。邓小平说："我是中国人民的儿子，我深深地爱着我的祖国和人民。"[2] 人民群众是党员干部的"衣食父母"，执政干部理应对人民群众怀有深厚的感情，理应深怀爱民之心，站在人民的立场上，急人民所急、想人民所想、帮人民所需，关心群众的安危冷暖，体察人民的疾苦辛酸。只有心怀天下苍生，才能赢得人民的拥护。

最后是坚持"利为民所谋"。党和政府所做的一切就是要让人民生活

---

[1] 《列宁全集》第33卷，人民出版社1985年版，第53页。
[2] 《邓小平文集》英文版，培格曼出版公司1981年版。

得更幸福、更有尊严。当前住房紧、就业难、上学贵、看病难是令人民最头痛的问题，也是与人民利益、幸福指数最相关的问题，执政党必须予以高度重视，有效遏制部分城市房价过快上涨势头，创造更多的就业机会，进一步促进教育公平，加快完善覆盖城乡居民的社会保障体系，分好社会财富这块大"蛋糕"，这才是真正为人民谋利益。

2. 凸显中国特色社会主义共同理想的价值追求，坚持发展为了人民，发展成果由人民共享

建设中国特色社会主义共同理想，是时代性、实践性、科学性和超越性的统一，是具有实现可能性的对未来的合理设想、向往和追求，集中反映了我国各族工人、农民、知识分子和其他劳动者、爱国者的共同利益和愿望，是全国人民团结一致、克服困难的精神武器。作为全民族的共同理想，人民群众当然是建设中国特色社会主义这一伟大事业的力量源泉和胜利之本。马克思认为，历史活动是群众的事业，随着历史活动的深入，必将是群众队伍的扩大。① 建设中国特色社会主义的事业，关系着广大人民群众的前途命运，体现着广大人民群众的共同意愿，理应最大限度地满足广大人民群众的物质文化需要，让全体人民共享改革发展的成果，使他们过上更加富裕、安定、美满的幸福生活。我党历代领导集体都十分注重把最大限度地满足广大人民群众的根本需求作为一切工作的出发点与落脚点，这也是对马克思主义人民利益观的继承、丰富和发展。

首先，发展为了人民，就要实现"使人民幸福地、有尊严地活着"这一伟大目标。2010 年，政府工作报告提出，"要让人民生活得更加幸福、更有尊严"的执政理念。2011 年，"幸福"成为地方两会和网络热词，部分省市区甚至提出了"GDP 减速，幸福提速"的口号。一时之间，"幸福指数"被置于重要位置。其实，国民幸福指数最早是 20 世纪 70 年代由不丹王国国王提出，他认为，"政策应该关注幸福，并应以实现幸福为目标"，人生"基本的问题是如何在物质生活和精神生活之间保持平衡"②，这后来成为一种执政理念。在中国，随着全面建设小康社会的推进，人民群众对吃饱穿暖的低层次幸福追求满足后，必然会追求高层次的幸福，尤其是精神层面的内心追求。即人们在基本的物质生活得到保障

---

① 《马克思恩格斯全集》第 2 卷，人民出版社 1957 年版，第 104 页。
② http：//baike.baidu.com/view/635704.htm#sub635704。

后，会更加渴望个人的才能得到充分展现，人生价值得到充分实现，个体的权利得到充分保障，个人的尊严得到全面保护。正如2011年2月27日，温总理在与网友交流时，提及对幸福的理解时说的那样："幸福是让人们生活得舒心、安心、放心，对未来有信心。"执政党要想让民众生活得更幸福、更有尊严，就必须更加注重民生方面的工作，更加关注民众的切身利益，实实在在为人民做点好事，真正做到关心每家每户每个人的内心感受，而不是仅仅物质化、简单化、片面化地把幸福指数当作政绩考核的指标。

其次，发展为了人民，需要"从人民群众最直接、最关心、最现实的利益问题入手"。目前，人们普遍感到"寸土寸金"、房价居高不下、物价飞涨、就业困难、腐败猖獗、假货盛行，三聚氰胺、地沟油等有毒有害物体进入食品，导致人心惶惶，医药昂贵，看病困难……这些问题都是老百姓最关心、最头疼的问题，也是与人民生活最密切相关的问题，事关人民的现实利益。社会发展的最终落脚点是为了人民的幸福，执政党必须先从这些最直接的问题着手，才能赢得人民的信任，增加人民的幸福感。当前，国家为了加强保障和改善民生，做了很多工作，比如：将解决老百姓的吃饭问题当作头等大事来抓，将控制物价上涨当作首要任务来完成，实行"米袋子"省长负责制和"菜篮子"市长负责制等；把保障就业抓实落实，不断扩宽就业、择业路径，创造更多就业机会；加快廉租房、普通商品房的审批和建设进度，出台措施遏制部分城市过快增长的房价；稳妥推进医疗卫生体制改革，继续扩大农村医疗保障覆盖面等。这些措施从养老、医疗、教育、就业、住房基本生活等方面为老百姓建立一个安全网，这个安全网不仅是人民生活的安全网，也是社会和谐稳定的安全网。

最后，发展为了人民，真正做到"发展的成果由人民共享"。随着改革开放进程的加快，我国在经济飞速增长，人民生活水平显著提高的同时，国民贫富差距拉大。1978年我国基尼系数为0.317，2006年则升至0.496，逼近两极分化的警戒线。我国发展的成果要真正做到由全体人民共享，除了继续做大、做好社会财富这块大"蛋糕"之外，更重要的是要把"蛋糕"分好，完善税收调节体系，加强对高收入阶层的税收调控，对低收入阶层的税收扶持；加大对中西部地区的政策倾斜度，不断缩小收入差距，逐步提高居民收入在国民收入中的比重，提高劳动报酬在初次分配中的比重，尤其要加强对弱势群体的保护。政府可以通过改变分配原则，提高弱势群体的政治参与度和话语权，建立健全医疗保险和养老制度等社会保障体系，加强对他们的劳动技能培训和法律援助工作，从源头上防止弱势群体规模的扩大，从根本上改善他们的生存环境。

3. 凸显"以服务人民为荣"的崇高理想，切实做到以人为本，执政为民

"以服务人民为荣，以背离人民为耻"本身就是对"为人民服务"这一崇高理想和革命宗旨的继承与弘扬，同时，也集中体现了"立党为公，执政为民"的时代理念。"民为邦本，本固邦宁"。民心向背是检验一个政党是否具有先进性的试金石。一个政党，如果不能保持同人民群众的血肉联系，得不到人民群众的支持和拥护，就会失去生命力和动力，更谈不上什么先进性了。中国共产党的核心力量来自人民群众，植根于人民群众，其根基在人民、血脉在人民、力量在人民。党是广大人民群众根本利益的忠实代表，其一切奋斗和工作理应为了造福人民，除了最广大人民的根本利益，没有自己的特殊利益。

所谓以人为本，就是以广大的人民群众为本，这里的人既不是抽象的人，也不是某些人、某个人，而是有血有肉的广大人民群众。以人为本思想，强调人是发展的根本目的，也是发展的根本动力，执政党要能真正代表人民群众的根本利益，真正做到为人民服务，就必须坚持以人为本的思想和执政为民的执政理念。

对于执政党而言，坚持以人为本，执政为民，就要努力实现"使全体人民学有所教、劳有所得、病有所医、老有所养、住有所居，推动建设和谐社会"① 的目标。学有所教就是要优先发展教育，促进教育公平，办人民满意的教育。国家已全面实现农村免费义务教育，为家庭经济困难的学生提供助学金和贷款，并从 2007 年开始在六所部属师范院校实行师范生免费教育试点工作，为中西部地区定向培养优秀教师，使更多的农村学生享受到优质教育资源；劳有所得就是要坚持实施扩大就业的发展战略，千方百计为劳动者创造就业机会，使所有有劳动能力和就业愿望的人都能实现就业，发挥自己的才干，能按照他们的贡献获得合理报酬。2010 年，国家继续实施"五缓四减三补贴"的就业扶持政策，继续加强职业技能

---

① 胡锦涛：《高举中国特色社会主义伟大旗帜　为夺取全面建设小康社会新胜利而奋斗》（在中国共产党第十七次全国代表大会上的报告），《人民日报》2007 年 10 月 24 日。

培训，重点提高农民工和城乡新增劳动力的就业能力，努力让广大劳动者各尽其能、各得其所；病有所医就是要扩大公共医疗保障体系，使所有群众都能看得起病，不至于使群众因贫困而看不起病，因病致贫、因病返贫。2010年，城镇居民基本医保和新农合的财政补助标准提高到120元，比上一年增长50%，基本医疗保障覆盖面进一步扩大；老有所养就是建立覆盖城乡居民的社会保障体系，使所有老人都能够分享发展成果，幸福地安度晚年；住有所居就是要解决住房问题，努力稳定房价，逐步改善住房困难群众的居住条件。

坚持以人为本，执政为民，还要急人民所急、想人民所想、忧人民所忧，领导干部做决策要察民情、体民意，倾听民众的心声；要尊重民意、顺应民意、采纳民意，从人民角度出发为民谋利。

当然，为人民服务作为社会主义道德建设的核心，不仅是对执政党和领导干部的要求，也是对广大人民群众的要求。为人民服务是生存的必然，生活的必需。人都是相互需要、相互满足的，你不去做对别人有用的事情，别人就无法满足你的需要，你也无法满足自己的需要。服务群众就是服务自我，正如列宁所说的那样："人人为我，我为人人。"每个公民不论能力大小、职位高低，都能够在不同岗位、以不同形式做到为人民服务，这体现了为人民服务的层次性要求。全心全意为人民服务，这是为人民服务的最高层次，是对党员干部和先进分子的要求，即要把为人民服务作为自己一切工作和活动的出发点与归宿，做到毫不利己、专门利人、无私奉献；一切利他的行为，为他人谋利益的行为，这是一种较高层次的为人民服务，如助人为乐、扶贫济困、热心公益、见义勇为等，都是为人民服务最生动最具体最实际的体现；同学之间、邻里之间、师生之间互相帮助、互相关心、互相爱护，这是为人民服务的普遍层次。个人作为社会的成员，不可能完全离开他人而单独生存，通常都是互帮互助的；有偿地为人民服务，这算是为人民服务的最低层次。只要这种服务有利于社会和他人，实际上就是为人民服务。从某种意义上说，每一个普通劳动者，只要诚实劳动，忠于职守，不损人利己，在为自己谋取正当利益的同时，可以有助于发展社会生产力，有助于满足其他人的社会物质、文化、生活需要，都是为人民服务。

（二）道德规范体系的原则

社会主义道德规范体系的原则不仅包括集体主义原则，还包括人道主义原则和社会公正原则，它们体现了社会主义经济、政治、文化和社会建设的必然要求。用社会主义核心价值体系引领道德规范原则建设，重点是：

1. 坚持集体主义原则，促进个人与社会的和谐发展

集体主义原则是社会主义道德规范体系的核心原则，用来处理个人与集体、个人与社会的关系。我国是一个崇尚集体主义原则，奉行集体利益观的国家。但是在过去很长一段时间内，特别是在"文化大革命"中"左"的思想影响下，"曾经片面强调集体利益的'至上性'，忽视以至否认个人正当利益的合理性，把个人利益同集体利益绝对对立起来。"① 新时期，我们有必要根据新形势对集体主义原则进行新的解读，扩展集体主义的范围，深化集体主义的内涵。

唐凯麟教授指出，集体主义的价值内涵是一个系统，内在地包含着三个相互联系、相互制约而又相互补充、相互促进的层次递进的价值规定，即："集体利益的首要性和优先性；个人利益的正当性和合理性；个人利益和集体利益的结合性和协调性"。这表明集体主义原则并不否认个人正当利益，它本身蕴含着个人正当利益的满足和个人价值的实现，旨在实现集体利益与个人利益的共同发展。"集体主义包含着公正的内涵，社会公正是集体主义题中应有之义"。"集体主义对社会公正起着一种价值定位、价值定向和价值实现的关键作用，它是社会主义社会公正得以实现的重要的精神条件和行为选择的重要保证"。② 葛晨虹教授也提出，"社会公正是集体主义原则的应有之义"的观点，实指集体主义的内涵不应仅停留在"社会应当最大可能地满足其所有个体成员的正当利益，并最大可能地使社会共同利益得到最大限度的发展，以进一步提高所有个体成员的利益所得"这一集中表达层面上，而应在"怎样有益于提高社会共同利益的意义上"和"在全体个体成员之间进行合理而又公正的分配"上。③ 这两位学者把集体主义原则同社会公正紧密相连，意味着离开了集体主义，社会公正的价值内涵就变得空洞抽象；不解决社会公正问题，就不可能使集体主义的信念深入人心，这为我们坚持集体主义原则又打开了一个新的视角。

---

① 罗国杰：《论社会主义道德的核心和原则》，《高校理论战线》1996 年第 11 期。
② 唐凯麟：《集体主义和社会公正论纲》，《道德与文明》2004 年第 4 期。
③ 葛晨虹：《集体主义与社会公正》，《中国特色社会主义研究》1998 年第 3 期。

集体主义原则不仅内涵丰富，而且范围广泛。所谓集体，是指多个个体为了实现某些功能而通过互动形成的立体结构，其特点在于成员之间建立彼此稳定合作和相互友爱的关系，他们不仅有着共同的目标、共同的利益和共同的活动，而且彼此之间联系密切，具有鲜明的组织任务；成员不仅要认识到群体活动对个人和本群体的利益，而且还要认识到对组织、对社会的意义。集体是一个涵盖范围很广的概念，不仅可理解为一个单位、公司、团体，还可理解为一个国家、民族、社会，甚至整个世界。因此，我们在用社会主义核心价值体系引领集体主义价值观，践行集体主义原则时，要注意扩展集体主义的范围，注重集体主义的层次性。

社会主义市场经济条件下价值主体多元化，有学者将集体主义的主体范围界定为三个层次："公私兼顾、先公后私、大公无私"。[1] 而公私兼顾、不损人利己、不假公济私、不损公肥私是集体主义的最低层次。从根本上讲，个人、集体和国家三者之间的利益具有一致性，理应将三者利益相结合，在保障集体利益的同时，充分尊重和维护个人的正当利益，兼顾集体和个人利益，促进社会和个人的和谐发展。先公后私可谓集体主义的较高层次，其要求人们有一定的奉献精神和牺牲精神。当个人利益和集体利益发生矛盾冲突时，个人应以集体利益为最高原则，做出一定的牺牲和让步。当然，在某种时候，集体应减少甚至避免个人牺牲，适当时候还应该限制自身发展，以保证个人生存。先公后私要求个人发展服从集体发展，但这种关系是建立在二者的最佳结合点上，而不是完全否认和抹杀个人正当利益的盲目"服从"。[2] 前面两种要求，在现实生活、工作中大多数人能够达到。大公无私、公而忘私则是集体主义的最高层次，其要求全心全意为人民服务，毫不利己，专门利人。这一阶段，只有少数先进分子才能达到，是多数人努力的方向，是执政的领导干部应该达到的崇高的精神境界。

2. 坚持社会公正原则，促进人与人的和谐发展

与集体主义原则密切相连的社会公正，是社会主义道德规范体系的另一原则，是社会主义核心价值观的重要内容，是人与人和谐、人与社会和谐的基石。所谓社会公正，是指"社会成员对社会是否'合意'的一种

---

[1] 周艳：《重新诠释集体主义原则》，《探索》2004年第3期。
[2] 叶汉林：《论坚持集体主义价值观》，《湖北大学学报》（哲学社会科学版）2002年第3期。

价值评判，其实质是要求各种权利在社会成员之间合理分配，每个人都能得到其所应得的；各种义务由社会成员合理承担，每个人都应承担其所承担的"①，包括实质公正和程序公正两部分。实质公正是指分配公平、机会平等、就业公正、教育公正、司法公正等；程序公正是指起点公正、过程公正和结果公正。胡锦涛在第五届亚太经合组织人力资源开发部长级会议致辞中提出："我们应该坚持社会公平正义，着力促进人人平等获得发展机会，逐步建立以权利公平、机会公平、规则公平、分配公平为主要内容的社会公平保障体系，不断消除人民参与经济发展、分享经济发展成果方面的障碍"。② 社会主义和谐社会的目的就是要让所有的社会成员，包括老弱病残等困难群体，都能获得基本的生活保障和社会福利。

随着社会主义市场经济的发展，人民的生活水平普遍提高，而收入分配差距也迅速扩大，出现了种种不公正的社会现象，比如，贫富差距悬殊、城乡差距拉大、受教育权利和机会的不公平、就业机会的不公平、弱势群体日趋边缘化等。这些不公正的社会问题严重影响了社会的正常、有序、安全运行，威胁着和谐社会的构建。当前，我们要大力弘扬社会主义核心价值体系和核心价值观，真正体现社会公正原则，首先还是要以经济建设为中心，大力发展生产力，提高经济发展水平，把社会财富这块"蛋糕"做大、做强、做好，为实现更高层次的社会公平提供必要的物质条件。马克思、恩格斯认为，社会生产力的发展同人类发展的利益始终是一致的，他们反对那种以实现"公平"为由阻碍经济发展的做法。大力发展生产力是实现社会公平的物质基础和条件，一个社会如果物质极度贫乏，必然会引发财富分配的激烈争夺。邓小平一再强调贫穷不是社会主义，新时期，为了消除社会分配不公的现象，还是要努力发展生产力，创造更多的物质财富。

其次，要建立和完善相关的法律法规，为社会公平的实现提供一定的政治保障。社会公平是相对的，是一个过程，需要在不同的社会阶段都付出努力。当前，财富的分配问题成为重大的问题，造成富得越富，穷得越穷，贫富差距、地区差距日趋拉大。当然，这与个人的能力、努力程度有关，但不可否认存在制度上的偏差。我们在实行以按劳分配为主时，应充

---

① http://news.sina.com.cn/c/2011-02-16/043621960891.shtml.

② http://www.snzg.cn/article/2010/0917/article_19688.html.

分考虑到各方因素,向弱势群体倾斜,关注低收入人群的生存状态,完善社会福利制度,使人民真正掌握相当量的财富,使每个人都有机会享受经济发展带来的成果。

最后,努力提高公民素质,提升每个人的道德水平。只有公民素质得以提高,思想得以解放,观念得以更新,每个人都关注社会的发展,关注自身权利与义务,都要求切实使用自己应得的权利,自觉担负个人应担的义务,才会在一定程度上促进社会公平;只有提升了个人的道德水平,使个人不再仅仅关注自身的利益,而能充分考虑他人的利益要求,才能为社会公平的实现提供一种人性基础;只有让社会公平的观念深入人心,不管是既定利益的占有者,还是应得利益的追求者,他们在社会行动中才会自觉追求社会公平正义,使社会公平得以实现。

3. 坚持人道主义原则,让每一个人都生活得幸福和有尊严

社会主义人道主义是社会主义意识形态组成部分,是在伦理道德领域调整人与人、人与社会之间相互关系的准则之一,是建立在社会主义经济基础之上真实的、具体的、现实的;其要求社会对个人的关心、爱护和同情,尊重人及人的人格、尊严和价值,尊重个人对社会作出的贡献,关心社会成员的切身利益和物质文化生活需要,维护社会成员的基本权利,尽可能促进个人才能的发挥和全体社会主义劳动者的自由全面发展;它还要求人与人之间互相关爱、互相帮助、平等相待、友好相处。有学者指出,社会主义人道主义至少包含三方面的内容:社会主义的人道思想和人道原则,即保护绝大多数人,解放发展生产力,消灭剥削,实现共同富裕;社会主义的现代意识形式,即社会主义主体思想、社会主义自由平等观念和社会主义人权理论;社会主义的基本道德规范,即尊重广大人民的意愿,关心其疾苦,维护其合法权利和人格尊严,为个体价值的实现创造必要条件等。①

当前,我国社会生活中还存在很多违反社会主义人道主义原则的现象,比如让卖淫嫖娼者游街示众,排斥、歧视外来务工人员,虐待妇女老人儿童,暴力强制拆迁,等等。这些冷漠的、不人道的现象,反映出我国对人的关照和尊重程度不够,尤其是缺乏对妇女、儿童、老人、农民工等弱势群体的关心、同情和照顾,这同人民的利益、同社会主义的利益是相

---

① 罗文东:《社会主义人道主义:科学内涵与现实意义》,《江汉论坛》2005 年第 11 期。

违背的，是不利于社会主义和谐社会的构建的。为了推动社会主义精神文明建设，提高全体国民的素质，营造人与社会和谐相处的氛围，我们应在社会生活的各个方面坚守人道主义的道德原则，以"让每一个人都生活得更幸福，更有尊严"。

首先，在经济发展基础上，不断提高人民群众的物质文化生活水平，夯实人道主义原则的物质基础。生产力的发展，物质财富的增长，是人的全面发展必不可少的基本条件。离开了必要的社会物质条件，人的生存和发展就失去了依托。基本的生存权都得不到保障时，也就谈不上人道主义了。只有坚定不移地坚持以经济建设为中心，大力发展好生产力，满足了人民群众最基本的物质文化生活需要，才算是实现了最基础的人道主义。

其次，注重对领导干部、广大群众和青少年进行包含社会主义人道主义原则的思想道德教育，不断提高他们思想道德素质、科学文化素质，这是实现人道主义的基本要求。领导干部是广大人民群众的表率，其一言一行对人民群众的言行会产生直接或间接的影响。只有领导干部严格要求自己，确实做到执政为民、不徇私偏袒，人道主义的实现才具有政治保障；广大群众是社会主义建设的核心力量，他们的素质如何关系到整个国家的文明程度。只有人与人之间互相关爱、互相体谅，人道主义的实现才具备广泛的群众基础；青少年是社会主义事业的未来接班人，他们是否具有人道主义思想，关系着人道主义原则能否真正在现实生活中贯彻实施。加强对青少年的思想道德教育，不断提高他们的整体素质，为人道主义的真正实现打下坚实基础。

再次，尊重个人为社会所作的贡献，尊重人的人格尊严，为个人理想和自我价值的实现创造条件。社会主义社会的发展与个人的发展在根本上具有一致性，个人为社会的发展做出了贡献，社会理应尊重每个劳动者及他们的劳动成果，理应为他们才能的发挥创造条件。当个体的理想得到了尊重，个人的自我价值得到了充分实现，必然会激发个体更大的创造力，从而为社会的发展做出更大的贡献。

最后，将人道主义光芒更多地洒向弱势群体。弱势群体相对于其他群体而言，在社会生活、生存中本就处于劣势地位，理应得到社会更多的关注和照顾，社会也有义务尽一切可能减少他们的痛苦和不幸，尽一切可能改善他们的生活、劳动条件。就农民工而言，他们为城市的发展做出了巨大贡献，但却"面临着工资偏低，被拖欠现象严重且普遍；劳动时间长、安全条件差、技术培训少、职业病和工伤事故多，缺乏社会保险；子女上学、生活居住、文化需要等方面存在诸多困难"[1] 的问题，社会主义集体必须对他们施与道义关爱，解决他们面临的实际问题。这样才能激发他们更大的创造力，促使他们为城市的美好发展做出更多努力和奉献。

（三）"三德"和公民基本道德规范

社会生活三大领域的道德要求和公民基本道德规范是社会主义道德规范体系的具体体现。

无论是社会公德、职业道德和家庭美德，还是"爱国守法、明礼诚信、团结友善、勤俭自强、敬业奉献"的公民基本道德规范，都更鲜明地体现了社会主义的价值诉求和社会主义核心价值体系的具体内涵。我们的研究重点是如何把社会主义核心价值体系的价值理念通过社会生活三大领域的具体道德要求和公民基本道德规范使之从理论变成实践，从信仰变成行动准则，从社会追求变成个人品德，以增强诚信意识为重点，引导个体在社会生活、职业生活、家庭生活、学校生活中自觉恪守诚信，反对见利忘义。社会主义核心价值体系与"三德"的紧密结合，为人们在社会主义市场经济条件下判断行为得失，做出道德选择，彰显公民人格等，提供了基本规范和标准，有利于在实际生活中促进公民自觉的道德认同。

1. 在实践中增强社会公德意识，践行社会公德规范，重在遵纪守法

社会公德，就是"为公之德"，是指在社会交往和公共生活中公民应该遵守的起码道德准则，是维系社会公共秩序和正常生活的道德基石，是透视公民道德素养和社会文明的窗口。而公德意识，则是指人们对社会公德的认识和理解。综观当前社会，不遵守公共场所规则、对社会公益事业冷漠、见死不救或见义不为等现象普遍存在，人们由此得出"部分人社会公德意识缺失"的结论。还有学者指出，当前我国公民意识现状呈现出"公民主体意识模糊、公民权利意识淡薄、公民责任意识缺失、公民平等意识弱化"[2] 四个特征，总体状况欠佳。

公民的公德意识水平直接影响社会现代化和人的现代化的实现。公民公德意识的缺失，不仅影响中国人的形象，还将成为中国发展知识经济的绊脚石。因此，我们必须对当前部分人公德意识缺失的现状加以重视，注

---

[1] 吴然、谢嘉：《论农民工的困境与道义关爱》，《职业时空》2007年第12期。
[2] 刘和福：《试论我国公民意识现状及提升对策》，《南华大学学报》（社会科学版）2008年第2期。

重在实践中提高公民的公德意识。

首先,要动员社会各方面的力量,形成社会、学校和家庭"三管齐下"的教育合力。公德意识是人们在后天通过教育和环境的影响而形成的,其提高是一项长期、艰巨的任务,需要各方常抓不懈,共同承担任务。

其次,要充分发挥新闻媒体的舆论导向功能,在全社会营造"倡导社会公德意识,推崇先进模范;谴责不公德行为,鞭挞丑恶现象"的强大氛围。舆论的力量是巨大的,当人们长期置身于"弘扬真善美,贬斥假恶丑"的环境中,公德意识、公民责任感不可能不得到提高。

再次,要制定出社会公德在不同公共场合下的一些具体规范,加大监管力度。人的行为不仅要靠道德来自律,还要靠法律和负有监管职责的组织和人员来他律,尤其是当大多数人的道德水准还达不到相关要求时,更需要通过规范、法纪来加以约束和引导。俗话说:"没有规矩,不成方圆。""国无法不治,民无法不立"。不论是随口出脏、乱挤乱抢这种缺乏文明礼貌的表现,还是那种随意破坏公物、乱丢垃圾的恶习,其实,都是缺乏法纪观念的表现,国家和相关部门需通过制定相关规章制度来加以约束。

最后,要注重提高公民的个人素质,从现在做起,从一点一滴小事做起。古人云:"勿以善小而不为,勿以恶小而为之。"个人道德素养就是在点点滴滴的日常小事中养成的。注重细节,从身边微不足道的小事做起,就是践行社会公德的表现。

2. 在工作中增强职业道德意识,践行职业道德要求,重在诚实守信

职业道德,"是指从事一定职业的人在职业生活中应当遵循的具有职业特征的道德要求和行为准则",它既是对该职业从业人员的职业行为要求,又是职业对社会所负的道德责任与义务,其内容包括爱岗敬业、诚实守信、办事公道、服务群众、奉献社会。所谓爱岗敬业,就是认真对待自己的工作岗位,敬重自己所从事的职业,对自己的岗位职责负责到底,勤奋努力。它不仅是个人生存和发展的需要,也是社会存在和发展的需要,是一种普遍的奉献精神。当前社会,部分工作人员敬业意识丢失,视工作规定、他人生命为儿戏,工作稀里糊涂,吊儿郎当,造成不该有的人间悲剧。因此,践行职业道德要求增强敬业意识。作为职场的从业人员,应该对自己所从事的事业热爱、珍惜和敬重,忘我地为之付出和奉献。树立强

烈的敬业意识，体现了一种事业追求和思想境界，体现了一种勤恳态度和精神风貌，更体现了一种可贵的事业心和责任感。敬业意识是做好本职工作的前提，只有爱岗敬业，才能真正做到诚实守信、办事公道、服务群众、奉献社会。

诚实守信是公民道德建设的重点。诚信作为基本的道德范畴，是现代文明的重要基础和标志。就个人而言，诚信是高尚的人格力量；就单位而言，诚信是宝贵的无形资产；就社会而言，诚信是正常秩序的运行基础；就国家而言，诚信是良好的国际形象。面对一个多元化社会背景，诚信更是维持起码的信誉、信任，建立人际和谐、社会和谐的基础与保证。中国人民大学哲学系焦国成教授认为："诚信作为一种维护社会正常秩序和交往、维护每个人正当利益的基本道德规范，对于人们社会生活的重要性，近乎鱼之于水，人之于空气。然而，不讲诚信，却成了目前社会上存在的最为突出的道德问题。"①

首先，政治领域中的诚信缺失，即政府的信用危机是人们首先必须面对的问题。由于政府在社会生活当中居于强势和支配地位，政府的经济强势、政治强权、信息优势不可避免地存在，因而政府的主观随意性自然而然地出现，偏好行政、随意行政、政府不可治理性随之产生，信用缺失、信用贫困、信用滥用、信用危机也就相伴而来。目前政府职能滥用，官员权力异化，权钱交易、权权交易、权色交易、权学交易等现象大量存在，"政绩工程""形象工程"等虚假官宦作风盛行都极大地损害了政府形象。

其次，经济领域中的诚信缺失是最为突出和明显的失信危机，已经成为制约我国市场经济发展最严重的"瓶颈"。无论银行企业之间的信用危机，还是交易双方不信守契约精神的行为，以及企业和服务行业对消费者的欺骗行为都导致了严重的信用危机，造成了市场经济秩序的混乱，给经济发展带来了巨大损失。

最后，文化和社会生活领域中的诚信缺失现象也愈演愈烈。学术造假，论文剽窃也随处可见，长盛不衰；人际交往功利化，工作劳动中的违背职业道德行为，日常生活中的恶意欠费、借贷不还行为等屡见不鲜。

诚信缺失不仅使人与人之间缺乏起码的信任和尊重，而且个人和社会还会花费更多社会资源，即更多的人力、物力、精力和财力去维护交易秩

---

① 焦国成：《诚信的制度保障》，《江海学刊》2003年第3期。

序和交易公正，从而增加了整个社会付出的成本。所以加强社会主义诚信的意识建设、制度建设和法制建设势在必行。

3. 在生活中增强家庭美德意识，践行家庭美德规范，重在家庭和谐

家庭美德，是调节家庭内部成员以及与家庭生活密切相关的人际关系的行为规范，其基本要求是：尊老爱幼、男女平等、夫妻和睦、勤俭持家、邻里团结。家庭是社会的细胞，其道德水平直接体现社会的文明程度及道德水准。当前，我国正处于社会转型时期，经济发展、社会进步、人民生活水平大幅提升，这为家庭和谐、社会和谐创造了良好环境。但也必须看到，现实婚姻家庭生活中不可避免地出现了一些新情况、新问题、新困惑、新烦恼。一些人虐待老人、遗弃父母，言语上伤害父母甚至对父母施暴；工业文明使人类的物质欲望无限膨胀，出现了以占有物质财富多少来衡量人的身份、地位和价值的观点；缔结婚姻不再以爱情为基础，而是看对方是否有房、有车、有钱，"拜金女""物质男"不断涌现；勤俭节约被视为可耻，奢靡消费、纵欲主义则成为新的"美德"；婚姻生活"红灯"频亮，离婚率不断攀升，包"二奶"、婚外情等现象屡见不鲜；邻里之间"老死不相往来""各扫门前雪"……这些不和谐的因素导致有些家庭价值观念扭曲、道德行为失范、婚姻稳定性下降、邻里关系冷漠等，影响了家庭关系的稳定和谐，进而影响社会的和谐与稳定。

鉴于此，必须注重提高公民的家庭美德意识，营造和谐的家庭氛围。首先，大力弘扬中华民族的传统美德，倡导时代精神。中华民族历来重视家庭美德建设，历史悠久的中华文化中富含很多家庭道德资源，如"鸦有反哺之育，羊有跪乳之恩"，我们可以加以继承，同时要赋予时代内容。其次，加强法治建设。法治是道德的权力保障。对少数违反家庭道德同时触犯刑律的人予以严惩，可以起到警示作用，更重要的是通过对案例的剖析，教育广大社会成员违法必违德，从而防微杜渐。最后，加强领导，齐抓共管，动员全社会的组织力量，加强家庭道德教育，重视家庭美德建设。

4. 在个体中加强个人品德建设，注重提高个人修养

党的十七大报告提出，"大力弘扬爱国主义、集体主义、社会主义思想，以增强诚信意识为重点，加强社会公德、职业道德、家庭美德、个人品德建设"。其中，加强"个人品德建设"首次在中央文件中正式提出，打破了我国重视集体、轻视个人的传统，表明党中央对个人品德建设的

重视。

所谓个人品德，是通过社会道德教育和个人自觉的道德修养所形成的稳定的心理状态和行为习惯，是社会道德规范、道德原则在个人身上的综合体现，它涵盖了道德认知、道德情感、道德意志、道德行为等方面。众所周知，道德规范具有自觉性、自律性，需要以个人的自我约束为基础。不管是社会公德、职业道德还是家庭美德，都因个体的个人品德在不同场合，担当角色的不同而表现各异。可以说，个人品德是"内在的法"，社会公德、职业道德、家庭美德的实现最终都要诉诸个人品德，良好的个人品德是搞好社会公德、职业道德、家庭美德建设的前提和条件。当前，在构建社会主义和谐社会大背景下，必须坚持制度建设与个人品德建设并重，制度伦理与德行伦理并重，通过发挥道德模范的示范作用，引导人们自觉履行法定义务和社会责任。

首先，党政领导干部要做好个人品德建设的示范体，带头加强党性修养，陶冶道德情操，以自身良好形象走在品德建设前列。党的领导干部处于重要岗位，肩负重大责任，起着关键作用，他们个人品德的高低直接影响着人民群众的行为表现，这就是所谓的"上行下效"。党的十七大报告强调，党员领导干部必须"讲党性、重品行、作表率"，这实际上就是要求领导干部加强个人品德建设，率先垂范，做好社会主义道德建设的先头兵。

其次，要发挥好新闻媒体的舆论导向作用，树立道德楷模，营造良好的社会氛围。马克思说过：既然人是从感性世界中的经验汲取自己的一切知识、感觉等等，那就必须这样安排周围世界，使人在其中认识和领会到真正合乎人性的东西，使他感觉到自己是人。① 人是社会的人，不可能不受周围环境的影响。当整个社会形成一种"学做好人好事"的风潮，个体也会自觉或不自觉地受到影响，于无形之中受到熏陶，不自觉地提升了个人的道德修养。

最后，要积极探索个人品德建设新途径，注重学校教育和家庭教育相结合。个体品德的形成离不开教育的作用，中国是世界文明的礼仪之邦，自古以来就强调修身养性、以德化人，特别是作为中国传统文化主体的儒家思想，蕴含着丰富的关于个人品德养成的理论资源，我们在教育时可以

---

① 《马克思恩格斯全集》第 2 卷，人民出版社 1957 年版，第 167 页。

加以借鉴和运用。当前社会上盛行的"孔学热"《三字经》《道德经》《弟子规》，虽说有操作、夸大的成分，但也有值得我们借鉴和反思的地方，这对提升个人道德修养有积极推动作用。

四 市场道德规范体系

市场经济不仅是一种有效的资源配置方式，也是人的一种生存方式和交往形式。自由而平等的交换过程，市场经济内含着伦理价值，市场道德规范就是从市场体制和市场交往关系中直接引申出来的，用以调节各市场主体之间利益矛盾的行为规范体系。在我国社会主义市场经济条件下，由于生产力、文化力还不能满足人们日益增长的物质文化需要，转型期的各种刺激，利益群体趋向多元化，资源配置面临重组，利益关系表面化、复杂化和尖锐化以及伦理道德发展滞后所造成的各种障碍，使市场经济在深层运作中无法展示其内在魅力，又在各种市场经济成分迅速增长的同时，使社会负面现象得以滋生和蔓延，由此制约我国市场经济的健康发展。如何统一利与义、富与仁的关系？如何建构有助于人的自由全面发展的市场道德规范？如何促进市场经济与精神文明之间良性互动？这些问题深深困扰我国市场文明的进程。有学者提出，"建构市场体制基础上的市场道德规范，其合理的基本思路至少应解决三个问题：基本现实、基本可能性和基本目标。基本市场现实和道德现实是：社会主义市场经济是在新与旧、破与立、进步与'滑坡'等双重挤压状态下的跳跃式运行，因而存在着某种程度的紊乱和失序难以避免；……基本可能性是：向历史和传统寻求可开发的道德文化资源……向先行市场经济体制和现代化的国家或地区寻求可供借鉴的现代道德文化资源；……基本目标是：除了长远的和崇高的市场道德建设目标外，基础性目标显然更为迫切。建立起一种起码的市场公共道德维度或'最低限度'的市场道德秩序，并由此规范日常道德生活秩序乃是当务之急。"[①] 为此，从市场经济的内在要求出发，结合我国传统道德资源与发达国家市场经济建设的基本经验和教训，提出以下市场道德规范设想：

---

① 雷滔、邹振、周毅：《市场经济中的道德规范探讨》，《经济师》2004年第8期。

（一）利己利人

利己和利人的关系，既是有关人们世界观、价值观的问题，也是面对现实生活无法回避的实际问题。随着改革开放深化，利益差距拉大，西方各种社会思潮渗入我国，过去所推崇的集体主义价值观逐渐淡出人们的视线，取而代之的是个人主义、拜金主义、享乐主义的价值观开始侵入人们的灵魂深处。在社会主义市场经济条件下，如何处理自己与他人的关系成为我国道德建设的重点之一。

马克思指出：人们奋斗所争取的一切，都同他们的利益有关。[①] 自商品经济之初，随着分工的扩大，当每个人生产和拥有的产品不能满足个人各方面需要之时，就必须和他人进行交换，具体劳动转换成抽象劳动；与此同时，也只有自己的劳动和产品被社会所需要时，才会实现它的价值，进而获得个人利益，私人劳动变为社会劳动。在市场经济条件下，每个主体的利益都是相互独立而又明确界定的，追求自身利益的最大化，乃是不同经济主体的正当利益，也是市场经济赖以存在的前提和运行的内在动力。[②] 主观上为自己的经济行为成为不变的经济法则。但是，人是社会中的人，社会是人类生存和发展的基础，经济主体获得自身利益必须与社会相联系，自身利益的获得离不开社会，更离不开其他社会成员。在市场经济条件下推崇利己利人，是市场经济法则的内在要求。

从市场上商品的供给和需求的规律来看，当生产某种产品的领域相对较少时，价格就高，利润就多，就会吸引更多的投资者。随着投资者的增加，产品越来越多，造成产品价格下降，利润减少，这就促使一部分投资者转向其他部门。这只"看不见的手"不仅调节着各生产部门在市场中的分配，而且也调节着人与人的关系，使得个人追求自身利益不再单一，"个人的利害关系与情欲，自然会使他们把社会的资本，尽可能按照最适合于全社会利害关系的比例，分配到国内一切不同用途"。[③] 当经济主体从事经济活动时，首先考虑的是如何获利，而利益的获取与消费者的需求紧密联系，只有考虑到个人与他人的利害关系，生产消费者需要的商品，

[①]《马克思恩格斯全集》第1卷，人民出版社1956年版，第82页。
[②] 龙静云：《互利主义与社会主义道德的内在一致性》，《华中师范大学学报》（人文社会科学版）1999年第6期。
[③]［英］亚当·斯密：《国民财富的性质和原因的研究》下卷，郭大力、王亚南译，商务印书馆1994年版，第199页。

进而促进社会资本的流动和分配，达到资本与资源使用的最优化，使生产者与消费者都达到自身要求，实现双方的共赢。在利人前提下的利己，使得在满足自身利益的同时，在一定程度上也限制了极端利己行为，兼顾到他人和社会的利益。

提倡互利主义，也是发展生产力根本宗旨所在。我国作为社会主义国家，一直都秉着全心全意为人民服务的原则，为最广大人民谋利益，在行为取向上坚持为民、利民，强调的是整体利益的和谐发展。社会主义的本质特性是发展生产力，实现共同富裕，这是整个社会的最高价值目标。也是对利己利人思想的升华。

如何做到利己利人呢？在市场经济中的损人利己行为，除了缺少个体自律外，主要还是由不完善的法律和制度所造成，法律和制度的保障体系建设是互利主义的必然要求。

1. 法律是互利主义的基石

"在一个组织良好的社会中，最重要、最必要的社会行为规则通常是由法律强制实行的，那些在重要程序上稍轻的规则是由实证道德来维系的。法律仿佛构成社会秩序的骨架，道德则给了它血和肉。"[①] 市场经济主体在从事经济活动中，一方面作为"经济人"总是希望获得自身利益的最大化；而另一方面人具有的社会属性决定着作为社会成员，在获得自身利益的同时，必须考虑社会整体利益的要求。市场经济的趋利性、"唯物"性以及市场经济运行规则的泛化，极易造成个人利益和他人利益的偏颇，从而限制个人利益的可持续发展，所以加强市场主体的道德自律，可以避免市场经济的趋利性、无边界化。但是仅仅依靠道德的约束力，依靠人们的良心、信念调节人们之间的行为规范还远远不够，或者对某些人根本不起作用，甚至是有危险的，容易诱发一系列丑恶败德行为。法律作为一种"硬性"的强制力，任何公民都是无条件地服从，具有普遍的约束力。社会主义市场经济只有首先以法律为基石，赋予市场经济主体必要的社会行为规则，加大法律权威性，增强执法力度和惩罚力度，整顿市场经济秩序，规范主体行为，避免缺乏道德自律带来的趋利性危害，使法律构成社会秩序的骨架，从而使市场经济主体在从事市场活动时，在法律的

---

① 亨利·西季威克：《伦理学方法》，廖申白译，中国社会科学出版社1993年版，第469页。

约束下调整自身行为，把自身利益与他人、国家利益紧密联系，从事正当的经济活动，不仅能保证市场交易主体作为"经济人"获得自身利益，也能够满足整体利益要求。

2. 制度是互利主义的导向标

经济理性的突出特征是个人性和自在性，这一特征决定了经济主体总是追求个人经济利益，其行为总是服务于自己，经济学家虽然也提及经济人也有可能做出利他行为，但往往认为只有在经济人的利他行为所获得的报酬超过利他行为的费用时他才会做出利他行为。① 因此，归根结底，经济人的利他行为首先也是利己的。在经济理性作用下，除了依靠法律保障各经济主体合法权益以外，还需要发挥制度的"刚性"作用规范和约束人们的行为。"人们需要的与其说是好的人，还不如说是好的制度。"② 制度的刚性、公平性与一致性使其具有很强的导向和约束功能。制度的导向标与个人的信誉、利益相联系，使利己利人细化到人们经济生活中，对践行互利主义行为给予鼓励，对损人利己行为给予惩罚和抑制，使自利的人"无利可图"而端正个人主义观念，树立利己利人意识，在行为上趋向互利；互利的人得到鼓励，获得更多收益，从而更加调动其从事活动的积极性和创造性。

总之，互利主义是市场交换的起码准则，法律是互利的基石，制度是互利的屏障，只有道德与法律交相辉映，利己利人同时遵循，才能真正保障市场经济的有序运行。

（二）诚实守信

人无信不立，国无信不昌。诚实守信是建立人们之间友好关系的基础和前提，对于国家来说，诚实守信是国家繁荣稳定的试金石，也是市场经济健康运行的道德底线。人与人之间的交流与合作只能建立在诚信基础之上，失去最基本的诚实守信，任何交易都无法进行，因为交易任何一方都不希望对方以欺诈为目的换取合作，诚实守信成为交易双方达成协议的桥梁。

在市场经济活动中，"诚信资本是经济主体在市场经济社会生存和发展的重要基础。拥有诚信资本是经济主体进入市场和维系市场关系的前提

---

① 林毅夫：《关于制度变迁的经济学理论：诱致性变迁与强制性变迁》，《财产权利与制度变迁》，上海人民出版社1994年版。

② 卡尔·波普：《猜想与反驳》，上海译文出版社1986年版，第549页。

条件"①。也就是说，经济主体想要获得自身利益的最大化，就要秉着诚信原则与他人进行合作，也只有获得相互的信任，在交易中履行契约，才能促成第二次、第三次甚至永久的合作关系，最终使双方获得最大的盈利。"信用作为一种无形资产是关系到企业形象及其生命力的重要社会文化资源，如果企业失去了它应有的信誉，就等于失去了品牌竞争力，企业的生存发展就不存在任何可能。"② 总的来说，诚实守信可以为企业在经济领域中获得良好的信誉和形象，为以后谋取经济利益打牢基础。

经济主体除了追求物质利益需要诚信，满足精神需求也需要诚信。马歇尔指出，人们的追求，除了直接由货币表现的物质利益外，还包括心理满足和精神利益，如希望得到周围的人赞美，避免别人藐视；希望他的家庭在他生前和生后都能兴旺发达；希望为慈善事业奉献爱心，等等。③ 也就是说，经济主体进行市场交易，一方面是为获得自身利益的最大化，而另一方面也是希望能够得到他人的尊重，实现物质与精神上的富足。

再者，诚实守信也是减少交易费用的重要手段。在市场经济社会，市场交易除双方主体正常开支外，由于交易双方信息的不对称，如果双方摒弃诚信原则，有可能损害一方或是双方的利益，这就容易导致增加诉讼费用以维持交易的公正性。因此，信任是交易主体减少交易费用，使双方达成长久合作关系的必要前提。

在本课题组 1060 份"社会主义核心价值体系引领我国道德建设研究"有效调查问卷中，明礼诚信以 925 的频率，被认为是最应该包括的基本道德规范。既然诚实守信在市场博弈和公民基本道德规范中如此重要，那么，为什么市场上还存在诸多坑蒙拐骗行为，假冒伪劣产品大量充斥着市场呢？主要原因在于计划经济向市场经济的转轨中，社会主义市场信用体系本身的不完善，政府监管不力，使得不讲诚信获得的利益远远大于诚实守信获得的利益，而在第一次的博弈中因不讲诚信获得的利益如果没有受到惩戒，就会驱使他们在今后从事经济行为中自然而然地不讲诚信，这就客观上助长了不讲诚信的风气；一些讲诚信的经济主体因利益受损，也会放弃诚信原则，随波逐流。这就使得社会主义市场信用体系的建

---

① 龙静云、熊富标：《论作为社会资本的诚信与企业诚信治理》，《江汉论坛》2011 年第 1 期。
② 葛晨虹：《诚信是一种社会资源》，《江海学刊》2003 年第 3 期。
③ 龙静云：《诚信：市场经济健康发展的道德灵魂》，《哲学研究》2002 年第 8 期。

立和完善变得迫在眉睫。《国务院关于整顿和规范市场经济秩序的决定》指出，要尽快"建立健全符合市场经济体制要求的社会信用制度"。①《中共中央关于完善社会主义市场经济体制若干问题的决定》指出，要"建立健全社会信用体系。形成以道德为支撑、产权为基础、法律为保障的社会信用制度，是建设现代市场体系的必要条件，也是规范市场经济秩序的治本之策。增强全社会的信用意识，政府、企事业单位和个人都要把诚实守信作为基本行为规范"。②

1. 建立完善的市场信用法律法规

在市场经济中，仅仅依靠市场自发的机制和道德的自律无法完全约束双方经济行为，必须借助于一整套相关的法律法规，保障信用关系的正常运行。目前，美国基本信用管理的相关法律共有16项，包括公平信用报告法、平等信用机会法、公平债务催收作业法、公平信用结账法、诚实租借法、信用卡发行及公平信用和贷记卡公开法等，形成了一个完整的规范经济信用体系的法律体系③，可以看出，美国的信用体系十分细化、规范化，这也给我国建立社会主义市场经济信用制度提供了宝贵的借鉴资源。我国目前社会主义市场经济信用制度中，制定的方针政策只是建立在大方向的目标上，而涉及的具体实施方法少之又少，这也是市场经济主体容易在法则上"来去自由"从事违法行为的根本原因。因此，在经济法、民商法、反不正当竞争法、环境法、合同法等中，必须细化各项规定，明确经济主体的行为规范，消除经济主体的机会主义倾向，把诚实守信作为经济活动的重要准则。此外，任何法律的制定都应有适当的标准，标准的合理化也是经济主体得以信服和遵守的重要前提。笔者认为，相关细则的制定应遵守"不偏不倚、罚重避轻"的原则，并且保持准则的稳定性和持续性，使经济主体在法律规范的约束下自觉调整自身行为，把诚实守信内化为自身道德准则。

2. 建立完善的产权制度

我国目前的产权分为国有和民有两种。国有产权一般在执法部门的调

---

① 《国务院关于整顿和规范市场经济秩序的决定》，中央政府门户网站，www.gov.cn，2001年5月8日访问。

② 《中共中央关于完善社会主义市场经济体制若干问题的决定》，中央政府门户网站，www.gov.cn，2003年10月21日访问。

③ 柴艳萍：《商业和谐论——商品交换伦理研究》，中国社会科学出版社2008年版，第172页。

控下不会遭到破坏,即使遭到侵害,相关部门也会及时给予解决、保障权利。而私有产权保护制度尚不完善,私有企业和个人的各种权益常常受到不少侵害,导致部分企业因缺乏保障而做出投机取巧、坑蒙拐骗的行为。"在市场经济条件下,产权是一种权利、权责、权能,具有激励和约束市场主体的功能"。① 明确的产权能够促使经济主体自觉顾及自身诚信声誉,维护权益,激发其积极性和创造性;而缺乏明确的产权则容易造成双方主体在诚信合作中利益的游离,无法满足利益的获取。建立完善的产权制度也就任重道远。我国在明确产权上也经历了不断发展和完善的过程。1999年九届人大二次会议曾通过宪法修正案,《宪法》第十一条将非公有制经济首次视为"社会主义市场经济的重要组成部分",并写明国家保护其"合法的权利和利益",十六届三中全会又明确宣布,既要"有利于维护公有财产权",又要"有利于保护私有财产权"。2007年《物权法》的出台,规定"国家、集体、私人的物权和其他权利人的物权受法律保护,任何单位和个人不得侵犯。"把产权摆在了一个新的高度。只有建立完善的产权制度,保障市场经济主体的合法产权,才会调动他们从事正当活动的积极性,在经济活动中为使产权不受侵害,自觉遵守信用、履行契约;同时也希望对方能够诚实守信,实现交易的顺利进行和满足双方的经济利益。

3. 加强社会舆论监督作用

媒体是社会的放大器。"舆论预先警告的咆哮远比法律静悄悄的恐吓更能阻止罪过的发生。"② 前几年新闻台播出的"每周质量报告"节目,企业不讲诚信的事件频频被曝光,市场上以次充好、造假售假事件也是第一时间被媒体公布。因消费者在购买商品时,必然会选择信誉好的产品,而那些不讲诚信的企业在强大媒体的冲击下声名狼藉,必然面临破产的遭遇。"大众媒介的效力能左右人们的态度和影响人们的行为,毫无疑问,只要经过一段持续不懈的时间,它便能影响人们的概念与信仰和所信奉的政策与纲领的态度。"③ 随着网络的发展和人们权益意识的提高,消费者维护自身利益意识逐渐加强,企业想要获得利益最大化,就必须生产保障

---

① 龙静云、熊富标:《论作为社会资本的诚信与企业诚信治理》,《江汉论坛》2011年第1期。

② [美] E. A. 罗斯:《社会控制》,秦志勇译,华夏出版社1989年版,第72页。

③ 新加坡《联合早报》编:《李光耀40年政论选》,现代出版社1994年版,第538页。

消费者利益的产品，获得良好的信誉，使品牌做大做强；反之，如果企业一味地追求个人经济利益，不顾消费者权益，在社会舆论中就根本无法生存。无疑，企业只有在社会舆论的监督作用下，增加信用透明度，维护消费者的合法权益，才能树立良好的企业形象，实现双赢。

总之，诚实守信是市场经济健康运行的道德底线，只有完善信用法律法规，建立明确的产权制度，在社会舆论监督作用下使诚实守信真正落到实处，才能保障市场经济健康发展。

（三）交换公平

交换是市场活动的重要组成部分，目的是为实现交换主体各自的内在需求。但交换必须是公平的交换，如果一方获得的利益大于另一方，那就是不公平的行为。交换公平说到底也是判断市场经济是否成熟的重要条件之一。

所谓"公平"，"就是人们在社会关系中的行为、习惯的道德的实施，每一个人都应得到属于他的权利"。[①] 怎么理解这一交换的关系呢？最早是亚里士多德提出了一种经典的见解：一种关于"交换公正"的学说。亚里士多德认为，交换是一种道德行为，"要以德报德，若不然交换就不能出现。"他还提出，交换是受道德约束的行为，"凡是在交换中的东西，都应该在某种形式上相比较"，货币就是人们发明出来的比较尺度。"货币作为一种尺度，可将一切事物公约，并加以等价化。倘若不存在等价，也就没有交换。"[②] 可见，亚里士多德十分强调交换的道德性，并主张用货币作为衡量交换等价的尺度。

马克思、恩格斯在公平问题上经过了从对资产阶级公平观的批判到提出共产主义公平观的不断成熟过程。1875 年，马克思在《哥达纲领批判》一文中指出，共产主义社会的公平分为两个阶段：第一个时期是初级阶段的在消费产品上实行"各尽所能，按劳分配"的公平。社会主义按劳分配原则所体现"平等的权利按照原则仍然是资产阶级的权利"。[③] 第二个时期是共产主义达到高级阶段的"各尽所能，按需分配"的公平。有关

---

① [德] 彼得·科斯洛夫斯基：《伦理经济学原理》，孙瑜译，中国社会科学出版社 1997 年版，第 196 页。
② 亚里士多德：《尼克马伦理学》，苗力田译，中国社会科学出版社 1990 年版，第 98、99 页。
③ 《马克思恩格斯选集》第 3 卷，人民出版社 1995 年版，第 304 页。

交易的正义性，马克思指出："生产当事人之间进行的交易的正义性在于：这种交易是从生产关系中作为自然结果产生出来的。这种经济交易作为当事人的意志行为，作为他们的共同意志的表示，作为可以由国家强加给立约双方的契约，表现在法律形式上，这些法律形式作为单纯的形式，是不能决定这个内容本身的。这些形式只是表示这个内容。这个内容，只要与生产方式相适应，相一致，就是正义的；只要与生产方式相矛盾，就是非正义的。"① 由此可以看出，马克思认为的交易的正义性是与生产方式有必然联系，只有与生产方式相适应、相一致的交易才是正义、公平的。社会主义建设时期，胡锦涛提出："应该坚持社会公平正义，着力促进人人平等获得发展机会，逐步建立以权利公平、机会公平、规则公平、分配公平为主要内容的社会公平保障体系。"② 这四个公平是我党发展的马克思主义公平理论，在各个方面重视公平理念，旨在保证每个公民公平地共享发展成果。

商品经济是以交换为目的而进行生产的经济形式，商品交换以价值量为基础，实行等价交换，这是价值规律的基本要求。因此，要做到交换公平，首先要做到货真价实。

货真就是商家要保证商品质量，满足消费者的使用价值。质量是企业的生命，如果一个企业在生产产品时弄虚作假，不仅侵害消费者的合法利益，重则威胁到消费者的生命安全，企业是得不偿失的。近年来，发生数起引发轩然大波的中国产品安全问题事件，其中包括儿童玩具的涂料含铅事件、牙膏内含有害物质事件、三聚氰胺事件、毒大米事件，质量问题已成为人们日常生活中关心的重要问题之一，质量问题直接关系着人们的安危和幸福。因此，企业生产首要的前提是要保证产品质量安全，在保证人身安全的前提下实现交换公平。价实就是商家所标的价格必须与所生产的商品价值量相符合。价格是商品价值的货币表现形式，不同的商品具有不同的使用价值，也就决定着其价格是不等的。而同一商品的使用价值的好坏在一定程度上也反映着它的价值，决定着它的价格，俗话说"便宜无好货，好货不便宜"有其一定道理。因此，商家在标价时，要以生产商品的实际价值为标准，真正体现交换的公平性。

---

① 《资本论》第3卷，人民出版社2004年版，第379页。
② 胡锦涛：《在第五届亚太经合组织人力资源开发部长级会议上的致辞》，新华网，2010年9月16日。

此外，不是任何商品都可以自由交换，交换的内容必须在法律和道德规定的范围内，非法交易或损害他人而获得的利益是不公平、不正义的。"保持交易行为的合法合德界限，不能无原则地将交易活动扩展到社会生活的非交易领域。"① 这种所指的非交易领域主要涉及的是政治领域，如权钱交易、权色交易、人格尊严等。

（四）有序竞争

不同利益主体为了实现自身的利益需求，必然在有限的资源和市场中形成竞争。"经济学上的竞争就是指利益主体在市场上为实现自身的经济利益和既定目标而不断进行的角逐过程。"② 竞争是资本主义商品经济和市场经济的显著特征，它在调节市场各部门的生产比例中起着重要作用。在竞争作用下，各部门的生产者为了在竞争中处于优势地位，总是自发调节生产规模、改变生产方式、提高生产效率等。良好的竞争能够促使各部门的资源得到合理配置，在一定程度上优化了市场秩序，也使得资本用于社会最需要的部门中。

我国建立社会主义市场经济体制以来，企业进入日益激烈的竞争之中。竞争虽在生产技术、经营管理方面给各企业提高了动力，增强了市场经济的活跃程度，但是近些年来，由于我国社会主义市场经济体制还不健全，市场中不免出现了许多鱼龙混杂的现象，企业为了获得利益最大化，不惜采用各种不正当竞争手段如低价倾销、制假贩假、地方保护主义、商业贿赂等形式来牟取暴利。"低价倾销行为是指经营者以排挤竞争对手为目的，以低于成本的价格销售商品。"③ 2009 年 10 月 16 日开始，受金融危机的影响，美国欧特克公司在中国市场宣布大规模降价，将其主流 CAD 最新产品全部降低 80% 进行销售，原本 30000 元一套的软件，现在只要 6000 元。这是低价倾销的力证。而制假贩假是利用品牌效应，以次充好，以远远低于正宗产品的价格出售，以获得可观利润和一定的市场。制假贩假的行为，使得不正当的经济行为主体获得可观的经济利益，扰乱了市场经济的正常秩序，违背市场价值规律的原则，而假冒伪劣产品的出现，在一定程度上也威胁着消费者的生命安全。"地方保护主义，是指政

---

① 万俊人：《道德之维——现代经济伦理导论》，广东人民出版社 2000 年版，第 198 页。
② 柴艳萍：《商业和谐论——商品交换伦理研究》，中国社会科学出版社 2008 年版，第 145 页。
③ http://baike.baidu.com/view/2376591.htm.

权的地方机构及其成员，以违背国家的政策和法规的方式去滥用或消极行使手中权力，以维护或扩大该地方局部利益的倾向。"① 地方保护主义归根到底违背了市场开放性原则，使资源得不到合理配置，这无疑阻碍了生产力的发展。"商业贿赂是指经营者以排斥竞争对手为目的，为争取交易机会，暗中给予交易对方有关人员和能够影响交易的其他相关人员以财物或其他好处的不正当竞争行为。"② 商业贿赂以不正当的手段获取自身利益，造成经营者之间的不平等竞争，扰乱了市场经济的秩序，而以关系网为手段的博弈，严重败坏了市场风气。

为了规范市场经济秩序，防止不正当竞争，我国出台了《中华人民共和国消费者权益保障法》《中华人民共和国反不正当竞争法》《中华人民共和国个人独资企业法》《国务院办公厅关于开展打击商业欺诈专项行动的通知》等，取得了一定的成效，但仍有不足之处。保护公平竞争，引导有序竞争是市场经济急需解决的问题。笔者认为，除在法律上规范企业者的行为外，还需从以下几方面入手：

第一，优化产品，提高服务。企业为了能在激烈的竞争中生存下去，必须始终具备与时俱进的创新精神，如今"山寨""雷同"的商品大量充斥着市场，消费者在购买商品时分不清真假，在价格上就会倾向于比较低廉的替代品。为了防止低价倾销，生产者必须提高技术，优化产品；在增加商品科技含量，降低价格的同时，在商品销售过程中，必须发扬商业特色，在商店的布置和品牌上做足新意，在服务上遵循"顾客至上"的理念，在价格上实现交易双方利益的最大化，从而带动市场的活力和良好秩序的运行，促进市场经济的发展。

第二，进行整顿，打破地方垄断。一些地方企业的生产和发展靠其垄断地位就能获得，这对于地方和其他企业的发展是不利的。地方保护主义之所以横行，主要是由于地方政府在税收和发展地方产业上能获得优势，以利于带动本地方其他行业的经济发展。违背市场公平竞争原则的地方垄断政策，虽然看起来有利于当地经济的发展，但是，从长远来看，地方产业不与其他同类产业良性竞争，不懂得提高自身产业的综合效益，最终将阻碍其发展之路。因此，要打破地方保护主义，国家应大力监管地方产业

---

① http://baike.baidu.com/view/876.htm.

② http://baike.baidu.com/view/60211.htm.

的流通渠道，遏制地方不法保护产业；同时，国家应在经济欠发达地区的保护主义产业投入一定的资金和技术，避免弱势经济的恶性循环。

（五）合理利润

利润是企业生存和发展的先决条件，也是经济主体追求的目标。在市场经济条件下，企业行为的直接目的是追求利润最大化。获得适当的利润，保障自身的生产与发展，这是企业必须履行的最基本的社会责任。但经济主体若以无限追求利益的最大化为目的，就容易造成企业采用不正当手段获取高额利润，损害消费者的合法权益，破坏市场秩序的有序运行。因此，经济主体利润的获取应合理化和适宜化，以保证消费者的利益，促进市场经济的良性运行。

合理利润是在既保证企业获得自身利益、足以生存和发展，又保证广大消费者合法、合理利益的前提下提出的概念。"从经济学角度来看，合理利润是指企业的产品和服务所获得的市场认可的利润水平，这种市场认可的利润水平归根到底是由行业竞争决定的，是市场博弈的结果，由卖方的供应程度、买方的需求程度和市场竞争的激烈程度决定。"[①] 在市场经济条件下，受价值规律和供求关系的影响，商品的价格不是一成不变的。当商品供过于求时，商品的价格相对较低，企业的利润相对较低；反之则价格相对较高，企业的利润也相对较高。企业在这种平衡中实现了利润的最优化、合理化。再者，在激烈的竞争中，各企业为了抢占市场份额，纷纷打起了价格战，当商品的价格能够保障企业的生产与发展时，价格战就会停止，这时的利润就是合理的、适宜的。从上述中我们可以看出，合理的利润是基于企业和消费者共同的利益，或者说是基于最广大人民群众的共同利益。以正当手段获取的合理利润，在一定程度上也保持了社会安定。

"财富创造是一个道德过程。"[②] 对于一个国家发展来说，财富的创造必须是合理的，首先必须符合社会要求。我国是人民当家做主的社会主义国家，这一国体决定了我国在发展的过程中必须考虑和维护最广大人民群众的根本利益，做到发展为了人民，发展成果由人民共享。正如马克思所言：至今发生过的一切运动都是少数人的运动，或者都是为少数人谋利益

---

① 谢获宝：《"合理利润"的内涵及企业经营目标的重构》，《今日工程机械》2006年第1期。

② 陈筠泉主编：《经济秩序理论和伦理学》，中国社会科学出版社1997年版，第13页。

的运动。无产阶级的运动是绝大多数人为绝大多数人谋利益的独立自主的运动。① 社会主义市场经济的发展必须以最大限度地满足消费者日益增长的物质文化需要为根本目的。倘若经济主体只追求自身利润的最大化，在生产中偷工减料、掺杂使假，这在短期内可能获得可观的利润，但是从长远利益来看，因损害了消费者的合法利益，造成了产品销售环节的断裂，从而造成供需双方合作关系的破裂。可见，企业在追求利润的同时，必须考虑到与他人、与社会的联系，利润的获取必须合理化，必须保障广大人民群众的根本利益，否则企业将寸步难行。

社会主义市场经济的发展需要一个安定、和谐的环境，合理利润也是保持社会安定的稳定剂。企业要寻求长远发展，必须考虑方方面面的关系，包括与代理商的关系、与销售方的关系、与企业员工之间的关系等，可以说，双方良好的关系是建立在共同获取利益的基础之上的，否则，没有哪个是愿意达成合作的。因此，不管是哪个企业，都必须保证利润的合理化，或者说是合理利润的最大化。所谓"合理利润最大化"的经营目标是指企业要着眼于长期、健康的发展，在每个经营期间只获取应该获取的利润水平。② 这就表明，合理利润是以各经济主体的共同利益为基础，为各经济主体服务，这样，在追求合理利润的同时，也带动了市场经济生动活泼的景象，开创了安定、和谐、积极的市场经济环境。

在社会主义市场经济条件下，我国坚持以按劳分配为主体，多种分配方式并存的分配制度。这种分配制度既激发了市场活力，也拉大了贫富差距，因此怎样缩短贫富差距，调整各阶层的收入分配，成了当前实现合理利润的最迫切需要。

收入问题是百姓关注的重大问题，直接关系人们的切身利益。全国政协委员胡德平分析，当前收入分配关系的主要问题是，总体收入差距过大，贫富差距悬殊；企业和政府收入增速快于国民收入增速，居民收入增速慢于国民收入增速；劳动报酬在国民收入中所占比重过低；不同就业类型和不同行业劳动者之间收入差距过大等。当前，随着社会财富这个蛋糕的做大，贫富差距的拉大，首要的问题是如何把大蛋糕分好，使每个公民分享改革开放的成果，真正"把实现好、维护好、发展好最广大人民的

---

① 《马克思恩格斯全集》第 4 卷，人民出版社 1958 年版，第 477 页。
② 谢获宝：《"合理利润"的内涵及企业经营目标的重构》，《今日工程机械》2006 年第 1 期。

根本利益作为党和国家一切工作的出发点和落脚点，尊重人民主体地位，发挥人民首创精神，保障人民各项权益，做到发展为了人民、发展依靠人民、发展成果由人民共享"。① 居民收入增长要同经济增长同步，在经济增长的同时更加强调居民收入的增长，把人民的切实利益摆在了突出的地位。要真正实现居民收入增长与经济增长同步，就要大力提高低收入群体的工资水平，提高个人所得税工薪标准，调节过高收入，在初次分配中更加强调公平；职工工资增长要同劳动生产率同步，就要更加强调职工的利益与企业的发展密切相关，企业利润增加的同时，职工的工资水平也要提高，真正实现企业与职工的共同利益，实现公平正义。在物价持续上涨的背景下，只有做到居民收入和国民收入同步增长，劳动者所得报酬同劳动生产率同步增长，才能真正实现从国富走向民富。

（六）节约资源

资源是人类生存和发展的基础，节约资源彰显着以人为本的发展理念。以人为本，就是以最广大人民的利益为根本，就是以人民的根本利益作为发展的出发点和落脚点。人有获得发展，满足自身的物质和精神需求的要求。资源为实现经济发展、满足人们的需求提供了物质条件。但是，资源的不可再生性决定了人们不可能无限攫取资源获得发展。因此，强调节约资源，是为解决资源的有限性与人们的现实需求的矛盾，是彰显以人为本的根本出发点和目的，也是坚持可持续发展的必然选择。

节约资源是遵循可持续发展的必然要求。可持续发展是一种注重长远发展的经济增长模式，指既满足当代人的需求，又不损害后代人满足其需求的能力，是科学发展观的基本要求之一。胡锦涛在2004年中央人口资源环境工作座谈会上的讲话中指出，"可持续发展，就是要促进人与自然的和谐，实现经济发展和人口资源、环境相协调，坚持走生产发展、生活富裕、生态良好的文明发展之路，保证一代接一代地永续发展"。② 发展是当代世界的主题，也是当代中国的主题。由于我国长期积累的结构性矛盾和粗放型增长方式，我国发展面临着人口与资源的巨大压力，随着到2030年我国人口将达到16亿的高峰，人口与资源的矛盾将是我国面临的突出矛盾。坚持节约资源，坚持可持续发展战略，将是贯彻我国现代化进

---

① 《胡锦涛在中国共产党第十七次全国代表大会上的报告》，新华网，2007年10月24日。
② 胡锦涛：《在中央人口资源环境工作座谈会上的讲话》，《人民日报》2004年3月9日第1版。

程始终的要求。

节约资源更是经济发展的当务之急。近年来，伴随经济高速发展，我国资源耗费和浪费问题日益严重。"尽管我国 GDP 的增长速度很快，但是，我国在单位产品产值的资源耗费上，也是位居世界前列的，而且浪费极其惊人。据有关方面统计，我国单位产品产值的能源消耗是美国的 4.3 倍，是法国和德国的 7.7 倍，是日本的 11.5 倍。目前，我国耕地面积只有 18.51 亿亩，人均耕地才 1.43 亩，还不到世界人均水平的 40%。但是，近 7 年来，全国耕地就减少了 1 亿亩，占全国耕地面积的 5% 以上。"① 与经济发展和人们日常生活息息相关的煤、石油、水资源、稀有矿产等资源，因不讲究生产效率，无法得到充分有效利用。我国正处在工业化时期，城市化发展速度加快，大规模的基础设施建设和经济增长以重化工业为主导，需要大量的资源作支撑；再加上我国工业技术水平落后，管理体制有漏洞，导致浪费资源的情况十分严重，严重阻碍了我国经济的可持续发展。2005 年年底，在《中共中央关于制定国民经济和社会发展第十一个五年规划的建议》中，首次将"节约资源"明确为与计划生育、保护环境一样的基本国策。就落实"节约资源"基本国策而言，应"开源与节流并举，将节约放在首位"。努力减少浪费，提高资源的利用率，是我国经济能够持续发展的当务之急。

如何节约资源，保障经济的可持续性发展呢？

第一，制定相关法律和政策，加强资源节约和管理。制度缺失和体制不合理是导致我国资源浪费的根本原因。在传统经济体制中，我国十分强调经济的发展，而对于经济靠什么方式发展的问题却没有摆在一定的位置，资源问题在制度建设和管理上也因此没有得到有效的支撑，经济主要以粗放型模式发展。如今，随着资源问题的日益突出，使我们不得不思考经济发展中的资源问题。制定相关的法律和政策，加强资源节约和管理，是解决资源问题的有力措施。十七届五中全会提出："强化节能目标责任考核，完善节能法规和标准，健全节能市场化机制和对企业的激励与约束，实施重点节能工程，推广先进节能技术和产品，加快推行合同能源管理，抓好工业、建筑、交通运输等重点领域节能。调整能源消费结构，增加非化石能源比重。"通过立法管理企业行为，严格管理制度，明确激励

---

① 王志伟：《经济学视角下的科学发展观》，《内蒙古财经学院学报》2004 年第 3 期。

政策，规范执法主体，加大惩戒力度，对高消耗的产业严格把关和整改，使节约资源步入法制轨道。

第二，依靠科技创新，发展循环经济。我国在发展经济过程中不仅要尊重经济规律，更要考虑资源的承载力。改革开放以来，全国上下出现了经济增长热，片面地追求经济的增长速度，出现了"高投入、高消耗、高污染、低效益"的严重后果。胡锦涛在党的十七大报告中，把"建设生态文明、基本形成节约能源资源和保护生态环境的产业结构、增长方式、消费模式"作为实现全面建设小康社会奋斗目标的新要求。当前，我国资源利用率比起其他国家还很低，缺乏技术的支撑体系。因此，必须依靠科技创新，改进生产技术，改变原先落后的生产设备，合理调整产业结构，提高能源利用效率。同时，国家必须大力开发新能源和可再生资源，用低廉的资源取代原先高昂的资源；用消耗少的资源替代高消耗的资源；用可再生资源替代不可再生资源，合理控制能源消费总量，提高能源利用效率。

（七）保护环境

人类自诞生起，不仅要处理人与人之间的关系，也同样要处理人与自然的关系。随着人类的发展和进步，人们认识自然和改造自然的能力大幅度提高，开始以征服者姿态不断对大自然进行索取和掠夺，在物质财富相当富足的今天，造成的却是对大自然无情的破坏。人与自然出现了严重的对立和冲突。

在早期，马克思、恩格斯就深刻地认识到生态文明的重要性，他们认为自然界是人类生存发展的物质条件，人类为了生存和发展，就不可避免地要与自然打交道，人类总是想方设法地从自然界中获取自己想要的东西，人类把自己的意志赋予自然，物化自然，使自然得到改造，但是"不以伟大的自然规律为依据的人类计划，只会带来灾难"。[1] 正如恩格斯所言："我们不要过分陶醉于我们人类对自然界的胜利。对于每一次这样的胜利，自然界都对进行报复。"[2] 马克思、恩格斯强调人与自然和谐统一的生态文明，是一种辩证统一的生态文明，强调人与自然和谐统一，是马克思主义生态文明观的具体要求，也是经济系统与生态系统和谐统一的

---

[1] 《马克思恩格斯全集》第31卷，人民出版社1972年版，第251页。
[2] 《马克思恩格斯选集》第4卷，人民出版社1995年版，第383页。

要求。

　　保护生态环境也是基于人类共同利益的道德责任。自工业革命以来，特别是近半个世纪以来的经济活动是一种以大量破坏环境为代价而发展的，特别是一些发达国家在工业发展过程中，为了逃避责任，不惜把发展带来的环境污染转嫁给一些发展中国家，2002年2月25日，美国两个环保组织——"巴塞尔行动网络"（BAN）和"硅谷防止有害物质联盟"（SVTC）发表了他们联合撰写的长篇报告：《输出危害：流向亚洲的高科技垃圾》，披露了美国正在向包括中国在内的许多亚洲国家转移高科技垃圾，这种转嫁生态危机的做法在当地造成难以逆转的生态灾难。报告描述了我国沿海一些乡镇企业正是通过冶炼和回收"洋垃圾"来作为生财之道的[1]。人类共有一个地球，如果一个国家和地区受到严重污染，其他国家必然受到影响，如大气污染、水污染、石油泄漏等，基于人类共同利益的道德责任，各国除了纷纷制定相关环境保护法之外，在国际层面也达成共识，制定了《保护臭氧层维也纳公约》、《气候变化框架公约》、《控制危险废物越境转移及其处置巴塞尔公约》、《地球宪章》等，生态环境作为人类共有的不可再生的资本，如何保护环境，保护我们共有家园，积极维护国家和人民的共同利益，是每个世界公民共同面临的现实问题。

　　美国学者霍尔姆斯·罗尔斯顿指出："任何一个企业如果为了维护自己的利益，而不惜牺牲整体的利益，那么它就是不道德的。我们对此已达成共识。现在我们把这个观念往前再进一步。如果人类的所有企业为了维护人类公司的利益而牺牲整个生物生态系统，毫不顾及生物股票的其他保管者（其他生物）的利益。那么，人类的行为也是不道德的。"[2] 人类在发展过程中虽有从大自然中获取价值的权利，但是，同样也有保持大自然生态系统平衡与和谐的义务。除了制定相关的法律法规之外，只有整合人类系统与生态系统的和谐统一，才能实现人与自然的共同繁荣与发展。

　　第一，规范经济行为，大力发展环保产业，改善居民生活环境。在大力提倡环保的今天，一些企业响应国家号召，改变经济生产方式，落实节能减排方针，取得了可喜的成果。但是仍有一部分企业投机取巧，走以破坏环境为代价的经济发展模式，由于执法机关执法不严，企业也获得了可

---

[1] 李培超：《环境伦理学的正义向度》，《道德与文明》2005年第5期。
[2] ［美］霍尔姆斯·罗尔斯顿：《环境伦理学》，杨通进译，中国社会科学出版社2000年版，第412页。

观的利润。因此，为保证环保的顺利实施，执法部门首先应落实减排目标责任制，强化污染物减排和治理，严格责任追究制度，规范经济行为，使那些高消耗、高污染的产业自觉转向低廉、清洁的能源发展的环保产业。近年来，随着水污染、大气污染等问题的频繁出现，严重威胁着居民的生活环境，如何改善居民生活环境，营造清新、健康的居住氛围也是应有之义。为此，十七届五中全会提出："以解决饮用水不安全和空气、土壤污染等损害群众健康的突出环境问题为重点，加强综合治理，明显改善环境质量。"同时，应大力开发和落实垃圾处理设备的使用，为居民生活扫清障碍，使生活环境更清、更静、更蓝。

第二，提高环保意识，明确道德责任。戴维·贾丁斯在《环境伦理学：环境哲学导论》中表明，当我们在考虑空气和水污染、有毒废弃物堆置、人口过度增加、荒野的丧失及被开发以及全球变暖等问题时，必须询问是谁在承担环境损害的负担，又是谁从这些损害中得到了利益，而不是泛泛地使用"人类"这一般性人文术语，去笼统地论述"人类因环境的破坏而忍受痛苦"或"人类会因荒野的保护而受益。"[①] 经济学中有个外部效应的概念，"所谓外部效应，是指某个经济主体的活动所产生的影响不表现在他自身的成本或收益上，却会给其他经济主体带来好处或坏处。在正外部效应的情况下，生产者给社会带来利益，但自己不能因此而得到报酬，这时私人利益小于社会利益。而在负外部效应的情况下，生产者给社会带来了危害，自己却不一定为此支付足够抵偿这种危害的成本，这时私人利益大于社会利益。"[②] 在实际经济活动中，经济主体往往受利益驱使，不惜以牺牲环境为代价追求成本的最小化，由于环保法制的不健全，经济主体的行为未能得到相应的惩罚；相反，他们往往能够从环境损害中得到利益，这就更加剧了其以破坏环境为前提的经济发展方向。如何提高环保意识成为保护环境的重点。必须通过广泛宣传环境保护的重要性，提高人们的环保意识，并内化环保意识，践行环保行为；同时，发动群众共同参与环境保护与监督；建立奖惩机制，对于那些尊重生态平衡，发展环保事业的企业，相关部门要给予奖励，并为其大力宣传，使企业在

[①] [美]戴维·贾丁斯：《环境伦理学：环境哲学导论》，林官明、杨爱民译，北京大学出版社2002年版，第267页。

[②] 乔洪武、龙静云：《功利性价值取向泛化的社会成因与对策》，《华中师范大学学报》（哲学社会科学版）1994年第4期。

积极的氛围中更富有创造性和动力。而对于那些高污染的企业，必须依法承担环境损害的负担，把责任落实到实处，迫使其改变原先发展战略，走可持续经营发展的道路。

市场道德规范体系是一个系统工程，道德规范要遵循市场规律，又要坚持高尚道德的价值取向。在市场经济体制的不断完善中，只有把两者有机结合起来，市场道德规范体系才能进一步得到完善和强化，成为人们在市场经济活动中自觉遵守的准则，促进我国经济有序、健康发展。

第五章　社会主义核心价值体系引领道德教育发展

道德教育的发展必须立足于时代背景，当前对道德教育影响重大的社会背景莫过于价值的多样化并存态势，而这是信息大爆炸、信息传递瞬息化的必然结果。在信息爆炸时代，社会主义核心价值体系的作用更加凸显，即核心价值体系的明确树立和弘扬正是价值多样化趋势下整个社会核心价值基础、主导价值理念重构、巩固、彰显的需要。但是，核心价值体系的提出并不必然导致道德教育的良性发展，这只是完成了第一步，第二步、第三步将是教育者如何创新道德教育的方法促进道德教育的发展，以及如何结合现代技术使道德教育活动取得真正的实效，这两者都是希望通过道德教育的方法和路径使社会道德要求内化为个体的道德自觉和道德行为实践。

一　大数据时代道德教育面临的问题与挑战

大数据与大数据时代虽然是一个较新的名词，但已经在改变人们的生活。大数据时代的到来直接而深入的影响虽然主要仍在计算机等领域，但已经以前所未有的速度发力，其影响逐步扩展到经济、政治、道德等几乎所有的人类生活领域。无怪乎英国信息技术专家迈尔·舍恩伯格大声疾呼"大数据时代已经来临"，其著作《大数据时代》一出版，便引发世人热切关注。继而，甚至有媒体将 2013 年称为"大数据时代元年"。

大数据时代在提供大量信息、创造巨大财富的同时，也在不断考验人们的信息分析能力、处理能力、整合能力和创新能力，乃至人们对社会的判断能力。可以毫不夸张地说，大数据时代带来的不仅仅是爆发式增长的信息量，还将引发一场思维革命和思想文化变革的风暴。在这一背景下，道德教育的实践和创新必须充分研究这场信息风暴给人们思想道德教育带来的挑战和机遇，在社会主义核心价值体系的引领下，积极创造条件、创新方法，迎接必将到来的信息革命。

（一）大数据时代的来临

迈尔·舍恩伯格不一定是大数据时代的最早发现者，但他的著作引发人们对这场信息变革的巨大兴趣。舍恩伯格将数据爆发式增长的时期称为"大数据时代"，他在《大数据时代》一书中用大量例子说明大数据在各种领域的应用，以及大数据时代来临对世人生活、工作和思维带来的巨大变革，他还分析了大数据时代三个重要的特征——"更多"、"更杂"、"更好"。"更多"是因为数据越来越庞大，尤其是可数字化的数据、可储存的数据爆炸性增长，呈几何指数趋势。另外就是数据越来越具有全体性特征，以往收到的数据和信息往往是随机性的，有限规模的样本数据，而现在的数据往往是全体性的，即人们往往可以收集和掌握组织内全体成员（单元），乃至全世界的数据。"更杂"是因为95%以上的数据是半结构化数据、非结构化数据，杂乱而繁多，往往是不被利用（闲置）或者暂时没有能力开发利用。"更好"指的是在信息处理中，甚至没有必要也不能揭示"为什么"，但可以从大量似乎无用的信息中得出相关性、有价值的重要结论。

近两三年来对大数据的讨论越来越热烈，虽然对这一名词还没有一个较为权威或者标准化定义，但是，人们越来越接受大数据四个描述性特征，即"4V"特征："规模大（Volume）、数据种类多（Variety）、数据要求处理速度快（Velocity）、数据价值密度低（Value）。"① 这些特征不仅使大数据概念区别于传统的数据概念，而且也与"海量数据"概念不同。海量数据只强调数据的量，而大数据不仅指涉及数据量大，还更进一步揭示数据的复杂性、全体性、数据的快捷性、易逝性，以及对数据分析、处理的复杂性，同时还强调挖掘海量信息中的价值等。

第一，数据量大。大数据原本出现于天文学、基因学等领域，指那些超过传统数据库系统处理能力的数据。根据国际数据公司 IDC 的定义，大数据通常指在100TB（1TB = 1024GB，为一万亿字节）以上的数据量。

---

① 马建光、姜巍：《大数据的概念、特征及其应用》，《国防科技》2013年第2期。

由于信息技术全面提速，能够被数字化储存的信息也呈爆发式增长。如2007年，"人类大约储存了超过300艾字节的数据"（艾字节，一般记作EB，一个艾字节相等于10亿GB），但是"到2013年，世界上储存的数据预计能达到约1.2泽字节（泽字节，一般记作ZB，一个泽字节相当于1024个艾字节，等于2^{70}字节）。这样大的数据量意味着什么？如果把这些数据全部记在书中，这些书可以覆盖整个美国52次。如果将之存储在光盘上，这些光盘可以堆成五堆，每一堆都可以延伸到月球"。① 数据量大增既是因为信息技术发达使得人们更加容易获得多方面的数据，也是因为现代技术的发展几乎将每一个个体的数据都存储了起来。

第二，数据种类多样。从形态来看，大数据不仅包括大量的以文本和一维的音频为主的海量数据，还包括近几十年来图像、电影、网络日志、网页、电子邮件等以二维为主的大规模数据，更包括近几年才风行的地理定位、3D影像、电子游戏等多维数据。从结构特征看，大数据还包括结构化数据、半结构化数据和非结构化数据。而且半结构化数据和非结构化数据的增长远远高于结构化数据，不断考验计算机的数据处理速度和人们对数据的分析及判别能力。

第三，数据处理速度极快。随着各种传感器和信息工程的发展，信息的获取和传播飞速发展，数据的产生和发布越来越简易，产生数据的途径和方式越来越多，数据呈爆炸式增长，新数据不断涌现，对计算机处理技术提出了更高的要求，也对个人分析、判断和处理信息形成挑战。大数据发展的速度已经超出人们的想象，大数据变化率高，传统技术已经不适应大数据的高速储存、管理和使用。20多年前，1.44MB软盘是人们常用的传输设备，似乎这个边长3.5英寸的正方形磁盘已经足够完成资料存储和搬运工作，而今以GB、TB为单位的移动数据介质都不会让普通使用者感到惊叹。

第四，数据价值密度低。大部分数据价值很低或者没有价值，是大数据时代的重要特点。传统数据大部分因为各种需要和预先设定，一般呈现结构化特征，具有可利用的属性。但是大数据往往是全体性的数据，并没有进行筛选和抽样，一般可以直接呈现所有数据和全部细节信息。虽然这

---

① [英] 迈尔·舍恩伯格、库克耶：《大数据时代》，盛扬燕、周涛译，浙江人民出版社2013年版，第11—13页。

一做法保留了数据原貌，但是，也引入了大量没有意义的信息，甚至是错误的信息。这一属性对信息传播、舆情管理、价值引领、道德教育、行政管理等社会生活各个方面提出了挑战。

简言之，随着社交网络、传感技术、物联网、云计算等飞速发展，数据呈现指数型增长，数据形态也越来越复杂，大规模生产、分享、应用数据的大数据时代已经悄悄来临。大数据时代的到来，一方面，对人们认识世界、改造世界提供了更多更好的资源，企业和个体既可以通过各种方式收集和分析大规模的数据，也可以产生和发布大量数据，创造更多的经济财富和社会价值；另一方面，数据庞大、种类繁多、形态复杂，不仅对计算机处理技术提出更高的要求，而且大数据获取的便利性、随机性、快捷性和数据呈现的全体性也对个体获取信息、处理信息和判别信息提出了挑战，更对社会管理形成巨大的冲击力。

（二）大数据时代对道德教育的冲击

大数据时代看上去似乎只与信息领域、宇航领域、生物工程领域有关，而与道德教育"绝缘"，其实，它的到来已经对人们的价值观念、思维模式、行为特征带来了重要影响，给道德教育带来诸多挑战，而且已经不局限于间接的影响。在道德教育实践过程中，教育者必须紧紧抓住大数据时代的社会背景，深刻分析大数据时代对道德教育带来的负面效益，才能真正创新道德教育方式方法，促进道德教育的良性发展。

正如迈尔·舍恩伯格所说的："大数据时代给社会带来的益处将是多方面的。因为大数据已经成为解决世界性紧迫问题，如抑制全球变暖、消除疾病、提高执政能力和发展经济的有机武器。但是，大数据时代也向我们提出了挑战，我们需要做好充足的准备迎接大数据技术给我们的机构和自身带来的改变。"[①]

大数据时代对当代道德教育的冲击主要表现在以下几个方面：

1. 大数据时代信息的多样性易造成道德理念的混乱化

尽管不少学者对价值多元化抱有谨慎的态度，但是思想意识、价值观念的多样化却是当前全球范围内不争的事实。尤其是在大数据时代，信息量急剧膨胀，每一个个体都可以无成本地驱动信息终端设备（如手机、

[①] ［英］迈尔·舍恩伯格、库克耶：《大数据时代》，盛扬燕、周涛译，浙江人民出版社2013年版，第22页。

电脑等）发布几乎不受限制的信息。信息传递的便利，加上各国各民族的文化思潮和价值观念的流入和交织激荡，使得当今中国社会的文化和思想日益呈现出多元化趋势，多元化本来并无好坏之别，但因多元化带来的一个重要后果是人们似乎对各种道德观念、价值理念越来越宽容，个人主义、自由主义、存在主义、功利主义、虚无主义等道德理念大行其道，甚至还有人提出"否定崇高""远离崇高"。长此以往，社会道德的基础会不断受到侵蚀、瓦解，道德水准将会不断下滑。正如有学者指出："与德育密切相关的危险性、挑战性首先表现在由于达至共识如此之难，价值多元最有可能导致的危险就是虚假的价值宽容或者相对主义。价值相对主义的结果往往是价值虚无主义。而当什么都是对的之时，德育将在实际上被取消。"① 在信息繁杂、文化多元的背景中，本土文化与外来文化冲突与竞争，传统文化与现代文化交锋，各种思想互相激荡、迅速传递，不同意识形态之间斗争尖锐，各种价值理念在道德教育中的矛盾和冲突，使教育者和被教育者均难免会产生困惑和迷茫，以致陷入无所适从的状态，乃至在道德理念上形成"怎么都行"的放任自流状况。这些影响对于青少年尤其深刻。

2. 大数据时代信息的饱和性及杂乱性易混淆社会主流的道德标准

饱和，原指在一定温度和压强下，溶液中所含溶质达到最高限度，后泛指事物在某个范围内达到最高限度。大数据时代的信息对个体而言，明显具有饱和的特征：一是数据量的饱和，二是关系（社会角色）的饱和。

《大数据时代》用很多数字证明了人类现在面临的数据饱和状况，如"人类储存信息量的增长速度比世界经济的增长速度快 4 倍，而计算机数据处理能力的增长速度则比世界经济的增长速度快 9 倍。难怪人们会抱怨信息过量，因为每个人都受到了这种极速发展的冲击"。② 借助快捷化的信息传播方式，个体能够接触的交往信息、道德信息呈几何指数增长。海量信息使得真实的道德信息"淹没"在多元的道德观念之中（这加剧了道德选择的困难，如有些人说路边摔倒的老太扶不得，而又有人说一定要扶），个体往往难以看清社会所需的主流道德标准。当任何个体都可以从

---

① 檀传宝：《多元文化时代中国德育的必然选择》，载［法］勒格朗《今日道德教育·总序》，教育科学出版社 2009 年版，第 2 页。

② ［英］迈尔·舍恩伯格、库克耶：《大数据时代》，盛扬燕、周涛译，浙江人民出版社 2013 年版，第 13 页。

庞大而繁杂的媒体信息和网络信息中找到"自以为是"的道德观念时，社会主流的道德要求和规范很容易被遮蔽。甚至会把某些领域、某些时段、某些人群的局部道德滑坡当作主流道德问题，把某个人或某个群体的道德标准当作社会主流的道德标准。

3. 大数据时代信息传播的便捷性和急速性易削弱道德教育者的权威性

道德权威就是教育者在受教育者面前具有的道德方面令人信服的力量和威望，教育者自身的知识经验、能力和德行是其拥有道德权威的关键。在一个交往不甚发达、信息扩散受限的社会中，教育者往往能凭借良好的知识、较强的能力、丰富的社会经验、优秀的品行等树立较强的权威。如在传统的小农社会，几乎每一个村落都有道德权威，要么是道德模范、要么是德高望重的老人，他们在村落的道德建设中发挥着至关重要的作用。又如在我国传统观念中，教师既是学生"传道授业解惑"者，又是他们道德的榜样。而这种权威天经地义，不容置疑。这两类人在启迪人们的道德觉悟、培养人们的道德情感、坚定人们的道德观念和道德信仰、传承社会的习俗等方面具备令人信服的权威性力量。

大数据时代的来临使教育者的权威地位受到了严重挑战和削弱。教育者的知识经验、能力结构和言行举止等方面的权威均有可能受到信息获取的便利性、数据检索的快捷化和思想观念的复杂性的影响。在知识经验方面，互联网甚至拥有比教师更多的信息、更专业的咨询和更快捷化的回复，更加自由的互动性，借助各种数据库的建立和检索方式的更新，不少原本在课堂上或者家庭接受教师、长辈教育的个体越来越倾向于选择"维基百科""百度经验"等方式迅速获取知识和经验。而在言行举止上，一方面，各种传感器（如街头摄像头）等设备的广泛使用，使得教育者在某个时段、某个地域、某个不道德行为都有可能传输到被教育者面前，这对教育者提出了更高的道德要求。另一方面，某些教育者的失德、败德行为的恶性扩散也削弱了整个教育者群体的道德权威。

4. 大数据时代网络角色的虚拟性易冲淡主体的道德责任

互联网的存在和发展是大数据时代重要的条件。但是，互联网常常给人们提供一个虚拟化的空间，信息的传播以比特为单位，人们的角色也时常以虚拟的形态存在，以数字化、符号化的方式交往。这种虚拟性改变了人们的生存方式、生活方式和交往方式，它是非面对面的、不受地域限制的、更加陌生的交往。这也必然形成有别于现实社会的交往关系。

在虚拟社区中，个体可以"隐姓埋名"，而且几乎可以不受任何道德约束，甚至可以做出完全失德、缺德的行为，如在虚拟社区随意结为夫妻、随意发表谣言、随意地攻击他人等。而鉴于网络虚拟身份难以追究责任，个体几乎不用为这些网络失德、缺德行为承担应有的后果。网络几乎成为道德的荒芜之地。倘若网络暴力、网络乱伦、网络宣泄、网络沉浸等各种不负责任的问题和心态蔓延、扩散到现实生活领域，道德领域无疑会发生巨大的冲洗和变迁。

大数据时代的网络领域还有一个涉及个体道德责任的重要问题，即个人隐私问题。如牛津大学互联网研究中心主任海伦·马吉茨（Helen Margetts）教授认为，"大数据对社会道德也提出挑战：一是大数据时代使个人隐私无处遁形，对个人隐私造成侵犯；二是进行预测决策只能基于云计算大数据而非根据实际证据。"[1] 迈尔·舍恩伯格也指出："我们仍处于大数据时代的初始阶段，谁来掌控大数据或者谁来使用，在何种条件下又受到何种规范，大数据未来的储存和流动方式等，都还处于未知的状态。"[2] 虽然网络上大规模的身份信息是虚拟化的，但是也有大量可用的真实身份信息、各种上网痕迹、网上银行支付信息等，这些真实信息往往容易被组织（如互联网企业）或掌握优势技术的个体（如专家和黑客等）所收集，甚至窃取和滥用。不少人已经在网上深受其害，如窃密、诈骗、语言暴力、"人肉搜索"、诽谤、恶搞，等等，因为网络监管的乏力和困难性，往往找不到施害者为此类行为负责。

5. 大数据时代信息价值的低密度性易影响主体的道德判断和道德行为

道德判断，就是人们关于"什么是道德，如何讲道德，为什么要讲道德"等问题和行为的判断。在信息比较单一、利益分化较小、交往范围比较狭窄、道德关系比较简单的条件下，人们往往容易形成一些道德共识，对一系列道德行为能做出比较准确的判断。但是在大数据时代，什么信息都能及时传播，甚至是越稀奇、古怪、满足人们欲望和好奇心的事件传播得越快、越广泛，这种信息复杂化、价值多元化的趋势对道德领域带来的冲击尤为明显，一是道德的功能遭到严重的挑战和弱化，道德对社会的规范作用越来越小，道德的控制力越来越弱，这已经成为人们可以普遍

---

[1] 刘怡、李慧君：《传播学视野中的大数据与新媒体发展——第二届"新媒体与社会发展"全球论坛暨中英新媒体与社会发展双边对话综述》，《现代传播》2013年第1期。

[2] 吴成良等：《"数据治理"，如何打造升级版》，《人民日报》2013年7月9日第23版。

感知的道德困境。二是价值多元化的传播，各种道德理念、道德思想都找到了生存的土壤，在很多人看来，似乎不存在普遍性的道德法则，人们对待社会规范的态度也不再是敬畏的，似乎道德是可有可无，甚至是可以肆意践踏的。三是道德问题和现象呈现爆发性增长，近几年来，道德失范现象尤为突出，一次次败德事件加深了人们对道德现象的负面判断。四是道德和规则甚至法律都在一定程度上遭到破坏和践踏，甚至陷入"底线失守"的状况。这些道德失守和道德冷漠事件发生使人们深感无所适从，深感道德问题的严重和道德评价的混乱，在行为上也造成极多的困惑。这一系列事件和现象既影响受教育者的道德判断和行为，也影响教育者的道德权威和教育效果。

一言以蔽之，大数据时代对道德教育，乃至对整个思想文化领域和社会管理的影响集中于两个层面：一是大数据时代带来的信息爆炸对人脑的影响是冲击性的，在理论上人脑的分析能力优于现有的计算机，但是现实中人们面对爆炸性数据和信息是难以适应的，更难以完全用人脑分析和处理。二是大数据时代带来的不确定性越来越明显，如某些社会性事件的突然爆发往往是因为信息量的繁杂和传播的迅捷性而变得不可预测，但事件影响却十分巨大，这犹如"黑天鹅效应"。[①]

二 大数据时代核心价值体系引领作用的凸显

大数据时代信息的爆炸、思想观念的杂乱、价值的多元等现象导致道德行为的非可预见性、道德标准的混乱化、教育者权威下降、道德相对主义滋生等问题，这些现象和问题的产生更加说明社会更需要核心价值体系的坚守，更需要明确整个社会最终和最主流的价值诉求，更需要核心价值去澄清"社会价值迷雾"。

[①] "黑天鹅效应"是指不可预测的重大事件。它发生的概率很低，但一旦出现，就具有很大的影响力。纳西姆·尼可拉斯·塔雷伯曾在《黑天鹅效应：如何及早发现最不可能发生但总是发生的事件》一书中分析了"黑天鹅事件"具有三个重要特征：一是不可预测性；二是它所带来的影响是巨大的；三是事件发生后人们总以各种方式编造理由，而让整个事件看起来是可以预测的。

（一）为多元价值取向主体提供一元思想和理论指导

随着社会经济成分、组织形式、利益关系和分配方式日益多样化，社会各种信息和数据所透露的价值理念、思想观念和行为意识也日益多元化，这种多元化的产生是社会进步和发展的体现。但是，我们也应该清醒地看到，思想意识观念和精神文化越是纷繁复杂，就越需要价值主心骨的引导；人们的道德意识越是多元化，就越需要共同共享的价值目标和理想信念。社会主义核心价值体系的确立，就是强调和坚持最终的指导思想和主导价值的一元化，只有这样，才能拨开道德多元化的迷雾，才能使教育者和受教育者认清道德教育的目的、看清社会道德的主流（而不至于在一些道德冲突和道德问题中茫然无措），才能牢牢地掌握社会主义意识形态领域的指导权、主动权和话语权。

这种一元的价值指导并非价值理念的霸权和故步自封的价值教条，而是以开放的姿态丰富其内容，是一元指导和多元共存的统一，是秉承核心和丰富形态的统一，是历史选择和实践创新的统一，目的是引导受教育者学会选择、学会判别，最终坚守整个社会认同的核心价值诉求。因为"用一元化的指导思想整合和引领多样化的社会思潮和文化追求，在坚持马克思主义主导地位的前提下，尊重差异、包容多样，才能充分挖掘和鼓励不同阶层、不同群体所蕴含的积极向上的思想精神，才能最大限度形成思想共识，凝聚力量"[①]。

（二）为不同受教育客体明确共同的社会价值目标

共同理想是一个社会大多数成员认同的价值追求和价值目标，道德教育的成效很大程度上取决于受教育主体能否接受、认同共同理想和社会道德主流道德要求。中国特色社会主义共同理想充分反映了我国绝大多数民众的共同愿望、根本利益和社会要求，也是经历了历史和实践检验的价值诉求和时代中华儿女的梦想。中国特色社会主义共同理想"把当下社会主义初级阶段的目标、国家的发展、民族的振兴与个人的幸福紧密联系在一起，把各个阶层、各个群体的共同愿望有机结合在一起，具有信服的必然性、广泛性和包容性，具有强大的感召力、亲和力和凝聚力"[②]。

---

① 人民日报评论员：《铸就灵魂，坚持马克思主义指导地位》，《人民日报》2006年12月22日第1版。

② 人民日报评论员：《突出主题，坚定中国特色社会主义共同理想》，《人民日报》2006年12月23日第1版。

核心价值体系的提出和确立，使得大数据时代价值多元化的个体进一步明确什么是核心的价值理念，什么是历史和现实选择的共同理想，这对受教育者逐步形成与中国特色社会主义相匹配的价值取向、思想观念和道德操守，夯实全国人民团结奋斗的共同思想道德基础，将发挥巨大的凝聚作用。正如韩震教授指出的："在外来的和内生的一些错误、落后、腐朽的思想观念影响下，价值失落、价值混乱、价值扭曲现象在一定范围内和一定程度上仍然存在。这不仅给我国国家和民族的形象带来负面影响，而且也成为社会主义和谐社会建构的思想障碍和道德障碍。"① 社会主义核心价值体系的提出，一是将共同理想明确化、精练化；二是引导个体更加主动自觉地内化共同理想和追求，形成更大的社会凝聚力、向心力。

（三）为道德教育活动指明重要原则和主流价值

社会主义核心价值体系指明了道德教育活动的重要原则和社会主流精神。爱国主义既是中华民族在悠久的历史中发展形成的民族精神和精神气质，也是社会主义道德建设的重要内容。② 爱国主义精神经历民族漫长的历史积淀，它已经深深地融入了我们民族的意识、品格、气质之中，成为各民族团结一心、共同奋斗的价值取向。社会主义核心价值体系的提出，并将以爱国主义为核心的民族精神和改革创新为主的时代精神作为精髓，同时指出了道德教育活动的重要原则，即弘扬爱国主义精神。

以改革创新为核心的时代精神，"是马克思主义与时俱进的理论品格、中华民族富于进取的思想品格与改革开放和社会主义现代化建设实践相结合的伟大成果，已经深深地融入我国经济、政治、文化、社会建设的各个方面，成为各族人民不断开创中国特色社会主义事业新局面的强大精神动力"。③ 时代精神既有历史性，更具现代性，体现了中华民族创造历史的主动性和创造性，影响和激励一代又一代中国人推动时代进步和历史发展。以改革创新为核心的时代精神既是社会大部分成员的主流精神，也是道德教育活动需要传递的重要内容。

（四）为道德评价明晰了最基本评判标准

对于一个人口众多、民族密集、地域广大的发展中国家，当代中国思

---

① 韩震主编：《社会主义核心价值体系研究》，人民出版社2007年版，第17页。
② 《公民道德建设实施纲要》明确指出：社会主义道德建设要坚持以为人民服务为核心，以集体主义为原则，以爱祖国、爱人民、爱劳动、爱科学、爱社会主义为基本要求，以社会公德、职业道德、家庭美德为着力点。
③ 《社会主义核心价值体系学习读本》，中央党史出版社2007年版，第137页。

想的多样性、信息的繁杂性、利益的多元性问题更加突出，如果没有普遍意义的道德评判标准，没有公认的荣辱观念，就无法协调不同利益主体的相互关系，无法有效区别和界定人们的道德境界，也就无法彰显社会主流的价值取向。

而社会主义核心价值体系重要内容之一的社会主义荣辱观，"是社会主义思想道德体系全面系统、准确通俗的表达。它是与社会主义市场经济体制相适应，与社会主义法律规范相协调，与中华民族传统美德相承接，集中体现了社会主义道德规范的基本内容"。① 以"八荣八耻"为主要内容的社会主义荣辱观，它汲取了我国传统和现代荣辱观的精华，概括出荣辱观的精辟内涵，贯穿了爱国主义、集体主义、社会主义思想，也体现了中华民族传统美德和时代道德风貌的有机结合，体现了道德行为规范的本质要求，为受教育者确定了明确的行为导向，明确指出了该坚持什么样的道德评判标准，反对什么样的道德行为，倡导什么样的道德规范，抵制什么样的道德取向，旗帜非常鲜明，也具有很强的民族性、时代性和可操作性。为我们在当前形势下明辨是非、区分善恶、辨清美丑提供了规范引导和行为指南，在多元化的道德思想中起到明晰标准的作用。

社会主义核心价值体系除了在思想意识领域所具备的引领作用外，其建设与教育活动、道德教育之间在现实目的、逻辑起点和价值诉求等方面也具有相当一致性：

第一，核心价值体系建设与道德教育的目的具有相同之处。道德教育的目的对社会而言，就是把社会道德要求、道德规范、道德准则内化为人们的品质，形成良好的道德风尚，从而为社会生存和发展服务；对个体而言，就是要提高人的道德认识、培养人的道德情感，锻炼人的道德意志、确立人的道德信念，使人养成良好的道德习惯。而社会主义核心价值体系建设的目的是"坚持马克思主义在意识形态领域的指导地位……进一步形成全社会共同的理想信念和道德规范，打牢全党全国各族人民团结奋斗的思想道德基础"②。两者的目的都是提高人的思想道德水平，只不过道德教育较注重从个体层面，而核心价值体系建设侧重整个社会思想道德水

---

① 人民日报评论员：《打牢基础 践行社会主义荣辱观》，《人民日报》2006年12月25日第1版。

② 《中共中央关于构建社会主义和谐社会若干重大问题的决定》，人民出版社2006年版，第22页。

平的提升。

第二,核心价值体系建设与道德教育的逻辑起点具有相同之处。道德教育是教育者有组织、有目的地对受教育者施加道德影响的教育活动,其逻辑起点是"现实的人",即马克思所说的"具体的历史的人"。同样,核心价值体系建设的逻辑起点也是"现实的人",只有从"现实的人"出发,了解其自然属性与社会属性,特殊性与统一性,才能使教育活动和价值建设取得实效。同时,两者的起点是"现实的人",最终归宿也是人,不过是"自由而全面发展的人"。

第三,核心价值体系建设与道德教育的主要内容具有相同之处。道德教育的内容就是社会道德价值、道德规范及其体系,包括基本文明习惯和行为习惯、基本道德品质、政治道德品质和道德理想等。而社会主义核心价值体系四大基本内容之一就是社会主义荣辱观,其中的内容既包括"爱国、敬业、诚信、友善等道德规范",又包括"男女平等、尊老爱幼、扶贫济困、扶弱助残、礼让宽容的人际关系"。[①] 核心价值体系建设与道德教育具有诸多的相同或相似之处。一方面更加说明其对道德教育具有的引领功能,另一方面也充分说明核心价值体系融入道德教育全过程的可能性和必要性。

三 大数据时代道德教育的内化过程与方法创新

毫无疑问,社会主义核心价值体系的提出并不代表其社会功能会自然而然地凸显,其对道德教育发展的引领作用也不会自发产生,尤其是信息多元化的大数据时代。这需要道德教育者在教育实践中不断创新形式和方法,将核心价值体系、主导地位的价值理念和社会主流的道德要求深入到受教育者的内心,使社会道德规范转化为个体的道德行为,形成良好的道德习惯和道德品质,进而提升整个社会成员的思想道德素养。这不仅要求道德教育掌握道德内化的过程及其特性,也要求教育者能够秉承和改造以往行之有效的传统方法、创造富有时代气息的道德教育方法。

---

① 《中共中央关于深化文化体制改革 推动社会主义文化大发展大繁荣若干重大问题的决定》,人民出版社2011年版,第15—16页。

(一) 道德教育活动中的个体内化过程

内化，从广义讲，就是转化，是一种认知过程，即由外在的东西转化为内在的心理，"凡是外部的客体的东西经过主体重新组合转变成主体的内部的东西都叫内化"①，这与哲学中客体主体化的概念极为相似。心理学也积极探寻内化的机制、途径，即认识何以可能、认识以何种方式产生、认识如何固化于心灵之中。从狭义讲，内化是个体经过社会实践将一定社会的信念、价值观、态度、规范和认识等转化为个体的稳定心理特征的过程。心理学之外的学科主要关注内化的狭义层面，着眼于社会信息（包括知识、规范、价值、理念等）如何作用于个体，个体又如何认同接受社会性规范。如布鲁姆就从社会学意义上理解内化，即内化是"个体接受态度、法规、原则或良心制裁，并使之在形成价值判断或决定自己品行的过程中成为自己的一部分"②的过程，即社会的向个体的转化。

在道德教育过程中，对内化概念应从以下三个方面把握：

首先，内化不单纯是心理思维的运动，而是社会环境与心理因素共同起作用的结果。虽然纯粹从个体心理的内化过程看，个体似乎占据主导性地位，但是，内化也是社会化过程。正如马克思所说："思想、观念、意识的生产最初是直接与人们的物质活动，与人们的物质交往，与现实生活的语言交织在一起的。人们的想象、思维、精神交往在这里还是人们物质行动的直接产物。表现在某一民族的政治、法律、道德、宗教、形而上学的语言中的精神生产也是这样。……现实的、从事活动的人们，他们受自己的生产力和与之相适应的交往的一定发展——直到被交往的最遥远的形态——所制约。"③人是生活在现实社会关系中的人，人的思想、观念和意识受社会实践决定，而且一直受到社会交往的制约。也就是说，个体的内心活动本质上是受到社会交往的约束，内化是个体因素与社会因素共同起作用的结果。社会的教育、社会期望、社会评价、主流意识形态等诸多社会环境要素及其运动都会作用于个体内化过程，更何况个体本身的内在结构也是在社会交往和实践中改变、发展和固化的。

其次，内化是动态的、建构的过程。对于内化，不能采取先验论观

---

① 周天梅：《知识内化的心理机制》，《江西社会科学》2004年第7期。
② [美] D. R. 克拉斯沃尔、B. S. 布鲁姆等编：《教育目标分类学》（第二分册），华东师范大学出版社1989年版，第29页。
③ 《马克思恩格斯选集》第1卷，人民出版社1995年版，第72页。

念，也要拒斥机械决定论论调。内化是主客体的交互过程，我们不能盲目抬高主体的主导性地位，也不能一味地抹杀主体的主观能动性。正如皮亚杰所说："认识既不能看作是在主体内部结构中预先决定了的——它们起因于有效的和不断的建构；也不能看作是在客体的预先存在着的特性中预先决定了的，因为客体只是通过这些内部结构的中介作用才被认识的，并且这些结构还通过把它们结合到更大范围之中而使它们丰富起来。"① 相对而言，在内化过程中，主体起较为主动的作用，但这种主动作用不是本质决定性的，也不是主体"一意孤行"，更何况主体本身也会随着社会实践和交往的变化而变化。从主体内部看，内化的过程包括个体对社会性事物的注意、体认、认同、概念化及外化等环节；从主客体相互作用的方式看，内化过程的每一个环节都是个体在与社会交互作用下积极主动建构的过程。从内化的过程看，我们属于"社会建构论者"。如有的学者就提出："个体道德作为社会道德的内化，它不是被动吸纳既定的社会道德规范，而是能主动地选择、建构个体道德系统，充分体现了个体道德建构的主体性。"②

最后，内化与外化相辅相成，内化的目的主要是为了外化，个体通过内化与外化实现个体的社会化。"个体社会化是指个体适应社会的要求，在与社会的交互作用过程中，通过学习与内化社会文化而胜任社会所期待、承担的角色，并相应地发展自己的个性的过程。"③ 内化与外化是一对互存互生的范畴，从社会的角度看，社会规范的个体内化并非是社会教化的目的，如果只有内化而没有外化，内化便失去了意义。同样，没有内化也不可能有外化。内化和外化如同一对孪生兄弟、形影相随。社会规范作用于个体，被个体吸收，然后被个体认同，最后执行"社会命令"。所以说内化和外化都是个体社会化的实现方式，所谓个体社会化，简单地说就是融入社会之中，成为社会接纳的成员。正是因为内化和外化，个体才能获得合法化的社会身份，才能被社会吸收、接纳。

通过对内化理论的梳理以及概念的厘清，我们认为道德教育的个体内化实际就是促使个体通过教育活动（显性的或隐性的）学习、体认、认

---

① ［瑞士］皮亚杰：《发生认识论原理》，王宪钿等译，商务印书馆2009年版，第16页。
② 易小明、赵静波：《道德内化中的主体张扬》，《北京师范大学学报》（社会科学版）2006年第5期。
③ 鲁洁主编：《教育社会学》，人民教育出版社1990年版，第597页。

同、固化社会道德规范和要求，并将社会化的道德规范作为个体道德行为的过程。所以，除了个体的主观努力，社会化的教育活动、社会环境的影响（如舆论）、他人的行为等都能促进个体道德心理和道德行为的变化。那么，道德内化的实质就是通过社会化的教育等举措促进社会道德在个体身上经历一个心理发生和发展的过程，促使个体通过自己的积极活动（包括心理和实践活动）形成与社会相适应的道德理念，养成良好的道德品质，形成社会所需的道德行为。

根据内化含义及其心理过程，将个体道德内化划分为"感性认知—理性体认—认同接受—自组织化—行为固化"五个环节和阶段。了解内化的阶段和过程有助于探讨德育过程的方法，也有助于提升道德教育的实效。

1. 感性认知阶段

在德育过程中，个体从感性层面接触和认识社会道德规范，就是个体开始从心理上开始了解和注意它。接触是指"学生在学习后，对其从事的学习活动自愿接受并给予注意的心态"。[1] 即道德规范通过一定的中介（教育者或者媒体等方式）进入个体的视野，个体通过视觉或听觉注意到社会道德的内容和要求。

在第一阶段，个体对社会道德规范可能采取试探性接受、置之不理和排斥三种态度，这取决于个体先前的认知水平、价值观念、利益需求、道德水准等。如果刚接触就排斥的话，那么暂时就难以进一步内化。而如果是置之不理，有可能是因为不理解，也有可能是感觉与自己无关，随着社会道德规范的不断灌输或传播，以及道德规范社会效益的发挥，个体还是有可能转变其态度。只有对社会道德规范不排斥并希望进一步了解认知的个体，其内化的过程才能很快进入下一个阶段——理性体认。

2. 理性体认阶段

体认，就是个体通过观察、实践、思考进一步认识某一问题，以现实经验来评价观念体系。张澍军教授认为，内化的过程"一般需要三个方面的支撑：一是经验事实的比照性支撑；二是情感信念的导向性支撑；三是理论思想的逻辑性支撑"[2]，而这些方面的实际效应，都需要体验体认

---

[1] 王凤炎、燕良轼主编：《教育心理新编》修订版，暨南大学出版社2007年版，第44页。
[2] 张澍军、王立仁：《论德育过程的内化机制》，《社会科学战线》2003年第2期。

来发挥一种穿针引线、融通化合作用。一旦个体不断接触并开始注意社会道德规范时，就会在内心有一个不断深化认识的过程。体认，简单地说，就是不断地实践体会和心理认识。个体透过实践的经验、交往的观察和内心的思考，去认识和发现社会道德规范是否与己有关，是否能发挥作用，社会道德建设有没有意义以及他人对道德规范采取什么样的态度等。

体认阶段是一个初步的实践检验过程，即个体在自我内心观测和评估社会道德体系，并在个体已有道德观和被引导的社会道德观相适应或相冲突中，进一步深化对社会道德规范体系的认识。所以，这一环节也是原有的道德观破坏或开始重建的过程，特别是对于刚开始并没有打算接受不断传播主流道德观的人群更是如此。通过体认环节，一方面，个体开始适应、调整（当然也有固守的情况）先前的认识和观念；另一方面，个体通过生活体验，用事实证明和发现了社会道德建设的意义和必要性。只有经过体认才会有接纳或者排斥，一旦排斥了，道德内化就可能要重新从第一个环节开始，如果接纳了，就可以开始进入认同接受阶段。

3. 认同接受阶段

认同，从社会方面看，就是实现社会道德理念的普遍共享；从个体方面看，认同就是从心理上接受并以此为行为指南，即个体或群体在感情上、认知上逐渐趋同，是个体对所属群体的一种归属感、身份感。简单地说，道德教育中的个体认同接受，就是个体对社会道德规范所体现的价值内容和理念接近的趋向。

认同既是个体社会的过程，也是整个社会趋同的过程。个体对社会道德理念的认同最主要的出发点和目的是获得归属感和社会身份。所以整个社会的潮流和多数人的表现给个体认同很大的压力和启发。所以，"从本质上看，社会认同理论是一个集体概念，是全体社会成员共同拥有的思维观念、价值取向和行为选择……社会认同理论体现出来的是绝大多数社会成员的利益偏好，最终以达到维系人心秩序和社会秩序稳定为目的"。[①]

社会道德理念的认同，从动态看，既是个体把社会道德归于个体道德的历程，也是社会主流道德观影响个体道德观的过程；从内容看，既包括对社会道德体系整体性的认同，也包括对其各项内容的认同；从个体态度

[①] 刘春梅：《道德内化：社会认同机制形成的逻辑基点》，《学校党建与思想教育》2011年第8期（中）。

看，既有积极主动、自觉的认同，也有迫于压力等的消极被动的认同。认同在内化过程中具有承上启下的作用，它顺承于体认环节，又开启了自组织化阶段，而且认同阶段也是社会道德真正转变为个体内在道德品质的标志和开端。

4. 自组织化阶段

自组织化，就是道德规范和道德理念在个体自身的概念化（在心理图式上这两个概念基本可以通用），即主体在实践基础上对社会的价值要求进行分析、批判、选择、加工和吸收。"道德主体能够通过逐渐成熟的自我意识、自己业已形成的道德观念、兴趣爱好来比较、鉴别和选择与自己需要相符的社会道德，并进行反映、加工和内化；能够依照社会道德的要求来塑造自我，改造自己的主观世界，且主动地将自己所习得的道德意识转化为道德行为与道德习惯，并由此发展为深刻而内在的道德品质，实现道德内化的更高层次。这样的一个过程恰恰是具有强烈主体意识的受者的一个'自组织活动'的过程。"[①] 自组织阶段一方面体现了个体心理的深切关注，即个体经过了反复思考、辨析，并欣然接受社会道德体系；另一方面，个体经过自身加工，由社会外在的道德要求转化为个体内在的心理诉求，或者称为社会道德规范的"个体化"。

自组织阶段标志着内化过程的基本结束，即外界物已经变成内在的东西，并且是以个体理解的形式和面貌储存在个体心中，以子系统的形式纳入主体的道德系统和心理体系。经过自组织化阶段，社会道德体系则已经内化为个体的道德理念，并将逐步显现出个性化的特征，个体理解的内容可能比道德体系本身的内容更为简单明了，而且每个人所理解的形态、风格迥异。

自组织化是个体认知的高级水平形式，也是道德内化的高级阶段。因为在自组织化阶段，社会道德体系不再是纯粹社会性规范，而是个体对自身的道德需求；社会道德体系不再是外在的理论体系，而是个体内心的新的心理结构图式；社会道德体系不再是抽象复杂的理念形态，而是个体用来自身行为的具体准则。

5. 日益固化阶段

自组织化虽然已经标志内化的基本完成，但是自组织化的道德观念有

---

① 龙静云：《试论道德内化的主客观条件》，《思想理论教育导刊》2009年第6期。

时还不稳定、牢固，还需要不断强化。固化就是对自组织化的延续和加强，即性格化、品格化。这也是道德内化的最后阶段，即个体通过不断自觉的践行（这是与体认的区别，体认并非建立在自觉的基础之上），一次又一次证明社会道德体系的功能和效益，不断强化已有的道德观念，提升自我道德境界，最终使社会道德体系自组织化的理念一直永驻或伴随个体较长的人生历程，又通过习惯、行为、风俗、仪式、制度等成为个体稳定的、持久的心理倾向，即个体的性格特征，最后演变成国人的精神特质。

在固化阶段，社会道德体系不仅是概念化的价值理念，它已经是个体固定的行为模式，是在精神与实践综合作用基础上形成的行为图式和路径，以后一切类似事件或行为都能以此为模板行事，甚至在不自觉地情况下都能产生的行为倾向。内化过程到达固化阶段，其心理结构更加稳定，维持的实践更加长远，更加不容易受到外界的冲击。个体固化的社会道德体系已经扎根于个体内心深处，成为个体自觉的道德形态，行为模式和思维定式，也就是个体达到了内外一致的境地，即外在的社会要求与个体实践的一致，个体内心的道德观念与外在的具体行为一致。这时，道德的内化才真正完成。

（二）道德教育方法的承继与创新

道德内化从过程上看似乎主要是个体建构、认知和践行的过程，但是人是现实的、社会的人，个体之外的所有社会因素（包括他人、学校和整个社会等）都能通过一定的途径和方式作用于个体道德内化过程。这就是道德教育方法，即为了达到既定的道德教育目标、落实道德教育内容，教育者和受教育者（有时有显著区别，有时则无明显界线）参与道德教育活动而采用的各种方式和途径。在人类漫长的道德教育历程中已经形成了一些有效的教育方法，使得个体在与社会的相互作用促使个体道德心理发生变化、引导个体道德行为转变等。这些方法我们要继承其优秀成果，另外也有适应时代变化加以更新和改造。

1. 榜样示范方法

榜样是时代精神的体现，他们比一般人具有更加强烈的道德责任感、更坚定的目标和坚韧的毅力，他们身上体现了崇高的道德境界，能够在社会起表率和示范作用，具备强烈的群体效仿效应。榜样是一个社会倡导的社会规范在个体上的展现，是社会道德要求的人格化、实践化和具体化，是个体实践社会道德准则的典型范例，给社会留下了一个个故事，他们的事迹、行为、思想的传播能够引发大众的思考、效仿和参照。

榜样示范是悠久而有效的道德教育方法，但是近年来，榜样的示范效益不断弱化，原因是多方面的：

第一，大数据时代带来的人们价值观的多元化削弱了榜样示范作用。在大数据时代，人们的思想和价值观更加多元化、追求更加世俗化，个人主义和消费主义的倾向在滋长，高尚的、传统的榜样形象渐渐失去了应有的魅力。

第二，榜样和典型的塑造存在的某些失误削弱了榜样的示范效益。近年来，社会在塑造典型，树立榜样方面的工作非常突出，但是也明显存在以下几个问题：

首先，榜样"完美化误区"。即大众传媒在塑造典型时，似乎一定要把此形象塑造成十全十美才足以影响社会，或者为了达到煽动性效果而刻意描绘英雄人物的完美无缺，这种倾向在我们的媒体上经常见到，但是给大众的观感反而不佳，觉得"太假、太空"，没有说服力。这种圣人式的描述和报道太缺乏现实感，让人们不敢也不愿去效仿和追逐。

其次，各个地方树立的榜样不统一、不持久、不鲜明。五六十年代，全国学雷锋，学的是他那种标志性的"全心全意为人民服务"的精神，八九十年代，全国人民掀起了学赖宁的高潮，学的是贯穿在他身上的"集体利益高于一切"的价值追求。除了当时全党全国，从中央到地方的重视以外，是因为他们身上集中体现在了那两个时代的精神。而如今，国家精神名片在哪里？可能很少有人能说出到底体现在哪些榜样和典型身上。从中央到地方，树立了杂乱的、众多的榜样人物，每天可能都会从电视、报纸等媒体上看到不同榜样人物的名字，但是我们都没有记住。这种三天两头换典型的做法让社会无所适从、无法选择。特别是个别地方政府或单位为了追求政绩而盲目地、频繁地推出榜样人物的做法反而导致社会的不满，耗费了大量的人力和物力。

再次，典型人物的权益没有得到良好的保障加剧了榜样示范作用的弱化。英雄人物和社会典型在权益受损后有时只能得到有限的奖赏，有时仅得到社会道义的庇护，有时甚至被人们所误解而遭受更严重的利益损失。一方面，见义勇为和社会救济制度没有得到法律和社会更有力的保障，"英雄流血又流泪"的寒心事件频有发生。另一方面，保障机制不到位使得不少人不愿意加入到效仿榜样的行列中来。近些年来，好心人扶起路人,结果反被伤者或家属索赔的事件时有发生让人们越来越不敢随意扶起受伤的路人。

最后,榜样自身行为也导致其感召力的下降。由于近年来树立了太多榜样,而他们的道德境界参差不齐,虽然大部分都是经得起考验的榜样和英雄,但有些榜样是捏造出来的,有些是包装出来的,还有些成名之后经受不住金钱、物欲的诱惑而使形象毁于一旦,典型人物群体中的"害群之马"严重削弱了榜样的整体形象。

在当代个体道德内化过程中,真正发挥道德示范的作用,要做好以下几个方面的工作:一是权力文明的示范。权力运行的文明程度和权力角色的道德操守,直接影响人们对社会主流道德规范的接受和内化。"榜样示范是我们党做群众工作的一个重要方法,它以言传身教、先进事迹,为群众提供可信、管用的经验和知识,从而起到引导群众奋发向上的作用"①。权力的行使者——领导干部、党政人员应该正确行使职权,妥善处理各种利益关系,特别要以身作则,树立榜样和标杆作用,做公正无私、道德高尚之人。二是塑造和传播典型人物要有长期机制,一定要深入挖掘能经受时间考验的榜样人物,而不是人为去"培养"或"宣传"所谓的"典型"。重大而十分突出的典型人物在宣传时要做好中央和地方统一性、时间的持久性、"典型特质"的集中性(即集中宣传榜样人物最突出的优点,而无须面面俱到、夸大其词)。三要建立榜样人物的精神和物质双激励机制。对于道德高尚、做出杰出成就和贡献的榜样人物,无论是否遭受了重大利益损失,都应该从精神和物质上给予相应的奖励,而对于已经造成重大利益受损(如身体残疾、利益牺牲、死亡等)都要发动全社会给予相应甚至超越性的补偿或资助。这样,才能更有效地增强其行为和精神的示范作用。

2. 道德叙事方法

所谓道德叙事,简单地说,就是人们通过口头语言或者文字,传述蕴含道德价值的故事,如神话、寓言、歌谣、英雄人物、典故、先辈事迹等,从而促使听者或者看故事的人(受教育者)道德成长、发展的活动过程。

道德叙事既是传统道德教育的重要方法,甚至也是我们生活的一种方

---

① 王长存:《"榜样示范"要全面》,《求是》2003年第8期。

式和不可或缺的部分。"我们的一生都被叙事所包围着,尽管我们很少想到这一点。我们听到、读到或看到(或兼而有之)各种传闻和故事,我们就在这些传闻和故事的海洋之中漂游,从生到死,日日如是,而死亡也被记录在叙事之中——讣告不就是一种叙事吗?正如彼得·布鲁克斯(1984)所指出的那样:'我们的生活不停地和叙事、和讲述的故事交织在一起,所有这些都在我们向自己叙述的有关我们自己生活的故事中重述一遍……我们被包围在叙事之中。'"①

　　道德叙事作为道德教育的重要方法和传统,一方面,道德叙事内容使大众认识了世界、他人和自己。因为道德叙事包含了传播者"自身的生活经验与体验、生命经历与追求,以及自己对他人经历、经验、体验与追求的感悟等"。② 另一方面,故事又以它所传递的指导思想、社会理想、文化精神、道德规范、风俗习惯感染和塑造每一个听故事的人,从而体现故事在大众道德内化的巨大作用。正如恩格斯在《德国民间故事书》中论述的:民间故事书的使命是使农民在繁重的劳动之余,傍晚疲惫地回到家里消遣解闷、振奋精神、得到慰藉,使他忘却劳累……但是民间故事书还有一个使命,就是同圣经一样使农民有明确的道德感。③ 道德理念可以借助一个个故事,以普通大众喜闻乐见方式,如讲故事、评书、戏剧、小说等形式不断在人们之间进行传播,成为社会精神生活的一部分。

　　历史经过时间的洗礼往往只留下一串串动人的故事,每一个故事都传递着一种信息,而这种信息往往成为家喻户晓的经典,成为中华文化和民族精神的重要组成部分。愚公移山和精卫填海的故事传递的是勤劳人民不辞劳苦、不畏艰辛的坚韧意志;戚继光、黄继光等人的故事讲述的是中华民族保家卫国、舍生取义的爱国精神;雷锋事迹则成为"全心全意为人民服务"的最佳注释……即使在大数据时代的今天,经典的故事也没有在海量的信息中消失,而是在道德教育中继续发挥作用。

　　传统而行之有效的道德教育方法——道德叙事,其在当代道德教育实践中的应用要把握好以下几点:第一,要选取好的故事和案例。好的故事包括有完整的情节、曲折的剧情、具体的人物、生动的形象以及接近现实

---

① 阿瑟·阿萨·伯杰:《通俗文化、媒介和日常生活中的叙事》,姚媛译,南京大学出版社2000年版,第1页。
② 邓达:《个体道德叙事与儿童道德的成长》,《教育评论》2006年第2期。
③ 《马克思恩格斯全集》第41卷,人民出版社1982年版,第14页。

等因素，只有既体现当代主流道德理念又满足这些要素的好故事才能引起大众的共鸣，为人民群众所接受，并从中领略、感悟社会道德理念。第二，要运用简要而通俗的语言。通俗并非庸俗，更不是没有深刻内含，而是要以白话式的语言让更多的人（包括文化程度较低的人）能够理解、记忆和熟悉社会道德规范。太抽象、太深奥、太学理化的语言包装的故事，人们是难以理解和把握的。第三，要以经典故事进行更为广泛的传诵。当前的道德教育所选取的故事有时并没有达到经典传统故事那么普及化的程度，一是因为当前故事太多，以至于每个地方、每个行业、每个领域都有自己的有关道德故事和任务，而过多的故事反而难以给人们留下深刻的印象。二是故事的经典性、代表性还不够。新中国成立以来，经典的故事在大众化传播中似乎越来越少，以往每一个时代似乎都有一个代表式人物广泛流传，如雷锋、焦裕禄、赖宁、孔繁森，等等，如今，代表人物似乎特别多，这样反而使模范人物的示范效益降低。

第四，传播的故事一定要贴近生活、贴近现实。一些故事往往把模范人物一味地拔高，似乎越是"不食人间烟火"的英雄越具有代表性一样，而当今，人们看待模范的视角其实已经发生了变化，往往把他们与生活中的人物对应和参照。模范人物如果太理想化，反而给人们失真的感觉，人们觉得自己无法模仿。

3. 集体教育方法

集体教育的吸引力就在于它是通过集体成员之间的交往所产生的巨大教育力量。它具有开放性、互动性、感染性和导向性等特征。将集体教育方式上升到理论系统的当属马卡连柯和科尔伯格，后者更是侧重从德育的角度展开论述。

科尔伯格将之命名为"公正团体法"，简言之，就是根据集体教育原则形成的，旨在影响受教育者（主要指学生）的道德判断和道德行为统一发展的教育方法。公正团体法这一集体教育方法的显著特征是"建立各种管理组织，鼓励学生民主参与，营造一种民主的道德氛围，在民主管理过程中，发展学生的集体或共同的价值意识，把集体力量作为一种教育资源，实现学生自治，促进学生的道德发展，学会对集体和个体的发展负责"[①]

[①] 林仁杰：《试论主体性道德教育的特征和方法》，《西南民族大学学报》（人文社会科学版）2004年第7期。

科尔伯格发现"公正团体法"不仅可以传授知识和道德,而且可以通过集体教育氛围促使受教育个体形成自觉的道德。他的实验主要的方式是让学生在集体生活中、在相互交往中,通过对规则的实践和讨论形成集体准则,一旦行为准则或规范确立下来,就有了集体权威,再强力要求大家遵守。倘若违反,不仅会受到集体内其他成员的指责和压力,也会受到教育者(教师)的指责。由于群体性的规范往往就是在这一背景下产生的,"团体成员在相互作用的条件下,通过模仿、暗示、顺从、信任等个体之间发生的影响,在价值观、心理特征、心理状态接近的基础上,进一步发生类化,促使他们的行为趋于一致,从而形成团体内的行为标准,即团体常模"。[①] 在教育过程中,受教育者不仅是集体道德的履行者和义务主体,同时也是道德规范的主动参与者。而教育者不仅是道德规则的促进者和参与者,而且是集体道德的支持者和执行者,还是集体规范讨论的领导者。这种模式对于促进学生自我的道德判断、通过民主参与培养学生的集体感、增强个体的道德责任感以及履行道德义务具有重要的作用。

观照我国当前道德教育所处的价值多元、信息复杂等背景,以及道德教育面临的"知行脱节""灌输乏力"、教师权威缺失等问题,科尔伯格的这一集体教育方法给我国当代道德教育提供一些思路。

第一,道德集体教育过程中一定要营造良好的民主氛围,充分发挥道德氛围的感染力。集体教育的成效往往依赖于内部的氛围,例如,集体心理、集体的凝聚力、群体压力、集体的认同感等都在很大程度上影响受教育者对道德行为的习得和培养。积极的道德氛围往往表现为平等互爱、民主和谐、生动活泼、团结互助、拼搏进取等特征,有助于个体做出符合集体期望和社会要求的行为,并对他人或社会产生正向示范作用。这种道德氛围往往借助感染、暗示、模仿、从众、认同等社会心理机制,潜移默化地使受教育者接受、内化。

第二,集体教育应该通过提供更多的角色扮演发展学生的道德自律。如公正团体法强调群体道德氛围,让学生自主抉择、自我修行、自我扬抑。但其中关键一环是创设诸多社会情境,让学生扮演诸多角色,在角色中学会道德自律。集体管理如同社会管理,内部有多种角色划分,在民主化的参与过程中,需要促进内部成员扮演多种不同的角色,如管理者角

[①] 胡德辉、叶奕乾、杨治良主编:《现代心理学》,河南教育出版社1989年版,第516页。

色、志愿者角色等,这不仅锻炼每个个体处理问题和解决问题的能力,通过心理体验和角色体验也成为培养学生集体感、荣誉感、责任感以及关心他人情感的良好方式。

第三,集体教育应该通过小集体的实践模式培养集体主义价值理念。公正团体的集体教育法关键之处在于平衡团体精神和个人责任、协调个人自由与团队生活需要,以培养自我意识和集体意识,发挥个人主权和集体力量在个体道德发展中的协同作用。这给我国社会主义道德建设和德育工作提供借鉴。社会主义道德建设的原则是集体主义,这也应该是道德教育的重要原则。集体教育方法在实践中应该既反对无限夸大集体的作用和利益,又反对一味抹杀个人的利益和能动性的取向,从而形成社会主义的集体价值观。

4. 社会学习方法

社会学习方法或社会教育方法本来就是道德教育的传统做法,但是经美国心理学家班图拉、米切尔等人提出社会学习理论而发展成一套体系。"社会学习理论强调观察学习是行为获得的基本学习方法,认为学习既是反应过程,也是认知过程,还是自我调节过程,人的复杂行为就是通过观察、模仿、再经认知过程而逐步形成的。社会学习理论注重强化学习意义,认为人可利用外部直接强化从环境中学习,可利用替代性问题强化观察他人行为进行学习,还可以利用自我强化,从体验自身行为的可能结果的预期中学习。"[①] 社会学习方法强调通过观察和模仿、社会奖惩、行为矫正、文化传递等方式使个体接受和内化社会道德规范。

社会学习方法突破只重视学校道德教育做法,而将道德教育阵地延伸到整个社会,即道德教育可以借助社会力量(既包括学校,也包括其他的力量,如博物馆、报纸书刊、电台、纪念馆、图书馆、国家重大节庆活动等都是有效的教育方式和途径)来对大众进行道德教育活动。

在道德教育活动中,社会学习方法和社会教育机制的建立,首先依然要优化常规教育方式,多采取互动参与式学习方式。毕竟,社会道德规范体系的教育不是简单的知识灌输,是要个体树立社会要求的道德理念、道德信念,不仅是对个体认知发展的要求,更是对个体深层理念和信仰的诉求。必须调动学生参与的积极性,甚至在参与中允许质疑、批评,在商谈

---

① 郑永廷:《论当代西方国家思想道德教育方法》,《学术研究》2000 年第 3 期。

中，教育者与被教育者应该是平等的地位，教育者的功能主要是引导、化解、释疑，这样才能做到以理服人、以情动人。

其次，鼓励社会组织参与个体的教育活动。社会组织也称民间组织，它与政府组织的区别在于其公益性和自愿性。毕竟大部分民间组织的"活动很明显地体现出这样一种价值取向：保护和救助社会弱势群体，培养追求卓越的职业主义精神，参与社会公益事业和环保运动。民间组织成员的活动为社会公众树立了一个具有优良品德、追求崇高理想的社会榜样，普遍使人类价值得到维护和提升。由此可见，民间组织的活动本身蕴含着隐性或显性、劝导性或形象性的说服教育功能"。①

再次，完善应急性教育机制。应急性教育就是突发事件的教育或者重大政治任务的教育。社会主义道德建设任务重大而艰巨，所以道德规范体系一经提出（如《公民道德建设实施纲要》的提出），就要借助国家机器和社会媒介以及全部社会力量，迅速而快捷地在全社会兴起一场"头脑风暴"，让社会主义道德体系的信息一下子在整个国家和民族爆发，达到"先声夺人"的效果。而后，慢慢转入日常有序的宣传教育之中。在建设过程中一旦遇到阻碍或者与之冲突的社会重大事件或突发性事件（如彭宇案、小悦悦事件等），一定要及时疏导和控制，或者转移压力，或者掀起社会性的大讨论，使社会成员在教育和传播"风暴"中先接触并接受社会道德体系，传播"正能量""善能量"，继而开始稳步的内化过程。

最后，建立群体分类教育机制。社会道德体系的教育内化活动既不是一蹴而就的，也不是简单划一的，不同的群体需要不太一样的教育和疏导方式，毕竟先进分子对社会主义道德体系的内化与一般民众是不同步、不一致的，因为内化的过程受到理性因素和非理性因素的影响、受到教育程度和社会地位的影响、受到认知发展和情感体验的影响，我们必须针对不同的部门、群体、地域研究社会主义道德体系的次级价值规范和体系，满足不同层次、领域和群体的道德需要。

5. 心理咨询方法

心理咨询主要解决心理问题，而道德教育则侧重于思想价值问题，但是因为二者在目的上具有互通性、"内容的交叉性、工作对象的一致性、

---

① 龙静云：《论我国公民教育中的"四个结合"》，《道德与文明》2010年第1期。

原则和方法的相似性、工作队伍的重合性、终极目标的统一性"① 等联系，所以，心理咨询可以作为促进受教育者心理健康的有效措施。这是心理健康教育的重要组成部分，也是学校道德教育工作的重要方法。道德教育者应引进心理健康教育方法和手段，在采用传统道德教育方法的同时，还要把握人的心理活动规律，了解受教育者（主要是学生）的个性特征，根据学生的能力、气质、性格等特点进行有针对性的个性化教育咨询活动，以增强道德教育的创新性和实效性。

将心理咨询融入道德教育实践中，第一，要积极开展常规性的心理咨询活动，促进受教育者道德品质的发展。如学生在学习、成才、择业、交友、健康、生活等方面遇到问题或者道德矛盾时，可以通过开展针对性心理咨询的形式来帮助大学生解决这些问题，促进他们道德品质的发展。同时要充分利用学校的有效媒体，如广播、电视、网络、校刊校报、橱窗、板报等途径，广泛开展心理咨询的教育活动，营造积极、健康的心理氛围，陶冶学生的情操，促进其全面发展和健康成才。还可以进行团体心理咨询、心理行为训练、书信咨询、热线电话咨询、网络咨询等。

第二，将道德教育部分目标融入心理课程。尤其是塑造和健全学生的人格既是道德教育的目标，也是心理咨询的重要目的。心理教育的一些课程可以设置一些与人格相关的专题性辅导和训练，如自信心训练、情绪控制训练、意志力训练等，以培养学生良好的意志品质，健全和塑造其人格。

第三，利用网络等技术建立心理档案，最终建立囊括所有学生的"心理大数据库"。现在很多学校在新生群体中都会开展心理健康普查，可以进一步优化和推广到所有学生，同时健全跟踪性的心理普查机制，最终的目标是建立"心理大数据"，即囊括全体学生，乃至全体公民的心理数据库，这将大大增强道德教育的实效性。

第四，加强道德教育者与心理咨询工作者的交流沟通与合作。道德教育者要学习、掌握心理咨询的知识、方法和技术，心理咨询工作者同样也可以了解道德教育的理论、价值目标、社会道德规范要求等，以形成心理教育与道德教育相互融合、相互促进和相互发展的态势。学校可以通过培训、双向交流、方法探讨、实验合作等方式促进两支队伍建设，以同时增

---

① 余琼：《也论心理咨询与高校德育的关系》，《现代教育科学》2004年第3期。

强心理咨询工作和道德教育工作。

当然，道德教育的方法还有很多，如理论灌输方法、自我反省方法等，因为学术界研究较多，这里不再详述。而如影视作品感染的方法、社区培养方法等，我们将在后文展开详细论述。无论是何种道德教育方法，我们的态度一是重视和挖掘其在道德教育中的作用，二是改造和创新，使之适应价值多元化、信息复杂化的时代要求，最终取得道德教育的实效。

四 大数据时代道德教育发展与现代技术策略

为了促使道德教育取得更好效果，获得当代人更多的关注和反响，除了对以往的道德教育方法进行改造和更新外，还需要开发富有时代气息、追赶现代科技发展趋势的方式和途径，其中最主要的是结合现代技术元素。本章最后也对现代技术途径促进道德教育发展做一些探讨和展望。

（一）虚拟技术与道德教育发展

虚拟情境技术是一种受到教育者青睐的教育方法和途径，个体道德发展除了受制于个体心理机制之外，也深受社会道德情境影响。需要简单区分的是，情境与环境有略微的不同，环境泛指一切外部因素，环境具有自发性，而情境主要指自觉创造的、可控的，是对环境的优化，体现了主客体的有机统一。道德情境创设是指社会（通过教育者、传播者等）设置和利用情境，将抽象的、理性化的道德理念、道德问题、道德冲突、道德矛盾具体化、感性化、现实化，以此来引发社会成员（个体）的道德反思或训练培养个体的道德行为，提高个体的道德认知水平和实践能力的方式。也就是说，道德情境是教育者和传播者等为了促使社会道德的传播和遵循而创设的具体场景，是个体意识范围内可感知的，对个体认知、情感和行为具有激发、优化、调控与促进功能的主客体有机统一的具体而微观的环境。

在促使个体道德行为发展和道德品质提升的过程中，社会可以借助教育者、传播者、示范者等主体为个体创设各种类型的情境，主要包括：第一，学习情境的创设。即创设有利于个体学习和了解社会道德规范的内容、意义的情境，包括课堂学习情境、社会教育场所的学习情境、职业场所的学习情境、公共场所的学习情境等，其基本的内容是营造一个人人都在学习道德规范、践行道德规范的社会氛围。第二，对话情境的创设。个体道德认知、道德境界的提升需要教育者和受教育者不断地对话，诸如苏格拉底、孔子等圣贤那种启发式的对话教育和反诘，曾对学生的道德发展起到重要的推动作用。第三，故事情境的创设。即通过一个个具体生动的故事，为个体生活遇到的一系列日常行为和事件提供"模板"，让个体在社会实践中有践行社会道德规范的"参照"。第四，行为情境的创设。行为情境包括两层含义：一是指营造社会积极践行社会道德规范体系的氛围；二是指制定个体道德发展的日常行为规范。

道德情境的创设使道德教育更加丰富、更加逼真（相比口头和书面的描述而言）、更加富有个性，使个体如临其境，教育效果突出。但是现实情景的创设往往受到经费、场所等条件限制，而现代信息技术的发展则大大降低了情景创设的成本，提升了情境创设的便利性，也更易激发现代人们的兴趣、拓展人们的想象空间。"包括动漫渲染、裸眼3D等'虚拟技术'的迅速发展，正改变并丰富我们感受世界的方式，'虚拟技术'不仅可以服务于我们既有文化的'展示'业态，更可以极大地开启和拓展我们的想象、创造能力。"① 虚拟技术与道德教育的结合至少可以从以下几个方面积极探讨：

第一，以虚拟演绎技术揭示道德问题的蔓延与道德危机的发生，使受教育者深感道德的巨大社会功能以及道德沦丧的严重后果。演绎原指从一些假设的命题出发，运用逻辑规则，推导出另一命题的过程。但是虚拟演绎技术则主要指通过虚拟仿真技术将理论上的过程和结果展示出来。如当前我国社会领域出现了一些问题，甚至个别领域还出现道德危机，但是道德领域问题的集中爆发和道德危机的扩散有一个过程。这会致使一些受教育者或者难以看清当前道德问题的严重性和演变趋势，或者难以看清社会道德的主流，因而都会降低道德教育的效果。虚拟演绎技术具有场景逼真、传播迅速的重要特点，它可以以动漫、游戏、故事、场景再现等方式演绎当前道德建设的状况、道德发展的趋势、道德领域的突出问题表征、某个道德现象等，或批判问题，或引导态度，或启发思考，或激起自省等，这些都可能促进道德教育的发展。

第二，以虚拟现实技术揭示现实生活中的道德冲突与道德两难，启发

---

① 汪建根：《步入大数据时代的文化建设》，《中国文化报》2013年4月2日第7版。

受教育者思考和判断，引导其规范自身道德行为。虚拟现实技术是20世纪80年代新崛起的一种综合集成技术，涉及计算机图形学、人机交互技术、传感技术、人工智能等。它所制造的虚拟环境可以逼真地模拟现实世界（甚至是不存在的）的事物和环境，使人有"亲临其境"的感觉，并可与虚拟环境进行交互。如汶川大地震时，国内外媒体的"滚动直播"形式，就带来全中国乃至世界人民身临其境地体验灾后的情境，唤起民众对人类在大自然面前脆弱的情感共鸣，也起到了动员全社会积极参与救灾援助的效果，传播和弘扬了志愿者精神，并增强了民族的认同感和爱国主义情怀。虚拟现实技术具有仿真性、交互性、虚幻性和沉浸性等特征，还可以用于道德教育中的情景创设，如设置道德冲突让受教育者从中抉择，展示现实生活中的道德难题、操作一些有关道德心理和道德行为的实验等。在道德冲突和道德两难的虚拟情境中，还可以使用对比的技巧策略，即为了更好地达到道德教育的效果，从故事、行为、案例等方面设立价值是非判断，激发受教育者对好与丑、善与恶、良与劣等行为和现象的对比和鉴别能力。通过对比性情境的创设使得道德教育更具有直观性、更具有说服力。同时，对比情景也易引导大众明辨是非，丰富人们道德感悟，使之形成与社会主义道德规范体系相符合或趋近的道德判断能力，增强人们对真善美的向往之情（同时也增强他们对假丑恶的批判共鸣），强化人们的道德认知能力和道德规范行为。

第三，以虚拟游戏开发等技术创设各种社会角色，使受教育者在虚拟角色扮演和互动中认清自我的社会责任，培养其良好的道德习惯。角色扮演是心理学和社会学常用的术语，即通过赋予被教育者一个假定的角色，要求其按照角色的要求表现自己，同时通过观察和自我评价等多种方式批判个体角色扮演的"成功度"。其目的在于运用"戏剧表演式"的方法，使人发现问题，进而更好地调整个体心理或社会交往的状态，解决社会交往中的问题。在角色扮演中，人们能亲身体验和实践他人的角色，从而能够更好理解他人处境，体验他人在不同情况下的内心情感，同时，反映个体深藏于内心的感情。这原是传统的教育方法，但是虚拟游戏、虚拟仿真、虚拟现实等技术将使角色扮演更加逼真、更加有趣、更加具有交互性。受教育者不用参与到现实的角色之中，只需要通过计算机等中介，以思想的形态投入其中，但虚拟的身份所遇到的问题、状态又是如此接近现实。甚至可以将一些道德问题、道德故事设置成一款游戏，让受教育者选择其中一个角色参与其中，这对道德教育无疑是一种新的尝试，对提升受教育者的道德认知、道德责任、道德判断起到潜移默化的作用。

虽然虚拟技术的发展突飞猛进，但是，将其融入道德教育还在起步之中。为了更好地促进道德教育的发展，道德教育者、社会传播者等应该主动构建互动的虚拟情境，一方面，通过虚拟互动让社会成员了解和认识道德教育与道德建设的必要性，并引导公众关注整个社会的道德建设，参与到维护社会道德良性运行的系统中来；另一方面，传播和教育过程中不能仅限于"道德的灌输"，而是充分利用虚拟技术，创设场景、故事、案例等让大家参与到道德问题的治理和道德传播中来，通过最新潮的3D、4D等逼真情境或游戏等寓教于乐的方式，让每一个个体在趣味中感受到社会道德的存在，感受到它与自身密切相关，生成符合社会要求的道德行为。

（二）新兴媒体传播技术与道德教育发展

以计算机和无线信息技术为支撑的新型媒介，如一系列即时通讯平台，包括直播平台、微博、博客、QQ、MSN、微信、论坛、社区等，这些平台以手机和计算机为终端，已经成为人们交往、对话、参与公众事务等的重要途径。这些新兴媒介都具备匿名性、及时性、交互性、共享性、新颖性、广泛性等特征，深受大众喜爱和使用。根据中国工信部统计数据，截至2013年3月底，中国共有11.46亿手机用户。而根据中国互联网络信息中心（CNNIC）发布的第31次《中国互联网络发展状况统计报告》显示，截至2012年12月底，我国网民规模达到5.64亿，手机网民规模为4.2亿，微博用户规模为3.09亿。从以上数据可以看出，新兴媒介特别是网络和手机越来越受到大众的青睐，使用新型传播载体进行社会交往已成为大众的潮流。

但是，在计算机网络和手机如此普及的社会中，新媒体在促进道德教育方面的威力还没有完全发挥出来，因而道德教育者或传播者不能"遗弃"这一阵地，而要充分发挥新兴媒介的聚众效益和传播功能，促进道德教育的发展。以现代传播技术路径促进道德教育的发展要注重两个维度：一是新兴媒体及其传播技术的应用；二是道德教育中传播策略的更新。

第一，不断提高新媒体中文化产品和道德服务的供给能力。一方面，我们要努力提高网络产业、手机产业的规模化、专业化水平，把体现社会主义道德精神、文化、文明、文艺作为网络文化的重要源泉和素材，推动相关优秀文化产品的数字化、网络化，形成一批具有影响力、体现品位高雅的网络文化品牌，使之成为道德传播和道德教育的新平台、新阵地。另一方面，要不断挖掘和培育更多优秀的道德文化产品，以影视、动画、模型、游戏等虚拟产品的形式，耳目一新地呈现在人们面前。

第二，利用好新媒体的预警机制，积极加强新媒体中舆论的引导。随着网络和手机的普及和运用，新媒体的社会舆论越来越成为影响公众政治生活、道德文化生活的重要方式。通过队伍建设、网络技术更新等方面的努力，支持有影响力的，并能发挥意识形态引导功能的媒体建设，扶持传承中华文明和优秀道德传统的新兴媒体集团，并扩大其覆盖面，帮助其加强网络管理和疏导的工作人员培训和指导（特别是培养其道德素养），加大社会新闻和事件的正面宣传力度，以"善力量""正能量"引领社会思潮，形成积极向上、健康有序的正面舆论强势力量，牢固掌握新媒体舆论的主导权。

第三，紧扣新兴媒介潮流，积极开发道德传播的新技术、新途径、新方式。中国网民规模的发展已经进入一个平稳期，但是，新的平台和技术的发展却依然突飞猛进。前几年社区、论坛红红火火，近两年微博被年轻人玩得热火朝天，正当我们一次次追随这一网络技术的步伐时，微信等平台已经开始风行。因此，社会道德传播和道德教育一定不能总落在技术发展步伐之后，而应该密切关注网络技术发展态势，多运用最新、最潮的传播平台，开发出流行传媒的优秀、经典作品，这样才能真正抓住大众的心态，增强道德教育的吸引力和说服力。

第四，借助社会事件和聚焦时机，不断弘扬当代社会生活的公共性，提升社会成员的公共意识和公德意识。随着新媒体的飞速发展，社会化的交往不断加强，公共性越来越成为人类生活的重要特征。共关注、共参与、共评判越来越成为社会事件的趋势，特别是近五年来，诸多社会事件都打上了相当强的公共性色彩，如中小学校车事件、温州动车事故、郭美美等"红十字会危机"等，社会舆论对国家政治生活的变革、道德观的塑造、社会行为的矫正越来越具有重要的作用。新媒体要抓住这些时机，引导社会舆论集中关注道德问题，通过媒体的良性运行与管理，塑造有利于良性道德运行的舆论情境。

第五，根据新媒体受众的接受心理和认知水平进行道德传播，主动增强道德教育针对性和有效性。道德教育的根本目的是促进人的全面自由发展，现实目的是提升人们的道德水平。那么，它的主要过程就是受教育者的接受、理解、熟悉、认同和践行。现今新兴媒体的受众喜爱的文化产品越来越呈现出新颖性、时代性、"快餐化"（即内容精短易于传递）、通俗化等特征，道德教育和道德传播绝不能仅仅采取传统的灌输、长篇大论的形式展示，而应该多选取小故事、小动画、微博文章等适合网民"胃口"的产品。同时也针对不同的网民群体提供多样化、丰富的、个性化的文化产品，如针对年轻网民的传播产品一定要新颖、炫目；针对农民网民的传播产品一定要贴近生活、要通俗化等。

总之，教育者要善于将新媒体和新技术作为道德教育的重要手段和平台，加强社会合作，形成全社会动态的道德教育与传播普及机制、传播预警机制，对社会主义道德规范体系进行持久、深入的传播，借助传播的议程设置功能，形成个体"每个人都在积极践行社会道德规范"的印象。

（三）脑科学技术与道德教育发展

脑是人类学习并具有智慧、创造并付诸行动的重要器官。但由于脑结构的复杂性和功能的多样性而在长期的历史中对其奥秘的探讨显得遥不可及。而今随着分子生物技术、计算机科学、投影成像技术的飞跃发展，脑科学作为研究人脑结构与功能的交叉型学科发展迅速，使揭示人脑高级意识功能奥秘逐渐成为可能。"科学家们预言，人类将有可能在21世纪取得脑科学研究的突破性进展。有关认识脑、保护脑、开发脑，尤其是创造脑的研究，将会增强有关脑的创造性研究，如人工智能、生物芯片电脑、生物脑网络和人工脑网络的连接、互补等将对人类社会产生深远影响。"[①]

近20年来，各国十分重视脑科学技术的挖掘与运用，以及脑科学与教育的结合研究[②]，并已经取得不少有益成果。虽然现有的科学发现，人类大脑中并不存在专门负责管理有关道德领域的区域，但是科学家都坚信人的道德决策过程一定会反映在大脑某些区域。当前已开展的脑科学与道德教育结合研究包括以下三个方面：

一是有关脑成像技术与道德两难问题的探索。脑成像技术的发展不仅使得观察学习者在学习过程中脑部的变化状况成为可能，也使得通过脑部变化情况判断人的道德意识活动变成现实。目前，脑科学的发展已经实现

---

① 高文：《跨越脑科学与教育的鸿沟》，《全球教育展望》2001年第2期。
② 如20世纪80年代末90年代初，欧洲和美国分别提出了各自的"脑的十年"计划。1996年，日本提出"脑科学时代"计划等。

了对人的活体大脑进行无损伤测定,"其中常用的方法有三种:根据从脑泄露到神经的磁场检测的 MEG(脑磁图)和 EEG(脑电图),以及 FMRI 核磁共振法。"[①] 2001 年,格林等(Greene et al.)首次使用核磁共振成像技术,得到了被试者完成经典道德两难时的脑功能变化图像,分析发现,"情绪对道德判断有重大影响,相对于不涉及个人的道德场景,被试者在面对涉及个人的道德场景时,与情绪相关的脑区会有更大的激活,这些区域包括腹内侧前额叶、后部扣带回以及角回"[②]。2010 年,Cikara 等发现,人们道德两难故事的判断受群体偏见影响。Haidt 的社会直觉模型认为,当人类进行道德判断时,诸如腹内侧前额叶、杏仁核、脑岛等情绪相关脑区起着关键性作用等,而且 Haidt 还通过结合认知神经科学、进化心理学、神经生物学等领域的研究成果,进一步"强调直觉在道德判断中的主导作用、道德推理的社会功能,以及带有文化实践性质的道德思想和造成不同道德群体的体系是如何共同进化的"[③]。这些成像实验揭示了道德判断中的某些机理,以后的实验还会向道德思维的生成、社会交往对道德品质的影响、道德情境的感染力度等问题都可以通过脑科学及其成像技术一一呈现,这无疑有助于提升道德教育成效。

二是脑电波与最佳道德学习状态的探索。1929 年,德国精神病学家汉斯·贝格尔首次记录了人脑的电流,他检测到人在不同清醒状态时的 4 种不同类型的脑电波,其中当人们松弛而清醒(中度清醒)时,大脑在 8Hz—13Hz 波段上工作,叫作 α 波状态,又称"放松性警觉"状态,是理想的学习状态。[④] 它可以促进灵感,加快脑中信息的收集,增强记忆,提高创造力。脑电波的变动与人清醒状态的关系实验对道德教育具有重要的意义。任何一种教育方法都期望在人最优的状态中传授,同时给道德教育者的启示是努力创造一种放松的警觉状态,给受教育者提供一种低威胁和高挑战的氛围。脑电波的测定同样可以用于分辨教育者所创设的哪些环境对受教育者来说是"放松性警觉"状态,以及测定"放松性警觉"的

[①] 小泉英明:《脑科学与教育——尖端研究与未来展望》,《教育研究》2006 年第 2 期。

[②] 李万清、刘超:《道德的脑机制:关于道德现象的科学研究》,《中国社会科学报》2012 年 3 月 7 日第 B02 版。

[③] 同上。

[④] 张旺、张万春、袁宝华:《基于脑的教育——当今脑科学给教育的启示》,《教育探索》2000 年第 5 期。

程度。

三是认知神经科学与道德认知及内化过程探索。20世纪80年代后期，认知科学和神经科学的发展促成了认知神经学的诞生，"它的基本使命就是试图揭示人脑是如何调用包括分子、细胞、脑组织在内的各个层次的组件，乃至全脑去实现自己的认知活动的"。① 认知神经科学研究中的有关人的高级认知功能和思维发展阶段及其影响因素、人脑神经元的数量和质量、先天遗传因素与后天获得性特征关系等问题都能给道德教育提供思考，或用来观察和判断个体道德发展过程及规律，或用来揭示道德语言、道德命令在人们道德心理和道德行为的影响及其过程，或研究受教育者习惯性行为对人心理的影响等，这些都是道德教育中的关键性问题。

正如日本脑科学专家小泉英明所说："脑科学与教育的研究具有以下意义：培养'人'能站在他人立场思考问题的心理行为；培养'人'学会接受多样性的心理行为；有效地面向所有'人'开展教育；培养'人'的创造力和热情；培养'人'适应急速变化时代的适应能力。"② 脑科学与教育结合意义重大，同样脑科学技术用于道德教育亦将极大促进道德教育的发展。

科学技术发展是一个无限延伸的过程，道德教育的发展也是如此。上述方法和路径不过是现代技术与道德教育结合的"冰山一角"，现实中还有难以计数的现代技术方法正在或者已经融入道德教育之中，未来依然会有更多的技术路径作用于道德教育的过程。而且随着脑科学、传播技术和虚拟技术的发展，将给道德教育提供更广阔的发展空间。我们这里阐述一些方法和路径的目的是让更多的教育者关注和重视现代教育方法和现代技术，以提升道德教育的效果。

---

① 高文：《跨越脑科学与教育的鸿沟》，《全球教育展望》2001年第2期。
② 小泉英明：《脑科学与教育——尖端研究与未来展望》，《教育研究》2006年第2期。

第六章　社会主义核心价值体系引领公务员道德建设

公务员在我国政治生活中具有重要作用，一方面，公务员的行政行为具有公共性特征，其行政决策具有强制性特征；另一方面，公务员往往与党和政府的形象联系在一起，公务员的道德状况和道德行为对整个社会运行和发展影响重大，部分公务员的某一失德事件都将会在"道德敏感时期"受到社会广泛的关注，由此可知，公务员队伍的道德建设是社会道德建设的重中之重。因而可以毫不夸张地说，公务员道德建设既是提升我国社会道德水平的重要切入点和突破口，也是促进社会思潮和社会风气向"正能量聚集"、推动社会主义文化大发展大繁荣的重要举措。而社会主义核心价值体系的提出及其在全社会的践行，一方面给公务员道德建设创设更为有利的社会环境；另一方面又在思想基础、理想认同、精神动力和道德规范等方面给公务员道德以指导和引领。

一　我国公务员道德建设面临的社会背景及其冲击

随着市场经济的发展、社会交往的扩大、即时通信技术的发展以及公民民主意识的觉醒，我国公务员道德建设将面临更多问题和挑战。现代社会人们对公务员业务素质和道德素养的新要求与不少公务员难以适应新时代、新阶段的行政环境之间存在着一定的矛盾和差距。这种矛盾和差距一方面来自公务员本身的素质和技能，另一方面来自日新月异的社会大环境的变化。这种环境变化对公务员道德建设影响最为深远的是市场经济领域的发展和壮大、公民社会的孕育以及民主化浪潮的来临。

(一) 公务员道德建设的当代背景

任何社会的道德建设都在一定时期的社会发展阶段和实践特征基础之上，时代的性质、时代的基本矛盾以及时代的走向和趋势都将在意识形态上打下深深的烙印，极具公共性特征的公务员道德建设首当其冲。要探讨公务员道德建设的路径和方式，首先必须厘清对公务员道德状况影响深远的社会环境。

1. 经济制度的转型与市场领域的扩张

中国的现代化转型从经济领域发端并逐步扩散，最突出的变迁即市场经济制度的建立及市场势力向社会其他领域的渗透。市场经济制度作为近20年左右才开始建立的一项重要制度，其理念设计、制度建立以及相关支撑机制的安排都是为了促进社会主义社会生产力的提升，并且在实践中产生了辉煌的成就。但客观地说，在由计划经济制度向市场经济制度的转型（虽然至今还没有全部完成）过程中，这一转型也对其他社会领域（包括行政领域）形成了强大的冲击力，出现了一些负面效益。

市场经济制度的建立打破了束缚社会生产力发展的枷锁，极大促进了包括经济在内的各项事业的进步和发展，但由于这一制度变迁对中国而言既是一个急速飞跃的过程，也是一个由相对封闭走向全面开放型的变迁过程，用万俊人教授的话来说，就是市场经济的发展正处于"加速急转弯的过程"，计划经济体制虽然被市场经济大潮急速冲垮了，但社会价值领域、思想文化的变迁具有对原有价值观的"路径依赖"特性，在许多方面新道德、新文化、新的社会价值观尚处于一种真空状态，各种思想观念的冲击使民众无从判断，无法适应。竞争性与功利性的市场制度以及等价交换原则不仅迅速占领市场领域，并向其他诸领域急剧渗透和扩散。而文化、道德、价值等作为上层建筑，不仅相对于市场经济的发展明显具有滞后性，同时还受到市场经济过程中一些问题的影响，甚至可以说，传统的美德和精神文化在市场经济中受到了重创。

同时，市场秩序的建立使得国家政治权力中心向各领域分离。市场经济制度的变迁和市场秩序的确立，打破了计划经济制度的高度集中性。正如有学者所说的，这种变迁"表现为由原来的以国家政治权力为中心、以政府行政权力统摄一切的社会各领域合一的社会结构形式，转变为政治、经济、文化诸领域相分离的过程"。① 这种分离最开始表现为政企分离，即政府由支配和控制企业的各个环节逐步开始减少微观经济活动的干预，进行"战略性退却"，慢慢专注于整个宏观经济的调控。企业逐步掌握自主权，变为自主经营、自负盈亏的市场主体和经济主体。原先在计划经济制度中被埋没的毫无自主性的市场个体（企业等）的主体性地位不断凸显，其被压抑的逐利动机也得到社会的普遍化认可（只要其逐利行为在法律的框架之下）。有经济学家将之称为"经济独立化"进程。

"经济独立化"进程，一方面来自政府的主动"让渡"，其目的是以市场制度推动生产力的解放和经济效率的提升，另一方面更是市场经济制度的竞争性和相对自由性等特征所致。正如哈耶克所说："市场是唯一已知的方法，它能够提供信息，使个人可以对他们直接有所了解的资源的不同用途的相对利益加以权衡，并且不管他们是否有此意图，他们能够通过利用这些资源，为相距遥远素不相识的个人的需求提供服务。这种分散性的只是从本质上说只能是分散的，不可能被集中起来传递给专门负责创设秩序这项任务的某个权力机关。"②

2. 社会公共领域的兴起和公共舆论领域的壮大

"经济独立化"还只是公务员道德建设面临的重要挑战之一，随之而来的还有社会公共领域（也有学者称为市民社会、公民社会等）的相对独立和迅速壮大。受市场经济主体意识、市场机制等影响，也因信息技术和运输技术的突破，尤其是新媒体的推动，一个介于"国家"和"个人"之间的广阔领域应运而生，它是与由相对独立而存在的各种组织和团体构成，又是国家政治权力体制之外自发形成的接近自治形态的领域。正如亨廷顿所说，公共领域的兴起是现代化的一个显著标志。"一个社会所达到的政治共同体水平反映着其政治制度和构成这种政治制度的社会势力之间的关系。所谓社会势力指的是种族、宗教、地域、经济或者社会地位等方面的集团。现代化在很大程度上会引起社会上各种社会势力的集聚化和多样化。"③

社会公共领域的兴起和成熟对国家领域（包括行政领域）最直接的冲击是分解政治权力以及对行政权力加以约束和监督。公共领域扩大的一

---

① 沈亚平：《转型社会中的行政发展》，《南开学报》（哲学社会科学版）2004年第4期。
② 哈耶克：《致命的自负》，冯克利等译，中国社会科学出版社2000年版，第87页。
③ 亨廷顿：《变化社会中的政治秩序》，王冠华等译，上海人民出版社2008年版，第7页。

个显著标识就是舆论领域政治功能的彰显。"公共性本身表现为一个独立的领域，即公共领域，它和私人领域是相对立的。有些时候，公共领域说到底就是舆论领域，它和公共权力机关直接相抗衡。有些情况下，人们把国家机构或用来沟通公众的传媒，如报刊也算作'公共机构'。"① 也就是说，大众传播媒体不断将政治议题纳入媒介传播，以自身的影响力介入政治领域，但同时它又打造成一种不受公共权力干涉而为广大公众提供自由发表言论的广阔空间，变成一种具有批判精神的理性讨论公共事务的开放场所。因而也有人将大众媒体称之为"第四权力"，因为现代社会中新闻传播媒体越来越形成与立法、行政、司法并立的社会力量，对这三种政治权力起制衡作用。虽然有时候政治力量或政府也能利用大众媒体为其政策的实施营造有利的舆论环境，但总体来说，舆论领域越来越多元化，越来越追求独立化，并乐于承担与政府对抗的角色。

总体而言，公共领域的相对独立和舆论领域的壮大对国家政治至少产生三方面的影响：一是政府权威有可能被削弱。传统社会中，政府往往通过自上而下的垂直体系实施权力，或者通过统一的"声音"来塑造政府的威信。没有其他的"杂音"足以与政府的声音相抗衡。民众几乎都生存在一元化的政治势力和政治声音之中。但是，公共领域产生的动机就是相对独立于正统的政治力量，并通过媒体势力的扩张而越来越影响政府的决策，甚至通过塑造舆论来左右政策。二是政治势力更加多元化。由于媒体力量的崛起，不少团体开始借助媒体发声，使媒体成为各种政治力量争夺的"重地"，同时也是扩大自身团体影响力的利器。因为媒体将自我包装成中立的力量——独立于政府的力量，这正好给各种政治力量（包括政府或某一执政党的反对派）影响舆论的机会。所以，政治逐渐成为一种平衡之术，各种政治团体对权力的争夺也越来越激烈。三是民众通过舆论参与政治能力提升。除了媒体力量在国家政治话语权中的增强，民众个体也由于媒体塑造的便利方式，越来越多地参与到政治生活之中。民众被媒体设置的各种议题所吸引和鼓动，也通过媒体发出自己的声音。

3. 政治民主化浪潮的到来和民众对民主的呼声

亨廷顿曾将20世纪最后20多年的世界民主化的崛起称之为民主化浪

---

① ［德］哈贝马斯：《公共领域的结构转型》，曹卫东等译，学林出版社1999年版，第2页。

潮的"第三波",并认为第三波民主化力量之大、范围之广以及持续时间之长,都是史无前例的。他认为,世界范围的民主化运动主要有三次,第一次在 1828—1926 年,世界上有 33 个国家建立了民主制;第二次在 1943—1962 年,约有 40 个国家建立了民主制;第三次起始于 1974 年一直延续至今。虽然亨廷顿所谓的"第三次民主化浪潮"是把西方的代议民主制、多党制作为民主模板,将民主化看作非西方国家趋向和接近于西方的"自由民主"。但是,民主化波及世界,以及民众民主意识在全球范围内提升却是不争的事实。

民主化浪潮的到来与民主呼声的高涨,最重要因素就是经济增长。因为经济发展,一是促进了个体主体意识、价值意识、竞争意识和平等意识的滋长,这些意识必将引入政治领域,有利于民主平等精神的培育。二是为提高受教育程度提供可能,受益于经济增长,越来越多的民众有条件进入高等教育的行列。而随着识字率的提升,民众的参与意识及参与能力有所提升。三是造就了新的经济阶层和利益群体,尤其是中产阶级的扩大,他们的批判精神更加突出,政治参与的积极性很高。

民众主体意识的觉醒,必然在行为上表现出政治参与度的提升、对公民自我权利的诉求以及对政府权力的批判和监督等。如 2010 年正值《行政诉讼法》实施 20 周年,很多媒体都梳理了一些典型案例,如《钱江晚报》整理了浙江省"民告官"十大经典案例,《羊城晚报》从广东省的"民告官"案件分析中,更是直接得出结论"百姓从不敢告到大胆告"。①这些事例既宣告政府从管理者到被监督者的角色转变,也昭示着当代公民权利意识的觉醒。民众敢于"告政府"来争取自身的利益,它同传统社会不一样的是:传统社会民告官往往是深受迫害走投无路之举,而当代的"民告官"集中的领域往往是利益纠纷。即使"民告官"多少有些被动的因素,那民众参与选择、参与政治事务的积极性提升则从正面说明民主意识、主体意识、平等意识的觉醒。如越来越多的社会组织,一方面以自我管理、自我教育、自我服务为形态发挥社会互助的作用,另一方面也开始影响基层及当地政府的一些决策。再如几千人乃至上万人的社区以直选、差额选举方式产生社区代表和居委会,则彰显了民众的参与意识和民主意

---

① 《〈行政诉讼法〉实施 20 周年 百姓从不敢告到大胆告》,《羊城晚报》2010 年 9 月 30 日。

识。同时，快捷便利的通信方式有助于提升民众的主体意识和民主意识。如由于网络的盛行，民众开始借助这种新媒体来监督政府行为，人们可以通过大数据搜索、大面积传播、网络举报等各种方式挖掘政府官员的腐败行为，或者维护自身的权益。

（二）当代社会环境变迁对公务员道德建设的冲击

公共领域的转型使当代公务员行政行为（包括公务员道德行为）面临的环境和氛围更为复杂，使其受到的冲击也更大。一方面，经济领域和社会领域转型的不利影响渗入到公务员行政领域；另一方面，公共领域转型使得公务员的行政行为面临越来越多的困境。

首先，市场效率与失灵并存考验公务员的行政决策水平和经济管理能力。市场无疑是迄今为止最具效率的资源配置方式，这已经被无数经济学家所论证，也被市场经济的实践无数次的证明。这提醒政府应该尽可能少的干预自由经济，但是，市场的失灵无疑是存在的，它一方面指市场无法有效率地分配商品和劳务，另一方面指市场的力量无法满足公共利益的需求。市场失灵具体表现为：收入与财富分配不公、市场垄断的形成、失业问题的恶化、区域经济发展不协调、公共产品供给不足、公共资源过度使用以及因经济利益的追逐而给环境造成严重危害等。而这些牵涉公共利益的市场失灵问题一旦产生，政府往往成为"替罪羊"，被民众贴上"不作为"的标签，甚至引发民众的抗议和社会的不稳定。这也说明现代行政行为的范围比传统社会更为广泛（市场的范围在扩大，行政管理的范围也更广），因而需要承担更多的行政责任。

其次，交易成本优势使其成为行政权力与经济行为谋合的"黏合剂"，成为腐败的温床。交易成本指买卖过程中所花费的全部时间和货币成本，包括信息传递、广告服务、运输以及谈判、签约，乃至监督等劳务性成本。因为任何市场都生存在行政管理之中，政府及公务员可以通过价格管制、特许生产、贸易限制、关税、进出口配额、优惠政策、公共投资等活动影响市场主体及其行为，而这些行为都容易滋生行政腐败或者干扰市场经济活动。这是因为，某些市场主体会利用机会收买或挟持行政人员帮助其获得的经济利益，通过行政权力获得的经济利益往往比市场自由竞争更加快捷，且更节约成本。这种权力寻租的成本主要体现在行贿上，但是一旦与行政权力"苟合"，它可以节省更多的监督成本、搜寻成本、谈判成本等。同时，法律上的漏洞也使得行政人员有可能规避法律去帮助某些市场主体获得不对称的竞争优势。

再次，公共领域的非理性因素使转型时期公务员的行政风险极易放大。根据吉登斯等人的风险理论，随着人际交往的全球化趋势以及某些科学技术遭到不合理的应用等，"外在风险"（如自然灾害的风险）日益被"人造风险"所取代，而且"人造风险"越来越深入到社会的每个角落，同时具有全球性的影响。特别是科学技术的非理性运用，已经给人类社会发展带来了不少的风险和危机，如信息科技使得人们对行政的监督无孔不入，甚至人们可以根据合成技术将公务员的行为"移花接木"，以引起更多人的注意和社会的愤怒。另外，突发性事件如禽流感、自然灾难、生态污染等问题爆发时，由于民众聚焦于政府及公务员行为，一个不实的报道可能引发更多的谣言或者激发人们对政府和公务员的批评。公共领域的非理性因素、加上科技的突飞猛进有时让人们觉得整个社会似乎更加脆弱，民众情绪更加容易弥漫和扩散，社会风险也更加容易爆发。

最后，现代社会民众（包括公务员）公共精神的孕育需要一定过渡期。民众对公共领域转型的"意识适应"和"精神适应"比公共领域转型慢得多，毕竟社会意识往往滞后于社会发展本身。即在经济体制急剧转轨、社会领域日益壮大和民主呼声渐长的形势下，受到传统等因素的影响，不少民众对公共领域的转型还没有做好心理上、文化上的准备，尤其是在现代化的国家治理体系未完成之前。公务员受传统行政影响，很可能对现代信息传播应对不足，对于民众的呼声和需求（通过现代媒体以舆论方式出现）很可能仍然以官僚的、权威式的姿态处理，甚至有时还表现得"居高临下"。他们可能没有意识到社会力量对行政行为转变的需要。另外，普通民众有时也会表现严重缺乏公共精神，比如理性参与公共事务，对突发性事件的理性评判和反思。还有就是对传统行政模式的眷恋乃至依赖也是民众公共精神缺乏的表现。毕竟中国数千年的封建文化主导下的个人崇拜、臣民义务等伦理理念依然有一定的市场，依然会左右人们的思维，甚至形成对民众的长期禁锢，这种残余的臣民意识无助于公共精神的孕育。正如一位学者所说："近代以来，它（臣民文化）在理论层面上已经基本被抛弃，但它仍然是民族心理特征，并以改头换面的形式顽固地存留和体现在现存政治制度、政治行为和政治理论中。"① 总之，公共领域转型并走向成熟、普通公民的公共精神和公务员公共行政意识达成有机统一，这需要一个长期的过程。从西方200多年的转型时段以及更为长久的公共精神孕育时间，也侧面印证了这一点。

除行政以外领域消极因素的渗入给公务员行政行为带来更多的问题和价值选择之外，公共领域的转型也使得公务员对自身行政角色的定位更为混乱、价值观念更加多样，公务员的道德行为也面临更多的选择困境。

第一，现代行政角色的多重化，使公务员面临"行政人"和"社会人"的角色冲突。公共领域转型使得各个领域更加分立，个体承担的社会角色越来越多。对于行政人员来说，他面临的角色困境更多地来自"行政人"和"社会人"的价值冲突。一方面，公务员是公共利益的维护者，他需要运用权力调节、维系公共利益，有时社会甚至要求（或倡导）其牺牲个体的利益去促成更广大的社会利益，因为现代公众越来越以是否维护和增长公共利益来评价公务员。但同时公务员也是个体的人、社会大众的一员，他也有私人的权利和利益，而私人利益往往是个体感受最深切、最现实的。当然，他的私人利益与公共利益在常态中并不冲突，但有时会发生冲突和矛盾，两者也并不总是共赢。由于局部效益和整体效益、眼前利益和长远利益、社会效益和经济效益等方面的差异，再加上人们对这几种关系的认知也有差异，所以，行政领域角色冲突往往更为显见。这时如果受到利益的诱惑，公务员有可能逐渐偏离"行政人"的角色，而偏向于追逐个体利益的最大化。上述已经分析，权力是他们追求自身利益最强大的工具。另外，就算公务员在行政过程中并没有以追求个体利益为目标，他的行政失误、过错（即使很小），公众也容易将这类过错归结于他在其中谋取了自身的利益。

第二，行政责任的双向性，使得公务员面临"对上级负责"和"对公众负责"的困境。政府可视为一个多级授权的组织，某一级政府总是上级政府、权力机关乃至全体公民的代理人。虽然行政组织最终的委托人是全体公民，但是，各级行政人员其权力的运行、职能的划分、奖惩机制往往更显著地受上级政府组织的影响，尤其是行政人员的升迁和奖惩问题

---

① 丛日云：《构建公民文化——面向21世纪中国政治学研究的主题》，《理论与现代化》1999年第12期。

的主动权掌握在上级组织或人员手中，而且服从也往往被塑造为行政领域的美德，因而在现实行政过程中，公务员的行政行为往往具有更多的"对上级负责"色彩。但公务员权力的来源又是民众。根据契约理论，是人民（分散的个体）将社会管理的权力让渡于政府和行政人员，所以行政官员必须对民众负责，何况现代行政体系中还有弹劾机制。虽然社会主义中国广大人民根本利益是一致的，对民众负责本质也就是对上级负责（如中国共产党的宗旨就是全心全意为人民服务），但是，对上级负责和对公众负责还是有侧重点的不同。对上级负责，主要指执行上级决策和部署，乃至维护上级权威；而对民众负责是指为民众办事，透明公正做好行政工作，为民谋利、为民排忧等。但是，上级的决策并不总是和民众的诉求完全一致（受多重因素影响，如对某个公共事务的认知、上级领导可能抱有私心、上级决策的科学性及民众诉求的合理性等），这给行政行为带来选择难题。

第三，行为自由裁量权，使得公务员行政可能面对自由与责任的两难选择。这包含两个方面难题：一是行政目标的派生性和自由性（或自为性）；二是自由裁量权使用过程中包含的责任风险。一般认为，自由裁量权，是指行政机关及其工作人员（包括税务机关、行政处罚机关等）在法律事实要件确定的情况下，根据法律规定，自行判断行为条件和较为自由地做出形成决定的权力。虽然自由裁量权实质是行政机关及其个人依据一定的社会标准（如社会制度、社会价值取向、法律等）而进行的行为过程，但是，这一权力在很多时候往往具有一定的自由空间。"这种自由既处于法律框架之内，又超出法制条文之外。行政自由裁量权的存在，意味着在法律所未涉及之范围内，行政享有某种程度的决定空间。"[①] 随着社会分工细化和科学技术发展，当代政府组织和人员社会调节的范围不仅没有缩小，而是急剧扩大，再加上一些公共事务本身的复杂性和不确定性，行政机关及其工作人员享有的自由裁量权往往会随之增加。自由裁量权带来的道德困惑有两种：第一种是来自行政组织内部对自由裁量权的设限与行政个体认知上的差异，例如，行政组织内部有可能对某一行政罚款行为内定为最高额度（依然在法律范围内），但具体行政人员可能认为应该区别对待，毕竟他要对自身的行政处罚行为负责。第二种也是最主要的

[①] 王学栋：《行政伦理视野中的行政自由裁量权》，《教学与研究》2007年第6期。

选择困境——行政人员在执行行政裁决时在法律的框架之内,但是,被裁决的对象(如被罚款的对象)可能认为太重而反过来进行申诉或者诉讼。也就是说,即使在法律允许的条件下,自由裁量权在使用中还是会面临民众的责难,甚至在使用不当时会给公务员带来极大的风险。另外,正是因为自由裁量权的存在,使得公务员有可能因此获利,这也对公务员提出了更高的道德要求。

第四,行政模式的转型使行政行为将由公共管理走向公共治理。管理的核心是权力,通过行政塑造更强大、更具权威、更有效的权力体系,所以,以往社会的行政行为往往属于政治的范畴。但是,公共治理的理念却越来越受到当代社会民众的欢迎,治理的核心是服务,即通过行政增强为全社会服务的能力,积极打造成服务型政府。在传统社会的行政中,政府凭借强制的公共权力,始终在社会管理中承担了"管理者""统治者"的角色,它突出"政府中心"的管理理念。但是,转型社会带来的民主化浪潮以及社会领域的扩大,民众希望政府突破"自我中心"的行政管理模式,而转为公共治理——"以社会为中心"的行政模式。行政不仅是通过拟定政策文件而服务于政治的任务,更重要的是通过执行政策和提供高质量、高效率的公共服务惠及民众,这种转变如同企业发展过程中以内部管理为中心向以顾客为中心的转变。这给公务员带来两个方面的挑战:一是公务员乃至整个行政体系对新的行政模式还有诸多不适应(包括行政机制的改革、公共服务意识的增强、服务角色的充当等)。二是部分行政权力的析出,使得公务员面临权威和服务的两难选择。因为公共治理也包含部分权力的释放促使社会自我管理——社会自治。社会组织承担行政系统原有的部分功能,乃至与行政体系进行竞争。这要求行政组织既要放权,又要更好地服务。

上述几种行为选择困境并非只有转型社会才出现,只是转型社会表现得更加突出。这主要的原因是社会转型期的特点所致。市场经济运行让民众体验切身利益的重要性,并培育竞争、平等、主体意识,而使得公务员面临越来越多元、异质的社会。舆论领域的兴起又使得政府行为越来越包围在社会监督之下,尤其是新媒体迅速便利传播的特点。民主化浪潮则让民众更多地参与到行政决策的过程之中,且民众对透明行政、信息公开的呼声也越来越高涨。这种转型让行政行为比以往更加受到社会关注、更加透明化,也更容易引发争议。

（三）转型期核心价值体系对公务员道德建设的引领作用

社会主义核心价值体系对公务员道德建设的引领作用依然体现在理论指导、目标凝聚、精神支撑和道德评价等方面。这里介绍公务员道德建设相关的内容。

首先，马克思主义对公务员行政行为中的一些道德难题予以明确的理论指导。如公务员可以从唯物史观的视角去分析社会变迁中的问题、意识的滞后性问题、历史发展规律问题等。另外，对于"对上级负责"和"对民众负责"的道德价值冲突，其实，马克思主义理论体系中有过多次论述。毛泽东同志早就提出了"向人民负责和向党的领导机关负责的一致性"的著名论断，邓小平同志尖锐地批评过"把对上级负责和对人民负责对立起来"的错误倾向。因为在社会主义中国，广大人民之间的根本利益是一致的，而党和政府的宗旨也是全心全意为人民服务。行政人员应充分认识到党的领导（包括上级部门的领导）与人民群众主体地位是不矛盾的。中国共产党是我国社会主义事业的领导核心。而人民是国家的主人，是决定我国前途和命运的根本力量。党的领导作用是为人民群众提出正确的主张，领导和支持人民群众当家做主，把他们动员、组织和凝聚起来，为实现最广大人民的利益而奋斗。"党的领导作用和人民群众的主体作用绝不矛盾，而是一致的。党的领导越正确、越有效，领导作用发挥得越好，就越能使人民群众认清自己的主人翁地位，充分发挥自己的主体作用。反之，人民群众越能发挥主体作用，以极大的主动性和创造性去建设自己的新生活，也就越有利于党的正确领导的实现。"[①] 公务员应对此有清醒的认识，一旦发生"上级"和"人民"的冲突，要么是公务员对于双方利益和要求认知的差异，要么是"上级"指示的错误。而作为公务员除了积极反馈人民的呼声之外，最终的行政行为一定要忠于人民的利益。

其次，社会主义核心价值体系为公务员道德建设提供目标支撑和精神支持。人民群众是建设社会主义伟大事业的力量源泉和胜利之本。建设社会主义的共同理想，其内容是时代性、实践性、科学性和超越性的统一。行政人员应该认识到这也是政府的目标、所有行政活动的目标，以此作为衡量行政行为是否高效、正确的最终指向。这无疑给复杂的行政行为选择

---

① 李志民：《关于"对上负责"和"对下负责"》，《求是》2000年10月18日。

带来明确的指引（尤其是在转型时期社会异质性、利益诉求多样性的背景之下）。另外，以爱国主义为核心的民族精神和以改革创新为核心的时代精神的确立和弘扬，也为行政行为面临的诸多困境提供了价值指导。因为在价值多元化激荡下的文化氛围中，明确弘扬爱国主义、团结统一、爱好和平、勤劳勇敢、自强不息等为内容的民族精神和解放思想、实事求是、与时俱进、勇于创新等为内容的时代精神，无疑有助于化解行政行为中的价值选择困惑。

最后，社会主义荣辱观明确了荣辱标准，对公务员道德建设具有直接指引作用。以"八荣八耻"为主要内容的社会主义荣辱观，不仅体现了中华民族的传统美德，也极其富有社会主义的时代气息。它不仅体现了社会主义基本道德规范的本质要求，也给行政人员提供了价值观的明确导向。如"以热爱祖国为荣、以危害祖国为耻""以服务人民为荣、以背离人民为耻"等八个方面可以说是行政人员最基本的道德底线，每一个"荣"都关系到国家的前途和人民的幸福，而每一个"耻"都关系到社会的安定和个人的命运。每一个行政人员、每一个党员、每一个公民都应该自觉遵守、全面遵循。这些荣辱观的确立和弘扬，进一步为行政行为提供了评判标准。

二 公务员道德建设内涵及社会功能

由于部分公务员失德问题的涌现以及社会影响较大，民众对公务员的道德诉求越来越强烈。公务员道德应在社会主义核心价值体系之下明确自身建设的原则、内涵，并结合整个社会公共领域转型的社会背景做出调整和应对。我们认为公务员道德建设不仅仅局限于狭义的政治领域，而应该涵括于整个公共领域之中。它应渗透于政府公共行政全过程，即行政体制、行政领导、行政决策、行政协调、行政效率、行政素质等。所以，它关注的不仅仅是行政人员的内在道德素质这一单纯的层面。

（一）公务员道德的内容维度

根据现代行政特点，公务员道德应该涵盖三个方面的内容：一是行政人员应有的内在道德品质。这是社会赋予行政人员所特有的道德规范和要求。如果加以细分，既包括所有行政人员应该遵循的普遍性的道德规范，也包括具体行政工作人员特殊领域的从业道德（例如，司法人员与水利管理人员的道德诉求在某些方面可能不一样）。行政人员道德品质的养成主要靠自我的修炼。二是公务员在行政行为、行政决策、行政过程中应遵循的道德准则。与第一个方面道德规范不同，行政过程的道德准则往往是动态的。有时同样的行政行为可能在面临不同的境况时其所依据的道德标准和评判标准不一样。这还涉及道德价值的排序问题，如在实施某一行政行为时，更应该注意诚信原则还是公正原则（如果有冲突的话）。所以，过程性公务员道德建设既要靠体制约束，更需要靠行政智慧。三是国家和社会层面对公务员的整个行政体制（包括基本行政制度）的道德审思，即"合乎道德"的评判和反思。这是行政制度变革的需要，已经形成的行政制度和运行机制并非是完善的，也不一定是符合人们道德需求的。作为公务员，需要对行政过程和行政体制抱以变更、进步的思维，力求行政体系越来越人性化和符合社会需求。

综上所述，公务员道德是指在调整公共事务治理和管理活动中各种利益关系，行政主体应当遵循以善恶为标识的行为规范，以及行政制度、体制、规则、程序等行政构件中所体现的道德倾向和伦理品质。

（二）现代公务员道德建设的诉求

根据公务员道德三个层面的内涵，以及结合上述对公共领域转型当代社会的一些分析，我们可以将现代公务员道德建设过程理解为：面对公务员行政过程中的道德矛盾与冲突，围绕公务员的义务和责任，对行政行为进行道德评判和价值引导，以促使行政行为合道德性目的与社会价值诉求的活动。根据这样的描述，现代公务员道德建设更加突出以下三个方面：

1. 责任应成为公务员道德建设的主题

在传统社会，人们往往以权力作为构建政治乃至公务员道德的中心，这已经不能反映现代社会对公务员道德的诉求。传统政治学或者传统行政伦理学几乎都是以权力为基本范畴来构建公务员道德，但是无论从理论上还是现实发展上，责任更应该成为公务员道德的核心词汇。道德行为，从本质上讲应该是一种以自由意志为前提，由选择机制和责任能力共同决定的责任行为。正如亚里士多德所说的："出于意愿的感情和实践受到称赞或谴责，违反意愿的感情和实践则得到原谅甚至有时得到怜悯。"[1]道德行

---

[1] 亚里士多德：《尼各马可伦理学》，廖申白译，商务印书馆2003年版，第58页。

为既受具有道德价值的意志支配,施动者是自我,而受动者是自己或者他人,并对自我或者他人有着利害关系,那么责任就贯穿于行为的决策、执行、后果(或者称为事前、事中、事后)的全过程。"实际上,责任同样可以是一种个人内心的道德诉求或责任感,同时又可以是通过强硬手段进行追溯的刚性法律责任。责任伦理也是衔接道德形而上学与实践性规范的环节,既可以上溯到当事者的形上诉求,也可以追溯到行为者的社会责任。"① 正因为责任在应用伦理中具有深度的解释弹性,已经成为现代应用伦理学的核心范畴。随着公共领域的壮大以及民主化浪潮的兴起,人们发现责任伦理也应在公务员道德实践中进一步凸显其中心地位。因为公务员行政行为往往代表着权力,而权利和义务的对应是马克思主义的重要观点,也是现代民众的重要诉求。民众赋予其政府及公务员依法行使公共权力的同时,也必然要求行政人员从事公共事务管理时必须承担道德责任。

另外,当今中国社会面临的道德境况使得责任成为公务员道德的主题,这些境况前面也作过相应分析,如现代市场经济最主要的视角已经由自由经济时代的自由原则转变为现代复杂市场环境中的责任原则。强调经济主体的责任意识和责任行为是市场经济的题中应有之义,而建立在市场经济基础上的我国公务员道德建设自然要围绕责任这一主题。再如,人与人交往中私人空间获得了前所未有的拓展和尊重的同时,个人生活所具有的公共性和社会性特征也日益剧增。责任就成为现代和谐人际关系得以建立的基础,没有责任,个人在复杂而扩大化的人际交往中就会显得迷茫而被动,各个个体在"利益攸关"的环境中就会一损俱损。另外,以责任作为构建公务员道德的主题,还有一个重要因素,即责任比其他道德范畴更加容易量化,可量化为细致的考核指标对公务员行政行为进行评价和监督。

2. 公务员道德建设应以正义为目标

"公正是一切德行的总括。公正最为完全,因为它是交往行为上的总体的德行。"② 亚里士多德这句名言就是针对社会公共生活,即政治(包括行政活动)生活而言的。因为行政活动是人们在公共生活之中,通过代行公共权力影响公共资源分配的活动。现代政治观与传统政治观一个重

---

① 毛羽:《凸显"责任"的西方应用伦理学——西方责任伦理述评》,《哲学动态》2003年第9期。
② 亚里士多德:《尼各马可伦理学》,廖申白译,商务印书馆2003年版,第130页。

要的区别就在于，它反对寡头政治和僭主政治，而主张既然政治权力源于民，政府只是代行的角色，最终得还政于民。即行政的公共权力性质——公共权力服务于公共利益，决定行政活动的指向——正义。

行政活动的公共性和契约性特征使得正义成为公务员道德的必然诉求，因为"正义的主要问题是社会的基本结构，或更准确地说，是社会主要制度分配基本权利和义务，决定由社会合作产生的利益之划分的方式"。① 正义所指涉的问题正是政治生活中最基本的问题，也是公务员道德所要解决的根本问题。从柏拉图到亚里士多德再到马克思，最后到罗尔斯，主流的公务员道德学家无一不把正义作为政治生活应有的首要价值。同时，正义是以自身为目的体现在政治体制中的，而不是作为促进政治生活的手段。

3. 公务员道德建设应侧重制度的支持作用

一方面，政治制度的设计和行政体制的形成必须以某些公务员道德价值为基本理念；另一方面，公务员道德价值实施和进一步深化必须在相关制度的保障下完成。行政作为一种公共性的活动和关系其主要的道德规范和导向就不能仅仅是个体良心的"审判"和舆论，它必须具有更硬性的东西，这就是制度。因为行政行为往往涉及公众最基本的权利和义务的分配，涉及基本的利益划分，所以，公务员道德与其他伦理相比具有更鲜明的"准法律性"。

制度在公务员道德中发挥几个方面支撑功能：首先，制度具有对个体的规范功能。如在行使公共权力的国家层面，虽然在民主政治下，权力是属于人民的，但在现实中权力的所有者与权力的使用者的分离，就可能会导致权力的滥用和异化。因而必须在制度上确立权力主体的权限范畴，规定其在享有权利的同时履行作为公共权力代行者的责任，使在权力运用和行使中合乎善的目的。其次，制度也具有协调的功能，即制度的设计和优化不仅保障各项政治制度之间和谐运行，而且政治制度变化和完善也调节制度本身与伦理之间的关系，使得制度本身合乎道德的善。最后，制度具有对社会政治生活的导向功能。制度的设计和创新提供了政治价值目标、主观条件、外部环境等，制度更替过程实际就是制度创新的过程。

---

① 约翰·罗尔斯：《正义论》，何怀宏等译，中国社会科学出版社2003年版，第7页。

(三)公务员道德建设的重要功能

首先,公务员道德建设具有社会示范效益。由于行政体系在社会生活中的特殊地位(它与国家权力密切相关,行政行为的公共性特征、它对社会利益的支配和协调机制等)决定了道德建设具有巨大的社会示范效益。公共行政活动面向的是整个社会,涉及各个行业,而且行政的职能明显处于"领导""管理""组织""协调""服务"地位。可以说作为公务员其在行政活动中表现出的职业道德不仅仅是行政领域的道德水准,也是整个社会道德水平的晴雨表。行政体系的状况(包括道德状况)不仅是整个国家、社会、政治、经济、文化、思想道德等各个方面的综合体现,同时行政体系反过来对国家和社会各个方面都具有极大的影响力。正如当前的诚信缺失、腐败等问题,虽然有经济、社会等各个方面的因素,但是如果从行政领域的诚信和廉洁抓起,必然会使得整个社会风气为之一振。所以,当季康问政于孔子时,孔子对曰:"政者,正也。子帅以正,孰敢不正?"

其次,公务员道德建设有助于增强执政者的道德领导力,提升行政效率和权威。执政权威在转型社会中存在被弱化的趋势,但行政权威又是实现内部管理和提升社会服务的重要保证。从公务员视角看,加强行政权威是行政的重要目标之一。与侧重血缘型和魅力型等传统式行政权威不同的是,当代行政权威往往是法理型的权威。而法理型行政权威的获得除了合乎法律制度规范和法定程序外,也反映出社会环境、社会舆论、社会心态对行政体系的评价和影响,即人们对公务员权力资格、执行能力、个体道德素质等方面的认可。而道德性因素往往具有更强大、更具有持续性的感召力,能够强化民众对政府的认同。简要地说,公务员道德整体水平的提升,可以提升社会民众对公务员权力执行的自觉拥护。转型社会的变迁使得通过道德路径提升公务员的权威更为重要。因为随着公共领域的壮大和政治领域从某些活动退却,如行政部门不再过多干预微观经济、某些社会管理职能让位于社会组织等。公众对政府(包括行政人员)的社会心态发生转变,对政府的畏惧感减弱,公民更期望与政府站在平等的地位上,那么强制力往往难以收到提升政府权威的效果。公务员道德建设的推进和行政人员自身道德素质的提升成为重要选项。

最后,公务员道德建设有利于降低社会道德风险。面对我国道德领域出现的种种问题以及道德问题日益严重化的趋势,社会道德风险在提升,乃至有可能演变为道德危机。行政领域的道德问题因其职业特殊性和影响力等缘故备受关注。如果行政人员道德水准下降，或者道德规范在行政活动中被悬置，将助长道德功能的式微和加速道德危机的形成。我们再以行政诚信为例，当某些行政官员一而再再而三地愚弄民众的智商，将自身的问题掩盖或者以谎言的形式发布，人们越来越趋向于不相信政府，乃至形成"政府说的都是假话""听政府的发言应该反着听"的思维模式。这种侵害政府公信力的现象发生，不仅仅是对行政活动的危害，也会加剧社会成员对彼此之间的不信任。如此恶性循环，诚信建设将越来越成为遥不可及的目标。

三 以核心价值体系推进公务员道德建设的主要对策

正是因为公共领域转型时期行政活动以及公务员道德面临的诸多问题，而公务员道德建设又极为重要。我们才提出以社会主义核心价值体系引领公务员道德建设，同时通过公务员道德建设增强马克思主义伦理学乃至整个马克思主义的说服力；通过道德的力量增强民众对社会的认同感，提升执政的凝聚力；通过公务员道德实践活动弘扬民族精神和时代精神，并进一步丰富和拓展时代精神的内容；通过公务员行政道德的表率作用和对荣辱观的践行，促进社会风气的良化。为了实现这些目标，我们认为公务员道德建设需要注重以下路径和思路：

（一）以完善的法律治理公务员队伍中的权力腐败

腐败，一般指公务员个人或小团体为了私人目的而滥用公共权力或资源。我国学者王沪宁曾简要地概括为"公共权力的非公共运用"。腐败问题不仅是当代社会道德的"毒瘤"，更是影响执政合法性和权威性的重要因素。腐败问题的危害在政治上表现为破坏正常的政治秩序和法律，损害公民的合法权益，乃至激化社会矛盾和冲突；而在经济上造成不法利益的获取（如垄断）、损害市场经济秩序，造成经济的不公正和分配的不合理。而在思想文化领域危害更大，不仅进一步助长行政人员的堕落，也加剧了社会的负面情绪，乃至瓦解民众对社会主义中国的信心。所以，反腐败应该成为公务员道德建设的首要问题。对于这一长期"顽疾"，治本之策应该在道德之外——以法律手段反对腐败、预防腐败和治理腐败。以法律路径治理腐败问题的对策主要集中于两个方面：

1. 静态层面的治理腐败，即以立法方式

立法权通过制定法律要求公权力的行使不得违背人民的意志，即行政行为不能超越法律的规定。我国立法权主体是人民代表大会及其常委会。以明确立法的方式规范公权力主要的方式是建立《反腐败法》，在《反腐败法》的内容制定上要注意：首先，法律要以明确的规范，确认各权力主体行使的权力和职能、范围和运作程序，以防止公权力的滥用、逾越和无序运行。任何公权力的运行和使用都必须有法律上的依据，而没有法律依据的公权力行为要么是违法的行为，要么是无效的行为。其次，涉及权力行使的法律条文要清晰具体、科学严谨、尽可能减少权力真空、权力漏洞。同时，要对权力的权限进行合理的界定，防止任意扩大权力的自由裁量范围。最后，明确权力主体的责任。在确立其权力的同时，一定要明确其责任，使责任与权力成为一个完整而不可分割的整体，对任何滥用权力的主体都应该依法追究其责任。

2. 动态层面的惩治腐败，即以司法的方式

与立法方式相比，司法的路径具有很强制约性和动态性，它是实现法治的重要防线，也是惩治腐败的重要手段。司法反腐主要是通过对公权力进行司法审查的方式以纠正违法的权力行为，并对由违法的权力行为对客体造成的损害给予相应的补救。司法审查制度的确立，不仅在保护公民权利方面起到了很大的作用，对于公权力的规范也具有重要影响。当前司法反腐的着力点就是相对的独立于本级行政机构，并以法律方式确立其审查和监督的更多手段和权力。

（二）以优良制度提升公务员的责任感和道德水平

与其他领域的道德建设相比，制度化是公务员道德建设的更为重要的手段。优良制度的设计机制，是将社会主义核心价值体系所体现的理念、目标、精神等融入整个行政制度的设计和制定中去。借助于制度的刚性化、规范化的特征，以价值融入行政制度有两个方面的优点：一是体现意识形态的价值理念获得了"隐形的外衣"，人们往往关注制度本身的要求和协调作用，而比较忽视制度背后的价值理念，这样具有意识形态色彩的核心价值体系能够以"改头换面"的形式让人们更易接受。二是制度刚性特征使得核心价值体系的践行成为无形而又硬性的规范。一旦价值理念已经渗入到行政制度之中，而制度是对公务员刚性化的要求，那么核心价

值体系的践行将变得常态化、机制化。

从整体思路看，要把核心价值体系中蕴含的理念和精神植根于当代行政制度设计之中，主要包括两个方面内容：一是对现有行政制度进行审视，审视其具体内容是否体现了核心价值体系的灵魂、精髓、主题等。即改变那些已建成但并没有获得普遍认同，也与核心价值体系精神相悖的制度。二是将核心价值体系本质性的东西直接融入新的制度设计中去。马克思主义指导思想、社会主义共同理想、民族精神和时代精神以及社会主义荣辱观都是核心价值体系的基本内容，是党和国家伟大的思想法宝和精神武器。它们都带有一定的普适性，是中国人民长期实践的结果和追求，这些思想和精神都可以融入刚性的制度建构之中，以对社会形成较为合宜的约束力和调控力。具体而言，核心价值体系指引下的行政制度建立和完善包括以下几个方面：

（1）建立和完善干部学习和道德教育制度。党的组织部门和纪律检查部门，也包括各级行政机构应该对行政人员进行定期学习更新和道德教育培训，有组织、有目标、有规定内容和长远规划的组织行政人员学习，既学习职业技能和知识，也对其道德认知、道德实践进行教育和提升。一方面，使得公务员熟悉党和国家的路线、方针、政策，加强自身的业务理论水平，熟悉当前的工作目标和社会理想。另一方面，使得公务员以败德者为鉴、以模范者为标杆，不断加强自身道德素养，树立正确的世界观、人生观、价值观、权力观和道德观。这需要建立长期而有效的定期培训和学习制度、轮训机制和教育模式。

（2）建立和完善行政人员考核制度。完善考核制度有助于选拔德才兼备的公务员，既提升行政效率，也增加政府公信力。进一步加强公务员日常工作的考核，组织部门应了解和掌握公务员（尤其是领导干部）的工作情况、生活情况和廉政情况，推行行政人员考核的激励机制，优胜劣汰，使行政人员的调整选拔辞退正常化、程序化。通过考核明确每一个公务员的工作职能、任务完成情况，增强其责任意识，同时也可以有效防止腐败。

（3）完善民主评议公务员制度。民主评议公务员（尤其是干部）也是考核和选拔的重要机制，它使得广大群众能直接参与到对行政人员的评价之中，既有利于对公务员的履职情况做出客观公正的评价，也有助于增强对公务员的约束和监督。实行和完善此项制度，可以借助现代化的传播工具，如网络、电视、手机等平台，以便利的方式动员民众参与到公务员的评议中来。如借助网络平台公开公务员的工作职能、范围以接受民众监督，公务员的定期述职报告也可以以这一方式让民众知晓和监督。同时，还要通过制度化的设计，使得民众的监督和评价作为考核和选拔公务员的重要参数。

（4）建立和完善廉政预警制度。大数据时代的来临使得廉政预警制度成为可能。廉政预警制度最重要的环节是信息，即通过多渠道、全方位的收集与公务员廉洁相关的数据和信息，并可以通过大规模数据处理能力分析和研究个体腐败乃至群体腐败的趋势与特征。同时，通过大数据还可以分析和处理以往腐败者或行政失职者的海量信息，得出一些规律性、趋向性知识，为预防腐败提供借鉴。另外，大数据时代也可以用于收集舆情民情，以更好地评价和考核公务员。简言之，以大数据为支撑的廉政预警制度，可以用来掌握和预测某一时期党风民情的动向，从而为廉政教育、制度防范、加强管理和强化监督提供完整准确的决策信息和依据，提高反腐倡廉工作的科学性、前瞻性和主动性。

（5）建立和完善政务活动公开制度。长期以来，由于受到传统政治体制影响，我们对政务透明化问题缺乏相应的认识和重视，行政在一定程度上存在神秘化趋势。改革开放之后，党的规章及国家法规已经要求尽可能设立政务公开办事制度，现在已经取得了很大的成效。比如，一些地方和部门从群众意见最大、最关心的热点入手，从最容易滋生腐败的环节入手，或是最便利群众办事的角度入手，设立了群众信箱、市长热线、预算公开、市民之家等。在公共领域壮大、舆论兴起的现代社会，进一步完善政务公开制度成为民众的重要诉求。下一步应该利用更多平台，尤其是新兴媒体公开政务，如公开办事、公开办事结果、公开财务预算、公开部门决策等，形成自上而下的透明化、公正化的行政体系。

（6）建立和完善公务人员（主要是领导）个人财务公示制度。随着越来越多的"裸官"冒出水面，人们越来越关注官员财务公示制度。我国现有的收入申报并不完备，而且仅限于上级部门知晓（而且是有限的部门），对于官员的财务监督成为"空白地带"，即使发现问题一般也是官员出现明显的违法乱纪之后才被动地审查其财务状况。因而我国现行的官员财产公示制度离真正的财务申报和公示依然有很大差距。应该从立法和审查机制的完善来促使"阳光行政"的早日实施。

(7) 建立和完善公务员道德审查制度。公务员道德建设除以道德以外的制度化方式优化道德环境以外，还可以直接将一些道德规范制度化，如公务员的道德审查制度即是如此，以法制化的方式确立公务员应遵守的道德规范，从而建立专门的道德审查机制。在这方面，美国、英国、日本等发达国家已经走在前列，我们可以借鉴这些国家公务员道德立法和制度审查的经验。如美国对约束公务员的行政行为，提升其道德水平，不仅对行贿受贿、财务公开、回避机制、防止滥用政府财物等做出了详尽的规定和严格的处罚方式。同时，还建立道德委员会，美国各级政府和各部门的道德委员会或利益冲突委员会都普遍享有广泛的授权并具有独立性，通常只向最高权力机关或立法机关负责，接受国家最高权力机关的领导，不从属于其他任何政府部门，从而有效地摆脱了其他方面的牵制和干扰。这一系列做法都值得为我国公务员道德审查机制的建立和完善提供思路。

（三）以合理的利益分配机制增强公务员的公正意识

利益的有机协调是建构社会主义和谐社会的基石，它直接影响到核心价值体系的认同，乃至对社会主义制度的认同。公平公正既是和谐社会的重要特征，也是人类基本的精神追求，更是社会主义社会的基本要求。要做到社会的公平正义，必须协调好各个方面的利益关系。而利益分配机制直接体现社会意识形态和国家的阶级性质，又因为利益分配往往由行政体系完成。所以，健全的利益分配机制不仅对整个社会具有整合作用，充分体现社会主义社会的本质，而且有助于社会主义社会魅力和吸引力的发挥，有利于人们真懂、真信、真行社会主义核心价值体系。同时合理而有效的社会利益分配机制，对于行政人员来说，既是规范和约束其行为的机制，也是防止其滥用职权的途径。不仅如此，在良好的社会分配机制之下，公务员更能强化公正的行政理念，为实现社会公正做出行政上的努力。

我国正处于社会转型的关键期，社会经济成分、组织形式、利益分配方式多样化多元化，这导致了诸如贫富差距、城乡差距和地域差距的不断拉大，利益的格局似乎呈现出失衡的趋势。一些领域出现的行业分配不均、弱势群体陷入更加弱势的地位、城乡间差距逐渐加大等现象诱发了不利于社会稳定因素的增长，近年来，各地涌现出的社会群体冲突事件就充分说明利益分配机制创新和改革的必要性。如果不进行分配机制的革新和优化，国家不但会陷入"中等收入国家"的发展陷阱，造成经济的长期停滞，而且会爆发出更多的社会矛盾和冲突性事件，造成社会的极大不稳定。在利益分配机制不公正的社会背景中，社会主义核心价值体系建设必将是"空中楼阁"，社会主义和谐社会也将是无稽之谈。

以利益分配机制的优化和创新推动公正理念的思路包括：（1）实现"效率优先、兼顾公平"向"效率与公平并重"转变。其实效率和公平在人类历史上并没有孰轻孰重的严格区分，而是要结合时代的背景加以考量。在当代中国经济飞速发展、物质生产高速而有效的条件下，社会最底层的民众并没有享受到社会经济发展带来的相应福利，甚至相对而言，他们的财富在萎缩，这就不得不对原有的"效率优先"的利益分配机制进行微调，效率应该是要提高，要不断发展，以给社会带来更多的物资和更好的生活质量。但一定要保护处于相对弱势的群体利益，公平应该提到整个社会制度（包括行政制度）的设计中来，从利益分配机制开始，逐步把公平公正的理念贯穿到整个社会结构中去。（2）健全利益表达和诉求机制。由于效率和公平理念转变是相对漫长的阶段，所以当务之急是健全各个群体（尤其是不得利群体）的利益表达和诉求机制。最近发生的"乌坎村事件"，一个很重要的原因是村民的合法利益得不到有效的保护，只能采取比较极端的方式"威逼"上层政府（即省市政府）的关注和介入，而且事实上，事情的解决也得益于省级领导的介入。这给我们的前车之鉴是：一定要允许民众以正确、有效的渠道来充分表达自己的利益要求，而不是在一味地打压以维持地方政府所谓的"稳定"。（3）建立以权利公平、机会公平、规则公平和分配公平为主要内容的社会保障体系。当前政府集中解决的农村医疗保险和城市职工社会保险两大问题就体现了这一思路。将有限的政府资源以"不公平"的做法倾注于社会最不得利的弱势群体本身就是一种更大意义上的公平，这在社会贫富分化加剧的当今更为重要。

（四）以全方位的社会监督提高公务员的道德敬畏感

对道德的敬畏虽然是一种道德情感，即道德主体内心对道德终极价值、道德法则、善之物的强烈崇敬和畏惧之情。但这一道德情感一旦确定，可以促使公务员从内心深处遵循社会对行政行为的规范诉求。因为道德敬畏与其他道德情感相比，具有自身的特征：（1）敬畏主体情感的"虔诚性"。道德敬畏与道德信念密切相关，敬畏者往往以迷信或笃信的心理去面对敬畏的客体，如同基督教徒心中信奉上帝般的虔诚。（2）敬畏客体之于主体的神圣性。相对于其他道德情感的易逝性、随意性，敬畏更具有稳定性和深刻性。一旦公务员树立对社会道德的敬畏，那么人们的需求、社会道德的要求就成为不可抵触的。（3）敬畏主体行为的必然性。敬畏感是强烈而执着的情感，对道德强烈的敬畏一旦产生，随之而来的必然是道德敬畏主体（公务员）在强烈情感下急切而执着的道德行为。如何树立公务员对社会道德的敬畏，除上述一些法律和制度的奖惩机制外，社会评判力量（主要以舆论方式）将是关键的一环。

1. 借助媒介，充分发动最广泛的大众参与公务员的道德评价

通过舆论和社会力量监督行政行为、评价公务员道德水平的方式是多样的：

第一，既要把大众媒介打造成社会主义道德体系宣传的平台，更要打造成一个全员参与行政行为、行政决策等过程的平台。即公众可以借助这一平台积极而快捷地发表与行政行为和公务员道德建设相关的意见和想法，既可以建言献策，也可以批判和反思；对具体的实践活动，大众既可以倡导赞美，也可以针砭时弊；对整个公务员道德建设过程，人们既可以全程参与，也可以监督追查。只有把社会道德的传播活动和公务员道德的监督活动打造成一个开放自由的平台，才能充分发挥社会个体的主体性地位，调动大众参与的积极性和主动性。

第二，在新兴媒体传播社会主义道德体系过程中，以提升人们对公务员道德建设的积极性和便利性，不仅要重视专业性、权威性网站的作用，还应当充分借助网络论坛、博客、微博、播客、微信等新型传播形式，综合运用文字、声音、图像、动画、视频等介质，凸显公务员道德监督的重要性，以新颖的方式吸引大众参与到公务员道德监督中来。监督和评价公务员道德应该借助最新传播介质，如微博、微信等，才能更好地吸收年轻网民的参与和支持，因为他们最爱站在"时尚的风口浪尖"，最爱"玩转"最新、最潮、最活泼的传播工具。

2. 充分吸引舆论和意见领袖，参与公务员道德建设，提升公务员对公共舆论的敬畏意识

舆论领袖是传播学一个重要范畴，一般是指能够生产意见并具有广泛社会影响力的个人或精英群体。他们一般知识渊博、眼界开阔、信息灵通、思维敏锐、能及时了解和把握社会发展的一些动向，他们经常活跃在人际传播活动或网络传播活动中，为他人提供信息、观点或建议，他们提

出的指导性观点和精辟言论往往成为网民的心声，在公共生活领域具有巨大的号召力、鼓动力和影响力。舆论领袖在网络以及传统的传播媒介和传播活动中都是存在的，他们是传播活动的积极参与者，他们"较多地使用大众媒介，参与高层次的交际活动，自认为能影响别人，并扮演着作为信源和指导的特定角色"。① 这些人往往是社会名流，他们拥有较多的追随者，因而他们的言论和举止往往具有较大的影响力和说服力。在公务员道德建设过程中，舆论领袖的作用主要表现在信息加工和解释（诠释、引申、复述有关社会主义道德规范和对公务员道德规范的信息）、扩散和传递（进一步地散播给他们所能影响的群体）、引导和支配（引导追随者的态度和行为）、协调或干扰（协调促进或设置干扰公务员道德的传播）的功能。总之，不管是在公务员道德规范的媒体传播还是对行政行为的监督评判中，舆论领袖的作用和功能都非常关键，各级政府及传媒负责人可以通过约谈、商议、劝导、动员舆论领袖等各种方式，取得舆论领袖的支持和配合，把他们吸收到参与公务员道德建设和约束、规范行政行为活动中来。通过舆论领袖来参与公务员道德建设，发挥其监督和评价作用，将会动员更大的社会力量，约束和规范行政活动，也能对公务员产生更大的震撼力。

3. 吸引民间组织功能参与，发挥其对行政活动的道德监督和评价作用

民间组织是介于政府与民众之间的一种社会力量，在现代社会，民间组织的作用和功能越来越凸显，尤其表现在保护公民权益、建立团体规范、从事政治活动、推动现代理念（如责任、环保、安全等理念）、培养公民意识、扶贫开发等诸多方面。龙静云在谈到民间组织对公民教育的功能时归结到"规范和约束""教化和向导"和"激励与惩戒"三点，并认为"民间组织在社会经济、政治、文化生活中扮演着越来越重要的角色"。② 民间组织对公务员道德建设起作用的方式主要有：其一，推动体现社会对公务员道德要求的具体规范的产生和运行，如行业协会是民间组织的一种形式，它可以在学术研究、调研的基础上，推动一系列行政章程、行政行规出台，从而对所属行业及其从业人员进行规范和约束。其二，奖惩和舆论引导功能。民间组织由于其对自身成员具有一定的约束

---

① ［荷］丹尼斯·麦奎尔、［瑞典］斯文·温德尔：《大众传播模式论》，祝建华、武伟译，上海译文出版社1987年版，第70页。

② 龙静云：《论我国公民教育中的"四个结合"》，《道德与文明》2010年第1期。

力，特别是对其成员的违法和不道德行为进行内部的谴责，或对从善行为的赞赏和宣扬，使其成员感觉到内部团体的压力，以此来警示、告诫成员树立与团体一致的社会价值取向和道德观念。由于民间组织内部成员彼此比较熟悉、利益有共同点，并且与个体自身的利益或价值取向密切相关等方面的原因，相对一般的社会规范，个体更容易也更自觉地接受所属民间组织的章程、规范和价值目标。其三，教化与行为示范作用。对组织内部成员进行培训、教化、引导其实践是民间组织的重要社会功能和活动方式。它可以通过内部优秀人物的示范、全体成员的互动参与，对其成员进行志愿精神、公益道德、创新理念、优良习性的教育和激发，使其成员在活动中得到思想上的升华和社会道德和价值的教化。另外，民间组织或相关团体的组织活动所体现出的公共精神对其他的社会成员来说具有强烈的价值示范作用，能够有力地推动社会价值的积极践行，激发大众对社会化目标的努力追求。"每个团体都有其被默认的行为规范。由社会总体规定的规范是在最大范围内被认可的，它规定着大多数场合中'正常的'或被接受的行为应是怎样的。"① 民间组织，一方面，充当政府与民众利益协调的"缓冲器"，减轻政府面临的服务压力，充当民众与政府之间的"调停人"；另一方面，代表社会性力量对具体的行政行为给予监督、审查、评估，以强大的动员力和影响力让公务员产生敬畏感。

4. 建立舆情快速反应和预警机制，促使民间力量对行政行为发挥作用

来自社会的、民间的力量要对某个或某些行政行为产生威慑力，还需要以权力方式来处理这些舆论信息，即权力机关内部建立舆情的快速反应和预警机制，重视民意的收集和舆论的跟踪处理工作。舆情快速反应机制的建立重要的目的不是剔除对行政体系不利的信息，而是收集舆论信息，对民众反应较大、民众举报等行政不为、行政乱作为、行政腐败等信息进行核实和跟踪追查，形成民意与法律、制度监察有机统一的机制，以取得公务员道德建设的长远成效。当然，最重要的一环还是能将收集的信息快速处理，即根据社会力量和社会信息对公务员"善"或"恶"的活动及时奖惩，并迅速公布结果。只有这样，民众才会对整个行政体系和道德状

---

① ［美］库恩等：《心理学导论：思想与行为的认识之路》，郑钢等译，中国轻工业出版社2007年版，第706页。

况保持信心,才能更好地参与到整个行政活动的监督中来。

  总之,在公务员道德建设中强调制度化、法制化,是因为行政活动与权力密切相关,以权治权、以法治权、以制治权等路径取得的成效要大得多。法治化的路径在道德问题较为突出的时期将取得直接效果,因而更好地推动行政活动规范化;而制度化的路径则充分体现社会对公务员道德建设的要求,既可以以强有力的约束力规范个体的行为,也可以以更宏观、更长远、更隐蔽的方式促使公务员践行社会道德和社会主义核心价值体系;优化的社会利益分配既是行政的目标,也是促使公务员进一步树立公正理念、提高公正行政水平的重要举措;而最后,来自民间的监督和社会的评判将是一股长期而日渐壮大的力量,它主要是从社会性力量(除政府外的)来规范行政个体的行为,促使其"敬畏民意"、深化对社会道德力量的认识,从而更好地遵循道德规范,做社会道德的表率。

第七章　社会主义核心价值体系引领企业道德建设

企业作为社会主义市场经济的重要组成部分，既是市场运行和国民经济发展的重要载体，又是弘扬社会主义精神文化的重要主体。发挥企业在市场经济中的重大作用，提升企业服务社会主义的能力，培养企业科学而合理的价值取向与价值追求，应是当前社会主义精神文明建设的重要话题。

在我国，由于企业性质与类型的复杂性与多样性，既存在公有制性质的国有企业与集体企业，也存在非公有制性质的私营企业，还存在不同类型或者不同种类的外资企业，因此，在社会主义市场经济中，如何以社会主义核心价值体系引领企业生产经营活动，特别是如何引领企业的道德建设实践活动，既具有一定的复杂性，也具有一定的挑战性。一般来说，只要是在社会主义市场经济之中从事生产与经营活动，企业就应以社会主义核心价值体系作为自己的价值规范与价值取向。但考虑到我国企业性质与类型的复杂性与多样性，以及社会主义核心价值体系本身所具有的社会意识形态性质，在本论述中，"企业"所涵盖的范围可能更多地指向公有制性质的企业以及非外资型的民族企业。

一　企业道德建设是市场经济道德建设的重要内容

社会主义市场经济建设是多维、多层次、多领域的建设，既有经济层面的，也有意识形态层面的，既有物质领域的，也有精神领域的，既有法律方面的，也有道德方面的。在社会主义市场经济建设中，企业道德建设是社会主义市场经济道德体系建设的主要内容，因此，其也必然是社会主义市场经济建设的重要内容。由此可见，完善中国特色社会主义市场经济道德体系，不仅是中国特色社会主义市场经济建设的题中之义，更是中国特色社会主义市场经济建设的重要保障。没有企业道德建设，就不会有社会主义市场经济的繁荣与健康发展。

(一) 企业是最重要的市场主体

市场经济的存在与发展离不开市场主体。没有市场主体，就不会有市场经济。市场经济活动，实质上指的就是不同市场主体之间的活动。对于市场主体而言，它由不同性质的市场主体构成，主要的市场主体有个人、企业、政府以及其他非营利性组织等。在众多的市场主体中，企业是最为重要的市场主体。从某种意义上讲，正是企业的存在与发展，才促使了现代意义上的市场经济的形成、演变与发展。

在市场经济活动中，企业是最为活跃、最为主要的市场主体。市场经济追求资源配置与利用的最优化，而要达到资源配置与利用的最优化，从根本上讲就需要提高社会生产力的水平。在具体的市场活动与企业生产经营活动中，对于企业而言，追求利润的最大化是其毫不掩饰的根本目的，但企业要达到与实现这个目的，就必然会通过各种途径来提高其自身的生产效率与生产力，并借助于对生产工具与经营管理的改进与优化来达到资源配置与利用的最优化，从而使其生产成本、经营成本以及管理成本减少到最低。企业追求利润最大化的本性，不仅迫使其自身不断提高生产力，还促进了市场的发展与繁荣。企业对利润的追求，使得企业时刻都要关注动态的市场需求与不断更新的市场信息。这是任何一个企业处于不败之地与长青的重要法宝。因此，企业富有竞争力以及保持长青的秘诀就在于企业通过对市场的科学把握与理解而培育出不断创新和与时俱进的市场主体品质。

在众多市场主体中，企业的嗅觉最为灵敏，也是市场活动中最为活跃与主动的。主动地参与市场活动，主动地引导市场发展趋势，主动地迎合消费者的消费需求，使得企业成为一名最为活跃的市场成员。企业对于市场的意义，正如市场对于企业的意义一样，是不可分割与至关重要的。发展市场经济，就离不开企业，就必须发挥企业在市场经济中的主体性地位与重大作用，就必须让企业在市场经济的游戏规则范围内从事有利于市场经济发展以及社会生产力提高的有用而又有益的活动，从而更好地推动与促进市场经济的发展与进步。

（二）企业道德建设是市场经济道德建设的重要内容

党的十六届六中全会上第一次明确提出社会主义核心价值体系，并把它作为我国社会主义经济建设的重要指导思想与核心价值理念。社会主义核心价值体系不仅是当代中国社会的核心价值体系，也是社会主义意识形态的本质展现，还是中国特色社会主义理论体系的价值基石，同时还是马克思主义基本原理与当代中国社会的具体实践相结合而产生的新的价值观念与价值理念，是中国特色社会主义理论体系的创新成果与价值凝练。把社会主义核心价值体系融入我国社会经济建设、文化建设、制度建设的方方面面，是社会主义核心价值体系在现实生活中发挥有效作用与理论指导的主要途径和有效途径。在中国特色社会主义市场经济建设中，把社会主义核心价值体系融入并贯彻到企业的道德建设中去，以社会主义核心价值体系来引领企业道德建设，既是社会主义核心价值体系的地位和功能的使命驱使，也是企业道德建设本身的内在需要。

市场经济既是自由经济，更是契约经济与规范经济。市场主体的自由与平等，是市场经济的内在价值与存在条件，没有市场主体的自由与平等，就不会有市场经济的产生与发展。市场经济虽然崇尚自由与平等和把其作为自己的核心价值理念，但市场经济并不主张自由的泛滥与无节制，也不追求过于理想的绝对平等。市场经济也是规范经济，是社会规范规约下的经济运行体制与机制。亚当·斯密在谈到商品经济（市场经济是商品经济的发达阶段）的主体——人时，提出了"经济人"与"道德人"的假设。从亚当·斯密关于"经济人"与"道德人"的思想与理论看，商品经济作为自由经济而存在，也同样作为规范经济而存在。这也告诉我们，在市场经济活动中，市场主体既要作为"经济人"而存在，也要作为"道德人"而存在。作为"经济人"而存在，就是要通过提高自身的生产、经营与管理能力来实现利润的最大化。作为"道德人"而存在，就是市场主体不仅仅是市场的主体，也是社会的主体，作为社会的一分子、一成员，就应履行其应有的社会责任或社会义务，就应当是一个有道德的社会主体。作为这样的一个社会主体，他才能更为理性地与更为合理地追求自己的利益。从这样的一个角度讲，作为市场主体的重要成员——企业，同样，需要在道德上对自身有个规约与限制，需要具备良好的道德品质。

市场经济本身虽不存在道德与不道德问题，但是，市场经济的运行与发展，则离不开社会道德与社会其他规范的保驾护航。从系统论角度讲，市场经济的健康发展与有序运行，是离不开社会道德规范与价值体系的，从马克思主义道德观与历史观的角度讲，与市场经济相适应的社会道德规范与价值体系，对市场经济健康发展与有序运行具有促进与保障作用。因此，从这个角度讲，市场经济道德体系，也必然是整个市场经济系统的重要构成部分，也必然是市场经济系统建设的重要内容。离开了道德规范与社会核心价值体系指导的市场经济，必将是无序与难以为继的。

市场经济道德建设，从市场主体的角度讲，必然包括作为市场重要主体的企业的道德建设。企业道德建设是市场经济道德体系建设的重要环节与重要内容，也是当前解决许多市场问题、社会问题以及生态问题的重要途径。例如假冒伪劣问题、社会诚信问题、环境问题等，都与企业有着密切的关系。由此可知，在市场经济建设中，注重与加强企业道德建设，不仅有利于市场繁荣以及市场环境净化、美化，也有利于市场经济的健康有序发展与不断完善。在市场活动中，企业对利润的疯狂追求，如果缺乏道德的规范与引领，就必然会出现严重的市场问题，也必然会引发严重的社会问题与生态问题。马克思曾经讲过，当利润达到300%时，资本家就会无视任何道德与法律。从马克思对资本家追求利润的本性来看，在丰厚的利润面前，企业就很容易铤而走险，就会把道德与法律抛诸脑后，就会随意地践踏生命与灭绝人性。由此可知，企业道德建设在市场经济发展中具有多么重要的地位与作用。只有不断地加强企业道德建设，提升企业道德品质，才能给以追求利润为其根本目的的企业戴上道德的"紧箍咒"，才能使企业在不断追求利润最大化的过程中不至于迷失其社会价值方向与践踏人性。

在唯物主义历史观的视域中，道德是作为社会化了的社会意识形态而存在的。一个社会需要什么样的道德，归根结底是由这个社会的生产方式与交换方式决定的，一个社会具有什么样的生产方式与交换方式，就有什么样的道德与之相适应。在马克思主义历史观与道德观看来，道德作为社会意识形态上层建筑的重要组成部分，是由其经济基础以及社会性质决定的。正是因为如此，在市场经济条件下，其道德建设必须要符合市场经济的发展需求，而不是相反。服务于市场经济的健康发展与有序运行，是市场经济道德建设的根本要求。建设市场经济道德体系，就是要有利于市场经济的和谐发展；就是要有利于发挥市场经济在促进社会生产力发展中的作用与功能。总而言之，市场经济道德建设就是要保障市场经济的健康有序发展，就是要为市场经济保驾护航。作为市场经济道德建设的重要内容和作为市场经济道德体系的重要构成部分的企业道德建设与企业道德，也同样要服务于市场经济，同样要有利于市场经济的有序运行与健康发展。对于企业本身而言，企业道德与企业道德建设，是企业提升市场竞争力、优化市场形象，以及确保企业可持续发展与长青的重要法宝。

（三）企业道德建设应坚持社会主义核心价值体系引领

社会主义核心价值体系，是党中央在社会主义初级阶段，根据中国特色社会主义建设的伟大实践与宝贵经验总结与概括出来的用于指导中国特色社会主义建设实践以及人民生产、生活的核心价值理念与价值体系。它是中国特色社会主义建设实践以及人民生产、生活的主要价值导向与价值选择，它是判断中国特色社会主义建设实践与人民生产、生活的价值选择与价值评价的重要尺度与坐标。只有坚定不移地坚持在社会主义核心价值体系的正确引领与指导下，我国的社会主义市场经济发展才能沿着中国特色社会主义道路不断前进，人们在社会生产与社会生活中才不会迷失方向与作出正确的价值判断与价值选择。

在社会生产活动、经营活动以及管理活动中，企业是社会生产与经营活动的主要参加者与最为重要的主体。在社会化大生产中，企业是社会化大生产的主导者，也是社会化大生产的推动者。在市场经济中，企业是市场的重要主体，也是市场经济的重要组成部分。在社会主义市场经济条件下，企业既要遵循市场经济的一般规范与规律，同样也要遵循社会主义市场经济的特殊规范与规律，在社会主义市场经济条件下，企业不仅要符合市场经济的一般价值要求与价值取向，还要符合社会主义的一般价值要求与价值取向。如同在资本主义市场经济条件下，企业的价值追求与价值选择必然要符合资本主义市场经济的特殊要求一样。那么在当前条件下，中国特色社会主义市场经济条件下的企业，其价值追求、价值选择与价值评价应符合中国特色社会主义的价值要求，和必须坚定不移坚持以社会主义核心价值体系为引领与指导。也只有这样，企业的发展与追求才会有利于中国特色社会主义社会的发展，才会有利于中国特色社会主义市场经济的健康发展与完善，才会有利于人民生活水平的提高和社会的进步。

资本主义市场经济条件下，由于资本主义社会本身的致命缺陷与不足，企业在价值追求与价值选择上，更关注企业本身的利益最大化，从而导致资本主义社会工业文明的过度与生态危机的产生。虽然资本主义社会存在着其自身不可调和的矛盾诱发了资本主义社会的各种问题，但由于市场经济本身存在的缺陷与弱点，也同样会引发很多问题，如果在社会主义市场经济条件下，企业道德建设不以社会主义核心价值体系为指导与引领的话，我们同样会面临资本主义社会所已产生的同样问题。在企业发展中，我们要避免资本主义社会所出现的经济问题、社会问题与生态问题，就必须发挥社会主义制度的优越性。从社会价值方面来说，中国特色社会主义制度的一个重要优越性就在于我们有社会主义核心价值体系的指导与引领。正因为如此，我们才能做出正确的价值判断与价值选择。

加强企业道德建设，既是发展社会主义市场经济的客观要求，也是建设社会主义道德的重要内容。企业道德建设作为社会主义市场经济发展的客观要求，是社会主义市场经济进行微观调控的主要手段与重要途径。企业道德，作为社会主义市场经济道德体系的重要构成部分，是以价值导向和社会规约的方式来规约与引导企业的各种行为，从而使企业的活动更为自觉、自愿与主动地按照市场经济的一般原则和一般规律来行事，以便更好地促进社会主义市场经济的发展与完善。而在中国特色社会主义中，社会主义道德体系与社会主义道德建设的精神源泉与价值支撑是社会主义核心价值体系。社会主义核心价值体系反映了社会主义和谐社会的价值诉求，对社会思潮和各种价值观点具有引领与整合作用。对于一个社会而言，其精神支柱与道德价值观是其社会和谐与稳定发展的重要力量，是一个民族、一个企业凝聚力与创新力的重要来源，也是一个国家和民族企业综合实力与竞争力的重要构成要素。企业在自身道德建设与道德实践活动中，要形成良好的道德品质与优良的道德传统，形成优秀的企业文化，都离不开社会主义核心价值体系的引领与整合。坚定不移地坚持以社会主义核心价值体系引领企业道德文化建设，使每一个企业，企业的每一个员工，成为社会主义核心价值体系的忠实实践者与守护者。把社会主义核心价值体系贯彻与融入企业的道德建设实践活动中去，形成具有中国特色、中国风格、中国气质的企业道德文化，必将是社会主义核心价值体系在深入与贯彻到企业道德建设实践活动中所获得的重大成果与社会成效。一方面，社会主义核心价值体系只有与企业道德实践活动相结合,才能体现其在思想文化领域的价值引领与整合作用。另一方面,企业道德建设实践活动也只有坚持社会主义核心价值体系的引领,才能有效地确保企业道德建设实践活动及其成果的中国特色社会主义性质与方向。

二 以核心价值体系指导企业道德建设实践

任何一个民族,任何一个国家,都必然在长期社会历史实践活动中形成自己的核心价值体系和凝练出自己的核心价值观念,这是社会有机体得以健康运转、社会秩序得以正常维持的重要精神基石与价值支柱。社会主义核心价值体系是中国特色社会主义制度在价值层面的本质规定,它是国家或民族文化软实力的核心内容与重要象征,它是中华民族实现伟大复兴与崛起的精神动力,是中国梦的精神支撑,是我国社会主义制度的本质要求在社会意识形态领域中的集中反映。

社会主义核心价值体系作为中国特色社会主义社会的价值核心,作为社会主义意识形态的核心内容,它广泛地渗透于人们经济生活、政治生活、文化生活与社会生活的方方面面,它在社会所有的价值体系中处于统摄与支配地位,对于社会中每一个成员的世界观、人生观和价值观的培育、成长与塑造都具有深刻的影响。作为中国特色社会主义精神之魂的社会主义核心价值体系,是中国特色社会主义道路的价值导向与精神保障。作为中国特色社会主义意识形态最重要内容的社会主义核心价值体系,是中国共产党领导中国人民在长期的社会主义建设实践与探索中形成的思想文化精华。建设社会主义核心价值体系,践行与培育社会主义核心价值观,是党在思想文化建设上的一大理论创新与思想意识形态领域内的重大战略任务,是马克思主义价值理论的继承与重大发展。培育与践行社会主义核心价值观,建设社会主义核心价值体系,发挥社会主义核心价值体系的时代作用与实践价值,就必须把社会主义核心价值体系贯彻与落实到社会生产与社会生活的各个方面,就必须以社会主义核心价值体系引领社会思想道德文化建设的各个层面。以社会主义核心价值体系引领企业文化与企业道德建设,不仅是社会主义市场经济发展的客观要求,也是社会主义道德建设的客观要求与重要内容。

(一) 企业道德建设应以马克思主义为指导

马克思主义指导思想是中国共产党在长期的革命实践活动与社会主义建设实践活动中所做的历史选择与确立的正确的指导思想,作为中国共产党指导思想的马克思主义,是社会主义核心价值体系的灵魂,作为其灵魂,马克思主义指导思想明确了中国社会经济发展与前进过程中举什么旗的问题,它确保了社会主义核心价值体系的本质与属性,是构建与形成社会主义核心价值体系的理论基石,在社会主义核心价值体系中处于统领地位。

马克思主义虽然诞生于 19 世纪,但马克思主义并没有因为历史演进与发展而丧失其光芒与力量,马克思主义在现时代仍具有强大的生命力与深刻的影响力,仍是我们认识社会历史现象、把握社会历史规律的迄今最为科学的理论与方法,仍是指导我国社会主义建设实践的最为强大的思想武器。马克思主义并没有过时,马克思主义仍是当今世界上最具有生命力的思想与理论。这一点也反映在我们的调查上,超过 3/4 人认为马克思主义是"科学真理"或"基本上属于真理",在被调查的五个群体中,企业员工认为马克思主义是"科学真理"的比例为 52.6%,仅排在公务员群体之后(见表 7-1)。同时,也有近 3/4 的人认为马列主义"没有过时"或"永远不过时",且企业员工认为马列主义"永远不过时"的比例最高(为 24.0%),见表 7-2。

表 7-1　　　　对马克思主义是不是真理的认识　　　　单位:%

	科学真理	基本上属于真理	具有某些真理因素	含有不少错误因素	完全是谬误	说不清	合计
乡村村民	47.6	30.3	5.9	3.8		12.4	100.0
企业员工	52.6	21.1	18.4	1.3	1.8	4.8	100.0
社区居民	39.4	37.8	17.6	2.1	1.6	1.6	100.0
学生	42.1	29.8	23.6	2.1		2.5	100.0
公务员	63.7	20.1	13.2	1.0	0.5	1.5	100.0
合计	49.1	27.5	16.2	2.0	0.8	4.4	100.0

表 7-2　　　　　　　　对马列主义是否过时的认识　　　　　　　单位：%

	完全过时	基本过时	比较过时	没有过时	永远不过时	合计
乡村村民	2.2	9.7	18.4	49.7	20.0	100.0
企业员工	1.3	10.7	13.3	50.7	24.0	100.0
社区居民	3.7	9.0	12.2	60.1	14.9	100.0
学生	3.3	8.4	16.3	59.0	13.0	100.0
公务员	1.0	9.9	10.8	62.1	16.3	100.0
合计	2.3	9.5	14.2	56.3	17.6	100.0

同时，解决社会现实问题，了解社会生活本质，把握社会历史发展规律，不能没有马克思主义，正如法国思想家德里达认为的那样："不能没有马克思，没有马克思，没有对马克思的记忆，没有马克思的遗产，也就没有将来。"① 在中国，马克思主义之所以能够经历长期的历史检验并始终不移地作为我们立党立国的根本指导思想，深刻的原因就在于，马克思主义鲜明的阶级立场、严密的科学体系与巨大实践的指导作用。没有马克思主义的指导，我们就不可能取得新民主主义革命、社会主义改造与社会主义建设的重大成就，没有马克思主义的指导，我们的改革开放就不可能顺利进行，更不可能取得如此举世瞩目的伟大成就和创造如此令人惊叹的伟大历史奇迹，没有马克思主义的指导，我们就会在市场经济道路中迷失自己的方向，就会脱离中国特色的社会主义轨道。无论何时，无论遇到什么状况，我们只有坚定不移地坚持马克思主义的指导，才能在中国特色社会主义建设的光辉大道上取得更多、更辉煌的历史成就，才能不断地发展与完善中国特色社会主义理论体系。

在马克思主义道德观视野中，企业道德是在一定的社会历史条件下，引导与调整企业与自然、企业与社会、企业与国家（民族）、企业与企业、企业与利益相关者（例如消费者、投资人等）、企业与员工关系的各种行为规范的总和。企业道德，作为社会意识形态的重要表现形式，从归根结底的意义上讲，是由其所存在的社会的经济生产方式与交换方式决定的。在社会主义市场经济条件下，企业道德，归根结底是由社会主义市场经济决定的，企业道德建设要服从于与服务于社会主义市场经济建设的发

---

① 雅克·德里达：《马克思的幽灵》，何一译，中国人民大学出版社 1999 年版，第 21 页。

展需求。

　　企业道德建设,既是企业文化建设的主要内容,也是社会主义精神文明建设与社会主义道德建设的重要内容。作为社会主义精神文明建设与社会主义道德建设的重要内容,同样也要坚持马克思主义的指导与统领。当前我国企业道德建设形势严峻,存在问题比较多。少数企业暴露出来道德问题与信任危机,不仅给其自身带来极其严重的负面影响与损害,例如曾经家喻户晓的"三鹿奶粉"不仅因为三聚氰胺事件而倒闭,还严重损害了中国企业(或民族企业)在人民心目中与国际市场上的形象与声誉,给社会主义市场经济以及中国特色社会主义制度造成了不良的世界印象。少数企业的不道德现象以及不负责任的行为,还引发了一系列的经济问题、社会问题和生态问题。正是因为一些企业无视社会道德与社会核心价值,使得整个社会的道德风气与道德环境发生恶化。有些企业在生产经营活动中无视社会责任、肆意破坏自然环境,引发生态危机,少数生产与销售假冒伪劣产品、有毒有害产品,一些服务行业提供不良服务,在人们社会生活中引发社会恐慌与公共危机。这些现象与问题的存在再三表明,在当前加强企业道德建设的任务还是十分艰巨,在一些领域内情况还十分不乐观。而要很好地解决这些问题,坚持马克思主义的指导,运用马克思主义的视角来分析与把握,才能找到解决的方法与路径。

　　坚持以马克思主义指导企业的道德建设实践活动,就是要坚持运用马克思主义历史观与道德观来指导企业具体道德建设实践。在马克思主义历史观与道德观的视角中,企业道德建设,既是企业在自身发展中所产生的内在需求,也是对作为社会重要成员的企业的道德要求。企业道德建设既是企业文化建设的核心,又是整个社会道德体系建设的重要构成部分,同时还是社会主义市场经济道德建设的重要内容,是社会主义精神文明建设对企业的客观要求。在一定的社会历史条件下,一个企业需要什么样的道德,不仅取决于企业自身,还取决于社会对企业的道德要求与道德期望。企业道德建设只有符合社会需要,与社会经济发展的要求相符合,与社会主流的价值需求相一致,才具有现实意义与实践价值,才能为企业带来长久的经济效益、社会效益和生态效益。企业道德建设如何才能符合社会历史进步的道德需求?如何才能更好地激发企业的道德潜能?如何才能更好地有利于企业生产力的发展与生产效率的提高?如何才能更好地服务于社会与促进人的发展?在马克思主义看来,企业道德建设只有与社会道德建设、与前进的方向保持一致,只有与社会所倡导的主流价值与进步观念保持一致,并能够在现实的生产经营活动中促进与推动社会生产力的发展与进步,有利于社会历史的发展与进步,才不会脱离广大人民群众的道德期望和社会主义市场经济发展的客观要求。在社会主义市场经济条件下,企业道德建设不以马克思主义为指导,企业道德建设就会与社会主义市场建设背道而驰,从而很有可能导致企业道德建设走向中国特色社会主义的反面。

(二) 企业道德建设应以中国特色社会主义共同理想为历史使命

中国特色社会主义共同理想是社会核心价值体系的四个基本内容之一,是社会主义核心价值体系的主题。作为社会主义核心价值体系的主题,其解决的是走什么路、实现什么样目标的重大问题。在当代中国,坚持以马克思主义为指导,坚持以社会主义核心价值体系为引领来建设中国特色社会主义企业文化与企业道德,其目的就是要引导和激励企业为实现中国特色社会主义共同理想而努力奋斗。

中国特色社会主义共同理想,是中国共产党领导全国各族人民在长期社会实践活动中达成的共同心愿与共同期望,体现了广大人民群众对美好生活的向往与追求,对中国特色社会主义道路的坚定信念与信仰。它是中华民族与中国人民奋勇前进的精神动力,也是中华民族与中国人民100多年来的奋斗目标与历史使命。走市场经济道路,建设中国特色社会主义,需要全体人民具有共同理想与共同奋斗目标,没有共同理想与信念,没有共同的奋斗目标与使命,我们就不会有共同的精神支柱,就不会有强大的民族凝聚力与创造力。改革开放的总设计师——邓小平同志就指出:"我们一定要经常教育我们的人民,尤其是我们的青年,要有理想。"① 因为只有树立远大理想,我们的人民,我们的青年,才能永远保持前进勇气和坚定的发展方向。共同理想与坚定信念,不仅是公民个人的精神支柱,也是一个企业、一个民族、一个国家的精神支柱,同时也是一个政党治国理政的鲜明旗帜。胡锦涛同志指出:"理想信念,是一个政党治国理政的旗帜,是一个民族奋力前行的向导。"② 在全社会形成共同理想与奋斗目标,在全社会形成共同价值与精神支柱,不仅是中国特色社会主义社会建设的

---

① 《邓小平文选》第三卷,人民出版社1993年版,第110页。
② 《十六大以来重要文献选编》(中),中央文献出版社2006年版,第636页。

必然要求,同时也是社会主义和谐社会建设的必然要求。

中国特色社会主义共同理想,既是全体中国人民的共同理想,也是当代中国社会的共同理想,它需要每一个生活在这个时代中的成员共同为之奋斗与努力,更需要我们每一代人为之贡献自己的力量。共同理想是每一个社会成员自身理想的凝聚与升华,它代表与反映着全体社会成员的共同心愿与理想,作为社会重要成员的企业,中国特色社会主义共同理想也同样代表与反映着广大企业的共同愿望,它需要广大企业的共同努力来实现。在社会主义市场经济条件下,企业作为社会的一重要成员,其同样是实现中国特色社会主义共同理想的重要成员与重要力量。共同理想的实现是建立在社会生产力的发达基础之上的,是建立在丰富的物质基础之上的。而作为社会重要成员的企业,其不仅是推动社会生产力不断发展与进步的重要力量,同时也是社会物质产品与精神产品的主要生产者与供应者。因此,要早日实现共同理想,就需充分发挥企业在实现中国特色社会主义共同理想中的功能与作用,就必须让广大企业树立坚定的中国特色社会主义理想,通过共同理想的树立,来调动与激活企业参与国家建设与社会活动的积极性与主动性。对于企业而言,把中国特色社会主义共同理想贯彻与融入其企业文化与企业道德建设中去,其才能在企业的实践活动中焕发出生命力与引领力。把中国特色社会主义共同理想作为企业文化与道德建设的统领思想与价值指导,把中国特色社会主义共同理想融入与渗透到企业的文化与道德建设中去,是企业文化与企业道德建设具有中国特色社会主义社会性质的重要精神保障。把中国特色社会主义共同理想作为企业文化与企业道德建设的统领思想、指导价值与重要内容,就是要把实现中华民族的伟大复兴与崛起,就是要把建设富强、民主、文明的社会主义现代化强国,就是要把广大人民群众的福祉,作为企业文化与企业道德建设的价值追求与价值目标。在当代,努力实现中华民族的伟大复兴,努力实现社会主义现代化强国建设之梦,是社会主义市场经济条件下广大企业义不容辞的责任。把中国特色社会主义共同理想嵌入企业道德建设中去,从而使企业的道德建设符合中国特色社会主义道德建设的客观要求,符合社会主义核心价值体系的客观要求。

对于企业而言,企业道德与道德建设应当以社会发展要求与社会共同理想作为道德要求与价值目标。一个企业的道德建设如果背离社会主义核心价值体系的要求,偏离社会的共同理想,违背广大人民群众对企业的现实要求与期望，那么它就会成为"落水狗"，成为人人喊打的对象，其最终的结果必然是被社会所淘汰与消失。通过企业道德建设，把中国特色社会主义共同理想作为企业道德的核心价值与精神支撑，使共同理想成为企业以及企业每一个员工的理想与奋斗目标，成为企业与企业员工的历史使命。

（三）企业道德建设应以弘扬民族精神与时代精神为重要任务

作为社会主义核心价值体系基本内容的民族精神与时代精神，同时也是社会主义核心价值体系的精髓，作为社会主义核心价值体系的精髓，其解决的是应当具备什么样的精神状态和精神风貌的问题。一个民族、一个国家，具有什么样的精神状态与精神风貌，就有什么样的文明程度与发展状态。精神对于人类社会的发展与进步不是决定性的，但其对人类文明的反作用是不容忽视的。没有精神的支撑与保障，人就会行尸走肉，社会就会混乱与无序。民族精神与时代精神，是一个民族、一个国家立足与发展的精神支柱，也是一个民族历史悠久与稳定发展的精神象征。

发展与完善社会主义市场经济，离不开民族精神与时代精神。不同的民族精神与时代精神，铸就不同的市场发展道路。发展社会主义市场经济，就必须大力弘扬以爱国主义为核心的民族精神和以改革创新为核心的时代精神。从这个意义上讲，大力弘扬民族精神与时代精神，既是社会主义市场经济发展的必然要求，同时也是社会主义精神文明建设的重要内容。发展与完善社会主义市场经济，建设社会主义精神文明，都离不开大力弘扬民族精神与时代精神，都需要发挥民族精神与时代精神在社会主义市场经济与社会主义精神文明建设中的作用与功能。在社会主义市场经济条件下，没有企业的参与，发展与完善市场经济都是一句空话，在社会主义市场经济范围内，没有企业的积极参与，建设社会主义精神文明就很难取得成效。打造适应新时代发展的创新型企业，增强企业在市场中的创新力与竞争力，培养与铸造优秀的企业文化与企业道德品质，都是社会主义市场经济建设与社会主义精神文明建设的题中应有之义。企业一言一行、一举一动，都体现与反映了社会主义市场经济的发展状况，都折射出社会主义精神文明的建设状况。企业道德建设，既反映了企业的道德需求，还体现了社会的精神价值要求。对于企业而言，特别是对于民族企业而言，大力弘扬民族精神与时代精神，在日益激烈的市场环境中以民族精神与时代精神作为自己的精神支柱与精神源泉，都是民族企业具有精神活力与创造力的象征。实现中华民族的伟大复兴，建设社会主义现代化强国，不仅需要企业的科技创新与物质保障，还需要企业发扬民族精神与时代精神。在企业道德建设中，把以爱国主义为核心的民族精神和以改革创新为核心的时代精神贯彻与融入企业的文化与道德中去，是企业文化与企业道德建设的重要任务，也是企业克服各种困难、迎接各种挑战、不断创新与发展的精神动力与精神支撑。企业道德建设是企业精神铸就的关键，是企业融入社会主义精神文明建设与社会主义道德建设的关键所在。在企业生产经营活动中，在企业道德建设实践活动中，企业不以民族精神为精神支柱，企业在社会经济发展中就会丧失其民族性，即丧失为民族服务的本能，就会丢弃其所应当担负的实现民族伟大复兴的光荣使命。企业不以时代精神为支撑，就会缺乏不断创新与演变的能力，就会失去与时俱进的品质，就会在复杂而激烈的市场竞争中失去有利地位，就会被时代所淘汰。

把弘扬以爱国主义为核心的民族精神和以改革创新为核心的时代精神作为企业道德建设的重要任务，以民族精神与时代精神来铸造现代企业的道德品质与时代品格，是企业实现民族化与时代化的重要途径与方法，是企业肩负民族复兴与崛起的历史使命的重要体现。总之，在社会主义市场经济条件下，在社会主义现代化强国建设的伟大实践中，大力弘扬以爱国主义为核心的民族精神和以改革创新为核心的时代精神是企业发展与企业道德建设的不可推卸的社会任务，是企业文化与企业道德建设的重要内容与精神堡垒。天下兴亡，匹夫有责；民族兴盛，国家富强；社会和谐，企业有担当。在当下，企业应当大力弘扬民族精神与时代精神，以民族精神与时代精神铸就企业的灵魂，培养企业自强不息、开拓创新、锐意进取、奋勇争先的民族品格与时代气质。

（四）企业道德建设应以树立社会主义荣辱观为核心内容

构成社会主义核心价值体系基础的是社会主义荣辱观，社会主义荣辱观解决的是人们行为规范的问题。从一定意义讲，社会主义荣辱观是社会主义核心价值体系在广大劳动人民群众的社会生产与社会生活中的具体化，是人们在社会生产与社会生活中应当遵循的基本行为规范，也是企业在其社会实践活动中应当遵循的基本行为规范。荣辱观，是人们在长期的社会生活实践中所形成的对荣誉和耻辱的根本看法与态度。社会主义荣辱观，是在中国共产党的领导下，广大人民群众在建设中国特色社会主义实践活动中对荣誉与耻辱所形成的根本看法与态度。对于一个社会而言，有没有正确的荣辱观,关乎社会风气与社会道德的好坏。换句话说,一个有正确的荣辱观的社会其更容易在全社会形成良好的社会风气和社会道德。进一步讲,正确的荣辱观是良好社会风气与优良社会道德形成的重要价值基石。无论对于个人而言,还是对于企业而言,知荣辱,明是非,辨善恶,都是在现实生活中具有正确的价值判断和价值选择的重要标志。只有每一个个人、企业和社会组织有正确的荣辱观,一个社会才能形成和谐的社会风气与优良的道德风尚。社会主义荣辱观,是马克思主义世界观、人生观和价值观的基本原则在中国特色社会主义建设实践中的具体化,也是现代广大人民群众对发展与完善社会主义市场经济的客观要求,它既弘扬了中华民族的优秀道德传统,也是对马克思主义道德体系的丰富与发展,更对社会主义精神文明建设起到了推进作用。

　　社会主义荣辱观的概括与提出,为判断是非善恶和做出价值判断与价值选择确立了正确的坐标与评价尺度。30多年改革开放与中国特色社会主义市场经济发展的历程,带来了中国现代经济的快速发展与社会的发展进步,但同时由于国门的开放与外部环境的复杂化,以及西方国家的价值观念入侵,也使得人们的生活方式、行为习惯、思想观念以及价值取向发生了重大的变化。思想的多元化,价值选择的多元化,生活方式的多样化,都日益影响着人们的选择与判断。在多元的价值取向中,如何给人们提供一种正确的价值导向与价值选择,成为当前社会发展的必然,社会主义荣辱观的提出,就是这一历史现实的需求,也是广大人民群众的内在呼唤。"社会主义荣辱观旗帜鲜明地指出了在社会主义市场经济条件下,应当坚持和提倡什么、反对和抵制什么,为全体社会成员判断行为得失、作出道德选择、确定价值取向,提供了基本的价值准则和行为规范,为我国公民道德建设树起了新的标杆。"[①] 社会主义荣辱观的形成与提出,也为企业在社会主义市场经济以及社会生活中应当坚持与提倡什么、反对与抵制什么,提供了重要价值参考与价值判断,为企业在生产经营实践活动中判断行为得失、作出道德裁决、确立价值取向,提供了价值坐标和基本的行为规范。由此可见,在社会主义市场经济条件下,社会主义荣辱观必然是社会主义企业道德建设的核心内容,也必然是当代中国企业道德建设所

[①] 本书编写组:《毛泽东思想和中国特色社会主义理论体系概论》(2010年修订版),高等教育出版社2011年版,第262页。

应遵循的基本价值原则与社会规范。从企业道德建设总的情况来看，当代企业的道德状况与精神风貌的主流是好的，但我们也不可否认，在社会主义市场经济活动中还确实存在着一些企业是非不分、荣辱不辨、善恶不明、美丑不厘的怪现象。少数企业以及企业员工所存在的这些不良现象，与我国社会主义精神文明建设的目标是格格不入的，与社会主义和谐社会建设的内容是不相协调的，与社会主义市场经济的健康发展是不相容的。因此，在企业道德建设中，必须加强社会主义核心价值体系与社会主义核心价值观在企业道德建设中的指导与引领作用。坚定不移地树立社会主义荣辱观，把社会主义荣辱观作为企业道德建设的核心内容与价值导向。通过社会主义荣辱观的指引与树立，来打造企业的良好道德形象和优秀道德品质。

以社会主义荣辱观作为社会主义企业道德建设的核心内容，就要把"八荣八耻"灌入与渗透到企业文化与道德建设中。企业要在激烈与动态的市场竞争中处于有利地位、立于不败之地，就必然需要通过科学、规范和系统的道德建设与教育活动来提高企业的整体竞争力，来增加企业的综合效益，来提升企业员工的综合素质。在企业道德建设中树立和践行社会主义荣辱观，用社会主义荣辱观统领企业道德建设，既是企业道德建设与道德教育活动的重要内容，也是企业道德建设与道德教育活动具有中国特色社会主义的重要保障。把"八荣八耻"转化为企业道德的核心价值，内化为企业领导与企业员工的自觉行为，使他们树立正确的道德观、价值观和人生观，这是新时期社会主义企业道德建设的核心内容，也是社会主义道德建设对企业的必然要求。在新形势下，我们必须以社会主义核心价值体系来引领企业道德建设实践活动，以"八荣八耻"来教育与引导企业形成正确的道德观和价值观，来培养与铸就企业管理者和企业普通员工的职业道德修养与社会责任，并以此形成良好的个人职业道德品质和高尚而优雅的职业气质，从而促进企业和企业所有成员的全面发展与共同进步。以社会主义荣辱观统领企业道德建设，必须深入扎实，结合企业自身实际，常抓不懈，有条不紊地推进与深化。在企业道德建设实践活动中，必须把社会主义荣辱观内化为当代中国企业最为主要的价值理念和精神堡垒，必须把社会主义荣辱观转化为企业员工思想道德素质的核心部件。以社会主义荣辱观夯实企业道德根基，以社会主义荣辱观筑牢企业员工的思想防线。把企业道德建设融入社会主义核心价值体系建设整体工程之中，融入全社会的社会主义荣辱观教育的伟大实践之中,通过社会主义荣辱观对企业道德实践活动的统领,拓展企业的社会资源,提升企业的市场竞争力,充分调动与发挥企业员工的积极性与创造性,全面提高企业员工素质和升华员工敬业精神以及社会服务意识。

三 核心价值体系渗透企业价值观管理

企业价值观管理,是企业文化管理的核心,也是企业道德文化建设的核心。因此,如何在企业价值观管理中植入与渗透社会主义核心价值体系与社会主义核心价值观,是当代中国企业是否具有中国特色的重要保证。把社会主义核心价值体系与社会主义核心价值观内化为企业价值观管理的价值理念与价值导向,是社会主义核心价值体系建设,以及培育与践行社会主义核心价值观的重要内容与具体途径。因此,把社会主义核心价值体系与社会主义核心价值渗透到企业价值观管理实践,对于塑造企业的良好社会声誉和优秀企业文化具有重要意义。

(一) 企业价值观管理概念与性质

企业管理理论的兴起,是商品经济或说市场经济发展的客观需要,也是企业越来越理性化与社会化的重要表现。从西方企业理性管理理论的发展历程来看,企业理性管理理论经历了传统理性管理理论与现代理性管理理论两大阶段。对于西方传统理性管理理论而言,其与英国古典经济学家亚当·斯密的"经济人"理论是紧密联系在一起的,从某种意义上讲,西方传统理性管理的理论起源就是亚当·斯密的"经济人"理论。在亚当·斯密的"经济人"理论中,"经济人"就是一个在商业活动中具有理性的人,与传统的商业人不同,"经济人"不是依据自己的本能去追求自身利益的最大化,而是依据自己的理性追求自身利益的最大化。因此,对于每一个在商品经济或市场经济中的"经济人"而言,如何在理性的指导下管理好自己就显得十分必要与重要。西方传统理性管理理论就是建构在此理论基石之上。而企业价值观管理,作为一种建构在现代理性管理理论基础之上的新的管理理念与管理模式,则是对建立在西方传统理性管理理论基础之上的企业管理理念与模式的扬弃与发展。

1. 企业价值观管理概念

探寻企业价值观管理发展历程，可以追溯到20世纪80年代的美国。企业价值观管理作为一种新的管理模式与管理理念，进入我国则是更晚的事情。在国外，企业管理学家们对企业价值观的理解与把握有所不同，不同的理解与认识，构成了不同特色的企业价值观管理概念，并由此形成了四种具有代表性的企业价值观管理概念。依据英文表述，第一种具有代表性的观点，就是"Managing by virtues"。可以把它翻译成通过价值观来管理或者说依靠价值观进行管理。这是西方关于企业价值观管理较为主流的观点。但这个观点的缺陷就是过于强调企业价值观在管理活动中的工具性作用，而忽视了企业价值观管理活动中，企业价值观还具有目的性的一面。第二种具有代表性的观点，就是"Managing Values"。这个观点的主要持有者是英国的知名企业管理学者保罗·格里斯利。保罗·格里斯利的这个理念，最大的问题就是把企业的价值观看作是企业价值观管理的对象，而没有把它同时也看作是企业进行价值观管理的工具或手段。第三种具有代表性的观点，就是"Value – based – management"。译成中文就是"基于价值观的管理"，这也是当前在企业管理理论界比较认同的一种理念。这个理念的特点就在于把企业价值观看作是企业进行管理的价值基础或精神基石。第四种具有代表性的观点，就是"Value – based leading"。它的中文表述为："基于价值观的领导。""基于价值观的领导"与"基于价值观管理"有着很大的不同。"基于价值观的领导"，其"注重的是企业管理阶层在进行企业管理与领导中，应把企业的价值观理念注入自身对企业的管理活动中去，即要在企业管理与对企业的领导中贯彻企业的价值观。它反映的是企业的管理阶层如何在企业管理中推行企业的价值理念和对员工的人本关怀"。①

国外对于企业价值观管理的四种主要理解与认识，各有千秋，都有各自的特色与侧重点，但总的来说，我们还是可以把它们划分为两大类的，即基于价值观管理和管理价值观两大类。基于价值观管理的前提是企业本身的价值观是已知的或者说是已被预设好了的，而管理价值观，则表明了企业价值观在企业生产经营活动中的动态性特征，是一个需要管控与培育

---

① 戴圣鹏：《企业价值观管理的性质研究》，《第19次中韩伦理学国际学术研讨会暨第五次全国经济伦理学学术研讨会论文集》，2011年4月15日。

的重要对象。从两种不同的企业价值观管理理念与模式来看，管理价值观，注重的是如何提炼与培育企业的价值观，而基于价值观的管理，则强调的是如何在企业的生产经营活动以及管理活动中植入与贯彻企业的价值观。这两种类型的企业价值观管理理念与模式对于企业而言都是十分重要的，可以说二者都是企业价值观管理的核心内容与主要目的，它们都是企业价值观管理系统中的重要环节，是企业价值观管理工程中的两大子系统。

通过对国外不同的企业价值观管理理念与模式的深入分析可以发现，企业价值观管理，是一个系统工程，既包括企业对自身价值观的管理，也包括如何基于自身的价值观来管理。具体来讲，企业价值观管理，就是企业在长期的生产经营活动与管理实践活动中对自身的价值观进行挖掘、提炼、概括、培育、创新，以及在自身的生产经营活动、日常管理活动和社会活动中内化自身的价值观和依据自身的价值观来行事的一种新的企业管理理念与管理模式。由此可见，对于企业价值观管理而言，其自身的价值观既是其进行管理的对象，也是其管理所有达到的目标，既是其管理的工具，也是其管理的目的。

2. 企业价值观管理性质

企业价值观管理是一种新型的企业管理理念与方法，相对于传统的企业管理理念与模式，它又具有什么性质特征呢？从企业价值观管理的内容与概念来看，企业价值观管理有着不同于传统企业管理理念与模式的性质与特征。传统的企业管理理念和模式，更强调以经济利益为目的、为中心，而作为现代新型管理理念与模式的企业价值观管理，不仅把企业自身看作是一个经济组织，还把自身当作是社会的一重要"公民"，把企业看作是一个追求自我价值、服务于社会的精神家园与文化场所，是一个既可以实现自我价值，又可以实现社会价值的重要平台与机构。因而，相对于传统的管理理念与管理模式而言，其价值追求已超越了经济正义的目的，而转向了社会价值和企业的自我实现。

企业价值观管理不仅具有超经济主义性质，与传统的企业管理实践活动而言，还是更为人性化的管理理念与模式。当企业只是以追求自身利益的最大化为目的的时候，企业的员工就必然成为企业追求自身利益最大化的手段与工具。当企业员工在企业的生产经营活动与管理活动中只是生产经营活动的工具和被管理的对象时，员工就只是物，而不是人了。员工自身的价值与尊严在管理中就会被剥夺,其情感也同样被忽视,员工很难在企业获得家的感觉和情感关怀,而被约束与压迫成为一种不断制造利润的工具,用马克思的话讲,员工只是一种创造剩余价值的工具。在传统的企业管理理念中,不仅企业的员工成为创造企业利润的工具,作为企业生产的产品的消费者,也同样处于一种弱势与不对等的地位,同样也无法获得企业更为人性化的产品与服务。而企业价值观管理所践行的理念与模式是要让企业成为员工的第二个家,成为员工实现自我价值的重要场所与集体,在这个大家庭、大集体中,不仅员工的价值获得认可,还能获得情感关怀和人性化的对待。在企业价值观管理理念中,不仅要把企业打造成为一个服务于社会的机构和员工实现自我价值的重要场所,还要把企业建造成为一个员工的精神家园,一个可以不断给员工激励与情感关怀的地方。

企业价值观管理作为一种现代企业管理模式与方式,更注重管理实践活动中内部控制而不是外部控制,更注重员工思想文化与价值观念的控制而不是其外在行为强行约束与控制。内部控制相对于外部控制更具深远性。关于内部控制与外部控制的管理思想与方式的理论,有学者认为,"在思想渊源上,通常是与卡尔·费雷·德里克和赫尔曼·芬纳(Herman Finer)联系在一起的"。① 前者主张和强调内部控制的重要性,后者则认为外部控制相对于内部控制更具实效性。"主张实施外部控制的学者认为,个人判断力和职业水平不足以保证人们合乎道德规范的行为,因此必须要通过立法或制定规章制度来实行严格的监管,以达到对人的约束与制约。而主张内部控制的学者则认为内部控制是由一系列个人自身内心的价值观和伦理准则组成的,而且它们可以在缺乏外在规则和监督机制的情况下,鼓励个人或个人自觉地从事合乎道德规范的行为"。② 作为具有内部控制特征与性质的企业价值观管理,注重如何培育员工的企业价值观与企业精神,注重情感教育与价值观教育,注重如何培养员工自觉的企业价值观与企业精神,注重如何把企业愿景融入员工的生产经营活动和日常生活中去,注重如何培养企业的社会精神与社会责任感。在企业价值观管理实践活动中,伦理因素与价值观因素是管理的重要构件,正如美国企业管理

---

① 特里·L. 库伯:《行政伦理学:实现行政责任的途径》第四版,张秀琴译,中国人民大学出版社 2001 年版,第 123 页。

② 戴圣鹏:《企业价值观管理的性质研究》,《第 19 次中韩伦理学国际学术研讨会暨第五次全国经济伦理学学术研讨会论文集》,2011 年 4 月 15 日。

学学者唐玛丽·德里斯科尔和迈克·霍夫曼所论述的那样："伦理与价值观是发挥内部控制职能的重要因素。"① 因此，在企业价值观管理中，更注重的是内部控制的重要方式：伦理管理与价值观管理。企业采用与实行具有内部控制特征与性质的价值观管理，既可以为企业节省巨大的运行成本，同时还可以为企业创造巨大的社会效益与经济效益。

（二）在企业价值观管理实践中践行社会主义核心价值体系

企业价值观管理不仅在于为企业提炼与培育核心价值观，更在于为企业追求愿景提供价值导向与精神支撑。企业价值观管理，就是要将企业核心价值观作为判断是非、明辨善恶、区分美丑的根本行为原则，就是要将企业的核心价值观内化为企业全体成员的人生信条与价值规范。企业价值观管理是企业文化管理的核心，从狭义的文化角度来讲，企业文化管理的实质就是企业价值观管理。在中国特色社会主义社会条件下，企业文化建设是中国特色社会主义文化建设的重要补充，是中国特色社会主义文化建设在企业身上的展现与内化的结果。在当下，当代中国企业文化建设必须符合中国特色社会主义文化建设的客观要求，并始终在企业文化建设中坚持以中国特色社会主义社会的核心价值体系为引领。坚定不移地坚持社会主义核心价值体系对当代中国企业文化建设的引领，才能使当代中国企业的文化建设有利于发展与完善社会主义市场经济。在马克思主义看来，建设有中国特色的社会主义新文化，实质上就是要建设以社会主义核心价值体系为核心的社会主义新文化，进一步讲，就是以社会主义核心价值体系为核心、为指导来建设符合时代发展并具有中国特色的社会主义先进文化。在当前要抓住中国特色社会主义先进文化建设的灵魂与本质，就必须抓住社会主义先进文化的核心价值建设，就必须持之以恒地坚持社会主义核心价值体系的指导。在社会主义市场经济活动中，只要坚持解放思想与实事求是，坚持以经济建设为中心，坚持社会主义群众路线，始终站在广大人民群众的立场上，从最广大人民群众的根本利益出发，矢志不渝地坚持社会主义核心价值体系，就一定能抓住中国特色社会主义先进文化的本质与灵魂，就一定能抓住中国特色社会主义理论体系的本质与灵魂。对于当代中国的广大企业而言，在企业文化管理与价值观管理实践中，以马克

---

① 唐玛丽·德里斯科尔、迈克·霍夫曼：《价值观驱动管理》，徐大建等译，上海人民出版社2005年版，第232页。

思主义为指导，以中国特色社会主义共同理想为奋斗目标，以弘扬民族精神与时代精神为历史使命，以践行社会主义荣辱观为行为准则，企业文化管理与价值观管理才会符合中国特色社会主义先进文化建设的需求，才会与中国特色社会主义先进文化建设相一致，才会具有中国特色与中国风格。

在企业价值观管理的实践活动中践行社会主义核心价值体系，应当把马克思主义作为指导思想。企业价值观管理的一个重要内容就是要提炼与概括企业的核心价值观。具体来讲，企业价值观管理的重要内容，就是要在企业的生产经营活动中探索企业的价值观，构建企业的价值观体系，并在此基础之上提炼企业的核心价值观并运用到企业的生产经营活动中。唯物主义历史观认为，是人们的社会存在决定人们的意识，而不是人们的意识决定人们的社会存在，人们就是在自己的现实生活过程中获得自己的意识与观念。对于企业而言，其自身的价值观念与精神同样是在自己的社会生产与经营活动中获得与形成的。从唯物主义历史观角度看，企业的核心价值观，同样是企业在长期社会生产经营活动以及社会参与活动中形成的关于自身价值诉求与社会价值要求的根本看法与认识。在企业的价值观体系中，企业核心价值观处于支配与主导地位，是企业价值观体系中最具生命力与最为稳定的价值观，它是企业的精神之魂。科学地把握企业价值观的形成路径与形成规律，科学地提炼与概括企业的核心价值观，离不开马克思主义的指导，是马克思主义为当代中国企业提供了科学的方法与理论。在企业价值观的提炼与培育中，只有坚持马克思主义的指导，提炼与培育出来的企业价值观才更具科学性与现实性，才更符合企业本身的发展愿景和社会的发展要求。

在企业价值观管理实践活动中践行社会主义核心价值体系，就应当把实现中国特色社会主义共同理想作为企业价值观管理的重要内容和企业应该为之努力奋斗的目标，作为企业愿景的重要构成部分。企业愿景是企业给自身设定的宏伟目标，在企业愿景中注入共同理想，既体现了企业的使命意识，也表达了企业的民族意识。对于企业而言，愿景虽是企业自身的，但愿景不能违背社会的共同理想，企业愿景应体现社会共同理想的要求，应有助于社会共同理想的实现。社会共同理想，既是每一个公民的共同理想，也是作为社会重要成员的企业的共同理想。把社会共同理想融入与渗透到企业愿景，才能有效地把共同理想与企业愿景紧密结合起来，才能使企业愿景符合共同理想的需要，使企业愿景有利于社会共同理想的实现，使企业愿景符合社会核心价值的要求。在社会主义市场经济条件下，当代中国企业的企业愿景不应与中国特色社会主义共同理想相背离，应反映与表达共同理想的要求。企业愿景管理是企业价值观管理的重要内容，在企业愿景管理中，树立中国特色社会主义共同理想，以实现中国特色社会主义共同理想为奋斗目标，把企业愿景与中国特色社会主义共同理想紧密结合起来，使中国特色社会主义共同理想更好地融入与渗透到企业愿景中去，是企业价值观管理实践活动中践行社会主义核心价值体系的重要表现和重要成果。

在企业价值观管理实践活动中践行社会主义核心价值体系，就应当在管理活动中大力弘扬民族精神与时代精神，把民族精神与时代精神作为当代中国企业的价值观的精神源泉与精神支柱，以此为精神基础来提炼与培育企业的核心价值观。在市场经济条件下，企业是有民族性的，企业民族性的一个重要表现就是任何一个国家的民族企业都内在地凝聚着这个民族的精神与彰显着这个民族的品质。民族精神是企业价值观的核心构件与价值源泉，在不同的国家与不同的民族中，不同国家、不同民族的企业总会在自己的行为与价值观上或多或少地带有其民族精神气质与特性。在当代，企业不仅具有民族性，还具有时代性，企业是时代的弄潮儿，是时代精神的重要造就者，一个时代的精神，总能从这个时代的企业中发现，每一个时代的企业，总会表现出每一个时代的精神风貌与时代气质，总会体现出每一个时代的价值追求与价值选择，总会折射出每一个时代的时代精神。企业价值观管理，不仅仅是企业精神的自我控制与调节，更是民族精神与时代精神在企业管理活动中的具体体现，通过企业价值观管理来弘扬与践行我们的民族精神和时代精神，既是社会主义核心价值体系对企业的要求，也是企业优秀精神品质塑造的客观要求。一家不爱国的企业，一家不主张改革创新的企业，其必然会被人民所唾弃，被时代所抛弃。

在企业价值观管理实践活动中践行社会主义核心价值体系，就应当把树立社会主义荣辱观作为管理实践活动的重要内容与价值尺度。社会主义荣辱观，既是社会主义市场经济条件下判断荣与辱的根本看法与观点，也是社会主义企业在生产经济活动中判断荣与辱的坐标与尺度。树立荣辱观，是企业价值观管理的重要内容，是企业正确价值观形成的重要价值源泉。树立正确的荣辱观，有利于企业形成正确的道德观和符合社会主义市场经济要求的价值观。对于当代中国企业而言，其价值观管理的重要内容与目的就是让企业形成正确的价值观和符合社会主义市场经济发展需求的道德观。以社会主义核心价值体系引领企业价值观管理，在企业价值观管理的实践活动中践行社会主义核心价值体系，就要把社会主义荣辱观植入企业的价值观管理活动中去，就要让企业以及企业全体成员树立正确的荣辱观，就要让企业以及企业全体成员践行社会主义荣辱观。企业知荣辱，才能辨是非，企业知荣辱，才能明善恶，企业知荣辱，才能区美丑。企业价值观管理，就要通过对企业价值观的形成、提炼、概括、实践和修正来提升企业的价值选择能力和道德辨别能力，就要让企业的行为与价值观符合社会主流与核心的价值要求。在企业价值观管理实践活动中树立与践行社会主义荣辱观，对于提炼当代中国企业的核心价值观和有效地提升企业价值观管理水平具有十分重要的意义与价值。在企业价值观管理实践活动中，把社会主义荣辱观与企业价值观相结合，把社会主义荣辱观作为企业价值观管理的评价尺度与管理目标，是当代中国企业积极参与当代中国先进文化建设与社会主义核心价值体系建设的重要表现，也是企业走向成功的关键。

四 企业道德建设落实到自觉履行社会责任中

社会主义核心价值体系建设，不只是停留于人们的价值与精神层面，还应落实到人们的生产与生活的具体实践活动中。社会主义核心价值体系发挥实效的一个重要表现，就是人们在自己现实的社会生活中能够自觉地履行社会责任。以社会主义核心价值体系引领企业道德建设实践活动的落脚点同样也是要培养企业自觉履行社会责任的意识和主动地践行自己的社会责任、履行自己的社会义务。

（一）企业社会责任含义与内容

企业是市场主体，市场是企业生存与发展的主要社会环境，企业与市场之间有着密不可分的相互依存的关系。企业在市场中的经营活动必须要符合法律要求或者在本质上符合道义和伦理。在市场经济条件下，遵守法律和做应当做的事情以及为自己的不当行为承担责任，是每一个企业的职责与应尽的义务。在当代市场经济条件下，企业需不需要承担社会责任与履行社会义务，是由现代企业性质和社会正义以及企业自身的长远发展所决定的。而企业的社会责任在现代社会中又是有着特定意义的范畴。在西方学者阿奇·卡罗尔（Archie Carroll）看来，企业社会责任包含着多方面的内容。他认为，工商业社会急剧发展下所产生的人与社会的问题，企业经理人必须在处理企业事务的过程中同时理解人与社会的问题，至少必须让这些问题得到改善，并在这个基本观点的基础上，把企业社会责任分为四项："经济责任（economic responsibility）、法律责任（legal responsibility）、伦理责任（ethical responsibility）以及慈善责任（philanthropic responsibility）。"① 在卡罗尔的思维理路中，"经济责任指的是企业有合理的收益、雇员或职工有收入稳定且相当的工作以及产品合理的售价与服务；法律责任是指企业应遵守法律规定，遵循市场游戏规则；伦理责任是指无论是否在法律的规约之下，都应使自己的行为与活动做到公正合理，符合大众期望；慈善责任是指企业出于自愿的行为与活动，是企业自愿奉献于社会的高尚行为与活动"。② 另一位西方著名学者科特勒（P. Kotler），在与他人合著的《企业的社会责任：通过公益事业拓展更多的商业机会》一书中，也把慈善责任看作是企业社会责任的不可或缺的重要内容，他们在书中明确指出，"企业的社会责任是企业通过自由决定的商业实践以及企业资源的捐献来改善社区福利的一种承诺"。③ 因此，企业要不要承担社会责任，是由现代企业性质和社会正义以及企业自身的长远发展决定的。

（二）企业履行社会责任的必要性与现实性

1. 企业应履行社会责任，是由现代企业的重要性质（也即企业的社会性）决定的

从传统的企业观来看，企业作为市场经济的主体，作为经济活动中的"经济人"，其最为主要的目的就是如何合理有效地利用各种生产资源、管理方法来追求与实现自身利益的最大化。但是，从现代的企业观来看，企业自然要追求与实现自身利益的最大化，但这只是企业的一种生存本

---

① 参见卡罗尔、[美]巴克霍尔茨《企业与社会：伦理与利益相关者管理》，黄煜平等译，机械工业出版社2004年版，第23—27页。
② 参见龙静云、戴圣鹏《论企业的慈善责任》，《伦理学研究》2010年第4期。
③ 科特勒等：《企业的社会责任：通过公益事业拓展更多的商业机会》，姜文波等译，机械工业出版社2006年版，第2页。

能，或者只不过是企业的自然生命特征的表现，而不是现代企业的全部，更不是企业社会属性的本质表现。企业的自然生命特征，或说企业的生存本能，客观上也要求企业能够很好地处理企业内部以及企业与社会、企业与消费者的关系。对于任何一个企业而言，它只有这样，才能利用一切可能利用的自然资源与社会关系来获得企业的经济利益和提高企业的经济效益，从而最终实现其利润的最大化。但在现代市场经济条件下，企业如只以盈利为主要目的或唯一目的，其生存空间将会越来越小，人们对它的质疑就会越来越多，其面临的社会发展的挑战也会越来越大。相比于传统的企业观念而言，现代企业观念对关于企业性质的认识有着不同于传统企业观念的认识，现代企业观念认为，企业是人类社会历史发展到一定阶段的产物，是社会化的产物，企业的产生与发展都是因为社会化的需要，没有社会化，就不会有企业这种社会组织形式。从社会与企业的关系而言，企业依托社会而存在，而不是社会依托企业而存在。"作为一个依托社会而存在的经济组织，盈利只能是它的一个目的，而服务社会，奉献社会则应是其追求的主要目标。因此，企业的性质不是由企业的自然性（即以盈利为目的的自然属性）决定的，而是由它的社会性决定的，服务社会、奉献社会就是企业社会性特征的最重要体现。企业服务社会、奉献社会，不仅表现在企业为社会提供优质的产品与服务，更表现在企业能为社会承担更多的责任与义务。"①

从现代企业观念来看，企业的重要性质体现在企业的社会性上，而不是企业的自然性上。对企业的社会性的认识，我们可以从三个方面来把握，也就是说，企业的社会性主要体现在三个方面：首先，从历史生成论的角度讲，企业是社会历史发展到一定阶段的产物，从企业诞生以来，企业就依存于社会，依赖于社会，依托于社会而发展。对于企业而言，无论是其生产活动，还是其商业活动，都离不开社会，社会为企业的发展不仅提供了广阔的发展空间，还提供了其生存与发展所需要的养料。因此，从这个角度讲，企业应当回馈社会，服务社会，自觉承担自身的社会责任。其次，企业虽然是社会历史发展的产物，但同时也是社会历史发展中的重要一员，是现代社会的重要成员，在社会经济发展中，企业具有举足轻重的作用，是社会生产力发展的重要推动力量，是社会产品的重要提供者。

---

① 龙静云、戴圣鹏：《论企业的慈善责任》，《伦理学研究》2010年第4期。

在现代社会，我们很难想象离开了企业，社会是一个什么样子，现代社会还能不能正常运转。正是企业对现代社会的这样一种不可替代的重要作用，更显得企业履行社会责任在现代社会里是多么的重要和不可忽视。从现代企业观念来看，企业就是一个"社会人"，是现代社会中极为重要的"现代公民"。作为"现代公民"，履行社会责任是企业义不容辞的责任与义务。最后，"企业作为一个社会利益主体与其他的利益主体有着千丝万缕的社会关系，特别是与其利益相关者之间有着密切的关系，这种社会关系对企业的生存与可持续发展具有决定性的作用。因此企业必须要处理好与他们的关系，对他们负责。承担社会责任无非具有改善二者关系的效果，当然这也是企业具有战略性眼光的体现"。① 通过对现代企业的社会性分析，我们可以知道正是企业的社会属性决定着企业不单单是一个追求经济效益的"经济人"，也是一个应当追求社会效益的"社会人"，作为"社会人"，企业就应当服务社会、奉献社会，承担与履行作为一个"社会人"应有的社会责任与社会义务。

2. 企业履行社会责任是社会正义的要求与体现

无论是过去，还是将来，追求社会正义，向往一个充满正义的社会，是人类社会一直追求的目标与理想状态。罗尔斯认为，"正义是社会制度的首要价值，正像真理是思想体系的首要价值一样"。② 从罗尔斯的论断中，我们可以知道，社会正义对于社会制度的重要性，那我们又应当如何来理解社会正义呢？或许英国知名学者亚当·弗格森关于正义的一个表述会给我们很大的启示，亚当·弗格森指出："正义是公正和普遍的善，使任一部分服从整体之善，并使整体有利于部分的维持；但排除任何有害于整体的部分的享乐。"③ 亚当·弗格森是从部分与整体的角度来把握与理解正义的，这种把握与理解对我们理解企业为什么要承担社会责任，以及企业承担社会责任具有社会正义性提供了重要的理论启示与借鉴。企业与社会的关系反映的就是部分与整体的关系，企业是部分，社会是整体，对于企业而言，其行为要服从公正和普遍的善，并反映公正和普遍的善，也即社会正义。从社会正义角度讲，社会正义有利于企业的发展与基业长

---

① 龙静云、戴圣鹏：《论企业的慈善责任》，《伦理学研究》2010 年第 4 期。
② 约翰·罗尔斯：《正义论》，何怀宏等译，中国社会科学出版社 2005 年版，第 3 页。
③ 亚当·弗格森：《道德哲学原理》，孙飞宇、田耕译，上海人民出版社 2005 年版，第 62 页。

青，对于企业的健康发展具有保驾护航的作用。因此，对于企业而言，履行社会责任除是社会正义的要求与体现外，还有利于自身的发展。

　　企业履行社会责任是社会正义的重要表现。企业作为市场经济活动中的强势主体，在市场经济活动占据着更多的市场资源与社会资源，因而也在无形中享有比其他处于弱势地位的市场主体更多的权利。在马克思主义历史观与正义观看来，社会正义的重要表现就是人们享有的权利与其履行义务对等，任何一个在社会资源与自然资源分配中处于优势地位的组织与个人，都应履行与其享有的权利相匹配的社会责任。在市场经济中，处于主导与主体地位的企业，显然会在社会资源与自然资源分配与控制中处于优势地位，因而应自愿自觉地承担更多的社会责任。只有这样，才能更好地体现社会公平与公正。大多数的企业无非是社会中极为富有的成员，尤其是那些经济效益好的垄断性企业以及明星企业，因而在履行社会责任上，社会与民众对它们的要求会更多。企业社会责任的产生就是建立在这样的一种理念之上的。在承担社会责任中，企业是更有能力与资源履行好这一责任的。大多数企业相对于普通民众而言，显然，在履行社会责任方面有着更好的条件与优势。因此，在社会主义市场经济条件下，企业在自身的能力范围内承担与履行社会责任显得十分必要与应当，否则就会辜负社会和公众对它的期望。在现代社会，企业有负于社会与公众，其后果是十分严重的，这也是企业在要不要承担社会责任时要考虑的一个重要原因。所以，对于企业来讲，主动而自愿地去履行社会责任，不仅有利于企业自身的生存与发展，也是企业行为符合社会正义的要求与体现。对于企业而言，这是一举两得的事情，企业何乐而不为？因此，社会责任体现了社会正义的要求，企业履行社会责任也无非是一种符合社会正义的事情。

　　3. 企业履行社会责任是企业可持续发展与基业长青的需要

　　对于任何一个企业，其最主要的战略目标就是追求自身的可持续发展与基业长青。而要做到这一点，仅仅依靠产业创新与技术升级是很难做到的，作为现代社会重要成员的企业，与社会的可持续发展是分不开的，没有社会的可持续发展与健康发展，就不会有企业的可持续与基业长青。由此可知，在现代社会，企业只有积极主动地履行其作为社会重要成员的社会责任，才有可能获得可持续发展，才有可能基业长青。究其原因有：首先，企业履行社会责任，看似增加了企业的运行成本，实则有利于提高企业的社会知名度，从长远来看，是有利于企业增加其收入的。在现代社会，社会责任感强的企业、自觉履行社会责任的企业，更容易赢得消费者的好感与青睐，消费者在选择商品时，也更倾向于选择其生产的商品。因此，企业也必然因此获得更多收益。其次，企业履行社会责任，对于企业风险的降低是十分有益的。企业不抛弃社会责任，广大的消费者也自然不会抛弃企业。企业履行社会责任，从企业经营的角度讲，可以理解为是企业在经营社会关系，是企业在积累人脉，培养其与社会、与消费者的亲密关系。市场经济，本身就是竞争经济，有竞争，就会有淘汰。在激烈的市场竞争中，谁拥有的资本越多，谁的社会关系更牢靠，谁的群众基础更坚实，谁就更容易胜出，在可持续发展与基业长青上就更有保障。最后，企业履行社会责任，对于建设优秀的企业文化和科学的企业愿景具有价值保障作用。优秀的企业文化只有在企业长久的社会实践活动中才能形成，企业履行社会责任，是企业参与社会建设实践活动的重要表现，是企业形成优秀文化的物质基础，也是企业愿景具有可实践性的关键。因此，对于企业而言，积极主动履行其社会责任，是建设优秀企业文化与形成科学企业愿景的实践基石。总而言之，自觉而主动地履行社会责任，是企业可持续发展与基业长青的需要。

（三）企业履行社会责任是核心价值体系的必然要求

在社会主义制度下，社会主义市场经济的主流价值与主导价值必然是社会主义核心价值体系。究其缘由，社会主义核心价值体系，是中国特色社会主义社会的主导价值与核心价值，是市场经济能否沿着中国特色社会主义道路前进的价值导向与精神保障。在任何时候，如果没有社会主义核心价值体系的指导，社会主义市场经济建设必然会脱离中国特色社会主义社会发展的轨道，必然会使其丧失社会主义本性。离开社会主义核心价值体系的指导，市场经济建设必然会引发与导致一系列的经济问题、政治问题与生态问题。在社会主义市场经济条件下，企业践行社会主义核心价值体系，有利于限制与避免企业追求利润的最大化过程中而可能产生的不良行为与影响，有利于企业更好地履行其经济责任、法律责任、道德责任和生态责任等社会责任。众所周知，在市场经济中，企业首先是作为经济组织而存在，追求利润的最大化，是其天生的本能，对于企业而言，利润是其存在的根本，也是企业履行社会责任的经济基础，超出企业经济承受能力或利润支配可允许的空间而过度履行社会责任，从而影响企业的可持续发展。企业不仅是经济组织，还是社会组织与"企业公民"，作为社会组织与企业公民，维护社会的和谐稳定，保护生态环境，遵守法律与社会公德，都是企业作为企业公民义不容辞的社会责任。获得利润的最大化虽可以让企业有成就感，但履行社会责任获得社会认同与尊敬却能让企业更有尊严和带来更大的社会总效益。一个不履行社会责任的企业，是很难与一个健康的社会共存的。

在社会主义市场经济条件下，社会主义核心价值体系必然要求企业在生产经营活动中自觉履行社会责任。社会主义核心价值体系对企业履行社会责任的要求主要表现在以下几个方面：一是要求企业为社会提供安全卫生、质量可靠的商品，为维护社会主义市场经济健康稳定发展提供经济保障。这是企业作为市场经济重要成员必须履行的经济责任。二是要求企业遵守社会法律，做遵纪守法的好公民。这是企业应履行的法律责任。三是要求以社会道德规范作为企业行为的活动准则，作为企业全体员工的活动规范，从而发挥企业在社会主义道德建设中的重要作用。这是企业应当履行的伦理责任。四是要求企业在生产经营活动中爱护环境、保护生态，做忠实的环境保护卫士。这是企业应当履行的环境责任或生态责任。企业履行社会责任，有利于中国特色社会主义共同理想的实现，企业履行社会责任是弘扬以爱国主义为核心的民族精神和以改革创新为核心的时代精神的重要表现，企业履行社会责任是践行社会主义荣辱观的重要表现。在社会主义市场经济条件下，社会主义核心价值体系是所有市场成员形成正确的价值观与道德观的价值保障。企业履行社会责任虽然在一定程度上增加了企业的社会成本，但这种成本的投入并不是无必要的，也不是无回报的。企业履行社会责任，可以为企业赢得社会尊敬与树立良好的社会形象，还可以为企业营造健康的社会环境与生态环境。从长远来看，企业履行社会责任，不仅可以为企业带来巨大的社会综合效益，最为主要的是有利于企业的可持续发展与基业长青。

企业的发展离不开社会，企业只有真心真意地服务社会，社会才会更好地回报企业。企业服务社会的表现不仅仅在于企业为社会提供物质产品与精神产品，还在于企业能很好地履行其社会责任。企业如何才能意识到自己的社会责任以及主动地履行其社会责任呢？从马克思主义的视角来看，企业社会责任的履行离不开社会正确的价值指导，而社会主义核心价值体系就为企业提供了正确的价值指导。对企业灌输正确的价值观，有利于企业形成正确的价值判断与价值选择。企业履行社会责任，是企业形成正确价值观和做出正确价值选择的重要表现。社会主义核心价值体系是社会正确价值观形成的价值根源，是人们做出正确价值判断与价值选择的主要依据与尺度。因此，对于社会的每一个成员，其价值观是否正确，价值判断与价值选择是否正确，判断的坐标与尺度就是其是否符合社会主义核心价值体系的要求，是否以社会主义核心价值体系作为价值导向与精神支柱。企业以社会主义核心价值体系为引导与精神支柱，企业就必然会形成履行社会责任的内在动力与价值机制，就会限制或避免企业在追求利润的最大化过程中可能出现的各种困难与挑战。总而言之，在社会主义市场经济条件下，企业履行社会责任是践行社会主义核心价值体系的必然要求，社会主义核心价值体系是企业履行社会责任的内在动力与精神支柱。

第八章 以社会主义核心价值体系引领城市社区居民道德建设

党的十七届六中全会通过的《中共中央关于深化文化体制改革、推动社会主义文化大发展大繁荣若干重大问题的决定》指出，要"把社会主义核心价值体系融入国民教育、精神文明建设和党的建设全过程，贯穿改革开放和社会主义现代化建设各领域"。社区作为城市居民日常生活的重要场所，是扩展人们社会交往和构建社会关系的重要途径和方式，更是开展国民教育、社会主义核心价值体系建设以及道德文化建设的主阵地。以社会主义核心价值体系引领城市社区居民道德实践，是落实党中央有关推动社会主义文化大发展大繁荣的具体举措，也是推动城市社区居民道德建设的必然要求。

一　我国城市社区的发展与社区功能

20世纪80年代中期，我国城市社区的规模化建设开始兴起。自那时以来，我国城市社区有了长足发展，在我国社会生活中发挥着越来越重要的作用。城市社区居民道德实践与城市社区发展密切相关，既是城市社区发展的重要内容，也在一定意义上推动着城市社区的发展。

（一）我国城市社区的发展

"社区"一词是德国社会学家滕尼斯在1887年出版的《社区与社会》一书中最先提出来的，在德文中写作"gemeinschaft"。滕尼斯将其解释为一种由同质人口组成的具有共同的价值观念、关系密切、出入相扶、守望相助的富有人情味的社会群体。[①] 这一词后来被译成英文：community。20

[①] 转引自庞树奇、范明林主编《普通社会学理论新编》，上海大学出版社1998年版，第229页。

世纪30年代，我国社会学家将英文community译成中文"社区"，社区一词正式传入中国。德文中gemeinschaft一词是"共同生活"或"共同生活体"的意思，英文中community一词是"公社""团体"或"共同体"的意思，它们都没有直接表明地域的意义。然而，由它们转译而来的中文"社区"一词，却突出表明了这种社会群体的地域性质，意在强调这种社会群体是建立在一定的地理区域之内的。尽管目前人们对社区这一概念尚无统一的定义，但其基本含义已比较稳定，即指地域性的社会生活共同体。具体地说，社区是指聚集在一定地域范围内的人们所组成的社会生活共同体。① 如村庄、小城镇、街道、居委会、城市的市区或郊区、大都市等，都是规模不等的社区。在这样一个由社区地域、社区人口、社区管理体系、社区设施、社区意识等要素构成的生活共同体中，人们由一定的社会关系结合起来，共同从事经济、政治、文化等各种活动，从而构成一个相对独立的区域性社会实体。城市社区就是这样的区域性社会实体。本章所讨论的城市社区，不是指一般意义上的城市社区，而是特指我国城市中经过社区体制改革以后作了规模调整的居委会辖区。②

我国城市社区建设是在社会结构转型、社会管理体制转轨背景下，以社区服务为基点开展起来的。自20世纪80年代中期民政部倡导社区服务以来，我国城市社区建设大体经历了三个阶段。

第一个阶段从20世纪80年代中期到90年代中期，为城市社区建设的起步阶段。这一阶段的城市社区建设以社区服务为主。1984年，民政部在漳州会议上提出了"社会福利社会办"的理念，提出社区服务的具体任务，主要是在街道、居委会（基层社区）层面初步开展为老年人、残疾人、优抚对象等传统民政对象提供福利服务和为社区居民提供便民利民服务。1986年，民政部提出在城市开展社区服务工作的要求，这是"社区服务"概念在我国首次正式出现。1987年，民政部在"全国城市社区服务工作座谈会"上，提出建立具有中国特色的社区服务系统。1993年，民政部等14部委颁发的《关于加快发展社区服务业的意见》，确立社区服务是社会保障和社会化服务体系的一个重要行业，是具有福利性质的第三产业，提出社区服务要朝社会化、产业化方向发展，要建立自我积

---

① 《民政部关于在全国推进城市社区建设的意见》，《人民日报》2000年12月13日。
② 同上。

累和自我发展的运行机制，要强化"以服务养服务"的意识，即以有偿服务（经营性服务）养无偿服务（福利服务）。这些举措极大地推动了城市社区服务，促进了城市社区的发展。

第二个阶段从20世纪90年代中期到2000年，为城市社区建设的发展阶段。这一阶段城市社区建设以社区组织体制建设为主。随着社会主义市场经济建设和改革的不断深入，我国的社会矛盾和社会问题在社区集中凸显，促使人们逐步认识到社区体制改革的重要性和紧迫性，各地政府在发展社区服务的同时，不断进行社区管理体制的探索和改革。如上海在1996年颁发《关于街道、居委会建设和社区管理的政策意见》，开始着手建立"两级政府、三级管理"体制，引起全国各地仿效。还有很多城区如北京市西城区、杭州市下城区、青岛市南区和四方区、石家庄市长安区、重庆市江北区、海口市震东区、沈阳市沈河区等，也在民政部指导下，积极开展社区管理模式和运行机制探索。为新型社区管理体制的建立提供了经验。

第三个阶段从2000年至今，为城市社区建设的全面发展阶段。2000年12月，中共中央办公厅、国务院办公厅转发《民政部关于在全国推进城市社区建设的意见》，文件进一步明确了我国城市社区建设和发展的指导思想、基本原则、主要目标和具体任务，并对城市社区组织和队伍建设以及领导提出了要求。这标志着我国城市社区建设进入一个新的全面发展阶段。在这一阶段，我国城市社区建设取得了明显成效。一是城市社区建设"政府主导、民政部门牵头、社会各方支持、群众广泛参与"的工作机制基本形成。二是新型社区管理体制初步建立。各地政府本着有利于服务管理、有利于资源配置、有利于提高工作效能的原则和地域性、认同感等社区构成要素，重新调整、划分了社区规模，目前已有约8万个社区，以社区为单元的新的社会基础管理网络已经基本形成。三是社会服务体系进一步完善，各城区、街道普遍建立了社区服务中心，各社区大都建立了社区服务站，形成了区、街道、社区三级社区服务网络，极大地方便了居民生活。目前，我国城市社区中，87%建有社区服务中心（站），93%建有劳动保障所（站），80%建有社区警务室，85%建有卫生服务站（点），70%建有社区图书室。初步形成了以社区服务中心为纽带，广泛联系各类社区服务企业、服务人员的社区服务网络。四是社区自治功能不断强化。在城市社区建设过程中，各地注意将居民自治作为社区建设的重要内容，居务公开、民主评议、社区居民代表会议等社区自治制度逐步建立并不断完善，社区居委会、社区论坛、楼院小组、民管会等社区自治组织不断创新，社区排忧解难、化解矛盾、协调人际关系的作用得到充分发挥。五是社区文明程度不断提高。各地城市社区依托社区院校、教育中心、市民学校和其他社区教育资源，广泛开展教育培训活动，有效提高了社区居民的科学文化素质；广泛开展文化体育娱乐活动，活跃了社区居民的精神文化生活，营造了文明健康的社区文化氛围；广泛开展社区志愿服务活动，形成互助友爱的文明风尚。

我国城市社区的发展，为城市社区居民道德的生长营造了良好的环境，也为用社会主义核心价值体系引领城市社区居民道德实践创造了基本条件。

（二）我国城市社区的功能

我国城市社区之所以发展迅速，是因为城市社区有着独特的功能，在我国社会生活中发挥着不可或缺的重要作用。把握城市社区的功能，对于以社会主义核心价值体系引领城市社区居民道德实践具有重要意义。

城市社区对居民的生活以及居民自身的发展有着多方面的深刻影响，其功能是多方面的，其主要功能包括以下几个方面：

1. 服务功能

在 2000 年《民政部关于在全国推进城市社区建设的意见》文件中，就曾明确提出，"社区服务是社区建设重点发展的项目"，社区服务主要是开展面向一些特殊群体服务，如老年人、儿童、残疾人、社会贫困户、优抚对象的社会救助和福利服务；开展面向社区居民的便民利民惠民服务；开展面向社区单位的社会化服务；面向下岗职工的再就业服务和社会保障社会化服务。[①] 文件对社区服务的强调符合城市社区的本质特征，说明服务功能是城市社区的基础性功能。

城市社区为居民提供服务、发挥其服务功能主要通过以下方式进行。一是通过与政府联合为居民提供公共服务。如组建社区安保队、社区医疗点、社区环卫站、社区绿化队、社区市民学校，提供社区娱乐休闲场地和器材等，为城市社区居民提供各种公共服务。二是通过自治组织如社区委员会、社区调解委员会、社区治安委员会、社区服务站、社区福利院、社

---

① 《民政部关于在全国推进城市社区建设的意见》，《人民日报》2000 年 12 月 13 日。

区互助组织、楼道自治网络、便民服务网点，为居民提供各种生活服务。三是通过居民间的自愿联合和外部志愿服务活动为居民提供服务。如组建歌舞队、晨练队以及各种俱乐部，开展各种文娱体育活动，活跃居民的精神文化生活；组建社区志愿者服务队伍为居民提供各种生活服务，提高自我服务的能力和水平；引进社区外部的志愿服务活动，为居民提供社区自身力不能及的服务等。四是通过市场运作方式为居民提供服务，如通过小区物业公司为居民提供有关服务。通过以上多种途径和方式，城市社区为居民提供各类服务，较好地满足了居民的基本需要，从而为城市社区居民营造了舒适安全的生活环境，保证城市社区生活有序进行、健康发展。

2. 社会化功能

"人的社会化"是将个人与社会联系起来的必要环节，意指作为生物体的自然人逐步成长为具有一定个性、能适应一定的社会文化、参与社会生活、履行一定角色行为的社会人的过程。人的社会化是在个体社会实践基础上，在各种社会因素影响下，在个体与各种社会因素相互作用的过程中逐步完成的。影响个体社会化的因素很多，社区就是其中一个不可忽视的重要因素。城市社区是居民社会化的基本场所，对社区居民的社会化过程产生强有力的影响。

人的社会化是通过频繁的社会交往和广泛的社会实践活动逐渐实现的，而城市社区就是这种社会交往和实践活动的重要场所。城市社区居民参与各种社区活动，与社区成员进行各种社会交往，就能在潜移默化中学习和传承社会文化、群体价值以及行为模式，即成为一个"社会人"。对于儿童青少年来说，城市社区是一个比家庭范围大得多的小社会，是他们成长的重要环境。儿童青少年在社区生活中受到社区文化与社区意识的熏陶，会逐步内化社会的基本价值观和社会规范；在与社区各种人的交流和互动中，可逐步学习和了解到人与人之间的角色差异，并逐步学会在社会生活中扮演适当的角色；在参与社区活动的过程中，可加深对社会生活的认识和了解，增强社会适应性，等等。对于成年人来讲，城市社区是整个社会的一部分，是成年人继续社会化的重要载体。成年人要扮演好自己承担的角色，履行自己的职责，就必须不断适应社会的变化，继续学习社会知识、规范和价值观，而社区就是成年人继续学习的"大学校"。社会的变化必定反映在社区生活中，社区文化和社区意识则体现了社会价值观和规范。成年人在参与社区活动、与社区其他成员互动过程中，会不知不觉地感知并顺应社会的变化，不断更新观念，调整自己的角色，从而实现继续社会化。城市社区还是人的再社会化的重要场所，在人的再社会化过程中发挥着不可或缺的重要作用。例如，城市社区对刑满释放人员的帮教；积极利用各种社会资源、整合社会各方面力量，对罪行较轻、主观恶性较小、社会危害性不大的罪犯或者经过监管改造、确有悔改表现、不致再危害社会的罪犯在社区中进行有针对性的管理、教育和改造的社区矫治等，都是社区再社会化功能的重要体现。

3. 社会控制功能

城市社区的社会控制功能是指其在维护社会秩序、解决社会问题、化解社会矛盾与社会冲突、控制各种非稳定因素等方面发挥的特殊作用。城市社区是今天我国社会管理的基本单元，在社会控制中发挥着不可或缺的重要作用。一是通过社区组织系统及运作机制调控社区生活，维持社区生活和社会生活的有序运行。如由社区委员会的治安人员、社区的安保队伍以及志愿者等所组成的社区治安网络及其社会治安综合治理的运作机制，在防治治安案件发生、预防和打击违法犯罪行为、提高居民的法律意识和自我保护能力、缓解和化解民间纠纷和冲突、维护社区安定安全等方面，具有较高的效能，发挥了重要的作用。二是通过社区的社会帮困、社会救助与保障体系及其运作机制，为社区的贫困人员、残疾人、老年人以及其他居民提供及时、便捷和有效的帮助和服务，有助于满足社区居民的基本生活需要，缓解社会不公，从而实现社区安定，促进社会稳定。三是通过社区舆论、社区规章制度乃至社区习俗等，对社区成员的行为进行引导和调控，使社区成员在制度规定的范围内有序从事社会活动。四是通过开展各种精神文明建设活动，提高居民的科学文化素质和思想道德素质，推动全社会的文明进步和社会发展。此外，城市社区往往是许多正式和非正式组织的基地，不少志愿者组织都是在社区层次上建立起来的。这些组织不仅对社区新移民起着加速同化和整合的作用，从而有助于增强社区的内聚性，而且通过促进居民对社会事务的参与，使城市社区与整个城市社会连接在一起。① 这也是城市社区社会控制功能的重要体现。

4. 社会参与功能

1955 年，联合国《通过社区发展推进社会进步》指出："可以暂时把

---

① 参见江立华主编《社区工作》，华中科技大学出版社 2009 年版，第 10 页。

社区发展定义为旨在通过整个社区的积极参与和全面依靠社区的首创精神，来为社区建立一种经济条件和社会进步的过程。"① 城市社区事务及各种活动只有依靠社区成员的积极参与才能正常运行。因而为社区成员提供参与的机会和条件是城市社区的重要功能。一方面，城市社区像一张网络和纽带，而居民则是其中每一个联结点。社区的特殊组织结构、运作机制和服务功能，联系着社区的每个成员。社区的全体成员也往往是通过这一社区组织参与到社区生活和社区管理中。社区成员积极参与社区事务和各类活动，是城市社区稳定和发展的基石，体现了社区成员对共同利益与需求的自觉认同。只有积极参与社区生活，社区成员才能逐步培育现代公民应有的社区意识，真正成为城市社区的主人和社区发展的主体。可见，"城市社区的发展离不开社区成员的广泛参与，社区成员的参与精神是社区发展的道德文化支撑"。② 另一方面，城市社区也为社区成员的社会参与提供了组织保证和依托。例如，社区委员会、业主委员会等社区自治性组织以及各种志愿者组织和各种服务性组织、兴趣性组织等，为社区居民参与社区管理提供了舞台；社区居民自发组织的读书会、歌舞队、老年书画社等兴趣团体，为社区居民参与健康文明的文体活动、提高文明素养提供了空间；社区开办的市民学校，举办的座谈会、联谊会等，为社区居民积极参与社区生活提供了基本渠道。这些组织和活动，无疑有助于城市社区居民广泛参与社会生活，积极开展人际交往和互动，进而促进社区居民形成主体意识和责任意识，形成对社会主导价值的认同，从而使社区充分发挥其整合功能。可见，城市社区在引导社区居民积极参与社区活动进而以积极的心态参与社会生活方面具有不可替代的重要作用。

二 社区道德建设的意义与当前存在的问题

社会道德建设作为社会主义思想文化建设的主要方式，在增强居民的归宿感、提升社会的凝聚力、良化社会风气、促进整个社会的和谐发展方面都凸显了其意义和作用。但是，现实的社区道德建设中也存在邻里关系

---

① United Nations, Social Progress through Community Development, 1995, p. 17.
② 高春花：《论中国城市社区建设的道德价值》，《道德与文明》2001年第1期。

冷漠、信任感偏低和社区服务功能不强等问题，所以，我们主张既要充分发挥社区道德建设的作用和意义，以促进和谐社区的建构，又要充分认识当前社区道德建设存在的问题，以社会主义核心价值体系引领社区建设的发展，探索社区建设的新途径和新方法。

（一）社区道德建设的重要意义

城市社区是社会的单元和细胞，也因为地缘的因素成为反映社会各层面水平的要件。社区发展与整个社会的发展是相互影响、互为促进的，社区存在于整个社会大环境之中，并发展于一定的社会经济、文化、政治的土壤之中。同时，每一个社区的良性发展，必将推动整个社会的良性运行。社区良好的道德水平和精神文明状况，既是社区居民生活和社区发展不可缺少的"养分"，也是建构社会主义和谐社会的重要内容和条件。

1. 社区道德建设有助于社区居民树立正确的价值观

道德作为反映意识形态的社会要素，其产生与运行除了为一定的经济和政治服务以外，还反映社会需求的价值观、人生观和行为方式，并对社区的一些人际交往问题给予解决或者导向。社区道德建设虽然以道德为名，但事实上涵盖了社区生活的方方面面，并作用于社区居民的精神面貌、行为方式、合作程度、交往状态等。通过社区道德建设，可以营造人们积极向善的精神追求和生活境界，促成健康文明、积极向上、生态和谐的生活方式。社区居民在良好的道德环境中能充分认识人与他人、人与社会、人与自然的和谐关系，正确认识物质生活与精神生活和谐共存的关系，并自觉地在健康向上和互助关爱中培养自我高尚的道德情操，提升自身道德境界。社区居民在自我道德提升的过程中，能进一步强化社会责任感、正义感、同情心、互助意识和奉献精神，这既是社区道德建设的重要目标，也是社会的价值诉求。

道德建设还有自身的优势，一是它较为"隐性"（即去政治化的色彩，毕竟社区管理在我国也是行政管理的重要内容），更容易被社区居民所认同和接受。二是它可以细化到社区建设的每一个部分中，社区道德建设可以社会现实生活作为途径和平台，将真善美、假丑恶渗透到日常的生活之中，通过群众最容易接受的形式配合社会主义核心价值体系的传播和核心价值观的凝练。这些道德建设的形式包括道德讲堂、道德评议会、舆论扬弃、矛盾调解、文艺演出、座谈交流会、报刊橱窗宣传、文明评比、志愿活动、环保行动、典型报告会等，这既是加强道德建设的形式，也是宣传社会主义核心价值观"潜移默化"的路径，也是化解社区居民冲突、加强居民交流和了解、构建和谐社会的重要措施。

2. 社区道德建设有助于提升社区居民的信任感、构建和谐的人际关系

社区是城市居民重要的生活场所，但是其成熟化、稳定化的道德环境还处在构建之中，关系冷漠甚至互不相识成为现代社区真实写照（当前社区道德现状与具体问题将在下文探讨），社区居民之间的信任感缺乏绝对不是个例。这其中的原因有一些人往往将过多的时间集中于工作事务，社区仅仅是"一个睡觉的地方"，也有社区活动过于缺乏，人们交流不畅，等等。通过道德建设、文化建设、社区互动管理等多种路径有助于加强居民之间的交流，并在互动中提升他们对社区的认同感和对其他成员的信任感。

道德建设在和谐社区以及和谐关系构建的突出功能体现在：首先，丰富多彩的社区道德建设形式可以满足人们积极向善的精神文化需求，丰富和提升人们的精神生活质量和道德境界。其次，在多样的道德建设与文化建设中，社区成员之间能够积极交流、沟通，而在沟通和互动中有利于培养文明健康的行为方式，从而建构公平正义、诚信友爱、充满活力、安定有序、人人和谐相处的社区。社区的道德建设与文化建设不仅满足了居民和谐交往的人际诉求，也能增强其对社区的认同感、依存感。最后，通过长期而丰富的道德建设和文化建设，社区居民能够形成良好的道德氛围，乃至达成一定的社区道德共识和价值共识。道德建设不仅能潜移默化地影响和引导社区居民的思想、情感、行为，而且通过长期的努力，能够使全体居民认识到社区道德环境的重要性，形成一定的自治性"民约"，即社区性的道德共识、价值共识和行为共识，并长期作用于居民的思维方式、言行举止和生活习惯。

3. 社区道德建设有助于增进社区居民情感，增强社区乃至社会凝聚力

在第六章我们提到社会转型对行政管理的影响，这一现代化的转型对社会成员在经济意识、法治观念的影响尤为深远，功利化成为一种重要的社会诉求，这对生活在社会大环境中的社区居民的影响也是如此，生活中人们的利益交往逐渐增多，而情感性交流沟通却在减少。再加上有些社区过于庞大、人员复杂（职业、年龄、受教育程度、收入等极具多样性）以及独门独户式的现代住宅结构，人们往往生活在陌生人的社区之中，不仅同栋楼，甚至隔壁都不太相熟，在这样社区居住的人们往往容易感受到

孤独、无助，居民之间的情感淡漠、关系脆弱。多样性社区道德建设和文化建设的过程，实际上也为社区居民增进沟通、交流、互动搭建了平台，让社区居民在较少功利化色彩的道德活动中缔结友谊、互动合作、增进友谊、加强信任，乃至相互鼓励、感悟人生，认识到社区这一共同体的关爱和温暖，这能有效引导人们冲淡人际冷漠，减少内心的孤独感，最终强化居民对社区的认同感和提升整个社会的凝聚力。

社会凝聚力是指社会共同体及其成员在观念、行动方面显示出来的一致性和协同性。社区的凝聚力主要着眼于认同性的凝聚力，即社区居民对社区这一集体的依赖感和认同感，而社区道德建设在这一认同感和依赖感的建立中具有重要作用。社区道德建设通过自发的或有组织的健康文体活动、各种文明评比活动、尊老爱幼互助行动、扶弱关爱行动、好人好事宣传活动、家庭矛盾与邻里矛盾协调行为等，使得居民在良性互动中相互理解、支持、帮助，并积极关心社区集体发展，认识到社区集体的功能。即一方面社区集体给居民个体以人文关怀，满足人们多样的、多层次的需求，化解一些社会性的矛盾和利益冲突，降低人们的焦虑和孤立感，促进新的社会整合。另一方面居民在社区的关怀和活动参与中，积极认识集体的意义和价值，正确认识个体与集体的关系，进一步增强对集体的依赖感，乃至自觉维护集体利益和长远发展。越来越多的居民认识到社区的强大功能并形成对社区集体认同感的过程，也是集体凝聚力和吸引力不断增强的过程。而且这种认同感和凝聚力是一个逐步扩散的过程，由于社区通过各种道德建设、文化建设满足了居民在互帮互助、积极向善等方面的精神需求，以及交流互动、节庆、旅游、利益协调等实际生活需求，这些需求的满足将加强居民对社区的需求认同，进而对社区及社区各种团体（如服务性协会、自治组织、公益组织、居委会等）的组织性认同，认同他们的领导能力和组织能力，最后发展为对整个社会结构和政治体制的认同（如党的领导、政府机构的责任和能力等）。

4. 社区道德建设有助于形成良好的行为规范

行为规范的广泛认同和行为养成，对内部成员具有重要的约束和引导作用。它在形态上表现为行为习惯、道德规范、行政规章、法律规定、团体章程等。社区行为规范是建立在社区成员需求基础之上，是根据社区大多数人的需求、好恶、价值判断，通过实践互动和合作共赢逐步形成和确立的。由于行为规范是建立在维护社区秩序理念基础之上的，对社区良性运行具有保障性作用，因此要求社区成员遵守、执行和维护。良好行为习惯的养成和培育不仅是社区道德建设的目标，也是道德实践中产生的重要效应，更是构建和谐社会关系的重要内容，当然，也是社会主义核心价值体系的具体体现和延伸。

社会道德是一种无形的力量，它通过具体的道德实践所倡导和展示的价值观、人生态度和行为标准，能有效地影响和规范社区居民的行为选择，并通过整个社区的道德氛围和文化环境促使居民培养积极乐观、健康向善的生活方式，也能有效地抑制消极的价值观和不良的行为倾向。社区通过利益协调和矛盾化解促使居民形成公平正义的价值理念，通过讲文明树新风的氛围使居民注重日常的精神文明行为，通过惩恶扬善的评价机制激励居民培养团结友爱、互助合作、尊老爱幼、爱护环境的行为等。

（二）我国社区道德建设现状及问题

经过30多年的发展，我国城市社区建设取得了巨大的成就，在社区道德建设方面也有突出表现：第一，初步建立了社区组织网络体系，即各地社区纷纷建立了以社区党组织为领导核心，以社区自治组织为责任主体，以社区群团组织、志愿者组织和服务性社会组织（包括企业）为补充的社区组织网络体系，正在逐步构建与现代经济社会发展相适应的新型基层社会管理和服务体制。第二，社区居民自治意识逐步增强，自治机制不断完善。随着人们受教育程度的提升以及社会交往的扩展，居民开始积极参与社区自治，参与到社区民主选举、民主决策、民主管理、民主监督的过程中，也越来越依靠社区相关组织、协会进行自我管理、自我教育、自我服务。第三，社区服务体系正逐步形成。政府机关通过加强基础设施建设、提供专业型工作人员、打造信息服务平台等方式为社区道德建设提供公共服务，并通过价值引导、政策制定、道德规范和标准的颁布等为社区道德建设提供重要的依据和导向。社区组织和党的基层组织通过党员服务、民政赞助、社会保障、治安支持、就业扶助等形式提供更加公平的社会服务。同时一些社区外的民间组织和企业加入社区道德建设和文化建设中来，并提供物质支持、义务帮扶、尊老爱幼、便民服务等，在服务过程中弘扬了积极健康的价值观和道德观。在多方推动以及与个体利益密切相关的背景下，社区居民逐步认识到社区发展的重要性以及社区道德建设的功能，积极参与进来。

这些成绩的取得与社区应有的功能相比，与社会发展的需求相比，依然存在一定差距。社区建设以及社区道德建设依然处于相对初步的阶段，依然存在很多问题。

1. 居民对社区的集体归宿感不强

社区作为城市居民重要的生活场所，而且与居民的便利生活、文体活动、现实利益密切相关，本应该成为居民积极认同的共同体。在现实生活中，人们对社区的参与度及对社区的归宿感无疑在不断增强，但是，问题依然比较突出。随着我国城市化进程的加速、市场竞争压力加大、社会流动剧烈等，人们对传统地域意义社区的归宿感正受到严重挑战。如"有的社区成员对发生在自己社区内破坏环境的现象视而不见；有的社区成员对参加社区建设活动毫无热情，将其当作分外之事；有的社区成员对居委会选举不积极参加。"① 或者说多数人已经认识到参与社区建设的重要性，但实际参与度并不高。根据中国青少年研究中心、共青团中央权益部课题组对全国的调查，发现"有91.2%的居民表示愿意参与所在社区的建设活动，有85.8%的居民表示愿意参与所在社区建设与发展有关决策，而实际参与过这种决策的居民只占35.3%"。② 我们的调查（"社会主义核心价值体系引领道德建设"课题组的调研，相关调查情况见第一章）也发现，88.1%的人认为"社区是现代社会中极为重要的生活共同体"，但是，总共只有26.2%的人"经常参加"和"基本参加"社区活动（见表8-1和表8-2）。这就存在人们的需求与现实之间的矛盾，即人们期望建设美好社区以及社区发挥重要功能，但是现实中对社区事务参与不足、社区意识薄弱、对社区归属感缺乏。在社区中，虽然成员之间联系客观上大量存在，如共同的物业、共同的社区环境、公用的基础设施等，人们也已经意识到这种共同体的重要性。但是，"由于事不关己，少管闲事的价值观念的盛行，成员之间又缺乏沟通的客观环境，以及社区行政力过于强大等原因，使得社区成员并不对社区寄予厚望，同时也缺乏对社区的责任感。因此，在社区，能够为社区成员普遍认同，并能够直接影响其切身的

---

① 姜振华：《社区参与与城市社区社会资本的培育》，中国社会出版社2008年版，第111页。

② 岑颖、凌文铨、方俐洛：《城市居民社区意识调查》，《改革与战略》2003年第8期，第35页。

重大利益的'缘'尚有待培育，社区的'缘'引力尚处于十分幼弱的状态"。①

表 8-1　您同意"社区是现代社会中极为重要的生活共同体"吗　单位:%

	有效百分比	累计百分比
完全同意	38.3	38.3
基本同意	49.8	88.1
部分同意	10.8	98.9
不同意	1.1	100.0
合计	100.0	

表 8-2　您是否参加过社区组织的相关活动　单位:%

	有效百分比	累计百分比
经常参加	6.1	6.1
基本参加	14.0	20.1
有时参加	26.5	46.6
较少参加	23.0	69.6
从不参加	11.2	80.9
社区没有组织开展活动	19.1	100.0
合计	100.0	

居民对社区参与不足以及归宿感不强，原因是多方面的：在市场经济条件下，有些人的追求主要集中于事业和工作上，他们或认为社区并非自我价值实现的空间；有些人面临太多的社会压力，对社区事务根本没有时间和精力参与其中；也有的认为社区的一些事务尽是"瞎折腾"，在现实中不能发挥太多的作用等。但从本质上看，是由于社区发展以及社区建设并不能满足居民日益增长的物质文化需求和精神生活的要求，居民对社区归宿感所依赖的物质文化基础并未真正形成。这也可以从某些示范性社区

---

① 张志浩:《关于社区建设若干问题的认识和研究》,《上海社会科学院学术季刊》2000 年第 4 期。

良性发展侧面论证,即能够使居民满意、解决好居民问题、维护居民利益的社区更容易得到居民的归宿感,居民参与度也越高。

2. 邻里关系的疏离与社区居民信任度的缺乏

在计划经济时代以及传统社会,城市居民主要生活在单位同事和开放式的街坊邻居"包围"之中,同一社区(如四合院、单位宿舍等)往往是同一个单位人员及家属,狭小的生活圈及相互熟悉的环境使人们相互依赖。再加上行政权力过于庞大,能够用各种资源把社区居民动员起来,参与到社区建设乃至社会建设中。但由于社区高楼建构性隔离、现代社区流动人员杂多带来的安全隐患、同一社区居民的需求和职业的异质性、现代社会节奏的快捷化,再加上各种现代化的工具(如汽车的盛行,下楼便乘车离去使得更难接触到邻居)等客观原因,使得社区居民互不相识和熟悉,对邻里的需求也日渐减少。有人将此称为"社会原子化动向",即"主要表现为个人之间联系的弱化、个人与公共世界的疏离以及由此而衍生出来的个人与国家距离变远、道德规范失灵等一些基本的社会联结被破坏的现象"。① 在原子化的社会中,成千上万的人虽然居住的空间"近在咫尺",但是却连见面点头之交都没有。

国内多项调查都揭示了社区邻里之间关系冷漠化现象:《中国青年报》对4509人进行的一项调查显示,40.6%的人不熟悉自己的邻居,其中12.7%的人"根本不认识"自己的邻居。这项调查也发现,"80.9%的人感觉与10年前相比,当下的邻里关系越来越冷漠了"。② 同时,重庆晨报舆情调查中心联合大渝网与重庆晨网,对2031位市民进行的在线调查显示,"26%的受访者遇到困难会首先想到求助于邻居;而更多的人(74%)根本不会想到邻居,甚至认为'远亲不如近邻'已经过时"。③ 正是因为社区居民之间的道德冷漠感,使得"邻里关系的沟通、融洽是社区思想道德建设的一个重要内容。"④ 本课题组的调查也发现,超过一半(51.0%)的人认为社区邻里之间关系"一般",高于"融洽"的比

---

① 田毅鹏:《转型期中国社会原子化动向及其对社会工作的挑战》,《社会科学》2009年第4期。
② 韩妹:《80.9%的人感觉邻里关系越来越冷漠》,《中国青年报》2011年11月22日第7版。
③ 侯金亮:《警惕都市邻里关系冷漠症》,《重庆日报》2014年3月21日。
④ 吴来苏:《中国社区道德状况分析及对策》,《伦理学研究》2006年第2期,第16页。

例（42.3%）和"非常融洽"的比例（5.1%）（见表8-3）。

表8-3　　　　　您觉得所在社区邻里关系是否融洽　　　　　单位:%

	有效百分比	累计百分比
非常融洽	5.1	5.1
融洽	42.3	47.4
一般	51.0	98.5
不是很融洽	1.4	99.9
很不融洽	0.1	100.0
合计	100.0	

在较为冷漠的邻里关系中，社区居民之间的信任感可想而知。社区居民的信任感缺失与整个社会信任感的缺失原因和状况是相似的。一是因为扩大化的社会交往带来的信息缺失和社会关系的不确定性，二是因为某些行政上的腐败问题、经济上的坑蒙拐骗等现象加剧了不信任心态的社会蔓延，三是因为对失信行为的制度性约束依然相对"缺失"等。而社区居民之间信任感的缺失除了上述原因外，还可能因为社区管理不完善和社区自治组织的不发达等，这导致社区居民交流协商不畅通、信息传递受阻、惩恶扬善的舆论机制受抑制等，进而影响内部居民之间的信任感。

3. 社区志愿服务精神处于孕育之中

社团组织的发达和志愿活动的兴起是社区道德建设成效的重要体现，但是在我国，整个社会的志愿服务活动依然处于起步阶段，社区的志愿服务意识和精神并没有得到很好的弘扬。社区居民对社区志愿活动认识不足、参与度不高、主动性较差，同时志愿服务运行机制也存在一定的问题。

首先，志愿者数量不足，结构不合理。我国志愿者人数及占全国总人口比例一直处于较低水平，不仅低于发达国家，也低于不少发展中国家。据2013年年底报道，目前全国已建立了超过43万个志愿者组织、19万个志愿者服务站，常年开展活动的志愿者超过5000万人。[①] 即便如此，志愿者人数占总人口比重也不超过4%。正是因为我国志愿者人数偏少，

---

① 《全国已建43万个志愿者组织人数超过5000万》，《北京青年报》，http://gongyi.sina.com.cn/gyzx/2013-12-06/102146743.html。

一些沿海较为发达的城市将志愿者比例提升作为重要的发展目标。如上海市民政局要求，社区服务示范、社区志愿服务人数要占小区居民总人口的15%；而上海市文明办规定的文明小区标准，把社区志愿服务人口提升到30%。① 深圳市于2011年也做出了"建设'志愿者之城'"的规划，计划到2015年，"全市志愿者人数达到常住人口的10%"。② 即便如此，与发达国家志愿者人口比重一般在20%以上，乃至60%相比，我国志愿者队伍依然有待进一步扩容。另外，相对于集体的大型志愿服务以青年人为主的趋势，日常的社区志愿活动往往多以中老年人参与为主，但是，"由于年龄、身体的原因和知识结构的老化，离退休人员所能提供的志愿服务显然是非常有限的，远远不能满足社区居民的需求"。③

其次，志愿者服务行为的"运动化"和行政化倾向。社区志愿意识不足的另一个表现是志愿服务行动过于"运动化"和"行政化"。志愿组织和志愿行动在西方国家一般是独立于政府和市场之外的，即自主的、自治性的力量和行为。但是，从我国社区志愿运动的发起来看，最初并非社区居民自发的，而是政府在加强社区管理、推动社区服务过程中有目的有意识地组织起来的，这充分体现了社区志愿活动行政化的色彩。当前我国社区志愿者活动往往是街道或者社区行政工作的一部分，通过基层行政组织来推行，"其结果是社区志愿者组织难以真正发挥中介组织的沟通与桥梁作用；难以发挥民间组织灵活性、创新性的优势，因而也无法及时反映社区居民日益多样化和不断变化的需求。"④ 这种体现行政意志的行为往往导致志愿者行动服务动机和服务对象不明确，也难以进一步增强社区居民的社会责任感和道德感。由于社区志愿者行动的行政化趋向，往往导致日常志愿行动动力不足，而一些特殊日期，则由于行政权力的推动，志愿者行动如风起云涌之势，如每年的3月5日"学雷锋日"前后和12月5日"国际志愿者日"前后，志愿者行动往往成为"一窝蜂"的全民运动。

最后，志愿服务激励机制不完善。志愿服务的激励机制主要包括物质

---

① 姜振华：《社区参与与城市社区社会资本的培育》，中国社会出版社2008年版，第114页。
② 2011年12月29日《中共深圳市委、深圳市人民政府关于建设"志愿者之城"的意见》（深发〔2011〕24号）。
③ 龙菲：《当代中国的社区志愿服务》，《城市问题》2002年第6期，第58页。
④ 同上。

奖励、精神褒奖、优惠政策、经费支持、法律和政策倾向等。社会法律、政策、保障机制的不完善是造成社区志愿服务意识不强的重要原因。一是我们还没有建立一套完善的法规，使得志愿者活动缺乏社会政策和法律环境的支持，如对于志愿者的注册、志愿活动实施的规定、志愿活动的评价与考核、志愿活动的记录等都缺乏相应的制度支撑。二是全社会对志愿活动尤其是社区志愿活动缺乏足够的重视和激励，并没有充分认识到志愿者行动的意义和必要性，有时难以形成对社区志愿服务进行褒扬的舆论氛围。三是民间组织发展不成熟，难以为志愿者行动提供各种激励。由于整个社会民间组织发展也处于初步阶段，难以为社区志愿服务提供良好的支撑和激励，这些激励包括物资、经费、场所、专业服务、志愿者甄选、培训和指导，以及为志愿者提供更为广阔的发展空间等。

当然，除社区凝聚力和归宿感不足、邻里关系冷漠和互信缺乏、志愿者服务缺乏等问题之外，当前社区道德的问题还包括社区道德建设管理的混乱和动力不足、社区异质性增强难以形成社区内部的价值共识和行为规范共识等。而这些问题的解决不仅需要社会大环境的改善，也需要社区内部的整合与互动；不仅需要权力部门的动员和支持，也需要社会各种力量的引入（如非政府组织、企业等）；不仅需要从运行机制上下功夫，也需要从价值理念上加以引领。

三 社会主义核心价值体系对社区道德建设的引领

从总体上看，社会主义核心价值体系对社区道德的引领作用体现在核心价值体系为社区道德建设提供科学的理论武器和思想指导，马克思主义基本原则以及马克思主义伦理学、社会主义道德体系等都为社区道德建设提供原则、方法和思路的指导；而社会主义共同理想既是整个社会的目标和追求，也是社区道德建设的归宿；以爱国主义为核心的民族精神和以改革创新为核心的时代精神则为社区道德建设提供精神支柱和思想资源；社会主义荣辱观既是评价社区道德建设的重要价值标准，同时树立良好的社区风尚、形成知荣明辱的道德氛围也是社区道德建设的切实需要。但从社区道德建设的具体实践来看，社会主义核心价值体系的引领作用，主要是为其提供价值理念的指引和一些具体的价值原则（第三章已对一些价值理念和原则进行了阐述）。

核心价值的引领作用在社会工作中尤为重要，1997年美国社会工作协会施行的《美国社会工作者协会（NASW）伦理守则》指出："社会工作专业的使命立足于一整套核心价值。这些贯穿于社会工作专业的、为社会工作者所信奉的核心价值，是社会工作独特的目标与发展基础：服务；社会公正；个人尊严与价值；人际关系的重要性；正直；能力。"[1] 借鉴发达国家相关经验，我们认为，作为社会工作的重要形态之社区工作，也需要核心价值理念的指引，这些价值理念是社区道德建设乃至整个社区建设中应该遵循的基本原则和思路，也是社区道德建设评价的依据和标准。

（一）以以人为本原则推进社区道德建设

以人为本既是构建社会主义和谐社会的根本出发点和落脚点，也是社区道德建设最基本的原则。以人为本原则在社区道德建设的主要体现为：首先，尊重每一个居民的主体地位和价值，将每一个居民都作为独立性、个体性、平等性的主体看待，尊重他们的尊严，关注每一个人的价值、权益和自由，关注每一位社区居民的生活质量、发展潜能和幸福指数，并为他们自我价值的实现创造条件等。其次，在道德实践中注意关心每一个居民的利益要求，体现人道主义和人文关怀，满足人们的多样性和全面性的发展愿望和需求，协调和维护社区居民各方面的利益诉求和现实矛盾。最后，社区道德建设要以服务群众为主题，注重服务意识的培养和服务能力的提升，以改善居民生活状况、提高人们的文明素质。如积极开展便民利民服务，开展面向特殊群体的社区救助服务等。

（二）以公平正义原则完善社区内部各种分配

公平正义是千百年来广大人民的价值追求和现实愿望，也是社会主义和谐社会的题中应有之义，更是社区道德建设应遵循的重要价值原则。2005年胡锦涛同志就曾深刻指出："只有切实维护和实现社会公平和正义，人们的心情才能舒畅，各方面的社会关系才能和谐，人们的积极性、主动性、创造性才能充分发挥出来。"公平正义，一般体现在社会成员之间的权利公正、机会公平、过程公正和结果公正等方面。对于社区道德建设而言，公平正义原则往往指矫正正义，即通过各种方式弥补因社会不公正给社区居民带来的影响。这种不公正要么是因为人的年龄、健康、智力

---

[1] 转引自李沂靖主编《社区工作》，中国社会出版社2010年版，第223—224页。

等自然因素造成的，要么是因为公共的分配和权力垄断等因素造成的。所以社区道德建设过程中，往往应注意为弱势居民提供较为平等的社会资源分配，为他们伸张正义，即社会资源的重新分配和再分配的过程，这些资源既包括有形的金钱、物资和工作岗位等，也包括无形的精神关怀、身份认同、社会地位提升等。社区道德建设应通过各种途径，一方面弥补他们在财富、权利、知识、福利等资源上的不足，提高他们自身的能力；另一方面更好地保障他们的尊严和价值，帮助其更好地参与社会建设，享有自我发展、追求幸福、实现人生价值的同等机会。

（三）以社区自治精神来推动社区道德建设

自治是社区管理和社区服务的核心，也是社区道德建设的重要原则。十八大报告指出："在城乡社区治理、基层公共事务和公益事业中实行群众自我管理、自我服务、自我教育、自我监督，是人民依法直接行使民主权利的重要方式。"简要地说，社区自治原则是指社区组织根据社区居民意愿形成集体选择依法管理社区事务，这些事务包括民主行政和社区日常管理和服务工作，也包括道德文化建设和社区教育等。社区自治包含两个层面的指向：一是由社区组织和居民自主选择或确定社区发展方式和行动策略，二是由社区自主管理属于自治范围内的事务。从社区自治原则，我们可以看出社区道德建设自治的出发点是社区居民的意愿，其目的是维持社区民主生活、社区环境卫生与容貌，扩大社区积极参与，塑造良好的社区行为习惯和风气，同时向社区居民提供广泛、公正和优质的服务。自治原则要求有一定的组织在社区道德建设中起较为主导性的作用，如社区居委会、社区社团组织或物业组织等，同时根据集体意愿、集体的道德诉求和集体的道德期望来进行长期的道德建设，并充分发挥道德评价和道德舆论的监督作用，对社区其他事务进行道德审查和道德监督，同时根据一定的道德规范来协调内部的冲突和矛盾。要达到自治的效果和目标，广泛参与到是重要的途径和方式。社区内部居民广泛参与社区建设和道德实践中，有助于社区更加民主化，并更好体现每个个体的愿望和要求。只有通过广泛参与，社区居民真正的道德要求和道德期望才能被真实地反映出来。而且自治本身也包括提升个人的参与意识、民主意识，乃至提升整个社区共同合作、协调解决问题的能力。

（四）充分体现互助与关怀的人文精神

互助是社区生活重要的特征，也是社区道德建设重要的途径和目标。

社区道德建设强调居民建立和谐互助的邻里关系，通过相互照顾、体谅、善意合作、有效沟通、尊老扶弱等方式建立社区内部互助网络，增强社区居民信任感，提高社区的凝聚力，强化居民对社区的归宿感。互助不仅仅针对当前不少社区邻里关系冷漠的现象，而且源于社区居民之间的需要和诉求，这些需求涉及社区生活的各个层面，如相互照看小孩或老人、简易维修服务、交通出行（如搭顺风车）、信息共享、学习与提升等。社区关怀与互助具有大致相似的内容，它要求社区居民个体充满对邻里的关爱之心，平日友好问候、礼貌相待、互帮互助，对于一些困难邻居（如老人、小孩、病重、残疾等）提供及时的帮助和生活便利，如健康义诊、节日慰问、家政服务等，以建立充满爱心和人文关怀的和谐社区。简言之，互助关怀是指社区居民从共同的利益和需要出发，通过信息共享、共同参与、合理利用社区内部资源和外部援助等方式，改善社区居民的生活状况，同时提升居民的文化素养和道德品质。

（五）突出社区组织服务功能和责任意识

责任和服务是社区道德建设中两个重要的范畴，明确社区建设中各个主体的责任，才能更好地提升社区服务水平和质量。行政机关因为其权力来源于人民，所以其在社区建设中本应承担应有的责任，如政策引导、财力和物力支持、回应社区居民的需求而提供各种服务等，在社区服务中进一步树立执政为民的价值理念。企业也应该承担部分的责任，因为其对公共资源的利用（如土地利用、水资源利用、排放废弃物等）以及其生存于一定的社区和社会之中，它应该利用部分经济资源回馈社会（包括社区），如提供一些社会保障、以奖励方式扶助贫困孩童上学、关爱社区老人等（当然这些大部分并非强制性，而只能是倡导性的社会责任），而企业为社区的付出，在一定程度上也会带来如声誉、品牌和企业形象等方面的回报。社区居民更应该存在一定的社区责任，因为社区的环境、社区的发展都与居民密切相关，作为社会化的个体应该关注社区现状，积极投入各项社区事务，为社区发展献计献策，为他人提供服务和帮助。通过社区事务的广泛参与，既维护自身在社区的利益和发展需求，同时也帮助他人实现这些诉求。

四　社区道德建设的多元参与模式及实践思路

根据马克思主义唯物史观，认识和建设社区道德不仅仅是属于意识形态的道德本身能完成的任务，它需要从较为根本的经济发展、社会交往、政治进程等多个领域来探讨和解决。同时，社区道德建设也不仅仅是政府一意强力推行或者个体独立完成的实践活动，它需要包括政府、社区、社会组织和个体共同的参与与互动。

（一）多元参与模式

在社区的研究与实践中，人们越发认识到多元参与模式相对于原有的政府直接主导方式的优越性，尤其是在社会领域壮大和民主化高涨的当代中国。道德建设既属于社区建设的重要环节，它与社区的经济建设、行政管理等实践相比，更具有自治性与个体性的色彩，所以更需要多元参与合作。

所谓社区道德建设多元参与模式，是指针对当前我国城市社区发展的现状和社区道德建设中的一些问题，通过行政管理、社区自治、非政府组织加入以及公民参与等多主体的合作，在互动中有效促进社区道德建设、提升社区文明道德水平的过程。多元参与的社区道德建设模式应具有如下特征：

社区道德建设主体的多元化性。社区道德建设过程的参与主体不仅包括党和国家行政机关（如各级党委及其所辖的宣传部、文明委、共青团、妇联、工会等部门）、各级政府以及政府领导下的机构（如司法机关、工商、环保等各部门）；还包括各种社会组织（如各类行业协会、各种学会；慈善、环保组织、文娱组织等）、社区居民委员会及公民个体。不仅强调国家机构的引导和调控，更应该突出社区自治的特点，通过非政府组织、公民志愿性社团、行业协会、社区内部组织、自治团体等多个主体的参与、合作和功能；在道德建设实践中，不仅强调社会性的活动，还重视个体道德的修为。

社区道德建设的目标明确性。社区道德建设的目标是形成良好的社区道德风尚和道德氛围，乃至提升整个社会的道德水平，使道德状况达到最优化，充分凸显道德的社会调控和规范功能。社区道德建设多主体参与模式的重要特征在于它是政府、社会、社区与公民对社会道德问题解决的合作管理模式。围绕最优化的目的，各种不同的制度关系和各个领域的力量必须共同参与进来、协商与合作，一起促进公民道德行为和活动的规范化，促进突出性道德问题的解决，最大限度地优化社会道德状况、提升当前社会的道德水平。

社区道德建设方式的互动性和途径的多样性。社区道德建设方式不仅包括国家的立法、强制性政策执行（如国家以法制、政策或者相关制度的方式确定道德建设的目标、内容、纲领等），还包括社区内部形成的有利于道德问题解决的细小规则，甚至还包括某部分社区居民自我形成的协议；不仅包括自上而下的行政体制的安排和权力推动，也应包括各种企业等社会组织以及社区内部的公民自愿性团体的具体道德实践活动和方案。在社区道德建设过程中，政府更多起到的是宏观性的指导作用，而具体的自治主体是社区组织（如社区居委会等）和社区居民，甚至某个社区组织的道德建设活动或模式也可能成为全国"追风"的标杆和模范，进而推动整个国家的道德政策。

社区道德建设过程的动态性和持续性。社区道德建设并不是仅仅制定一套规则，也不是开展一两次运动式的"一窝蜂"活动，而应该是一项长期而持久的工作，要有计划和重点推进；建设过程不是社区居民的相互控制和权力争夺，而是互动的协调与合作。社区道德建设既涉及公共权力部门、基础组织，也包括私人部门和居民个人；不是一种权力的管理与服从，而是多个主体持续而灵活的互动。某个社区机构只要其道德建设模式得到公众的认可，就有可能成为具有全国性影响力的"道德建设模版"，从而对其他社区的道德建设起到重要的引导和借鉴作用。为了达到社区道德建设的目标，各组织和个体等不同的参与主体应该充分协商、资源交互、持续地通力合作、相互依赖，并根据已达成的共识、规则及环境的改变而不断协商、调整。

社区道德建设多元参与模式既强调多个主体共同参与到建设中来，又重点突出社会层面（社区及相关民间组织）的自治作用；既阐明了政府权力机构在社区道德建设中的宏观性作用，又明确了其他主体（社区、个体等）的责任与义务；既注重从道德内部（如道德舆论、道德评价、道德修养、道德监督等）来促进社区道德建设，也强调通过法制、政策、道德运行的环境和机制等外部力量来提升社区道德建设的成效。

（二）社区道德建设对策

根据多元参与模式的思路，社区道德建设应该从政府机构、社区内部组织、社区以外的社会团体以及社区居民个体四个层面共同进行：

1. 政府应该发挥指导和引领作用，积极构建社区道德建设的法律法规和支撑机制

政府在社区道德建设中的引领作用主要体现在三个层面：一是各种支撑机制的建立和运行；二是社会道德大环境的优化；三是自身（政府工作人员）良好的道德示范作用。

首先，政府构建符合初级阶段国情和社区居民实际状况的道德体系。社区道德建设的一些问题既与经济制度变迁、权力腐败恶性示范、社会管理体制缺失等有关，也与我国道德体系没有及时更新有关。2001年《公民道德建设实施纲要》颁布实施，该纲要建立了一个完整的社会主义道德体系，如规定社会主义基本道德规范为"爱国守法、明礼诚信、团结友善、勤俭自强、敬业奉献"；同时对社会公德、职业道德、家庭美德三大领域的基本规范进行了确立。该纲要实施十多年来，在它的指引下，我国道德建设取得了巨大的成绩。但是，十多年来出现的新领域、新问题、新事物使得这一纲领也存在一些不足：一是市场经济领域的道德规范更新不足。市场体制在我国确立时间也不长，加上道德发展滞后于市场发展状况，适合市场经济体制的道德规范体系还没有完全确立。如自由平等、产权保护、环境责任等规范我国经济主体的意识和活动还不强烈。二是社会组织的道德规范远未建立。据民政部统计，2009年年底，我国登记在册的社会组织已经达到431069个，但是，我国并没有制定专门社会组织管理法律，更没有明确相关的道德规范，这严重制约了社会组织建设，也制约了社会组织在社区道德建设中的作用。三是一些新领域的道德规范建设还比较落后，如科技领域：宇航学的发展，改变着伦理学研究中的传统观点；生命工程技术（克隆人等）的崛起，改变了传统生命伦理的基本理念；生物基因技术的运用（转基因食品），影响到日常食品安全等。再如虚拟领域，信息垃圾、病毒传播、虚拟犯罪、网络沉溺等问题已经严重威胁社会安全和健康发展，但是，道德在虚拟领域的功能还未充分发挥出来，其中一个重要原因是虚拟道德规范严重落伍。而市场领域、社会组织、科技领域等道德建设与社区道德存在密切的关系。所以，在市场经济不断发展、社会领域不断壮大的今天，政府应该着力于反映社会主义市场

经济制度的道德体系。即"社会主义道德体系承担着为社会主义市场经济体制的建立和完善提供价值导向的重要任务"。① 同时,根据更新的社会主义道德体系,各级行政机构、研究机构、社会团体还可以协商探讨更为具体领域的道德规范体系,如社区道德规范体系等。

其次,政府应完善相关法律和制度,建立和完善社区道德建设支撑和激励机制。道德建设带有一定的他律性,所以需要政府通过法律、制度和各项激励措施去支撑。支撑和激励机制是指政府通过政策导向、奖赏和惩罚、物资和精神支持等各种方式动员各种力量参与到社区道德建设之中。政府的激励和支撑机制主要包括经济手段和法律手段。经济手段是指对道德行为给予经济奖励、经济补偿,并形成制度化、规范化的机制。如对见义勇为行为设立基金会,不仅使得见义勇为精神和行为在道义上受到社会的称赞和弘扬,同时得到金额较多的经济奖励或补偿。再如对从事社区道德建设的社会团体给予适当的经济补偿,或者对长期从事社区道德建设、取得一定成效的企业或团体给予政策优惠等。法律手段是指一方面通过法律的强制力推动涉及社区管理和社区道德建设的立法,如社区财务公开、个体志愿服务登记、社区征信等方面就存在立法的空间。另一方面也可以通过法律建设,给民间组织"松绑"、更好地培育和扩大民间组织的力量,立法明确民间组织的权利和义务、运行机制和业务范围,减少直接的行政干预,而以法律方式规范其发展,并引导民间组织参与到社会各项事业中来(包括社区道德建设实践)。

再次,政府应该做好收入二次分配,实现社会公平正义,并为社区道德建设创造良好的社会大环境。温家宝曾说过:"公平正义比太阳还要有光辉。"从我国30多年改革开放的历程看,一方面,市场经济的高速发展已经让社会的财富大量增加,人民的物质生活不断改善,人们的精神文化生活不断丰富。另一方面,市场经济的原初缺陷及其所引发的分配差距并没有得到很好的抑制,而是突出地摆在人们面前。当前社会领域中的一些群体恶性事件的发生也与分配不公导致的社会心理失衡有关,而社会不公问题也给社区道德建设带来不利的影响。

因此,我国各级政府的责任之一就是协调和平衡不同利益群众间的利

---

① 罗国杰:《建设社会主义道德体系的几个问题》,《思想理论教育导刊》2010年第6期,第42页。

益。通过保障市场竞争的公平性、建立完善的财富二次分配机制、合理调节收入差距、增加对社区公共事业的投入以及建立各项补偿制度等，形成利益分配的合理机制。这些宏观大环境的创造和优化都有助于推动整个社会道德建设的深入，消除各种社会不稳定因素，对于和谐社区建设同样具有十分重大的意义。同时，管理和服务社区的各种基层组织，如街道办事处（包括社区委员会）应该通过各种社会资源来扶助社区内部的弱势群体，尽力弥补社会分配带来的不公平效应，以保障他们的各项权益，消除社区居民的不平衡的心理。

最后，政府及其人员在参与社区建设过程中要强化诚信建设和责任感，以良好的行政道德发挥示范作用。第一，增强政府及其工作人员的公信力。既要从法律和制度上明确政府各级部门及其社区工作管理人员的职责，也要建立良好的监督机制约束和确保这些公职人员（尤其是居民日常接触的社区干部和工作人员）做到言必信，行必果，培养他们的服务意识和法制意识，规范社区行政工作程序、严格按规则办事。第二，完善社区公共服务信息发布平台。提供公共服务信息、便利居民生活是提高政府信誉和执行力的重要条件。街道办等基层机关要想取信于公众，关键的步骤就是开放行政信息和服务信息，让居民能更加便利地参与到公正行政和公共决策的过程。因而就要加紧出台信息公开法、全面推进社区政务公开，努力打造透明政府；要简化程序，设立一条龙服务的便民办事窗口，提高办事效率和服务质量；要经常发布政务信息，以增加政府工作的透明度。为此，直接管理社区事务的基层政府组织要加大资金投入，建设好互联网公共管理信息平台，让社区群众及时了解政府的各种信息。第三，加强主管社区政府机关工作人员道德建设（尤其是主管社区事务的行政官员），以起到良好的社会示范效应。从事社区管理的党员和官员要真正树立"立党为公，执政为民"和"情为民所系，权为民所用，利为民所谋"的理念。政府机关内部通过法律制约、选拔任用、评价监督、教育培训等各种方式，促进和提升行政官员的道德素养，尤其要加强与社区居民密切接触和联系的官员道德建设。

2. 社会性团体应该了解和反映社区居民需求和利益，充分利用各种社会资源参与到社区道德实践之中

社区建设是一个多元主体参与互动的过程，除了政府和社区内部组织以及居民外，还需要由企业、民间组织等外部团体共同分担相应的职责，

并由此形成一个以合作、协商和伙伴关系为特征的纵横交错、多向互动的社区管理和服务网络。

首先，企业应承担其应有的社会责任，为社区道德与文化建设提供相应支持。企业作为国民经济的细胞，是我国社会主义市场经济的主要参与者，也应该是经济增长和社会事业进步的积极参与者。企业的社会责任是指企业除了承担在法律和经济上的相应义务之外，还应当承担对社会长期发展目标有利的行为责任和义务（西方有些发达国家甚至已经通过立法方式规定了企业必须承担的社区责任）。企业的社区责任表现主要包括支持社区教育、员工参与社区志愿计划、慈善捐赠、与社区开展具体项目合作等，如果企业是立足于社区内部或者社区周边，占用一定的社区资源，或与社区居民在生活上形成一定的资源竞争态势，更应该履行相应的社会责任，乃至补偿责任。当然，企业作为自负盈亏的市场主体，它参与社区道德与文化建设应当以互利为基础，这是促使企业履行长期社区责任的重要保障。这些互惠的方式包括企业"社区嵌入、慈善捐助、社会责任投资、社区企业等方式"①，以这些方式既为社区建设提供相应的服务，也在加强与社区合作中获得一定的经济回报和社会效应。简言之，企业作为社区道德建设的参与主体之一，不仅为社区的发展带来物资支持和传播文化价值理念，也能为企业自身提高声誉、扩展社会资本带来机遇。如在参与社区服务的过程中，可以吸引更多的优秀人才参与到企业中来，或为居民提供有偿服务和商品以提升企业的市场占有率，还可以传播企业独特的文化理念、经营模式，也可以加强与社区的联系，扩展企业的社会资源网络等。

其次，民间组织应为社区发展提供力所能及的专业性服务，为社区居民发展提供教育、培训、救助、就业等方面的机会或服务，以促进社区内部公正。民间组织（尤其是公益性民间组织）是依靠社会自治力量成立的，不同于政府行政组织和企业经济组织而又履行部分政府和企业职能，并向社会提供公共服务的一种非营利性社会组织。一个发展成熟的民间组织都具备一定的专业能力，而这恰恰为社区发展提供支撑。如非营利性医疗机构或各种医学协会可以为社区行动不便的老人提供免费的体检等服

---

① 姜启军、苏勇：《基于社会责任的企业和社区互动机制分析》，《经济体制改革》2010年第3期，第65页。

务；一些环保组织可以来社区进行环保理念宣传，或者宣传更为环保节能的日常生活知识等；一些法律组织也可以为社区居民提供法律咨询或者法律援助；职业教育组织或专业教育协会可以为社区居民提供技能培训和就业指导等；公益基金可以为社区老人小孩的生病养老提供资金支持等。在促进民间组织服务社区发展，促进社会公平过程中，政府应该明确自身责任：一方面政府要为民间组织的发展提供法律上的支撑和规范引导。政府规范民间组织的发展和运行机制，支持、培育民间组织以促进其更为成熟，并充分发挥其在社区治理、社区道德建设和促进社会公平正义的积极作用。另一方面政府要向民间组织让渡出部分的社会治理职能。为了给予民间组织更大的发展空间，政府的部分非核心职能可以让渡于社会组织，并且应该以有偿的方式让渡，即通过向民间组织购买服务的方式，促进其为社区发展提供更优质、更专业的服务。可喜的是，我国政府已经认识到购买公共服务的必要性和重要性，并对这一趋势进行了规划，如2013年颁布的《国务院办公厅关于政府向社会力量购买服务的指导意见》规定，"政府向社会力量购买服务的内容为适合采取市场化方式提供、社会力量能够承担的公共服务，突出公共性和公益性。教育、就业、社保、医疗卫生、住房保障、文化体育及残疾人服务等基本公共服务领域，要逐步加大政府向社会力量购买服务的力度。"文件进一步阐释了这一政策所带来的实际效果："实践证明，推行政府向社会力量购买服务是创新公共服务提供方式、加快服务业发展、引导有效需求的重要途径，对于深化社会领域改革，推动政府职能转变，整合利用社会资源，增强公众参与意识，激发经济社会活力，增加公共服务供给，提高公共服务水平和效率，都具有重要意义。"[1]

最后，社会媒体应利用其舆论引领优势，为社区道德建设提供良好的公众舆论氛围。现代社会是信息化的社会，社区居民得到的信息往往更多依赖大众媒体的传输，媒介具有道德教化的重要功能，媒体舆论在社区道德建设中扮演重要的角色。广播、电视、报刊、网络等大众媒体应当承担部分的教育功能和舆论扬抑功能，提升自身道德素养，为民众提供积极健康、快乐向上的作品或媒体信息，促使居民向社会道德规范行事。一方

---

[1]《国务院办公厅关于政府向社会力量购买服务的指导意见》（国办发〔2013〕96号），详情见中华人民共和国中央人民政府网站，http://www.gov.cn/zwgk/2013-09/30/content_2498186.htm。

面，社会媒体应负责任地告诉居民什么是符合社会要求的，是允许做的，什么是禁止做的，什么是善的，什么是恶的，而不是一味地追求所谓"收视率"而突破伦理道德底线；另一方面，积极宣扬社区的道德模范和道德先进群体，制作出更多的以情感人的作品，充分挖掘社区居民身边可歌可泣的真实故事，让更多的居民深受感染。当然，也要发挥舆论的力量和批判精神，对于假丑恶现象进行强烈的批判，从而给失德者以社会压力。另外，大众媒体自身还应该直接参与到社区建设之中，并借助自身的影响力和宣传攻势，动员社会力量参与到社区道德实践乃至整个社会道德建设之中。

3. 社区内部组织应充分发挥动员能力，开展各种形式道德建设活动，增强居民对社区的归宿感和认同感

这里所说的社区内部组织是指社区自治组织和社区内部的各种民间组织（包括松散的小团体和临时组织）。社区内部组织在提高社区居民社会化、公共事务参与、服务社区、丰富居民生活等多个方面具有突出作用。

首先，社区自治组织要充分调动居民积极性，并创造各种条件促使居民更多参与社区各项事业自治，这是社区道德建设的必要条件和社区价值共识达成的重要基础。广泛参与不仅仅是实现社区自我教育、自我管理和自我服务的途径，是社区自治和基层民主化的重要方式，同时也是加强居民沟通、协商共治、互助共享的重要条件，是提升社区道德建设效果的必然要求。当前我国社区普遍存在居民参与度不高、参与方式不丰富和参与机制不完善等问题，这抑制了社区自治的功能和道德建设效果的发挥。作为社区自治组织的社区居民委员会和社区业主委员会对扩大居民参与具有重要的职责：第一，通过队伍建设完善和创新社区参与的组织体制。要构建一个科学合理精简高效的自治组织体系，选拔出具有领导力、组织力和高度责任心的核心成员。通过具有公益心的核心成员进行的长期而有效的社区服务和管理行为，积极动员社区居民参与到社区建设的全过程。第二，社区组织要积极引入外部力量和资源（如上所说的企业和民间组织）服务社区，使社区服务和管理科学化、专业化、透明化、民主化。当社区自治组织凸显其强大的能力和为社区服务精神时，社区居民才能真正意识到社区参与的重要性和对社区的依存感。第三，以居民利益社区化为路径增强居民的社区意识，促使其主动融入社区参与之中。有学者提出把社区参与分为"强制性参与、引导性参与、自发性参与和计划性参与"[①]的思路值得借鉴，即通过对涉及社区利益的行动进行广集民意和公开决策，或对社区部分事业和行为规则签订协议，或通过福利的发放引导居民参与和关注社区活动，或以丰富的娱乐活动吸引居民参与。总之，通过多种自组织方式促使居民参与社区建设之中，同时由强制性参与、引导性参与逐步提升至自发性参与和计划性参与，只有在积极参与之中，社区的价值共识和行为共识才有可能达成。

其次，社区各个组织要重视社区典型和榜样的感染和示范作用。榜样在道德建设中的作用十分突出，社区道德榜样的感染和示范作用更是如此。因为社区内的榜样是"周边的"、可视的、更容易被模仿的。对于社区内部长期为社会公益服务、为社区热心提供帮助和义务劳动、在某个方面道德品质优良（如婆媳和睦、孝敬老人等）、为社区发展做出杰出贡献的先进人物，社区各组织应充分尊重他们的价值，弘扬他们的精神。通过多项活动的开展、评比等，以榜样的行为作为社区的示范，让榜样的力量影响身边更多的人，不断传递社区"正能量"。当然，在树立社区榜样和学习榜样的过程中要注意不能人为地夸大榜样的事迹，否则即使树立了社区榜样也不容易学习和模仿，还会导致人们怀疑榜样的真实的同时也会增加榜样自身的压力。另外，各个社区组织对榜样的支持和激励不仅仅在精神层面上，还应该给予适当的物质奖励，特别不能让先进典型在吃亏的同时又在生活中苦不堪言。再者，社区内部组织的核心人物更应该主动积极带头向先进典型学习，更好地为社区服务。这样，才能增强榜样的影响力和示范效果。

最后，社区内部各种团体和组织在开展服务的同时，要积极构建互动诚信的社区人际网络，培育和扩展社区社会资本。不少经济学者已经从博弈论的角度来阐释信任和社会资本的发生和培育过程，这一理论在社区关系网络的建构中具有很强的说服力。即人们普遍信任关系的建立基于重复的不断博弈之中，而社区信任的建立是社区社会资本的重要元素。这里博弈的过程其实就是社区居民不断交往和沟通的过程。这也是社区内部民间组织和外部民间组织的不同之处，外部民间组织往往通过服务的方式体现

---

① 杨敏：《作为国家治理单元的社区——对城市社区建设运动过程中居民社区参与和社区认知的个案研究》，《社会学研究》2007 年第 4 期，第 142 页。

其自身存在的社会价值，但是，社区内部民间组织除了开展文娱活动、义务劳动、邻里服务支持、共同劳动、环境保护、捐助等服务性活动外，还需要通过这些活动加强社区居民的参与、沟通、共享、协商、合作，以构建一个普遍联系的社区诚信网络，增强整个社区的凝聚力和向心力，这才是社区道德建设成功之处。有些社区建立"社区诚信档案"就是一项有益的尝试，即通过制度建设和信息公开的方式让居民知晓周边人的"诚信信息"：既将热心公益事业、见义勇为，或在社区经济、社区服务、社区治安等两个文明建设中有突出贡献等方面"优良记录"登记在案；也将偷税漏税、制假售假、伪造证件、恶意拖欠债务和拒交公用事业费、损坏公共设施、扰乱公共秩序、参加非法组织以及其他妨害社会和他人等不道德行为"不良记录"登记在案。

4. 社区居民应积极参与社区建设，并通过提升修养和培养良好习惯，以提高道德建设的实效

社区道德建设离不开个体的努力，或者说个体道德品质状况才能真实体现社区道德建设的水准。在社区道德建设中，居民加强自我道德修养和提升道德境界的方式主要有两个层面：一是积极参与到社区道德和文化建设各项实践中，在参与中形成正确的道德观和价值观；二是通过加强个人修养、良好道德习惯的养成和慎独反思等方式自觉提升自我的道德境界。

首先，每一个社区居民应通过参与社区事务和提供服务来提升整个社区的公共道德水平。社区总体道德状况其实就是每一个居民道德状况的有机合体，那么每一个居民应该为提升社区道德做出努力。如社区组织、民间组织和行政机关在策划、实施社区管理和服务的过程中，需要每一个居民的配合、协作和参与。居民不应该被动地参与其中，而应该为构建环境良好、人际和谐、健康向上的社区而努力。

其次，居民应通过合作和教育增强社会责任感，为社区提供力所能及的公益服务。社区居民对自身在社区事务中的权利和义务有清醒的认识，在享受社会资源和社区力量给予的便利、权益维护的同时，也应该以自身努力回馈社区和社会，以力所能及地提供一些志愿服务。只有这样，才能构建"人人为社区、社区为人人"的良性循环。

最后，居民个体应在不断加强修炼基础上养成"邻里团结、和睦友善、谦让宽容、团结友善、爱护环境"等社区发展所需的道德品质。在一个物质文明不断发达，市场经济领域不断扩张的社会，随之出现一些社

会不和谐问题，道德发展和进步的需求更加突出。生活在社区中的居民希望拥有一个人文环境和自然环境俱佳的"大家庭"，这就需要每一个人加强自身道德修养、提高道德品质，形成"邻里团结、和睦友善、谦让宽容、团结友善、爱护自然"的社区环境。

第九章　社会主义核心价值体系引领乡村村民道德实践

乡村村民是我国分布最分散、人数最多的群体，即使是在城镇化飞速发展的今天依然如此。2010年第六次全国人口普查数据显示，当今中国依然拥有超过一半的农村人口。[①] 因此，以社会主义核心价值体系引导和教育乡村村民，提高村民思想道德素质，是一项重大而艰巨的任务。它关系到改革开放和现代化建设的全局，关系到国家的长治久安，关系到社会主义和谐社会的构建。

从农耕社会到现代工业社会，乡村村民的道德状况发生了很大的变化，这种变化可以说史无前例。所以，我们研究本章主题时，必须立足于新时期乡村的情况变化和道德的境况变迁，立足于广大村民的现实道德观念、思想觉悟和以往的道德传统、行为模式，对乡村村民道德实践的内容、层次、结构和模式做深入的分析，再用马克思主义中国化的最新理论成果——社会主义核心价值体系指导乡村村民的道德实践活动。

一　乡村交往形态发展与乡村道德变迁

随着社会的激烈变迁，乡村村民无论是在社会交往还是建立在其基础上的道德实践都发生了系列的变化。这不仅仅反映在人们的道德习惯、道德交往、道德评价和道德舆论等方面，更重要的是已经引起了他们在更深层次即价值观上的系列变化。这一变化不仅冲破了传统社会道德的束缚，也对当前村民的道德建设和文化建设提出了更多的挑战，这就是社会主

[①] 《第六次全国人口普查主要数据公报》（第1号）显示，大陆31个省、自治区、直辖市和现役军人的人口中，居住在乡村的人口为674149546人，占50.32%。

核心价值体系引领当代乡村村民道德建设的社会背景和必要性。

乡村村民的道德观念和道德行为无疑受其交往形态状况的深刻影响，因为人类自诞生以来，始终处于物质生产和物质交往变化和发展之中，作为物质生产产物的社会道德必然受到前者的限制或推动。"思想、观念、意识的生产最初是直接与人们的物质活动，与人们的物质交往，与现实生活的语言交织在一起的。人们的想象、思维、精神交往在这里还是人们物质行动的直接产物。表现在某一民族的政治、法律、道德、宗教、形而上学等的语言中的精神生产也是这样。……现实的、从事活动的人们，他们受自己的生产力和与之相适应的交往的一定发展——直到交往的最遥远的形态——所制约。"① 村民交往形态的变迁，都会对乡村道德的形态、地位和内容产生巨大变化。

（一）传统乡村的交往形态与道德

在传统社会，乡村村民的交往有限、透明而狭小。

其一，传统乡村社会交往的系统是封闭而透明式的。这种交往形态具有明显的村域特征，人们的交往范围很难冲破村落的藩篱。因为与外界的相对隔绝，村落就是村民的主要视野和交往范围，村民生活空间的特征是"鸡犬相闻"。

其二，村落人们交往主要以口语作为传播途径。因为生活空间有限、传播媒体不甚发达，人们交往互动往往以口口相传为主。几乎每一个人从出生到死亡都处于村落这一"大家庭"的关注范围之内，发生在村里的轶事、丑事、喜事等要不了多久就能传到每一个村民耳中。也许可以用一句谚语来概括传统村落中人们的隐私状况——"没有不透风的墙"。这一特征也使得村落人们面临的社会舆论压力特别大。

其三，传统乡村村民因为相互熟悉而其道德行为往往是可控的。因为不少村民的祖祖辈辈都生活在同一个村落彼此之间每天都"抬头不见低头见"，彼此"知根知底"，往往能够取得相互的信任。正如费孝通先生所说的："乡土社会是靠亲密和长期的共同生活来配合各个人的相互行为，社会的联系是长成的，是熟悉的，到某种程度使人感觉到是自动的。只有生于斯、死于斯的人群里才能培养出这种亲密的群体，其中各个人有

---

① 《马克思恩格斯选集》第 1 卷，人民出版社 1995 年版，第 72 页。

着高度的了解。"①

这种有限确定性交往构筑的透明式社会对村民道德养成、传承、内化起到极为重要的作用，往往使得道德在农耕社会的调控功能强于法律等其他规范。由于这一时代的人们都生活在村落社会之中，其道德行为几乎都发生在村落内部，这一村落道德具有明显的强势特征。因为道德调节的方式往往依赖于内心信念和社会舆论，传统村落社会以习俗、道德叙事、宗法仪式等多种途径，使道德牢牢地高悬于人们的心头。

（二）传统乡村道德的基本特征②

首先，在传统村落，叙事是村民道德生成和传播的重要方式。村民通过口头语言或者文字，传述蕴含道德价值的各种故事，如神话、谚语、寓言、歌谣、英雄人物等，使受众在听故事中体会先人的历史精神、逐步养成合乎村落社会要求的道德规范和理念。恩格斯在《德国民间故事书》中讲得很透彻：民间故事书的使命是使农民在繁重的劳动之余，傍晚疲惫地回到家里消遣解闷，振奋精神，得到慰藉，使他忘却劳累……但是民间故事书还有一个使命，就是同圣经一样使农民有明确的道德感。③ 因为传统乡村社会精神文化活动的相对缺乏，故事在农耕社会找到了良好的生存土壤，成为村民疲惫劳作之后的精神所托。一个个道德故事，以村民喜闻乐见的方式（如传说、故事、评书、戏曲、小说等）代代相传，成为村民精神生活的一部分，深入每一个村民的骨髓，以形成相同或相似的价值观念和生活行为模式。

其次，道德评价在乡村社会是直接、强大而有效的。一是道德舆论由于往往是全员参与而异常强大。因为某一事件的发生往往会引起全村落的"围观"，出现"群起而攻之"的盛大场面，这使得失德者遭受的舆论压力尤其大。二是道德奖惩及时而形象。因为交往圈子局限在村落里，一旦有德者成为道德模范，人们会自发通过歌谣、谚语、故事、牌匾、亭阁等相关的方式和仪式来加以传诵，使得其家人、族里都跟着"沾光"，同时由于村落"抬头不见低头见"的境遇，道德的示范和榜样可以直接影响村落的人。道德惩罚也有同样立竿见影的效果。三是失德行为的成本是极

---

① 费孝通：《乡土中国》，人民出版社2008年版，第53页。
② 详见龙静云、熊富标《交往形态的发展与社会道德的变迁》，《伦理学研究》2011年第5期。
③ 《马克思恩格斯全集》第41卷，人民出版社1982年版，第14页。

为高昂的。因为人们长期"禁锢"在村落之中，一次失德行为可能要背一辈子的"黑锅"，甚至先辈的失德行为也成为其他族人茶余饭后的谈资，使得后辈难以抬头做人。"人言可畏"就是这一状态的写照，畏惧成为村落道德发挥作用的一个重要维度。

最后，农耕社会中，一个村落容易构成相对稳定的道德共同体。一是因为村民交往极其密切，村落利益往往彼此交织而形成利益共同体。二是传统村落社会具备建立道德共同体的心理基础。费孝通先生的"差序格局"理论可以给我们揭示这一基础："在差序格局中，社会关系是逐渐从一个一个人推出去的，是私人联系的增加，社会范围是一根根私人联系所构成的网络，因之，我们传统社会里所有的社会道德也只有在私人联系中发生意义。"① 因为生活在村落的人们彼此处于以血缘为纽带的熟人社会之中，一同经历、一起见证整个社会（即村落）变迁发展的过程，容易形成较多共识。三是村落道德共同体会因为村落道德事件、风俗习惯等共有的仪式所强化。由于村民流动性很小、异质性较小，在共同的习惯和历史传统中容易形成共同体。四是乡规民约成为村落道德共同体的具体形态。乡规民约依靠文本形态，劝导、督促乡民言行或者惩罚破坏"规矩"者，以保证村民道德的顺利传承和固化。

（三）现代社会乡村村民道德变迁及基本特征

农耕社会在中国保持数千年的历史，乡村和城市并没有二元化，而且乡村在整个社会占据绝对分量。所以乡村道德几乎就是整个传统道德的代名词。但在现代社会中，这一态势得到扭转，出现了城乡二元化的结构态势，且城市占据越来越重要的地位，这对乡村价值观和道德观产生了重大的影响，特别是现代社会以城市为中心的巨变式社会交往形态冲击了传统的乡村道德。

1. 现代村落社会交往形态的变迁

工业社会的到来，打破了原有的村落交往格局，也使得道德的形态、功能、范围发生了一系列的变化。机械运输时代的到来，大大拓展了乡民们交往的范围，使得人们的交往突破了村落的范围，走向了全国以及全世界。虽然一部分仍然留守村落，或多或少地保留着农耕社会交往的特征，但是交通的便利，加大了社会的流动性，乡民（尤其是年轻力壮的乡民）

---

① 费孝通：《乡土中国》，人民出版社2008年版，第34页。

更加容易走出村落的圈子，而且这一趋势还在不断地加强。这一时期，社会交往的范围可以是无限拓展的，乡民交往也不再仅仅局限于某个村落，特别是"候鸟式"迁徙的进城务工者，他们一年只有很少时间待在村子里，而在务工场交往的对象却往往是互不熟知的，交往的境况充满未知性和偶遇性。这带给村民交往的变迁主要体现在两大方面：一是村民交往越来越具有开放性、陌生化的特征。这一方面是因为越来越多的村民走出村落，走向村落外的世界，所面临的交往对象往往并不熟悉。另一方面越来越多的"村外人"走入村落。以投资、嫁娶、旅游休闲等各种方式涉入原先相对封闭的村落生活之中。二是村民交往的主体越来越具有异质性的特征。因为农耕社会的人们交往的圈子往往局限于一个村落，所以，显得异质性很小（当遇到不属于这个村落的"外人"时，他们信任的程度也会降低，甚至表现出明显的排外行为）。但是，进入工业化之后，人们交往对象是来自不同地区、有着不同的文化、抱有不同的目标的陌生人，整个社会（包括村落和村民）交往结构就显现出很强的异质性。

工业社会交往形态下的道德被称为"后村落道德"形态，是因为：一方面，在工业化的漫长发展过程中，农耕社会依然局部地存在，原有的村落道德依然在农村占有一席之地；另一方面，建立在机械运输基础上的社会交往还没有达到真正的"普遍性交往"，没有形成真正世界化的"地球村落时代"，这一时代确切地说属于传统村落向新村落过渡和转型时期。

乡村村民也由以封闭性为主要特征的自给自足的农耕社会向以开放性交往为主要特征的生活形态过渡。对乡村村民而言，他们当中的绝大多数是第一次告别祖祖辈辈延续了数千年的生产和生活方式，被迫卷入商品经济浪潮，甚至还有一些第一次被卷入全球化交往的大潮。面临这些巨变，他们有时变得迷茫和不适应。因为这是一个"生产的不断变革，一切社会状况不停的动荡，永远的不安定和变动"的时代。"一切固定的僵化的关系以及与之相适应的素被尊崇的观念和见解都被消除了，一切新形成的关系等不到固定下来就陈旧了。一切等级的和固定的东西都烟消云散了，一切神圣的东西都被亵渎了。"[1]

---

[1] 《马克思恩格斯选集》第 1 卷，人民出版社 1995 年版，第 275 页。

2. 现代交往形态下乡村村民价值观的变化趋势

由扩大化的社会交往带来了乡民价值观的变化，也造成了村民道德意识和道德行为的改变，这一改变既有积极的一面，也有消极的因素。一方面，扩大化的交往给村民开阔了新的视野，给村民道德注入新的因素、新动力，打破了原有狭隘的小农思维，使村民在道德风尚、道德意识上都达到了新的水平。特别是改革开放以来，我国乡村经济在党的路线方针政策指引下取得了快速发展，村民生活水平有了较大的提高，受到实惠的广大农民拥护党的基本路线，学科学、学技术、学知识的积极性大大提高，商品经济意识不断增强，思想观念更新步伐加快，勇于创新，平等竞争，合作共赢，讲究效率，形成与现代社会文明比较适应的道德观念。另一方面，中国进入改革发展的关键时期以来，"经济体制深刻变革，社会结构深刻变动，利益格局深刻调整，思想观念深刻变化"①的大环境，各种文化价值观相互激荡，使得习惯于"大一统"思维方式下的村民显得无所适从。

（1）道德系统多元性和价值观的混杂性。在农耕社会，村民利益差异较小、交往范围非常狭窄，乡民所充当的角色也比较单一，所以传统乡村道德模式主要呈现一元化特征。进入工业文明以来，中国社会呈现出城乡二元化结构的形态。对乡村村民而言，传统较为封闭的村落道德模式正在逐步式微，而更加开放和复杂的公共领域的道德体系在缓慢形成。而且随着社会交往的扩大化和普遍化，公共领域的道德体系正在逐步膨胀，逐渐改观、"侵蚀"原有的乡村道德传统。

现代社会交往主体的多样性和交往行为偶遇性的特征，也使得人们（包括乡村村民）交往对象的异质性显著地增加，交往个体面对的"陌生人"显然有更多不同的利益诉求，个体要充当的角色多样化甚至发生冲突，整个社会开始向复合型转变。道德多元化的深层原因来自现代社会的普遍性交往：交往的扩大使得不同于东方道德传统的西方道德渗入，西方的功利观、自由观、金钱观等在现代乡村中很有市场；交往的扩大使得乡民交往的对象呈现出各种各样的特征，完全不同于一个狭小村落的交往对象；交往领域向虚拟空间拓展，加剧了交往对象的不确定性……传统乡村道德已经不能较好地指导人们的行为，人们不得不尝试从各种道德系统中找到

---

① 《中共中央关于构建社会主义和谐社会若干重大问题的决定》，2006年10月11日。

行为的支撑。彼特·布劳就曾对社会交往的异质性做过精辟分析:"说人们属于不同的群体或他们在地位上有差异,也就内含了这样的判断,即他们有着自己所特有的角色关系和社会交往模式。"① "异质性就是指人们在不同群体之间的分布。群体越多,以及属于一个或几个群体的人口的比例越小,那么由某个特定类别参数表示的异质性如社区的种族异质性或社会宗教的异质性就越大。交叉的群体成员资格使得异质性呈现出多样的形式,从而增加了异质性……"② 此外,道德的多元化最直接来源是价值观的多元化,因为人们的道德行为往往受自身价值观的引导和驱动。

除异质性的元素之外,造成现代乡村村民价值观多元和混杂的趋势还有外来价值观的渗入和以往思想道德教育的一些失误。如外来价值观念的大规模涌入,加速了乡村村民价值观繁杂的趋势。西方文化中的诸种价值随着国门的打开伴同商品大潮一起涌入,虽拓展了国人的视野,有利于文化的交融,增加了乡民价值选择的对象,但西方文化一些不良的价值观也渗透到村民中去,特别是那种反叛的和个人的意识,更是契合了村民反对盲从的倾向,得到了较为广泛的认同。此外,拜金主义、个人至上、快乐主义和其他资产阶级的腐朽生活方式及价值观念也在乡村村民中得到蔓延(见图9-1)。③ 另外,以往农村思想政治教育的一些失误加速了村民价值观的多元化趋势。公社化运动的盲目扩张、"文化大革命"的浪潮使中国人,特别是乡村村民习以为常而又崇尚千年的"人治"理想和圣人道德的彻底破灭,是"不患寡而患不均"的大同理想的破灭,是贫困平均主义社会认同的消退,也是圣人式权威道德体系的崩溃。那种儒家主导、一切定于一尊、君君臣臣父父子子的权威政治观和社会观彻底动摇了,盲从和迷信的习惯瓦解了,作为其反面的怀疑精神在滋长。

(2) 逃避道德评判的机会增大。逃避道德评判机会增大主要是因为现代村民交往信息的不对称。传统农耕社会是透明式结构,村落的人一辈子都难以走出村落,个人及其祖祖辈辈均为村落的其他村民熟知,其失德

---

① 彼特·布劳:《不平等与异质性》,王春光、谢圣赞译,中国社会科学出版社1991年版,第5页。
② 同上书,第115页。
③ 调查数据来自国家社科基金重点课题"社会主义核心价值体系引领我国道德建设"调研结果,以下没有特别说明的,数据均来自此调研。

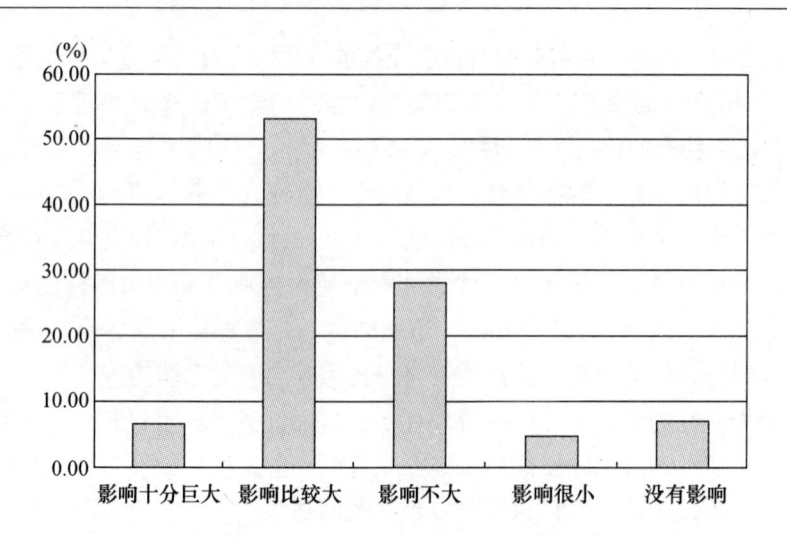

图 9-1　乡村村民认为西方思潮对我国公民价值观的影响程度

行为难以逃脱众人的道德审查和评判。但是，现代社会交往的无限扩大和易迁徙的特征造成了村民道德信息的不对称或失真。有的村民常年外出务工，难能有时间久待村子里，很难及时获取其他村民的道德信息，同时其他村民对其外出的道德行为也难以评价和估算，即使通过一些渠道得到某人外出务工时的道德信息，道德的评价也已显得滞后。尤其是务工周期长的村民，慢慢地因为不熟悉村落的"故事"也不为村落的人熟知，逐渐淡出村落的视野，成为"村外人"，这一趋势随着务工潮的加剧而日益突出。由于失德行为往往不为村落的人得知，而外界又是陌生人社会，违反道德行为的成本急剧下降，一旦受到利益诱使，村民就有可能做出失德之举。再加上户籍制度改革和城市化进程加速，村民迁徙变得越来越容易，这也是逃避道德评判的途径，道德的软性约束在这一状态下往往"失灵"。

（3）道德相对主义盛行。在传统的村落社会，往往存在着道德权威和德高望重的角色人物，他们总是以冷峻、权威、不可抗逆的形象出现。一旦道德权威树立，村民其他各种道德意识便自行遁形了。但是，现代乡村所面临的却是一个充满突发性、偶然性、矛盾性和复杂性的道德境况。面对各种道德价值和道德系统的碰撞，加上道德权威被打倒，乡民往往越来越难以对一个人或一种道德行为作出恰如其分的判断，道德的善与恶、对与错的界限变得越来越模糊不清。

在这种冲击下，社会看起来变得越来越理性，其实越来越矛盾。道德的绝对权威的消解,虽然有利于主体道德的彰显,但是,村民的理性判断有时则成为混乱的代名词,这一状态往往演变成"没有道德的对与错,只要存在的道德就是合理的道德"。正因为这样:"当代道德话语最显著的特征乃是它如此多地被用于表达分歧;而这些分歧在其中得以表达的各种争论的最显著的特征则在于其无休无止性。"① 任何一种道德观都能在现代社会找到生长的土壤,道德相对主义成为乡民乃至整个社会现实的重要选择。如弗莱彻描述的:"人们进入决断境遇时,不凭借任何原则或准则,根本不涉及规则。这种方法断言,在每个'当下存在的时刻'或'独断'的境遇中,人们都必须依据当时当地的境遇本身,提出解决道德问题的办法。"② 由境遇道德观走向道德相对主义,成为当代社会诸种人群的道德取向。

(4) 功利价值观地位日益突出。功利价值观主要是主体以物质层面的满足,多以利益、效用、效率或利害、利弊等来权衡的一种价值形态。虽然功利价值并不局限于物质利益,还包括道德、文化、精神等方面的利害,但是在现实中往往以物质利益为主要维度。功利价值观在农村盛行的原因也包括三个方面:一是市场经济使得功利主义在社会生活中占据一定优势地位。市场经济是以市场为基础的资源配置方式,崇尚自由竞争,谋求经济利益。市场配置和交往方式激发了人们的平等意识、自主意识、权利意识,鼓励人们追求经济利益,而现实的利益诉求带来的必然是直接的利害权衡和考量,功利价值的盘算必然成为人们价值选择的首要和主导。二是功利价值观契合乡村村民需求和特性。受认知水平和生产方式制约,乡村村民群体更加注重有形的实效和实惠,但是在传统的道德体系中,"言利"几乎等同于可耻行为,即使合理的逐利也被认为是极不合宜的,甚至可以说村民们"重利"的特性长期受到传统价值观(如"先义后利""舍利取义"等)压抑和束缚。而市场经济和改革开放,社会倡导"一部分人先富起来"、"勇于言利"的价值观正契合了村民渴望言利的特性,因而在很大程度上解放了农村生产力,促进了市场经济的发展和繁荣。但是现今的功利价值观却由被压抑走向了另一个极端,甚至放大到极端崇拜的地步。凡事均言利,任何事情都染上了铜臭味,言利的合法性演变为

---

① 阿拉斯戴尔·麦金泰尔:《追寻美德:道德理论研究》,译林出版社 2003 年版,第 7 页。
② 约瑟夫·弗莱彻:《境遇伦理学——新道德论》,程立显译,中国社会科学出版社 1989 年版,第 13 页。

"唯利是图",传统美德被抛弃到狭小的无人顾及的角落。三是社会价值引导机制的相对缺乏。长期以来,乡村村民的思想政治教育都是最薄弱的环节之一。作为最为"物质感性"的村民群体,目睹社会一波波逐利大潮,亲眼看到传统美德沦落到"体无完肤"的惨状,亲历"老实人吃亏"的种种境遇[①]……一系列传统价值的遭遇使得乡村村民变得清醒,他们虽是最后加入却也是最快进入功利价值大潮的。而社会价值引导机制的不健全,道德批判和监督的乏力,大量迁徙带来的可逃避道德惩罚的现实,使得功利价值观在乡村愈演愈烈。

二 核心价值体系对乡村村民道德实践的引领作用

乡村村民的价值观和道德观念和行为发生的一系列巨变,必然要求核心价值体系重新凝聚共识,以"主导来引领多元",这不仅是全国人民的共识,也是乡村村民的要求和希望,92.7%"完全同意"和"基本同意"的人认为,"任何社会和国家都应该有它自身的核心价值观"(见表9-1)。从另一角度看,社会主义核心价值体系因其在整个社会文化中的统摄地位,必然对乡村村民道德实践具有引领作用,当然,村民道德建设也是社会主义核心价值体系建设的重要内容和途径。

表9-1 不同群体对"任何社会和国家都应该有它自身的核心价值观"的评价 单位:%

	完全同意	基本同意	部分同意	不同意	坚决不同意
农村村民	48.6	36.8	10.8	2.2	1.6
企业员工	59.3	32.7	6.6	1.3	
社区居民	45.0	49.2	4.8	1.1	
学生	62.0	33.9	2.9	0.8	0.4
公务员	67.6	27.0	4.9	0.5	
合计	57.1	35.6	5.8	1.1	0.4

---

① "社会主义核心价值体系引领我国道德建设"课题组调查发现,对"老实人容易吃亏"观点"完全同意""基本同意""部分同意""不同意"和"坚决不同意"的比例分别为14.5%、32.1%、36.5%、13.4%、3.5%,也就是说,只有16.9%的人不同意这一观点。

总体来说，社会主义核心价值体系构成我国道德建设的价值基础。它能够在多元化的社会思潮和价值取向中规范和引导人们的行为和价值思维，把大多数社会成员认同的价值理念、规范要求扩大为整个社会占主导地位的价值诉求和道德氛围，使全体社会成员自觉或者不自觉地融入其中，遵循已有的伦理规范，增加相互的信任感和认同度，提升道德建设的实效。

具体来看，社会主义核心价值体系对乡村村民道德实践的引领作用体现在以下几点：

（一）马克思主义为乡村村民提供主流道德理念引导

马克思主义指导揭示了世界变化发展的普遍规律，是科学的世界观和方法论，也是认识世界和改造世界的强大理论武器。在历史实践中，马克思主义还同我们党和国家的命运、同人民群众的利益息息相关，是我们立党立国的根本指导思想，是经过实践反复检验的真理。在中国，正是中国共产党运用马克思主义的理论成果，领导和团结农民阶级摆脱地主阶级、官僚资产阶级和帝国主义的剥削和压迫，为实现村民的自由解放和发展而奋斗，并取得了新民主主义革命的伟大胜利。新中国成立后，尤其是改革开放以来，中国共产党又创造性地运用马克思主义最新理论成果在城市和农村取得了巨大成就，进一步解放和发展了农村生产力，提升了农民的生活水平。乡村村民道德建设和文化实践如果偏离了马克思主义思想指导，绝不可能取得成效。在当前，文化发展成为推动社会主义现代化建设的重要路径，在面临多元价值交织、多样文化激荡的情况下，乡村村民的道德建设更是离不开马克思主义的引领作用。同时马克思主义已成为我国人们认同的主流价值观。调查发现，近80%的人认为马克思主义是"科学真理"或"基本上属于真理"，仅有2.9%的人认为马克思主义"含有不少错误因素"、"完全是谬误"。

（二）共同理想为乡村村民设立共同的道德目标

上文已述，随着交通工具的便利化和人们交往范围的扩大化，乡村村民所处的村落以及整个社会异质化趋势在逐步增强，主要表现为具体利益的差异化、价值观念的多元化、生活方式的多样化等。但是整个社会发展的共同理想无疑是客观存在的，因为理想，对个体村民而言，是相对独立的人生的奋斗目标，是人生前进的动力，是普遍性存在的。而社会共同理想，体现了人们对美好生活的共同向往和相似追求，是广大人民群众（包括村民们）的共同追求和实践目标，也是整个民族和国家前进的精神动力，它能激发人们的追求热情，激励人们共同合作，共同奋斗。"共同的理想是以认知理性为基础的价值理性，这种价值理性往往能激发起社会成员的激情和为之献身的坚强意志。"①

正因为如此，乡村村民的道德建设过程中离不开共同的价值目标和理想。中国特色社会主义这一共同理想，即建设富强民主文明和谐的社会主义现代化国家和实现中华民族的伟大复兴，在历史中曾经激励广大农民为此奋斗，而进行了新民主主义革命、社会主义改造和改革开放。"这个共同理想，把党在社会主义初级阶段的目标、国家的发展、民族的振兴与个人的幸福紧密联系在一起，把各个阶层、各个群体的共同愿望有机结合在一起，具有令人信服的必然性、广泛性和包容性，具有强大的感召力、亲和力和凝聚力。"② 这一经受住了中国历史和实践检验的共同理想，对当前的乡村村民来说，无疑能够继续起到激发动力、凝聚共识的重要作用。

（三）民族精神和时代精神为乡村道德发展提供资源和动力

民族精神是历史文化的浓缩和精华，也是一个民族心理认同的重要基础，它是社会成员感情维系的纽带，促使人们彼此信任和共同发展；也为社会道德发展（包括村民道德建设）提供诸多传统资源（如广为传承的故事、经典文本等）。这是因为："民族精神是民族文化最本质、最集中的体现……作为一个民族漫长历史的积淀与升华，以爱国主义为核心的伟大民族精神，已经深深地融入我们的民族意识、民族品格、民族气质之中，成为各族人民团结一心、共同奋斗的价值取向。"③ 对当代乡村道德建设而言，因为中国传统社会在很长的历史时期都是以农业为主的社会，民族精神很大一部分都来自村落社会的思想道德文化和精神传统，因而民族精神不仅是促进社会正能量的传播、营造有利于社会主义道德建设的社会氛围和文化基础，而且民族精神作为传统共识有利于整合各种社会力量，凝结社会新共识，为当代社会主义新农村建设提供精神动力支撑和智力之源。中华民族五千多年的文化发展，已经形成的以爱国主义为核心的团结统一、自强不息的伟大民族精神，以及明礼诚信等传统价值规范必将

---

① 李景源：《牢固树立中国特色社会主义共同理想》，《人民日报》2008年4月28日第7版。
② 《人民日报》评论员：《突出主题，坚定中国特色社会主义共同理想——三论全面准确理解社会主义核心价值体系》，《人民日报》2006年12月23日第1版。
③ 《人民日报》评论员：《把握精髓，弘扬民族精神和时代精神——四论全面准确理解社会主义核心价值体系》，《人民日报》2006年12月24日第1版。

成为推动乡村道德建设的价值之源和文化之本。

时代精神是在新的历史时期的社会政治、经济文化发展过程中激发出来的，支撑社会发展的精神文化反映社会进步发展的前进方向，是引领时代进步的主流浪潮，也是深受社会成员认同和接受的思想文化观念和价值取向。以改革创新为核心的时代精神，不仅是马克思主义不断发展、与时俱进的创新理论品格，也是村民在改革开放和现代化建设实践中迸发的思想品格，更是中华民族价值和文化的伟大成果。它已经深深地融入我国社会（包括村落社会）的各个领域，在新的历史时期，也必然会成为乡村村民不断开创中国特色社会主义事业和发展社会主义新农村的强大精神力量。

（四）社会主义荣辱观为乡村道德建设确立了评价标准

社会主义荣辱观以"八荣八耻"形式简洁明了阐释了社会主义道德规范的主要内容，是评价人们道德行为荣与辱、善与恶的标准，它反映了社会绝大多数成员主流的道德价值标准、道德境界和道德规范要求，同时也为各种社会行为确立了价值标准和评判尺度。正是因为荣辱观在社会评价中的重要性，我们的调查发现，86%的人赞成"八荣八耻"作为我国社会主流荣辱观（见图9-2）。

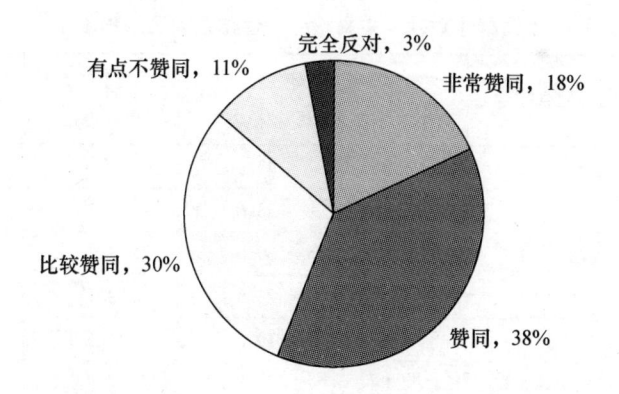

图9-2 乡村村民对"八荣八耻"作为我国社会主流荣辱观的赞同程度

在乡村道德建设中，社会主义荣辱观的作用在于：一是提示个体做出正确的善恶选择，对于社会资本的参与个体来说，社会主义荣辱观有助于个体回归人伦的公共本质，遵循共同道德标准，形成理想的道德人格；二是明确主导价值标准，形成社会道德影响力。在社会资本建设过程中，由于道德评价标准的明晰,人们评价善恶标准的趋同,整个社会的道德批判力量和维护力量就会拧成一股合力,使社会资本发展不至于偏离健康的方向。正如"荣辱观是一个社会的价值目标和道德标杆,没有荣辱观的社会必定失去价值导向。一个社会,如果荣辱倒置,就会陷入一片混乱"。①

当然,不仅社会主义核心价值体系对乡民道德实践有引领作用,乡民道德实践也是推动社会主义核心价值体系建设的重要环节。毕竟社会主义核心价值体系提出的时间还不长,受文化知识水平所限,有些村民对社会主义核心价值体系还不熟悉(见表9-2)。②而道德教育的方法和长期的经验型道德实践在几千年来已有较为成熟的体系,在历史上也发挥过重大的作用,特别是诸如诚实守信、见义勇为、见利思义等以儒家思想为主体的传统道德中的积极因素在当代乡村村民的思想意识中占有重要的地位。所以,借鉴传统乡村道德实践的理念资源、文本资源、制度资源、故事资源、风俗资源和模范资源等都可以使核心价值体系落到实处,以道德叙述、风俗习染等道德方式使得核心价值体系更加贴近实际、贴近生活、贴近村民,使核心价值体系为村民熟知,并逐步内化为人们的价值思维和价值理念,提升社会主义核心价值体系的凝聚力和认同度,这也是加强乡村村民道德建设的重要意义和价值。

表9-2　　　不同群体对社会主义核心价值体系的了解程度　　　单位:%

	非常了解	基本了解	不太了解,较模糊	不了解,但听说过	没听说过
乡村村民	1.1	24.9	43.8	15.1	15.1
企业员工	9.0	53.4	33.6	3.1	0.9
社区居民	7.4	55.8	30.0	4.2	2.6
学生	12.0	55.8	28.5	2.1	1.7
公务员	11.7	66.8	19.5	1.5	0.5
合计	8.5	52.0	30.8	4.9	3.8

---

① 杨业华:《"八荣八耻":社会主义思想道德建设的新境界》,《马克思主义研究》2006年第11期。
② 从表中可以看出,乡村村民对社会主义核心价值体系的了解较低,与其他群体相比,乡村居民对社会主义核心价值体系"非常了解"、"基本了解"的比例都小于其他群体,而"不太了解,较模糊"、"不了解,但听说过"的比例都大于其他群体,而且还有高达15%的乡村村民没有听说过社会主义核心价值体系。

三 核心价值体系引领乡村村民
道德实践的具体途径

社会主义核心价值体系引领乡村村民道德实践，就是要在乡村村民道德建设中始终坚持以马克思主义指导思想、中国特色社会主义共同理想、民族精神和时代精神、社会主义荣辱观，提高乡民的思想道德素质，提高乡村整体的道德水平，有效推动农村文化建设的全面健康发展，为社会主义和谐社会构建奠定坚实的道德基础。

乡村村民价值观变换和道德境况变迁与社会交往方式有密切联系，所以我们在分析社会主义核心价值体系引领乡村村民道德实践具体途径时，也应该根据交往形态变迁的状况和乡民道德现状，有针对性地提出乡民道德实践的思路。

（一）搞好乡村基层组织建设，加强道德实践引导

乡村基层组织是整个农村建设的支柱，也是乡村道德建设的领导性力量。建设社会主义新农村，提高乡村道德实践的成效，必须大力加强乡村基层组织建设，不断增强乡村基层组织的创造力、凝聚力和战斗力。但是，乡村基层组织建设是一项复杂的系统工程，这里主要从乡村基层组织机制建设和基层党员干部建设两个方面进行展开。

1. 优化基层民主机制，提升基层党组织在道德建设中的引导能力和管理能力

乡村基层民主是民主思想观念在乡村政治活动和道德实践中的体现，乡村民主至少包含三层意蕴：首先，民主是一种有效的管理方式，它突出地强调尊重每一个交往主体、信任和接纳民主参与中选举的民意代表，而所有成员通过这种参与方式进行沟通、合作，公平竞争，共同分享成果等。其次，基层民主也是一种乡民的生活方式和思维方式。在这一生活方式中，全体乡民在互相尊重、合作、理解、宽容、公平竞争的基础上进行交往。而对于涉及整个村落事务时，每一个乡民都有知晓的权利，以及在乡民之间、乡民与村落之间发生矛盾时应该遵循民主的思路和原则。最后，民主本身就是一种政治道德。道德是调整人与人之间关系的一种行为规范和准则的综合，而民主正是人们政治参与和权利诉求过程中的规范。

我们都知道，虽然民主经常只被当作一个政治范畴，但在社会主义的中国，民主的精髓就是人民群众当家做主，因为阶级的消亡，整个国家的事务就是人民的事务。而人民处理相互关系时不仅仅依靠国家制度和与政权相关的强制性管理形式，在处理人民内部事务时更是如此。如果民主在处理人民事务中主要依靠人们的观念、信念、习惯和舆论评价，以善恶为标准时，它就是一种道德的话语方式，是属于道德范畴的民主。有的学者提出民主是"中国共产党执政道德体系中最高的道德准则"①就有这方面的考虑。何况基层党员干部是否按照民主原则行事时，不仅仅是工作方法问题，而且也是一个是否尊重与自己平等的他人的人格和权利的问题。它明显属于调整人与人之间的一种道德规范，也具有善恶的意义。

作为政治范畴的民主，通过主体的交往方式间接对诸如平等、尊重、宽容的乡民道德生成起重要作用，而若是作为道德本身范畴的民主，对乡民道德实践便直接起推动作用。总之，民主机制对于现代交往条件下的乡民新型道德关系的树立功不可没。乡村基层党组织若能通过民主的程序诞生并发展，就能取得乡民的信任，就获得了引领村务的合法性和权威性，也就能在乡民道德实践中起管理作用和引领作用。因而，为进一步推动乡民道德实践向前发展，必然要求基层民主机制也向纵深方向拓展。

完善乡村基层民主机制，一要完善村民自治制度。村民自治制度就是要党员干部明白权力来源于人民，受人民监督，基层干部必须以全心全意为人民服务为宗旨，在"思想上亲民"、"感情上爱民"、"行动上帮民"。新时期的乡村基层组织建设，必须严格遵循《中华人民共和国村民委员会组织法》，同时要更新民主参与方式，实施好民主选举、民主决策、民主管理、民主监督等各个环节，为乡村道德实践提供良好的政治环境与机制保障。二要大力推进乡镇政务、村务公开和民主管理制度。在中央关于村务公开的三个文件②指导下，完善和创新村务公开机制，进一步推进乡民的知情权。近年来，村务公开得以在全国乡村内展开，但是也存在有些地方村务公开不认真、不规范、不能常态化机制化；有些地方村务搞假公

---

① 尹杰钦：《民主：中国共产党的执政道德原则》，《当代世界与社会主义》2008 年第 6 期。

② 这三个文件是 1998 年中央下发的《关于在农村普遍实行村务公开和民主管理制度的通知》、2000 年的《关于在全国乡镇政权机关全面推行政务公开制度的通知》和 2004 年的《关于健全和完善村务公开和民主管理制度的意见》。

开、半公开、形式公开；有的地方村务只公开一些无关痛痒的项目，而群众关心的问题却看不到；有些地方村务公开让人感觉"云里雾里"，特别是关于财务公开的部分让村民看不懂，被戏称为"村雾公开"……针对这些情况，一定要抓好中央文件的落实情况，特别是注重乡民"一事一议"民主议事制度建设，让村民之事真正做到村民当家做主，符合大多数村民意愿，程序和过程充分发扬了民主，实施过程和结果充分接受了群众监督，让乡民真正享有知情权、参与权、管理权和监督权。三要提高乡民政治参与，在乡民监督中提升服务能力。乡民政治参与的提高既是民主制的题中应有之义，也是推动民主进一步发展的关键。只有实行村民自治，让人民真正当家做主，人民所推举的村干部才能引领村民进行乡村的政治、文化、经济和生态建设，把乡民的积极性引导到加快推进社会主义核心价值体系建设上来。美国学者科恩曾经指出，衡量民主价值的重要标准就在于民主实施的广度、深度和范围。乡民政治参与的提高，一方面反映了乡民对村民自治制度的认同，对民主制下村干部的拥护；另一方面也将促进乡村各项制度的民主化。扩大村民政治参与，需要国家赋予村民参与权，需要村干部创造村民参与的条件，需要基础设施和利益驱动来允许和激励村民参与。村民在政治参与的长期过程中，必然意识到所有参与主体的平等性、培养出互助合作精神，认识到个体与整体的互动关系等，这些都蕴含丰富的道德规范和道德精神。

2. 改进党员干部作风，提升党员干部道德建设的示范作用和影响力

党员干部一般是乡村基层组织的"形象代表"，其践行社会主义核心价值体系的状况和道德素质在很大程度上影响乡村村民道德实践的成效。可以说，党员干部的作风建设，关系到乡村村民能否信任党的方针、路线，能否真正在基层组织的带领下进行社会主义新农村建设和道德建设。

要改进党员干部作风，一是加强乡村党员干部理论教育。党员干部要通过理论学习、党员培训、乡镇党员之间互助学习等方式坚持马克思主义指导地位，用马克思主义指导生产、生活和管理实践，着眼于对实际问题的思考，提高分析、解决改革和经济建设中实际问题的能力。二是坚持党员发展标准和干部选拔标准，严格执行发展党员公示制和村级干部选拔公平公开程序，同时通过追踪监督和责任追究、群众问责等途径，使乡村党员干部成为一支有向心力和较高道德品德的党员干部，既能带领广大乡民勤劳致富、科技致富，又能做好党的思想政治工作，宣传党的理论、路线

和方针。三是党员干部要立足于给群众办实事，把社会主义核心价值体系建设和道德实践同农民的切身利益结合起来，从为乡民办实事和办好事出发，了解群众的需要，关注困难乡民，从为群众排忧解难中赢得信任和拥护，增强道德教育和管理的吸引力和感染力。四是健全乡村党员干部素质提升机制，丰富党员干部教育方式。为乡村党员干部提供充分的物质保障、制度保障和精神激励，是提升乡村干部为群众服务能力的重要条件。为此，各级政府要利用现代传媒技术，建立流动村级站点培训课堂，使乡村党员干部得到培训和学习；通过远程教育平台或网络课堂，使党员干部进行专业化学习、科技知识学习；建立乡村干部报酬稳定增长机制，在条件允许下实践和完善村干部离任、退休福利待遇；根据乡村党员的流动状况，以"流动党支部"或乡村党员流动管理平台等方式，让乡村党员即使常年在外，也能了解和支持乡村建设……

近年来，国家推行的"大学生村官"机制的践行和发展是优化乡村基层组织建设的重要契机。大学生村官政策的实施，对于农村新观念的传播、乡村民主法制建设、乡村新技术和新知识的推广、乡村基层组织执政能力的提高、新农村的文化道德建设、农村经济与社会的全面发展无疑都具有积极的推动作用。对于乡村道德建设而言，大学生村官的"进入"会推动平等意识、开放意识、主体意识、责任意识等，这些都是新时期乡村道德建设意识基础。

总之，要通过各项措施使得乡村党员干部能在乡村发挥出党理论路线的"宣传员"、乡村经济发展的"领头雁"、新农村建设的"实干家"、乡村管理的"主心骨"、乡民的"服务员"和道德实践的"先锋队"等角色和作用，推动乡村道德建设和整个新农村建设向前发展。

（二）注重道德层次性，鼓励乡民道德参与和信息共建

多种经济成分长期并存，交往主体来自不同地域、不同文化，再加上个体思想道德和文化程度不一，村民的道德愿望和需求也会呈现一些差异，因而对村民的道德实践要求要因人而异，承认差别，分类指导。

对乡村基层党员干部，要有更高的道德要求，要培养其正确的公私观，以"为人民服务"为中心，做到先公后私，甚至公而忘私，同时还需要有发展的道德眼光和更为宏观层面的道德。对从事农副业生产的农民，注重培养其勤劳俭朴、公平竞争、诚实经营等道德素质。而对进城务工人员，则注重团结协助、友爱自强、尊老爱幼、诚实守信等道德品德的

修炼。对于仍从事农业生产的普通劳动者，要培养科技创新、互助团结、崇尚知识、民主平等的道德规范。但是不管何种层次，社会主义核心价值体系所要求的爱国主义精神和集体主义原则都必须在全体乡民中得以贯彻和实践。

不同的、分层的道德有利于人们正确认识自身的道德角色，对多元道德现象进行合理的评判，以提高道德思维的清晰度和评价标准的准确度；分层的道德规范也给不同的主体以道德鞭挞和道德拓展空间，有利于突出道德模范的道德高尚性，从而为普通村民的道德实践树立"标杆"；分层的道德规范还有甄别和激励作用，让乡民明白何种道德行为是基本的道德要求，何种道德规范是高尚的道德理想；分层的道德规范增加了道德包容性，不管哪一层次的乡民都能找到自身对应的道德要求，使更多的乡民能加入到道德的建设中来。

除明确道德层次性外，还必须提升乡民道德的参与度，加强整个村落道德信息和道德行为。在现代社会中，已经出现了全民参与的某些迹象，如随着手机的大量普及，一些全国性的娱乐活动借助手机短信平台使观众参与到电视节目中来。这一做法值得社会道德建设（包括乡村道德建设）借鉴。因为现代道德信息平台具有以往道德模式无法具备的特征：一是共享性，不管是留守村落还是外出，一个完善的信息平台可以把扩大化交往的主体的海量信息都囊括其中，让其他成员得知身在远方的"同伴"的道德信息。二是时效性，普及化的信息工程技术能让每一个参与交往的村民都在第一时间收到自己关注的对方道德信息，以帮助个体交往决策。三是互动性。通过信息技术平台可以使得乡民如同在传统村落一样评判并非住在村里的"村外人"，让每一个参与道德评价的主体都能"在场"，通过互动传媒，"身临其境"地探讨和评价某一道德事件和道德行为，对失德者形成更大的道德压力。

（三）拓宽道德宣传载体，丰富道德教育方式

选择和运用合适的道德载体对乡民进行有效的道德教育，是新形势下农村建设面临的重大课题和重要任务。因为一些传统的、过时的道德教育方式在现代信息技术的冲击下失去了相对吸引力，但也有一些本来优良的传统道德教育方式在现代化进程中被人为地抛弃。所以，在当代乡村道德实践中一定要在秉承优良传统道德教育方式基础上，加入现代因素，积极丰富道德教育的载体和形式。

1. 丰富道德宣传载体，以乡民喜闻乐见方式进行道德教育

道德教育要以乡民喜闻乐见方式进行，特别是几千年来起作用的优良的传统道德方式。这些道德教育方式贴近乡村实际、贴近乡民心理和生活，通俗易通，且与乡民的生活境遇和人生经验融合在一起，容易进入乡民们的内心世界，获得乡民们的认同，对于激发乡民的道德情怀，提升道德层次取得了十分重要的作用。

在道德教育过程中，要以社会主义核心价值体系为导向，以树立社会主义荣辱观为主线，大力弘扬爱国主义、集体主义和社会主义思想，充分依靠和动员群众，不断在创新基础上继承传统道德教育方式，增强乡民道德建设的针对性、实效性和吸引力、感染力。

乡村道德教育和核心价值体系教育载体包括以下几方面：一是活动载体，包括重大节庆活动和村庆活动，以村子重大活动来推进乡民的价值认同、宣传核心价值体系、锻炼党员干部为人民服务的能力等。二是文艺载体，如组织业余文艺宣传队、秧歌队、腰鼓队、乐器演奏队等乡村"原汁原味"的文艺形式，以文艺宣传、文艺演出、知识竞赛、歌舞表演等群众喜闻乐观的形式大力宣传社会主义核心价值体系，宣传新时期的美德。三是物质载体，即反映村落优秀文化和精神的物质形态，如村史，通过挖掘古今精英、历史名人、道德模范、劳动模范、战斗英雄等诠释民族精神；收集反映地方特色的乡村生活素材和生产用具，使之成为民族精神和时代精神的物质载体……四是故事载体，把道德观念和核心价值融入在乡民中流传已久、体现积极向上意蕴的民间故事、神话传说、戏曲歌谣、谚语等，让乡民在潜移默化中接受核心价值和美德的熏陶。此外，还应以通俗媒介，如电视、戏剧、民谣、谚语等载体宣扬社会主义核心价值体系，使之深入到每一个村民内心。

在各种载体挖掘中，特别要注重开发多媒体载体，拓展道德教育领域和方式。多媒体载体是一种蕴含特殊内容和表现手段的载体形式，是以信息技术、通信技术、网络技术和计算机处理技术为依托的重要现代交往形式。尤其是作为多媒体运用的网络和手机，因其及时性、交互性等特征已经逐渐渗透到人们生活的方方面面，即使是人们眼里落后的乡村也深受其影响。网络成为一个新的传播思想道德文化、开展舆论争夺的阵地，各级组织一定要好好运用网络技术的多媒体特性对乡民进行全方位的立体道德教育。同时，随着乡民手机的普及，手机文化已经在改变当代乡民的日常

生产、生活，其所传播的内容对乡民的思想道德观产生了较大影响。乡村道德建设应该在坚持核心价值导向的前提下，积极开发虚拟传播载体，站在科技发展的前沿，以新事物的吸引力向村民传播先进技术和社会主义核心价值体系，拓宽道德教育的新渠道，占据信息的主动权。

2. 注重实例教育，促进乡民道德内化

实例教育是乡村村民道德教育的有效载体。实例教育就是利用现实生活中实际发生的人和事，在一定范围内尽可能地提供有参考价值的背景材料，以引导受教育者分析、审视问题的教育方式。实例教育在乡民道德教育中的应用和推广，可以避免核心价值体系教育和宣传空洞化、理论化的弊端，让乡民增加道德的现实生活感。

以实例进行道德教育就是充分利用乡村道德原有的文本资源、故事资源、风俗资源等，以村落内大家熟知的人和事为切入点，增强村民的道德感。在进行实例教育时，要用大众语言、具体实例让村民对核心价值体系听得懂、记得住、用得上。对于向村民施教的传媒，要以通俗的语言，以农村生产生活的人和事，以艺术化的形式感染村民，使之明白核心价值体系实践和社会主义道德实践都是可及易行的事情；各级政府要教导和培训向村民施教的人（包括村干部、党员和下乡宣传队等），应该以熟人熟事为题材，宣扬社会美德，告诉村民实际生活中哪些行为和事情其实就是做善事，哪些行为还可以做得更好，以更趋近于善。同时也应该和村民一道鞭笞失德之举，给失德者造成巨大的道德压力，形成人人向上、个个向善的道德氛围，促进村民道德意识的生成和发展。

（四）健全道德激励机制，弘扬乡村道德主旋律

爱国主义、集体主义和社会主义是我国道德文化的主旋律[①]，也必然是我国乡村道德建设的主基调。要加强乡民道德建设，不仅要抓好典型人物的道德引领，更主要的是建立道德的长效激励机制，使人人都积极参与到弘扬道德主旋律中来。

1. 建立物质补偿、精神奖励、制度保障等多元并举的道德激励机制

现实社会存在的一些"老实人吃亏"、"好心把被撞倒的老人送医院却被其家属故意诬为肇事者而索赔"等不良现象和道德预期心理是人们

---

① 《中华人民共和国宪法》（2004年）第二十四条规定："国家提倡爱祖国、爱人民、爱科学、爱社会主义的公德，在人民中进行爱国主义、集体主义和国际主义、共产主义的教育。"

追求善的一大障碍。针对这些现象，我们至少要从三个方面健全道德激励机制：（1）完善道德激励的制度依赖机制。即要从制度上创造人们从"知善"到"行善"的公平和正义的伦理环境，形成道德激励长效机制。要把正义、诚信、公平等道德理念渗入乡村制度建设中去，使我们提倡的道德价值理念通过乡村各项制度的构成成为乡民的普遍意识。比如，在民主选举、村务管理、经济发展中，无论是制度设计还是程序操作，都应该把善的理念融入其中，让村民在实践中体会、反思道德的激励作用。（2）完备道德行为的物质补偿机制。自古以来，"德"就是"得"的别名，虽然从主体的角度，道德之举的初衷并非为了追求利益的补偿，但是从社会良好秩序运行的角度看，必须创造条件让人们敢做好事、愿做好事，给予道德行为者适当外在利益的补偿（因为道德行为往往是以牺牲个体的利益为条件的），这样才能激励更多的人愿意力行良德，尽量避免"好人流血又流泪"。道德的物质补偿机制可以借鉴我国各地已经在实行的"见义勇为奖"的做法（当然这一机制仍然具有范围太小、数额太少、力度太弱等不足），以政府出资、社会募助等形式设立各种道德补偿的专项基金。（3）为道德激励机制"植入"现代性因素。有的可以将一些传统文化中属于个人修养的道德内容上升为法律，如孝敬父母特别是赡养父母和夫妻之间尊重已经受到法律保护；有的可以采取做好事计分方式，如志愿者服务、邻里互助等领域，而计分又能在一定程度上享受生活上的一些便利甚至奖金回报；有的道德模范长年累月、持之以恒做好事，可以考虑以国家元首名义颁发勋章和奖励……当然，有时候道德的激励，其实也不需要那么复杂，我们倡导全社会（当然包括乡村村民）受到别人帮助时或者见到他人受帮助时，一句谢谢、一声赞美、一张卡片，都是我们对道德行为最简单、最真挚、最温馨的激励。

2. 充分利用道德模范的引导和示范作用

党的十七大报告指出，要充分发挥道德模范榜样作用，推动公民道德建设深入发展，促进社会主义核心价值体系建设。树立乡村道德榜样，就是要把社会主义核心价值体系转化为活生生的具体形象，让村民人人可以感知，时时可以亲近，可以动心、动情，使榜样发挥出巨大的示范作用。因为每一个道德模范人物的成长和生活就是一个好经验，他们身上体现了民族精神和时代精神，是新时代的道德旗帜，是千百万人民群众道德意识、道德愿望和道德追求的集中体现。通过榜样的树立和宣传，有利于把社会主义核心价值体系和新型道德观传播给千家万户，使核心价值体系和道德变得生动具体。

道德模范是社会道德的良好履行者，因而会受到社会的推崇和表彰，而这种受社会爱戴和推崇的效应，能够使人们按照模范人物的行为示范而进行自我评价和对照，激励人们追求崇高、提升道德境界。简单地说，道德模范具有思想引领、行为示范和价值引导作用，这种作用就是行为激励和精神激励。所以，在乡村村民道德实践中，要大力挖掘道德模范、大力宣扬道德模范。道德模范能使抽象的道德价值转变为具体生动的道德故事和道德行为，让乡民看得见、摸得着。在乡村村民中宣传、评选道德模范的过程中必须注意：一是既要树立全国农民道德模范典型，又要树立每个乡村内部的道德模范。因为全国道德模范可以以高尚的情操、感人的德行打动乡民，而乡村内部的道德模范则更容易被乡民接受、模仿、学习，内部的模范因是从当地的文化风俗、乡情中涌现出来的，更易被内部乡民所参照、模仿。二是既要强调模范榜样闪光的一面，但又不能无限拔高。因为乡民道德模范的魅力更在于其真实性和可模仿性。正如邓小平同志所说的："宣传好的典型时，一定要讲清楚他们是在什么条件下，怎样根据自己的情况搞起来的，不能把他们说得什么都好，什么问题都解决了，更不能要求别人生搬硬套。"过度拔高道德模范反而会使乡民"望而却步"，易让普通乡民感觉太崇高而放弃追逐，这样道德模范就失去了标杆的作用。

总之，以社会主义核心价值体系引领乡村村民道德实践，必须坚持价值体系的理想性与现实性的统一，使核心价值体系和社会主义道德能贴近村民实际生活，真正内化为村民的道德意识。同时又要坚持道德的传承性与时代性的统一，在充分利用传统道德资源的基础上，加入现代化的教育方法和手段，以提高道德建设的实效。

第十章　社会主义核心价值体系引领青年大学生道德实践

青年大学生是我国宝贵的人才资源，关乎民族希望和未来。为此，习近平同志在北京大学的五四重要讲话中指出："青年要自觉践行社会主义核心价值观，努力在实现中国梦的伟大实践中创造自己的精彩人生，在激扬青春、开拓人生、奉献社会的进程中书写无愧于时代的壮丽篇章。"①这一要求，对广大青年大学生成长成才寄予了厚望，为以社会主义核心价值体系引领青年大学生道德实践，提高青年大学生良好思想品质和精神风貌，提供了重要思想指针。

以社会主义核心价值体系引领青年大学生道德实践，一方面源于青年大学生思想道德状况受到国内外形势深刻变化的影响而在思想道德观念上表现出多样性和复杂性的特征，但是，当前的青年大学生思想道德实践活动还存在诸多薄弱环节。另一方面是因为青年大学生的思想道德建设事关祖国的未来，但这一群体因所处的人生发展阶段极易在思想道德方面发生一系列的问题。

一　青年大学生群体发展的身心特点

青年时期是从童年走向成年的转折期，这是他们人生发展道路的重要阶段。在这一阶段，青年不仅要完成生理性成熟，还要完成社会性成熟，成为独立地履行应尽义务并依法行使自己合法权益的合格社会成员。当前，在对青年大学生进行社会主义核心价值体系教育，引导他们积极践行

---

①　习近平：《青年要自觉践行社会主义核心价值观——在北京大学师生座谈会上的讲话》，《中国青年报》2014 年 5 月 5 日。

社会主义核心价值观的过程中,应该准确把握青年的身心发展的特点和规律,正确对待发展中的矛盾和问题,采取适合青年身心发展特点的教育形式和措施,促使他们身心素质全面发展,健康成长。

(一) 青少年的生理发展具有突变性

青少年正处于人生发展特殊时期,是从儿童向成人迈进的青春发育期。青春发育期在生理方面的表现多种多样,主要表现为身体外形、内脏机能及性功能的日趋成熟。

1. 内分泌机制不断完善

在青春期,青少年的身高、体重、人体机能和形体都发生了巨大变化,这是由于体内的激素分泌不断增多引起的。人在青春发育期,随着下丘脑、脑垂体的激素不断增多,体内其他内分泌器官的激素(如甲状腺激素、生长激素)水平也相应提高,其中,生长激素直接促进全身组织细胞生长,促进细胞的体积和数量的增大和增加,使个体不断长高和体重增加。再加上促甲状腺激素不断分泌必然致使甲状腺的水平增高,从而促进全身的新陈代谢过程。这些激素是人体发育的催化剂,加速了青年生理上的突变,出现生长发育的第二个高峰期,青年的身高不断增长,体重逐年增加。另外,在青年期整体发育过程中,身体长度发育在先、横径发育在后是男女的共同特征。即先长长度,后长宽度;手脚四肢的发育在前,躯干发育在后。

2. 生理机能逐步增强

主要体现在大脑与神经发育趋向完善上。青年期脑和神经系统的发育变化主要表现在:脑重量不断增大、脑容积接近成人、脑电波的发展、神经系统的结构与功能逐步完善以及兴奋与抑制的不断平衡。脑和神经系统的不断发展有助于提高他们的记忆力、理解力和逻辑思维能力,从而为他们接受抽象、缜密的科学理论奠定了基础。此外,青年心脏增大,心功能提高,对于增加其活动量大有帮助。在青春发育期,脑和神经系统的一系列变化,有助于青年的心理成熟。但是,需要说明的是,青年心理还处于一个半成熟状态,仍处于从不成熟到成熟的发展过程中,因此必须要加强对青少年的心理健康教育和行为的引导。我们必须引导青年合理安排饮食,注重营养均衡;科学安排作息时间,形成良好的作息制度;进行适当的体育锻炼和文娱活动,做到劳逸结合;要及时纠正或防止吸烟、酗酒、沉迷于网络游戏等不良生活习惯;培养良好的兴趣爱好等。

3. 第二性征的出现

由于体内性激素分泌不断增多，生殖器官迅速发育，性功能不断成熟。性功能的不断增强和各个激素分泌的增多，使男生和女生在生理上发生一系列明显变化，最显著的就是第二性征出现。男性和女性有所差别，一般有如下表现：男性肌肉变得发达、骨骼变得粗壮、生殖器官长大、喉结突起、声音变粗等出现了"男子汉"特征。女性的声音变尖、乳房开始发育并隆起、骨盆变得宽大、臀部变大变圆、皮下脂肪增厚并且开始来月经。女生的体型与之前不一样了，出现了女性的成熟美。

（二）青少年的心理发展具有过渡性

青年的生理发展促进青年的心理发展。伴随着青少年自身生理方面的变化以及环境和教育对他们的影响和作用，使得他们的心理发展产生了许多不同的特点。青年的心理发展具有过渡性，也就是说，他们心理逐步走向成熟却没有完全成熟。其具体表现在以下几个方面：

1. 智力发展明显

到了青春期，人体内的各种生理机能迅速发展，特别是对心理具有决定意义的大脑的机能逐步成熟，加之社会实践活动的增多和逐渐扩大的生活空间，使得青年的认知能力取得了明显的发展。在这一时期，他们的记忆力不断增强，逻辑思维能力不断提高。并逐步学会掌握和运用辩证思维这一人类思维的最高形态。基于社会对青年的要求和青年自身思维发展的特点，其思维品质越发表现出独立性和批判性。青年渐渐不再轻信权威，开始拥有自己独特的见解，甚至于经常用怀疑和批判的态度看事物。需要指出的是，由于他们知识水平有限，缺乏社会生活经验，辩证思维能力不足，从而导致他们往往孤立、静止、片面看问题，甚至出现走极端的现象，他们为此也会经常感到徘徊、苦恼、焦躁不安。青少年辩证思维发展的不足，必将影响他们的人生观和世界观的形成。这就要求我们必须加强青年大学生辩证思维能力的训练。我们要大力发展他们的独立思考的能力，随时加以引导、启发，激发他们的"问题意识"。

2. 自我意识增强

自我意识是个体对自己的认识以及自己与他人关系的认识。它是认知、情感、意志的综合体，是人心理发展过程中的一个重要方面。属于认知方面的有自我感觉、自我观察、自我分析和自我评价；属于情感方面的有自谦、自尊、自信、自省；属于意志方面的有自制、自我调节、自我激励。随着年龄的增长，进入青年期的青年的生活经验和人生阅历不断丰富，对外部世界的认识逐渐加深，他们开始关注自我，并用他们所知觉到的内部情绪和心理品质来定义自己，并且据此来调整和支配自己的言谈和举动。但是，由于种种原因，青年往往并不能形成关于自身的稳定而准确的自我意识，对自己的评价也会存在与事实较大的偏差，倾向于过高地进行自我评价。在遇到暂时的挫折或失败的时候，他们往往会灰心丧气、怯懦自卑，甚至自暴自弃。另外，在对他人进行评价时，青年也往往掺杂情绪性的因素，导致评价具有片面性和波动性。青年非常关注自己在周围人心目中的形象，在乎他人对自己的评价。有时候，哪怕是人们给予的不正式、很随意的评价，也会引起很大的情绪波动和应激反应。因此，我们必须引导青年大学生正确评价自我，恰如其分地认识自我，摆正自己的位置，辩证地看待自己的优缺点，既不妄自尊大，也不自暴自弃，善于自我接纳、自我审视，正视现实，积极进取。

3. 性意识的觉醒与发展

在青春发育期，青年的性器官和性机能趋于成熟，第二性征也显现出来，身体变化直接导致青年性意识的觉醒。青年开始意识和觉察到两性之间存在着差别并由此带来一些特殊的性心理体验。青年开始意识自己逐渐向成熟过渡，他们会对性机能抱有好奇心和新鲜感。但由于性意识刚刚觉醒，许多青年会因此而感到害羞。处理两性关系时，往往表现出一种极其矛盾的心理状态，即在情感上愿意接近异性，但是在行动上又故意疏远异性，常常拒异性于千里之外。从实质上看，二者都说明青年对异性极有"兴趣"。为了引起异性对自身的注意，青年往往投入更多的时间和精力在自己的仪容外表上，甚至也出现追求打扮、相互攀比的现象。对此，首先要了解性成熟和性意识的觉醒在心理上给青年带来的变化，并对他们进行相关的性知识教育和心理健康教育。其次，要对青年进行合理引导，促使青年男女之间建立和谐友爱的群体关系，使他们之间形成一股合力，并引导他们把主要精力集中到学习中，拒绝不良诱惑，树立正确的爱情观、幸福观，培养健康的心理素质和良好的道德品质。

(三) 青少年身心发展的矛盾性

青春发育期，青年的生理迅速发展并趋于成熟，但是，其心理发展却没有跟上生理发展节拍，显示出滞后性，在心理上处于半成熟状态。正因为如此，从而导致青年心理活动出现如下矛盾：

1. 心理上的成人感与半成熟现状之间的矛盾

在青春发育期，青少年身体发育迅速，随着第二性征的出现和性功能的逐步完善，青少年的生理发展正趋于达到成熟水平；生理上的成熟导致青少年心理上的成人感，但实际上心理发展的速度相对缓慢，心理水平正处于幼稚向成熟发展的过渡阶段，心理发展的速度赶不上生理发展的速度。因此，青少年的身心处于一种不平衡状态，导致青少年心理上的成人感和半成熟状态之间的矛盾。

2. 要求独立自主与依赖之间的矛盾

在人的一生中会出现两次反抗期，分别是在幼儿时期和青春初期。第一反抗期是从幼儿学会走路开始，两三岁，这一时期的幼儿体验到自己可以摆脱父母而独立生存，从而开始争取自我行动的自由权并且拥有自己独立的主张。第二反抗期则是青春初期，在这一时期，青年要求的独立自主相比较第一反抗期而言更加全面。青少年认为，自己已经长大，不再是小孩了，心理上形成一种"成人感"。认为自己长大成人了，能独立决断了，自己的事情应该自己做主。与此同时，他们渴望社会、学校、家庭承认、接纳、尊重和信任他们。但是，由于青少年阅历浅薄，世界观、人生观、价值观尚未完全形成，在其人生道路上还难以做出明智的判断，还离不开家长和教师的指导。他们不仅要求在行动上得到自由、更加独立，而且要求得到人格上的独立。他们渴望不受父母以及他人的约束，希望自己能独当一面，独立自主地去做与自己相关的决定和选择。但是，事实上由于自身经验的欠缺和阅历的浅薄，在面临复杂情况时，他们也需要得到成人的帮助和支持。所以，心理上渴望独立与实际并不能完全独立还必须有所依赖之间存在着矛盾。

两次反抗期对个人成长有着重要的意义，如果在此期间得到了正确而合理的帮助和指引，那么将有助于个体自主性的良性发展，对他们以后的工作和学习生活都会有所帮助，在社会生活中的表现也会更加游刃有余，人生价值会得到充分实现。

3. 心理闭锁性与需要理解、交流的矛盾

步入青春期，青年的内心世界开始变得复杂起来，他们不像童年时期那样开放，乐于向父母、老师分享自己的秘密，而是逐渐把自己封闭起来，并且也不愿意向他人即使是父母表露自己的心声。究其原因，主要是成人感的获得和独立意识的发展，使得青年对成人更加不信任，认为他们不能理解自己,因而导致了青年心理的封闭性。另外,青年的心理也具有开放性,在学习和生活中他们会遇到许多困难,内心世界也会有一些苦恼,因而他们也渴望向他人坦露自己的心声,期望能得到他人的理解和关怀。而青年倾诉的对象,首先是与他年龄相仿的同辈朋友,其次才可能是他们的父母或老师。良好的友谊关系,能够帮助青年适应青春期的变化,促进其健康成长。

二 青年大学生对核心价值体系的认同

青年大学生是建设社会主义核心价值体系的重点群体,全面了解青年大学生对社会主义核心价值体系的认同现状,剖析原因,探寻对策,既是学习贯彻落实党的十八大关于"深入开展社会主义核心价值体系学习教育,用社会主义核心价值体系引领社会思潮、凝聚社会共识"重要精神的具体要求,也是新形势下高校思想政治教育在实践创新基础上进行理论创新的重要使命。

认同一词的含义,学术界界定非常多。奥地利心理学家弗洛伊德认为,认同是"个体或群体在感情上、心理上趋同的过程"。① 后来,英国社会学家安东尼·吉登斯认为:"认同是社会连续发展的历史性产物,它不仅指一个社会在时间上的某种连续性,同时也是该社会在反思活动中惯例性地创造和维系的某种东西。"② 而在德国哲学家哈贝马斯看来,"认同归于相互理解、共享知识、彼此信任、两相符合的主观的相互依存。认同以对可领会性、真实性、真诚性、正确性这些相应的有效性要求的认可为基础。"③ 通过上述定义可以看出,"价值认同是认同的核心要素",实现价值认同是认同的最高命题。同时,认同具有曲折性和渐进性特点,是一个动态变化的过程,它不仅要解决认同主体对于某种思想观念、理论成果如何理解和运用的问题,同时还要解决认同主体在这种观念、理论指导下如何进行行为选择的问题。遵循上述分析,我们可将青年大学

---

① 车文博:《弗洛伊德主义原理选辑》,辽宁人民出版社1988年版,第375页。
② 安东尼·吉登斯:《现代性与自我认同》,赵旭东译,生活·读书·新知三联书店1998年版,第58页。
③ 尤尔·哈贝马斯:《交往与社会进化》,张树博译,重庆出版社1989年版,第3页。

生对社会主义核心价值体系的认同定义为：在遵循大学生思想政治教育规律和身心发展规律的前提下，青年大学生通过积极能动的价值认知、价值评价、价值选择、价值行为等一系列活动不断改变自身的价值结构，将社会主义核心价值体系内化为自身的价值取向，外化为一定的价值行为的过程。

如上所述，任何价值认同都不可能一蹴而就，都是一个复杂、动态的发展变化过程，青年大学生对社会主义核心价值体系认同也是如此，一般都要经历由浅入深、由简入繁、由弱到强的渐进过程，表现为"认知认同—情感认同—行为认同"三个层次和阶段。认知认同是逻辑前提，解决"社会主义核心价值体系是什么"的问题；情感认同是关键，解决"为什么要认同社会主义核心价值体系"的问题；行为认同是落脚点，解决"认同社会主义核心价值体系怎么做"的问题。三个阶段相辅相成，相互促进，是一个有机统一的整体。具体而言，在社会主义核心价值体系认同活动过程中，认知认同就是青年大学生经过感觉、知觉、记忆、思维、想象等认知形式，初步获得对社会主义核心价值体系的较为稳定且正面的印象与认识；情感认同是指青年大学生在认知认同基础上形成的对社会主义核心价值体系肯定、赞同、追求的主观情绪感受；行为认同是指青年大学生在把社会主义核心价值体系内化为自己的价值追求和行为准则的基础上，进而转化为良好的行为习惯的过程。所以，在社会主义核心价值体系引领大学生道德建设过程中，必须通过形式多样的宣传教育、积极正面的情感体验和丰富多彩的社会实践，来增强对社会主义核心价值体系的认知认同、情感认识和行为认同。

（一）青年大学生对核心价值体系认同的总体状况

客观准确、全面把握青年大学生对社会主义核心价值体系的认同现状，是增强社会主义核心价值体系引领青年大学生道德建设的前提。为此，本课题组对在校青年大学生进行了专题抽样调研，调研形式为问卷调查、小型座谈会和个案访谈等。

建设社会主义核心价值体系是我党在科学分析国内外形势，积极应对中国特色社会主义建设事业面临的新情况和新问题的基础上提出来的战略命题。调研数据表明，当前青年大学生对社会主义核心价值体系的认同状况总体是积极健康向上的，绝大部分青年大学生对于社会主义核心价值体系提出的时代背景、战略意义及其科学内涵、主要内容和精神实质都有初步的认知。46.3%的青年大学生认为建设社会主义核心价值体系"十分必要和及时"(见图10-1),因为任何社会和国家都应该有它自身的核心价值观。对此观点,选择"完全同意"的大学生占62.0%,选择"基本同意"的大学生占33.9%,两项比例之和达到95.9%(见图10-2)。调查问及"你了解社会主义核心价值体系吗?",选择"非常了解"的大学生占12%,选择"基本了解"的大学生占56%,选择"不太了解,较模糊"的大学生占28%,这说明大多数青年大学生从总体上了解社会主义核心价值体系,但也存在进一步提高认知水平的空间(见图10-3)。

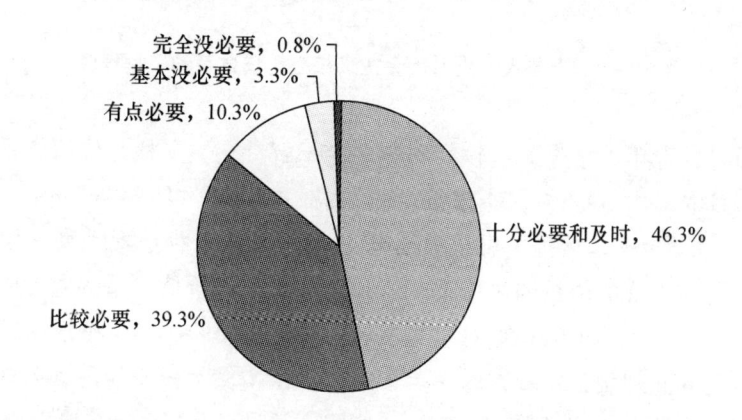

图10-1 青年大学生对建设社会主义核心价值体系必要性的认识

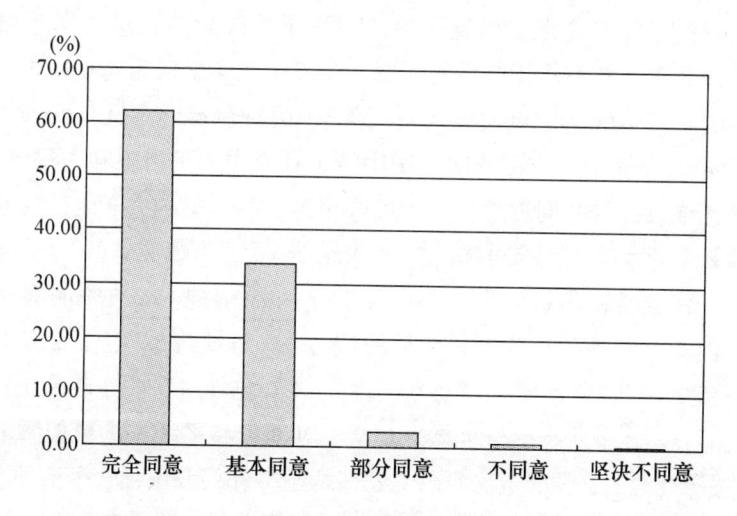

图10-2 青年大学生对"任何社会和国家都应该有它自身的核心价值观"的认识

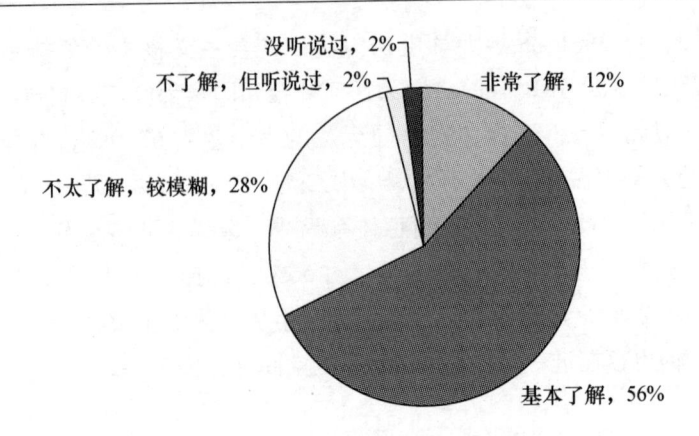

图10-3 青年大学生对社会主义核心价值体系的了解程度

饼图数据：非常了解12%；基本了解56%；不太了解，较模糊28%；不了解，但听说过2%；没听说过2%。

同时，青年大学生通过较广泛的途径了解社会主义核心价值体系，其中，"书本"占59.5%，"报纸杂志"占9.5%，"听报告"占3.3%，"网络"占5.4%，可见，思想政治理论课和书本依然是青年大学生了解社会主义核心价值体系的主渠道。就社会主义核心价值体系的主要内容而言：72.7%的学生了解马克思主义指导思想；71.6%的学生了解中国特色社会主义共同理想；73.1%的学生了解以爱国主义为核心的民族精神和以改革创新为核心的时代精神；76.1%的学生了解以"八荣八耻"为主要内容的社会主义荣辱观。

关于马克思主义指导思想，79.1%的同学认为马克思主义是科学真理，是社会主义核心价值体系的灵魂，76.7%的同学认为马克思主义对于大学生的日常生活"有重大影响"；关于中国特色社会主义共同理想，高达81.2%的大学生"非常赞同"中国特色社会主义是历史和人民的选择，是全国各族人民的共同理想。关于民族精神，77.3%的大学生认为爱国主义"应该"成为民族精神的核心，"团结统一"、"勤劳勇敢"、"自强不息"属于民族精神的重要组成部分；关于时代精神，80.1%的大学生认为改革创新"应该"成为时代精神的核心，"解放思想"、"实事求是"、"与时俱进"、"勇于创新"、"务求实效"、"知难而进"属于时代精神的重要组成部分，几乎所有参与问卷的大学生对国家和平统一的希望"非常强烈"；关于社会主义荣辱观，对以"八荣八耻"作为我国社会生活的主流荣辱观，高达93%的大学生"非常赞同"、"赞同"和"比较赞同"（见图10-4），选择"背得非常熟悉"和"基本能背诵""八荣八耻"主要内容的大学生比例为46.2%。由此可见，在青年大学生群体中，马克思主义指导地位基本得到确立、中国特色社会主义共同理想基本得到认可、民族精神和时代精神得到较大弘扬、社会主义荣辱观已成基本道德规范。

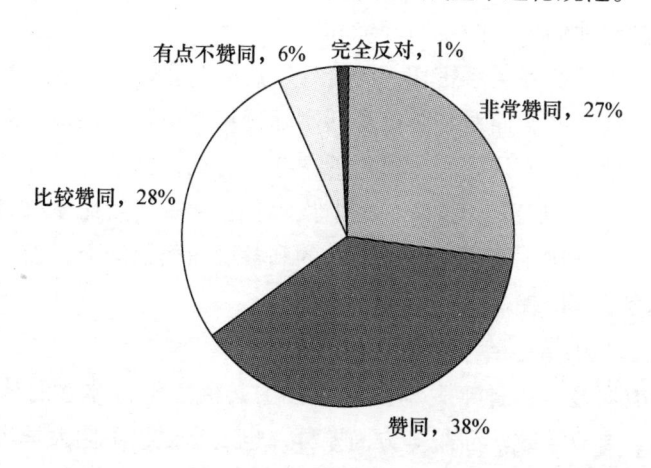

有点不赞同，6%　完全反对，1%
非常赞同，27%
比较赞同，28%
赞同，38%

图10-4　青年大学生对将"八荣八耻"作为我国社会生活主流荣辱观的认同

（二）青年大学生对核心价值体系认同的特点

一般而言，价值认同具有自主性、渐进性、差异性、变化性等一般特征。青年大学生在对社会主义核心价值体系认同过程中，不仅具有价值认同的一般特征，而且还表现出自身的特性。通过对当前青年大学生对社会主义核心价值体系认同现状的调研结果分析可以看出，青年大学生对社会主义核心价值体系的认同表现为如下特点：

1. 就内容而言，存在价值认同的不全面性

作为一种内涵丰富、外延广阔的思想理论体系，青年大学生作为社会中的高知群体，他们对社会主义核心价值体系的认同必须全面、具体和深刻。然而，调查结果表明，青年大学生对社会主义核心价值体系的总体认同虽然较高，但对社会主义核心价值体系的四个方面具体内容的认同程度则各不相同。比如，青年大学生总体上对马克思主义的指导地位有较为明确的认识，绝大部分大学生认为马克思主义没有过时，这说明当代大学生思想主流是积极、健康、向上的，大多数青年大学生确立了马克思主义信仰，但不能忽视的是，仍有27.2%的大学生对马克思主义的根本指导地位持怀疑态度，32.5%的大学生看不到马克思主义中国化的必然性与生命力所在，关于时代精神与民族精神的具体内容，还有一部分大学生不能做

出正确选择。此外，青年大学生对"以爱国主义为核心的民族精神和以改革创新为核心的时代精神"的认同程度总体高于对"马克思主义在意识形态的主导地位"的认同，原因在于大学生对社会主义核心价值体系的认知认同跟他们现有的生活环境和知识储备有关，一般而言，青年大学生对与自己生活实际关系密切、契合程度高的内容较为了解和熟悉，认同程度相应要高一些，而对与自己生活实际，特别是与个人现实需求联系较为间接的价值观念的认同程度显得低一些。可见，大学生对社会主义核心价值体系的认同缺乏全面性、深刻性，存在"知其然而不知其所以然"的现象，价值认同主要侧重于浅层次的利益层面的认同上，而对于理想信念层面内容的认同偏低，表现为不全面性。

2. 就主体而言，存在价值认同的差异性

调研数据显示，青年大学生对社会主义核心价值体系的认同存在性别、年级、专业、政治面貌等方面差异。也就是说，不同大学生群体对社会主义核心价值体系的认同程度各不相同，体现出差异性特点：在性别上，男生在认同度上显著高于女生。这可能与男大学生思想活跃、兴趣广泛，具有较强的政治参与意识有关；在年级上，调查表明，不同年级的大学生在认同度上存在差异。大一学生对社会主义核心价值体系的认同程度最低，大二学生认同程度最高，到大三后慢慢又降低。大一、大二期间，学校系统开设和讲授思想政治理论课，由于大学生对社会主义核心价值体系刚刚学过，所以认知程度相对较高；大三期间，青年大学生基本完成了大学阶段思想政治理论课程的学习，他们会把更多的时间和精力放在专业课学习、准备研究生考试、获取相关就业信息和寻找毕业出路等问题上，因此对社会主义核心价值体系的关注度、认同度有所下降。就学校类别而言，来自不同层次、不同类型学校的学生对于社会主义核心价值体系的认同也有差异，比如，师范类大学生对社会主义核心价值体系的认同明显高于非师范类，这可能与师范院校青年大学生的专业背景、学习氛围、知识储备、培养目标和就业需求有关。就专业而言，青年大学生对社会主义核心价值体系的认同程度存在差异，表现为文科学生高，理工科学生较低，这可能与文理科学生在思维方式、知识结构和学习需求等方面存在的差异有关，一般而言，文科学生对于包括社会主义核心价值体系在内的人文社会科学领域知识了解掌握要多于理工科学生；就政治面貌而言，学生党员干部对社会主义核心价值体系的认同明显高于其他普通同学，这主要是由于学生党员和学生干部一般都接受过党课、团课的系统理论学习,对于党的基本理论、基本路线、基本方针会有更多的了解。

3. 就过程而言,存在价值认同的不一致性

青年大学生对社会主义核心价值体系的价值认同过程中存在着认知认同、情感认同与行为认同的不一致性。大学生的价值认同大多停留在认知认同层面,情感认同与行为认同较弱,认知认同与行为认同相脱节。比如,调查问及"当个人利益与国家利益发生冲突时,您认为应该如何处理?",选择"个人利益无条件服从国家利益"的占68.2%,仍有16.7%的大学生选择"个人利益为主,兼顾国家利益";针对"您对考试作弊现象的看法"的回答时,表示"坚决反对"的占51.7%,而回答"可以理解,自己偶尔也为之"的则达到33.8%;针对"如果需要,您是否愿意毕业后到西部和基层就业"的回答时,认为"非常愿意"的仅有16.5%,认为"比较愿意"的占36.3%,却有47.2%的大学生回答"不太愿意"和"非常不愿意";调查问及"在十字路口过红绿灯时,您是否走斑马线?",78.7%的大学生选择"经常是",仍有17.1%的大学生选择"有时是,有时不是"。这说明,在社会主义市场经济条件下,青年大学生容易受各种社会思潮的冲击,相当一部分大学生不能正确处理好个人主义和集体主义的关系,不能正确处理好理想和现实、理论和实践的关系,尽管观念上认同社会主义荣辱观,却不能落实在行动上,部分大学生存在功利性价值取向,对与自己没有直接利益关系的事情不大愿意做,对于许多现实热点问题的认识存在一定的模糊性,知行脱节问题较为严重。

(三)影响青年大学生对核心价值体系认同的因素

青年大学生对社会主义核心价值体系的价值认同的实质是青年大学生价值观的自主选择过程,是主观建构和客观影响的产物,这就决定了青年大学生对社会主义核心价值体系的认同既受到文化、社会等外在因素制约,也受心理机制、知识经验等内在因素影响。

1. 内在影响因素

其一,认知思维能力影响和制约着青年大学生认同社会主义核心价值体系。价值观是人们基于自身的需求和社会发展的需要,对事物的价值属性做出的认知、评价和选择,体现着人们对客观事物的看法和评价。青年大学生价值观的形成是一个漫长的过程,成熟而稳定的价值观必须建立在认知主体对客观事物及其价值属性全面和准确把握基础之上,依赖青年大

学生的辩证思维能力和逻辑思维能力。当青年大学生的认知思维能力发展到能够辩证认知社会现象时，才有可能实现从感性认识向理性认识的飞跃，不断提升批判思维和辨别能力，透过现象看清事物的本质，并做出正确的价值选择，形成正确的世界观、人生观和价值观。由于受到年龄、文化程度、教育背景和实践经验等因素的制约，很多青年大学生的思维能力仍处于不成熟状态，看问题不够全面、客观，从而制约了他们对社会主义核心价值体系认同程度。

其二，非理性因素影响和制约着青年大学生认同社会主义核心价值体系。实践证明，个体的价值认同过程是理性因素和非理性因素相互作用的过程，这决定了人们在价值认同活动中不可避免地会受到非理性因素的影响。非理性因素属于非理智、非认知的方面，包括动机、欲望、信仰、习惯、本能、意志、信念等精神因素，具有自发性、模糊性、抽象性、非逻辑性等特点。非理性因素对于青年大学生认同社会主义核心价值体系会起到一定的调节和控制作用，决定主体对客体的态度。当代大学生由于思想不稳定，情绪易波动，在价值认同的过程中，容易受到自身欲望、动机、观念、直觉等非理性因素的影响，往往热衷于能满足自身需要的价值体系而轻视与自己需要相违背的价值体系，从而影响了青年大学生对社会主义核心价值体系的认同。

2. 外在影响因素

其一，经济全球化、社会信息化冲击着青年大学生对社会主义核心价值体系的认同。在经济全球化过程中，西方社会思潮大量涌入，对我国主流意识形态建设和核心价值观培育提出严峻挑战。青年大学生由于批判抵御能力、选择吸收能力欠缺，在西方社会思潮蛊惑下，过分夸大西方经验的借鉴作用，而忽视社会主义制度的优越性，容易对马克思主义、社会主义的信仰产生困惑与怀疑，同时，西方敌对势力从未放弃西化、分化社会主义国家的政治图谋，充分利用各种手段对我国进行无形渗透与控制，实行文化侵略，破坏中华民族的价值认同，削弱中华民族的向心力和凝聚力。在此过程中，信息网络化时代的各种媒体一定程度上起着推波助澜的作用，西方社会个人主义、享乐主义等消极生活方式和价值观念不断渗入我国，造成的直接负面影响就是极大地触动了我国原有的价值观念体系，使得部分定力不足、虚荣心强的青年大学生政治意识淡化、理想信念动摇、价值取向出现偏差。这些不良因素严重冲击着青年大学生对社会主义核心价值体系的认同。

其二，社会转型期出现的价值多元化弱化了青年大学生对社会主义核心价值体系的认同。伴随市场经济的深入发展，我国各条战线取得了辉煌成就。人们在充分享有改革开放成果的同时，也面临着不少困难和问题。由于产业结构的调整，非公有制经济的发展，社会发展趋势多样化，从而导致群体之间、阶层之间的利益差别、利益矛盾产生。社会经济结构和生活方式的变革，必然导致价值观新旧交替、多元并存，使得大学生的思想观念、价值取向、行为模式发生深刻变化。社会上拜金主义、享乐主义、个人主义、封建迷信等现象的客观存在，必然对青年大学生的思想观念和价值观念产生不可低估的冲击，贪污腐败、道德滑坡、诚信缺失等不良现象也会导致大学生思想认识上的混乱和价值取向上的多元化，使得部分大学生在理想信念上产生困惑和迷茫。

三 以核心价值体系引领青年大学生道德建设的必要性

新世纪、新阶段，青年大学生的世界观、人生观、价值观和道德观都发生了深刻变化，青年大学生思想政治教育面临着许多新课题。习近平指出："青年的价值取向决定了未来整个社会的价值取向，而青年又处在价值观形成和确立的时期，抓好这一时期的价值观养成十分重要。"[①] 因此，坚持用社会主义核心价值体系引领青年大学生道德建设，推动社会主义核心价值体系融入青年大学生思想政治教育的全过程，切实提升青年大学生的思想道德素质，引导当代大学生顺利成长成才，帮助青年大学生更好地肩负历史责任和时代使命显得尤为必要。

（一）落实"立德树人"任务的战略举措

"立德树人"是对"育人为本、德育为先"教育理念的凝练与升华，是我国教育事业的根本任务，也是当代大学生思想政治教育的根本任务。"立德"即树立美德，就是要树立符合社会主义核心价值体系要求的社会

---

① 习近平：《青年要自觉践行社会主义核心价值观——在北京大学师生座谈会上的讲话》，《中国青年报》2014年5月5日。

公德、职业道德、家庭美德和个人品德,"树人"即培养人才,就是要培养高素质劳动者、各种专门人才和拔尖创新人才。培养什么人、如何培养人,是我国社会主义教育事业中的头等重要问题。我国高等教育的根本任务就是培养社会主义事业合格建设者和可靠接班人。社会主义核心价值体系的提出,是我们党在思想文化建设上的一个重大理论创新,也是高校落实"立德树人"根本任务的行动指南。大学生是青年中最有活力、思想活跃、文化科技素质最高的群体,是祖国建设、民族复兴伟业的中坚力量,青年大学生确定何种价值取向,选择何种人生道路,乃是关系到国家前途和命运的大事。坚持以社会主义核心价值体系引领青年大学生道德建设,有助于将当代大学生培养成社会主义事业合格建设者和可靠接班人。

(二) 推动思想政治教育创新的重要路径

创新是大学生思想政治教育的时代主题,思想政治教育学科建设三十年来,既取得了丰富的理论成果,也积累了许多实践经验,然而"面对新形势、新情况,大学生思想政治教育工作还不够适应,存在不少薄弱环节",因此,必须"在继承党的思想政治工作优良传统的基础上,积极探索新形势下大学生思想政治教育的新途径、新方法,努力体现时代性,把握规律性,富于创造性,增强实效性"[1],必须以党的最新理论成果指导青年大学生思想政治工作,推动青年大学生思想政治教育理论、内容、方法和载体的创新和发展。当前,建设社会主义核心价值体系,为大学生思想政治教育创新发展提供了良好契机。新形势下,坚持以社会主义核心价值体系引领青年大学生道德建设,将有助于大学生思想政治教育内容创新、方法创新、载体创新,进而有助于提升青年大学生的道德认知水平、道德实践能力和思想道德品质,全面提升大学生思想政治教育质量和水平。

(三) 培育和践行社会主义核心价值观的内在要求

社会主义核心价值观体现社会主义核心价值体系的根本性质和基本特征,反映社会主义核心价值体系的丰富内涵和实践要求,是社会主义核心价值体系的高度凝练和集中表达,是社会主义核心价值体系的内核。[2] 作

---

[1]《中共中央国务院关于进一步加强和改进大学生思想政治教育的意见》,《光明日报》2004年10月15日。

[2] 中共中央办公厅印发《关于培育和践行社会主义核心价值观的意见》,《人民日报》2013年12月14日。

为一个开放的理论体系，社会主义核心价值体系提出以后，还有一个在理论上逐步完善和在实践过程中不断培育和践行的过程。如何实现社会主义核心价值观在青年大学生群体中入耳、入脑、入心，是坚持以社会主义核心价值体系引领青年大学生道德建设的重大现实课题。大学作为教书育人的摇篮，也是建设社会主义核心价值体系的重要阵地和主导力量。无论是理论研究者还是实践工作者，都应在建设社会主义核心价值体系、培育和践行社会主义核心价值观过程中担负起历史职责，自觉地为社会主义核心价值体系建设提供精神动力和智力支持。

（四）建设文化强国和提高综合国力的必然选择

文化是民族的血脉，是人民的精神家园。党的十七大报告指出："要坚持社会主义先进文化前进方向，兴起社会主义文化建设新高潮，激发全民族文化创造活力，提高国家文化软实力。"[①] 文化软实力，是相对经济力、军事力、科技力而言的，是通过文化方式来展示其吸引力、感召力、凝聚力，具有非强制性，侧重于潜移默化。文化的内核和精髓是价值观，在我国，文化软实力的核心内容是社会主义核心价值观。如果失去了社会主义核心价值观，社会主义核心价值体系建设不力，社会主义文化建设就会迷失方向。以社会主义核心价值体系引领青年大学生道德建设，将有助于提升社会主义文化影响力和吸引力，是提高国家文化软实力，进而提高综合国力的必然选择。对于社会主义核心价值体系的认知和认同，在一定意义上说是一种文化认知和认同。大学是文化传播和文化创新的主阵地，把社会主义核心价值体系融入大学文化中来，以文化人，这对于以社会主义核心价值体系引领大学生道德建设，是不可或缺的途径。

四 核心价值体系引领青年大学生道德建设的有效途径

社会主义核心价值观体系引领青年大学生道德建设，具有重大的理论意义和现实意义。要求我们应不断深化基础理论研究，以把握规律，同时

---

① 胡锦涛：《高举中国特色社会主义伟大旗帜　为夺取全面建设小康社会新胜利而奋斗》，人民出版社2007年版。

还应努力实践，摸索出切实可行的方法，从而使得此项工作做到对象明晰、工作具体、方法可行、效果明显。

（一）发挥政治理论课主渠道作用

1. 思想政治理论课"主渠道"作用确立的理论依据

2004年，中共中央、国务院在《关于进一步加强和改进大学生思想政治教育的意见》（以下简称《意见》）中明确指出："高等学校思想政治理论课是对大学生进行思想政治教育的主渠道，是帮助大学生树立正确的世界观、人生观、价值观的重要途径，体现了社会主义大学的本质要求。"此外，"哲学社会科学负有思想政治教育的重要职责，各门课程都具有人的功能"。[①] 所有学科拧成一股绳，汇聚成强大的力量，发挥强有力的育人功能。所谓主渠道，也就是主导性渠道，主要体现思想政治理论课程的主导性，思想政治理论课应对其他各种教育因素或各类课程都起到统领、引导和主导的作用。思想政治理论课程之所以是大学生思想政治教育的主导性渠道，是由思想政治理论课的特殊性和内容的系统性决定的。

首先，思想政治理论课程的特殊性决定了它在社会主义核心价值体系引领青年大学生思想道德建设中的主导作用。马克思、恩格斯指出："统治阶级的思想在每一时代都是占统治地位的思想。"[②] 阶级社会的历史发展表明，统治阶级总是竭力用代表本阶级利益和意志的思想体系教化人民，以便巩固本阶级的政治统治。当前，用社会主义核心价值体系引领大学生道德实践，是中国特色社会主义的本质要求，它可以为全面深化改革提供强大精神动力，为社会主义和谐社会建设提供价值支撑。通过发挥思想政治理论课在社会主义核心价值体系引领大学生道德建设中的引领作用，可以为青年大学生成长成才提供精神养料，从而有助于大学生克服错误的思想倾向，树立正确的世界观、人生观和价值观，增强对中国特色社会主义事业的道路自信、理论自信、制度自信，促进大学生人文素养和科学素养的协调发展，从而使其成长为合格的社会主义事业建设者和接班人。

其次，思想政治理论课程内容的系统性决定了它在社会主义核心价值体系引领大学生道德建设中的主导性作用。占统治地位的意识形态、思想

[①] 《中共中央国务院关于进一步加强和改进大学生思想政治教育的意见》，《光明日报》2004年10月15日。

[②] 《马克思恩格斯选集》第1卷，人民出版社1995年版，第98页。

观念是一种系统化、理论化的思想体系。高校大学生思想政治理论课是直接为培养学生思想政治素质和道德素质而设计的课程，是一个社会占主导地位的意识形态的集中体现。当前高校思想政治理论课的重要职责是对大学生系统地进行社会主义核心价值体系教育，将社会主义的意识形态融入大学教育的全过程中去，这是社会主义性质大学的本质规定。

2. 思想政治理论课"主渠道"作用的具体表现

思想政治理论课在以社会主义核心价值体系引领青年大学生道德建设过程中的作用表现为如下几个方面：

（1）宣传普及作用。青年大学生思想道德素质状况不仅影响和制约着自身科学文化素质的提升，而且深刻影响着整个国家和民族的精神风貌。高等学校要想充分发挥社会主义核心价值体系建设中的重要阵地作用，应积极从新时期大学生的思想行为特点和成长成才规律出发，探索一系列可操作性强、实践效果佳的方法措施，将社会主义核心价值体系融入课堂教学和大学生日常生活中去，把社会主义核心价值体系纳入教材编写、课堂讲授、学生消化吸收的工作落到实处。通过以社会主义核心价值体系为主线的思想政治理论课各门课程的系统讲授，从而完善大学生的认知结构，提高政治理论素养，使社会主义核心价值体系在大学生群体中广泛传播，达成共识。

（2）思想引导作用。青年大学生正处在人生观、价值观、世界观形成的特殊时期，在其成长过程中会遇到各种矛盾。当代青年大学生大多具备强烈的自主意识、创造意识、成才意识，迫切希望能够全面发展自己，提升创新精神和实践能力，实现人生价值，但不可忽视的是少数大学生存在错误的思想倾向，比如政治信仰迷茫、理想信念模糊、价值取向出现偏差、诚信意识淡漠、社会责任感缺失、艰苦奋斗精神不足、团结协作观念欠缺、心理素质较差等问题。这就要求必须加强以社会主义核心价值体系为中心内容的思想教育，把青年大学生的思想和行为引导到符合社会主义核心价值体系要求的正确方向上来，使其真正成为理想远大、品德高尚、视野开阔、知识丰富、开拓进取的新一代。

（3）行为约束作用。通过对符合社会主义核心价值体系的行为给予物质奖赏和精神鼓励，和对背离社会主义核心价值体系的行为的批评教育、必要的惩处，形成正强化和负强化，从而使充满正能量的行为得以弘扬，使不良行为得以纠正。特别要指出的是，在建设社会主义法治社会的今天，应建立健全学校规章制度，提高执行力度，健全监督约束机制，使大学生的行为在他律的作用下，逐步摒弃不良行为，日积月累，最终养成良好的行为习惯。只有当行为成为习惯之后，才能在日常生活中习惯性地作出合理选择。"因为一切告诫与规则，无论如何反复叮咛，除非形成习惯，全是不中用的。"

（4）理论构塑作用。习近平同志指出："在当代中国，我们的民族、我们的国家应该坚守什么样的核心价值观？是一个理论问题，也是一个实践问题。"① 当前，以社会主义核心价值体系引领大学生道德建设是一个实践过程，许多相关理论和现实问题有待深化。为此，必须充分调动广大教育工作者的积极性，通过系统研究，不断深化对建设社会主义核心价值体系的认识，借鉴古今中外进行价值体系建设的基本做法、基本经验，大力提高社会主义核心价值体系建设的创新力和创造力。只有理论研究深，才能上课讲得透。思想政治理论课教师还应注意通过教学培养大学生的理论兴趣、理论思维和理论素养，为造就一批马克思主义青年理论家打下坚实基础。

3. 有效发挥思想政治理论课"主渠道"作用，增强社会主义核心价值体系影响力

第一，创新教学理念，突出学生主体性。以往思想政治理论课的教学简单机械，忽视了教育对象的主观能动性。其结果是约束了学生的主体性的发挥，容易造成学生的逆反心理。一般来说，思想政治理论课对大学生的教育影响只有通过教育对象理解、领悟并最终接受理论才能真正发挥作用。在对受教育者实施教育的过程中，必须充分尊重其主体作用，教育者的理论教育只是提高受教育者的政治理论素养的外部条件，而受教育者通过自身思想矛盾运动，最终将社会倡导的政治思想、道德规范内化为自己思想观念并作为日常生活的行动指南才是内部动因。思想政治理论课教学的这一特质，决定了教育者在教育过程中必须突出学生的主体性。因此，教育者要转变教学理念，落实"以人为本"的要求，突出学生的主体性。在实际工作中，首先要充分理解和尊重大学生，尊重大学生的首创精神，激发大学生的热情和动力；其次要准确把握新时期大学生的思想行为特点

---

① 习近平：《青年要自觉践行社会主义核心价值观——在北京大学师生座谈会上的讲话》，《中国青年报》2014年5月5日。

和成长成才规律，充分认识其群体共性和个体差异性，避免"一刀切"，根据大学生的认知水平、个性特征、接受心理、需求特点、生活阅历等开展有针对性的教育。

第二，活化教学内容，增强教学时代感。一般来说，教育内容呈现的形式不同，会直接影响教育效果。当前，要把社会主义核心价值体系融入思想政治理论课中去，使其成为有机组成部分，贯通、渗透于课堂理论教学和课外实践教学的各个环节和全过程，坚决杜绝脱节、孤立的"两张皮"现象。这就要求思想政治理论课教师必须有效地整合与活化教材内容，解决好"进教材""进课堂"的问题，这是"入脑""入心"的前提，为此，首先，把握重点，实现社会主义核心价值体系的有机融入。在实际工作中，要注意研究相关课程的内在联系和规律，实现课程理论体系向课程教学体系的转化。其次，把握时代特征，力求教学内容与时俱进，做到与教学对象实际和社会经济发展的实际相结合，让大学生真切体会到马克思主义，特别是中国化马克思主义的旺盛生命力。最后，贴近学生实际，构建生活化的教学内容。教师在传授教材内容过程中，必须契合大学生的生活实际，符合大学生的心理需求，增强课堂教学的感染力和吸引力，从而使大学生在学习社会主义核心价值体系的过程中更容易消化吸收。

第三，优化教学方法，增强育人效果。在对大学生进行社会主义核心价值体系教育过程中，应采取适合大学生思维特点的教学方法。首先，要通过系统的理论讲解，使得大学生对社会主义核心价值体系有一个整体的了解。在理论讲授时要改变填鸭式、满堂灌、空洞枯燥的教学方式，积极发挥大学生的主体作用，注重激发学生的主观能动性，可以采用案例式、专题式、讨论式、启发式等教学形式，引导学生掌握社会主义核心价值体系的科学内涵及其精神实质。其次，应根据教育内容和要求，有计划、有目的地选择典型场景，通过采用模拟情景教学，使学生犹如身临其境，使学生在感同身受中增进对社会主义核心价值体系的领悟。

第四，优化教师素质，强化主导作用。大学生社会主义核心价值体系教育的实际效果一定程度上取决于师资队伍的数量和质量，因此，必须建设一支高素质的教师队伍。作为思想政治理论课教师，不仅要做到传道授业解惑、更要以自己的人格魅力作为学生学习的榜样。为此，高校要不断提高思想政治理论课教师的理论水平，夯实专业知识，丰富教学经验，同时还应重视思想政治理论课教师的师德建设。"实施师德师风建设工程，坚持师德为上，完善教师职业道德规范，健全教师任职资格准入制度，将师德表现作为教师考核、聘任和评价的首要内容，形成师德师风建设长效机制。"① 把社会主义核心价值体系寓于师资队伍的建设中，使思想政治理论课老师做到言传身教。此外，广大的思想政治理论课教师也要认真学习，勤于思考，善于总结，通过自我修养，不断提高自身业务能力和综合素质。

（二）加强校园文化建设

高校承担着学术研究与培养人才的双重使命，其校园文化建设对这两项重要使命的完成发挥着重要作用。加强校园文化建设，营造浓厚氛围，发扬大学精神和提升大学文明办学水平，有助于培养青年大学生的社会责任感、高尚的精神追求和生活情趣，使青年大学生在良好氛围中，潜移默化地接受社会主义核心价值体系的熏陶。

1. 校园文化是对大学生进行社会主义核心价值体系教育的重要载体

校园文化作为社会主义先进文化的重要组成部分，是指在高等教育大环境下，学校成员在长期的教育实践中创造的、体现学校办学理念、特色传统并反映师生共同的价值追求、思维方式和行为规范的各种物质形态、制度形态、精神形态的总和。校园文化能够作为对广大师生进行社会主义核心价值体系教育的重要载体，这是由校园文化的内在本质和外在特征决定的。

第一，校园文化的内在本质与社会主义核心价值体系一脉相承。社会主义核心价值体系教育的目的就是向大学生传播与当前我国经济社会发展要求相适应的主流价值观、法律规范和道德规范，促使大学生形成符合社会发展要求的思想和行为。由于文化的核心是价值观，所以校园文化本身就蕴含着十分丰富的社会主义核心价值体系内容。校园文化作为一种亚文化形态，其价值取向也是十分鲜明的，它的校风、教风、学风无不体现这一点，在具体的社会实践中，就表现为以国家利益、集体利益为重，自觉以社会主义核心价值体系为标准，这正体现了社会主义荣辱观的基本要求。

---

① 中共中央办公厅印发《关于培育和践行社会主义核心价值观的意见》，《新华每日电讯》2013年12月24日。

第二，校园文化的外在特征具有社会主义核心价值体系教育优势。首先，从内容上看，校园文化包括物质文化、精神文化、制度文化和行为文化等。校园文化的多样性表现形式决定了社会主义核心价值体系教育活动的多样性，针对思想行为特点各异的大学生群体，可以借助多样化的校园文化载体，以满足和契合其特点，使大学生受到社会主义核心价值观潜移默化的影响。其次，校园文化影响范围具有广泛性。校园文化对大学生的影响既表现在价值观念、思想观点和道德规范等方面上，又表现在科学文化知识、专业实践技能等方面。应该根据这一特点，自觉地将校园文化建设和社会主义核心价值体系教育紧密结合起来，以促进青年大学生的全面发展。最后，校园文化作用方式具有渗透性。校园文化是在不知不觉、润物无声中影响着教育对象的思想和行为的。长期以来，意识形态灌输形成了一种僵化的说教模式。

2. 校园文化建设对社会主义核心价值体系教育的功能的表现

校园文化作用主要有如下几个方面：

（1）熏陶功能。校园文化通过营造一种有关社会主义核心价值体系教育的氛围，使广大师生身临其境地在潜移默化中提升道德修养水平和道德实践能力的作用。校园文化以物质文化为基石，制度文化为保障，精神文化为灵魂，寓教于乐，寓教于情，寓教于境，最大限度地对校园主体施加各种积极影响，达到育人效果。社会主义核心价值体系教育是一项系统工程，将其基本要求和内容融入校园文化建设的各个领域，使学生时时刻刻耳濡目染，无时无处不在受教育影响，以致能达到"润物细无声"的效果。

（2）导向功能。导向功能是指通过形式多样、内容丰富的校园活动，逐步将师生员工引导到校园文化目标所确立的方向上。因为校园文化体现了广大师生员工的共同价值观，它必然会产生一种感召力，这种感召力能够把全校师生员工引导到学校办学目标和发展方向上来，引导师生员工共同为之努力奋斗。例如，在校园文化建设中，通过加强马克思主义理论教育，使广大师生认识到马克思主义的真理性、科学性与革命性，有利于引导学生自觉运用马克思主义的立场、观点、方法分析社会形势，解决现实问题，抵御错误社会思潮的影响；在校园文化建设中注重加强中国特色社会主义理想信念教育，帮助他们形成中国特色社会主义的道路自信、理论自信和制度自信，引导学生树立在党的领导下，实现中华民族伟大复兴的远大理想等。

（3）凝聚功能。主要是通过运用校园制度文化、物质文化、精神文化以及行为文化，使广大师生在理解、认同和实践校园文化的基础上，对学校产生一种强烈的归属感和责任感，将师生黏合在一起，从而产生强大的向心力和凝聚力作用。就校园精神文化为例，由于精神文化作为校园文化的灵魂，它决定着校园文化的性质和方向，而精神文化中最深层次的内容又体现为价值观念，这种价值观念不是某个人的价值观，是被广大师生员工所接受、认同达成共识而形成的，具有鲜明的共享性，这种共同价值观，是广大师生心中的真理，是他们判断是非决定行为方式的准则。凝聚力、内驱力都来自学校价值观的共享性。

（4）规范功能。是指校园文化分别运用制度手段和舆论手段，使师生员工接受外在的约束，共同遵循学校的规章制度，使师生的行为朝着学校所期望的方向发展的作用。一是通过有形的规章制度进行规范。校园的规章制度作为一种硬性规定，师生为避免受到制度的惩罚，必将尽力消除非规范行为，采取符合制度要求的规范行为并变成一种行为习惯，外在的制度规范也就内化为对道德品质的追求。有形的规章制度是一种"硬规范"。二是通过无形的校园舆论进行规范。校园舆论通过有针对性的教育，引导帮助师生分清善恶、是非、美丑以及荣辱，成为规范人们行为的隐性力量。校园文化要发挥应有的规范功能，首先必须加强制度文化建设，建立健全富有时代感的规章制度体系，将加大制度的执行力度，其次要用科学的价值观引领舆论方向，努力营造有利规范功能发挥的"软"环境，促使"硬规范"与"软规范"相辅相成、相得益彰。

3. 发挥校园文化载体作用，增强社会主义核心价值体系引领大学生道德建设的基本思路

首先，以社会主义核心价值体系引领校园文化建设的方向。以校园文化为载体加强社会主义核心价值体系教育，关键是必须保证社会主义核心价值体系在大学校园文化建设中的主导地位，就是要让社会主义核心价值体系的四个组成部分渗透到校园文化建设之中，引领校园文化建设的方向，并指导校园文化建设实践。要说明的是确立社会主义核心价值体系在高校校园文化建设中的主导地位，与建设"多样性"的校园文化并不矛盾，在实际工作中，应坚持尊重差异、包容多样的方针，才能形成特色。文化的多样化，有利于开阔视野，解放思想。当然，尊重差异，开展多样

化的校园活动，不能削弱核心价值观的主导地位。应用一元统领多样，多样体现一元。

其次，开展形式多样的校园文化活动。校园文化活动是社会主义核心价值体系引领青年大学生道德建设的重要载体，形态繁多，如科技创新活动、知识讲座和竞赛活动、志愿服务活动、演讲辩论活动、精神文明创建活动、纪念日主题活动等。组织开展更贴近学生、贴近生活、贴近实际的校园文化活动，使青年大学生在活动中潜移默化受到核心价值观的熏陶，初步认同社会主义核心价值体系。校园文化活动因其趣味性、文娱性等特点易于为青少年学生所接受，因此要充分结合学生的兴趣爱好，精心设计具有核心价值观教育内容的活动，从而增强社会主义核心价值体系教育的吸引力，提高实效性。

最后，开发利用隐性资源作用，提高情景教育实效。苏霍姆林斯基说："孩子在他周围——在走廊的墙壁上，在教室里，在活动室里经常看到的一切，对于他的精神面貌的形成具有重大意义。"隐性教育资源有物质形态和精神形态之分。前者主要是融入教育内容的建筑物。校园环境、运动场馆及整体空间布局对大学生的道德素质的影响巨大。如果在校园景观的建设过程中，努力增强其文化含量，使其底蕴深厚，对启迪学生智慧，美化大学生心灵将大有益处。精神形态的隐性资源是指蕴含社会主义核心价值体系教育理念、内容的人文环境，精神状态，包括学风、教风、领导作风、校园人际关系、校园周边人文环境等，如果能营造浓郁的学习氛围、百家争鸣的学术氛围、安全文明的生活氛围，就可以使大学生受到影响和熏陶，在潜移默化中受到核心价值体系的教育。

（三）不断深入社会实践

艰辛知人生，实践长才干。参与社会实践活动是高校育人的主要方式，善于把社会主义核心价值体系融入大学生社会实践全过程，实现在社会实践中"受教育，长才干，做贡献"，促进大学生自觉接受社会主义核心价值体系教育，实现知行统一。

1. 社会实践的确立依据

社会实践是教育者引导大学生在成长成才过程中走向社会，与生产劳动和人民群众相结合，学习知识，提高适应社会和服务社会能力，在改造客观世界的同时，改造自身主观世界，促进自身全面发展的活动，是高校思想政治教育的重要途径。其基本形式包括课堂学习中的社会实践活动、校内和校外社会实践活动、网络虚拟社会实践活动等。社会实践具有形式多样、主体性强、主题广泛、体验深刻、易于接受等特点。社会实践之所以是大学生社会主义核心价值体系教育的重要途径，原因如下：

首先，社会实践是大学生社会主义核心价值体系教育的主要载体和实施路径。通过开展以教师为主导、学生为主体的社会实践活动，使青年大学生在社会实践中接受锻炼，学思并行，提高思想素质。马克思主义实践观认为，社会实践是人的认识的源泉，是检验人们思想是否正确的重要标准。这启示我们：人的思想认识不会自发产生，它既来源于书本知识，又依赖于社会实践。纸上得来终觉浅，绝知此事要躬行。社会实践坚持学习书本知识与投身社会实践相统一，引导大学生投身于现代化建设之中，从而了解社会，认识国情，增长才干，奉献社会，锻炼品格，自觉反思和改变价值观上的某些模糊认识。此外，社会实践还能较好地"活化"社会主义核心价值体系教育的基本内容，实现理论教育、体验教育与行为教育的有机结合。社会主义核心价值体系内容丰富，理论性强，而社会实践活动可以通过生动、形象、具体的方式将其体现出来，便于大学生直接感知和感悟，获得直接经验，进而将感性认识上升到理性认识。总之，通过形式多样的实践活动可以将抽象的理论变成活生生的现实图景，而且还能使自己获得的道德知识内化，并外化为道德行为，实现知行统一。

其次，社会实践是自我教育的重要方式，有利于实现教育与自我教育统一。社会主义核心价值体系教育过程是教育者和受教育者相互作用的过程，教育者的"教育"只是大学生思想品德发生变化的必要条件，而大学生自身的思想矛盾运动才是思想品德得以提高的根本原因。所以必须帮助教育对象形成自我教育机制，使其能够将自己作为一个"对象"去时时反思、改进和提高，而社会实践活动恰好是青年大学生进行自我认识、自我学习、自我反思的重要方法，从而实现良好的自我教育。所以，进行社会主义核心价值体系教育，应既重课堂理论讲授，又重校内校外实践教学，善于把"第一课堂"和"第二课堂"结合起来，把理论教育和实践活动衔接起来，才能做到教育与自我教育的统一。

最后，社会实践有助于实现教育客体主体化，扩大社会主义核心价值体系教育覆盖面。在大学生社会主义核心价值体系教育过程中，教育者处于主导地位。但教育者主导性作用发挥的出发点和落脚点都是为了更好调动和激发受教育者的主体性。调动激发受教育者的主体能动性有利于提高效果，实现教育目的，还可以通过他们去影响其他受教育者，使他们充分发挥教育者的作用，从而实现"教育客体主体化"。社会实践就能达到这样的效果。因为进行社会实践的大学生相对于教育者而言，是受教育者，即教育的客体，他们在实践活动中接受锻炼、提高自己的同时，又以自己的行动感染、教育着周围的人们，影响、改变着社会风气，从而扩大教育的覆盖面，形成良好的教育局面。

2. 社会实践在青年大学生社会主义核心价值体系教育中的作用表现

第一，形成正确的自我、社会认知，坚定理想信念。青年大学生的世界观、人生观、价值观不稳定，处于半成熟状态，对自身缺乏理性认识，他们心目中的"我"与现实中的"我"还存在着矛盾，因而普遍存在"我是怎样的人，我适合做什么"的困惑。通过有计划、有针对性开展各种社会实践活动，有利于大学生在具体可见的实践中反思自身学习生活和能力上存在的优势和缺陷，进行自我剖析，才能较为全面客观地认识自我，才会在社会中找准自己的位置，把握发展方向。而思想政治教育的过程就是将社会主导思想转化为人民大众认同的过程，而人民大众往往从他们的切身利益出发，以这个理论的实践效果和经验感知为判断依据来决定是否接受这一理论的，这是人类意识形态建设的基本规律。通过"三下乡"、革命传统教育、志愿者服务等社会实践活动，可以帮助大学生增强对社会的认识，对国情的了解，真切感受中国特色社会主义事业成就，从而在实际中增强对社会主义核心价值体系的深刻理解，并将其内化为自身的价值追求，坚定对中国特色社会主义事业的信心。

第二，树立创新精神，培养实践能力。知识经济时代呼唤创新型人才。只有具备自我创新意识和勇于实践的人才能有所建树。社会实践活动是培养青年大学生创新人格的重要方式和载体。在改革创新的时代精神感召下，大学生通过参加社会实践活动，面对各种艰难困苦的条件和环境，必须不畏艰难、锐意进取，才能有所建树，并实现自我价值，而这正是创新人格的应有内涵。胡锦涛同志曾指出："古往今来凡成大事者，无不经过社会实践的历练和艰苦环境的考验。……对青年学生来说，基层一线是了解国情、增长本领的最好课堂，是磨炼意志、吸取力量的火热熔炉，是施展才华、开拓创业的广阔天地。只有深入到基层中去，深入到群众中去，才能加深对社会的认识，增进同人民群众的感情，提高解决实际问题的能力。"

第三，增强社会责任感，促进大学生社会化。青年大学生在社会转型之际，长在改革开放深入发展过程中，乐于接受新鲜事物、追求流行时尚，偏重物质享受，缺乏社会责任感。要改变这种现状必须寻找切实可行的突破口，社会实践有助于大学生理顺个人与社会的关系，弄清社会的主流与支流，真正明白在经济全球化的大背景之下青年应该要担负的责任与使命，在行动中提高觉悟，通过反思反省，重塑社会责任感和历史使命感。此外，社会实践为大学生提供了一种强大的精神内驱力和实践动力，为他们深入社会，完成角色转变提供了一个有效的平台。社会实践有利于强化大学生角色意识、健全角色心态、提升角色适应能力，有利于提高大学生心理承受能力、人际交往能力、应变创新能力和应对突发事件能力，有利于大学生将自己的前途和命运与国家兴旺、民族振兴紧紧相连，在积极投身社会主义现代化宏伟事业中促进自身道德、角色意识、心理人格的社会化。

3. 依托社会实践增强社会主义核心价值体系信服力的实现路径

第一，开展形式多样、内容丰富的社会实践活动。之所以要做到形式多样是由内容的多样性和对象的差异性决定的。社会主义核心价值体系是由多方面内容构成的逻辑体系，其内容的丰富性决定了我们开展社会主义核心价值体系教育时必须做到形式多样。此外，由于大学生生理、心理特点各不相同，思想状况、生活阅历各异，因而对社会主义核心价值体系教育的接受能力、程度和范围存在着差异，这就要求我们必须从大学生的实际出发，力求以形式多样、富有特色的活动，以便吸引更多的大学生参与。一般来说，大学生社会实践活动的常用形式有很多，如专业学习中的社会实践（专业见习、实习和综合实践）、校园社会实践（文明修身活动、学术科技活动、文体艺术活动、勤工助学和创新创业活动）和校外社会实践活动（社会调查、志愿者服务、生产学习）。不同形式的社会实践活动对于大学生社会主义核心价值体系教育起着不同作用。例如，体验式的社会实践活动（红色旅游）可以触动大学生心灵，服务式社会（志愿服务）实践活动可以培养大学生感恩和奉献社会的意识，专题调研式社会实践活动可以使大学生学以致用，培养其创新精神和实践能力。同时，学校还应根据新形势、新要求，积极推动社会实践在内容、方式上以及深度、广度上不断发展创新。

第二，建立健全社会实践运行机制。大学生社会实践教育活动要正常开展，并取得成效，必须有健全的运行机制作保障。一是要设立组织和经费保障机制。学校应建立学校党委统一领导下的社会主义核心价值体系领导小组，加强整体部署，明确各职能部门和广大干部教师的责任，形成合力，狠抓落实，各级地方政府和学校要逐年增加大学生社会实践活动经费的投入，鼓励企事业单位出资支持大学生社会实践活动，从而构建"政府、学校、社会共同投入"的实践活动经费机制。二是要建立社会实践活动信息反馈机制，及时了解社会实践活动各阶段的进程和开展的详细情况，并及时作出相应的调整。三是要建立科学、具体可行的奖惩激励机制。加强攻关，努力制定大学生社会主义核心价值体系教育评估指标体系，并根据测评结果对青年大学生进行必要的奖惩。

第三，建立常态化的大学生社会实践基地。大学生社会实践基地的建立，可以避免"蜻蜓点水""走马观花"式的社会实践活动，保证实践锻炼循序渐进，扎实稳定且富有成效。高校与地方共建应坚持"双赢"、互惠互利、长期合作的原则。社会各界应明确社会实践基地建设的重大意义，大力支持大学生社会实践基地建设，只有如此，才能真正建立一批特色鲜明、功能多样的稳定的实践基地，真正发挥协调育人的作用。

（四）发挥榜样的示范作用

社会风气的根本好转需要道德榜样的引领，社会进步也需要道德榜样的力量来推进。道德模范是指在一定的社会内产生的具有高尚道德行为、优良道德品质和独特人格魅力，同时体现一定社会道德规范和主流价值观念，能够激发社会成员情感共鸣并积极学习和效仿的典型人物。社会主义核心价值观是社会主义核心价值体系的内核，《关于培育和践行社会主义核心价值观的意见》指出：要"把培育和践行社会主义核心价值观的任务落实到基层"，就必须"充分发挥工人、农民、知识分子的主力军作用，发挥党员、干部的模范带头作用，发挥青少年的生力军作用，发挥社会公众人物的示范作用，发挥非公有制经济组织和新社会组织从业人员的积极作用，形成人人践行社会主义核心价值观的生动景象"。[①] 因此，要想以社会主义核心价值体系有效引领青少年道德实践，深入学习和实践社会主义核心价值体系，必须充分发挥道德模范的重要作用。

---

① 中共中央办公厅印发《关于培育和践行社会主义核心价值观的意见》，《新华每日电讯》2013年12月24日。

1. 主要依据

第一,榜样示范教育是我党思想政治教育的优良传统和成功经验。榜样示范教育是指教育者通过有效发挥具有榜样意义的先进典型人物及其事迹的示范引领作用,激励人们提高思想道德水平、规范自身行为的一种教育方法。榜样的力量是无穷的,运用道德榜样,培养人们的正确价值取向和行为准则,是我党思想政治教育的优良传统和宝贵经验。中国共产党成立以来,在不同时期、各条战线都涌现出了许多可歌可泣、可敬可佩的道德榜样。树立和宣传道德榜样,注意发挥道德榜样的积极示范作用,影响并激励着处于不同时代、不同发展阶段的人民共同奋斗,为实现民族解放、国家富强和人民幸福贡献力量。无论是战争时期,还是和平建设时期和改革开放时期,都产生了一代又一代先进榜样,还产生了像徐本禹、洪战辉、赵小亭、杨子威等在内的大批优秀大学生道德模范。充分发挥这些道德模范的典型示范作用,才能让广大学生学有榜样、赶有目标。先进模范是时代的先锋和社会的楷模。时代孕育模范,模范反映时代。时代需要航标,社会需要榜样。当前,我们还要进一步发挥先进模范在现代化建设中的引领作用,加大先进模范的学习宣传力度,不断增强模范宣传的吸引力和感染力。

第二,榜样示范教育是推进社会和谐的重要方式。任何社会都需要树立符合时代发展需求的榜样,以此引领社会道德风尚,推动社会进步与发展。在人类社会发展的历程中,历代统治阶级普遍注重道德示范、道德教化的力量,树立并宣传符合一定社会道德要求和价值取向的道德模范,从而和谐社会关系、维护社会稳定。当前,在以社会主义核心价值体系引领青年大学生道德建设的过程中发挥榜样示范的作用至关重要,社会主义核心价值体系集中体现了社会的共同理想、价值导向和行为规范,具有鲜明的崇高性和先进性,从本质上决定着意识形态的性质和方向,而榜样的道德行为及其所承载的榜样精神正是社会主义核心价值体系的现实化和具体化。社会通过榜样示范教育,为全社会的人们建构起了一种道德标杆、价值范式,以此指引民众前进。公民整体素质提升了,整个社会就会趋于和谐。

第三,榜样示范教育是引导青年大学生健康成长的客观要求。榜样示范教育之所以是促进青年大学生健康发展的客观需要,从根本上说,是由青少年的未完成性、发展过程中的矛盾性以及向善性所决定的。人往高处走,水往低处流。然而,人的健康发展不是自发完成的,需要一种向上的力量来牵引,榜样就是在人们生活世界里,成长过程中不可或缺的重要元素。习近平同志指出:"青年的价值取向决定了未来整个社会的价值取向,而青年又处在价值观形成和确立的时期,抓好这一时期的价值观养成十分重要。这就像穿衣服扣扣子一样,如果第一粒扣子扣错了,剩余的扣子都会扣错。人生的扣子从一开始就要扣好。"① 青少年正处在社会化的重要阶段,他们在生理方面基本成熟,但是思想认识和行为方面还不成熟,对社会思潮缺乏批判抵御能力,价值观念处在形成阶段,所以更需要积极的引导,榜样是一定社会的道德标杆,榜样示范教育有助于帮助青少年确立正确的价值观念和发展方向,是引导青少年健康成长的有效途径。较强的模仿性、从众性是青少年的显著特点,注重对道德榜样进行正面宣传,道德榜样就可能成为青少年崇拜和追随的对象,从而自觉学习、主动效仿榜样行为,积极投入社会道德实践活动,提高自身道德水平。

2. 榜样示范教育在引领青年大学生践行核心价值体系中所起作用的表现

近年来,党中央以开展道德楷模评选活动为契机,加强公民道德建设,营造崇尚、学习和争当道德模范的社会氛围,充分发挥各级各类道德模范的积极作用,进一步提高社会整体道德水平和文明程度。道德模范的作用主要表现在以下几个方面:

(1) 价值引导作用。内化与外化是社会主义核心价值体系教育过程中的两个阶段。所谓内化,是受教育者将社会主义核心价值体系转化为自己的思想意识和动机,并使其成为自己思想意识体系有机组成部分的过程,而外化是指受教育者将内化的思想意识和动机转化为社会行为实践及其行为习惯的过程。内化是外化的基础和前提,外化是内化的外显和表现。榜样示范教育正是通过发挥榜样的特殊作用,使人们在对榜样的认知基础上产生情感认同和共鸣,从而自觉学习效仿榜样道德行为、践行榜样精神,推进社会主义核心价值体系建设。榜样的价值导向作用是由榜样自身特点决定的,一是榜样的崇高性、先进性可以激励青年大学生增进对社会主义核心价值体系的认同。榜样是社会先进思想的承载者,他们所具有

---

① 习近平:《青年要自觉践行社会主义核心价值观——在北京大学师生座谈会上的讲话》,《中国青年报》2014年5月5日。

的高尚道德和行为足以震撼人心，净化心灵，鼓舞人们奋发向上，正所谓"高山仰止，景行行止，虽不能至，然心向往之"。二是榜样的可亲性、可信性可以感召青年大学生践行社会主义核心价值体系。金无足赤，人无完人。榜样是在现实生活中成长起来的普普通通的平常人，他们也有生理和精神上的各种需要，与普通群众相接近，并非不食人间烟火的神仙，他们源于生活，来自群众，生动鲜活，因而真实可信。三是榜样的多样性、时代性有利于提升青年大学生对社会主义核心价值体系的价值认同感。近年来，榜样来自各行各业，包括"助人为乐榜样""见义勇为榜样""敬业奉献榜样""孝老爱亲榜样""诚实守信榜样"五个类型，正可谓"群星灿烂、百花争艳"，也使青年大学生拥有了"各取所需"的学习榜样。

（2）群体示范作用。榜样是先进分子的代表，他们站在时代潮流的前列，一言一行体现着社会的主流思想，引领着青年大学生思想道德建设。思想示范和行为示范是榜样示范性的两个方面。其中，思想示范是灵魂，行为示范是外在体现，其本质是价值示范，它为人们的道德行为提供道德标准。当前，道德相对主义、多元主义盛行，影响着人们特别是青年大学生对是非善恶的判断和道德选择。而榜样作为一定社会的道德标杆，其树立和有效宣传有助于解决人们在道德评价活动中难以把握道德准则的困惑，将抽象的社会道德价值标准形象化、具体化和直观化，将社会主义核心价值观大众化、社会化和日常化，使人们了解什么是真善美，什么是假恶丑，从而在社会中确立正确的道德评判标准，推进社会主义核心价值体系建设。全国道德模范作为当今社会的榜样，其中很大部分是生活在普通社会环境里，但又做出了不平凡业绩、迸发出不同寻常道德力量的草根阶层，离群众近，跟群众亲，因而可信、可学并产生出巨大的群体效仿效应。在全国道德模范先进事迹的感召下，全社会兴起了学习、崇尚和争当道德模范新热潮，越来越多的人悄然作出善举，自觉把爱融入社会大家庭中。

3. 充分发挥榜样示范在青年大学生核心价值体系教育中作用的路径选择

我们要始终注意紧扣时代脉搏，着眼于社会主义核心价值体系建设，充分发掘先进典型的时代意义与现实价值，通过榜样的道德品质和道德行为诠释社会主义核心价值体系的精神实质，使之更为生动、更为具体，以增强榜样示范教育的感染性和实效性。

第一,选择和树立榜样要坚持实事求是原则。做好榜样的选树工作必须坚持实事求是的态度,充分体现先进榜样的时代性、真实性和多样性。

其一,榜样的选择要顺应时代发展需求。时代不同,价值体系也不相同,因而不同时代的榜样评判标准也各有差异。只有顺应时代发展,体现时代精神,树立的榜样才能更具吸引力和感召力,更好地引导和鼓舞广大人民群众,提高榜样教育的实效性。当今,在建设社会主义核心价值体系的时代背景下,榜样的选择和树立必须以科学发展观为指导,将那些为推动经济社会发展做出卓越贡献的精英人物,将工作岗位、日常生活中以自己实际行动诠释社会主义核心价值体系的平凡人物树立起来。

其二,确保先进典型事迹的客观真实性。苏霍姆林斯基曾指出,"最好的教育是用真实来教育",榜样只有客观、真实,才能更具亲和力和感染性,更易使大众产生认同感和情感共鸣。因此,在选择和宣传榜样的过程中,必须确保榜样事迹的真实性和客观性,不能虚假宣传,更不能粉饰缺点、主观拔高榜样形象,否则就会降低榜样的说服力和感召力,影响榜样教育的实际效果。这就客观上要求我们在榜样树立和宣传的过程中,积极调查研究,实事求是地宣传榜样先进事迹,深入挖掘榜样精神,使榜样真实、可信、经久不衰。

其三,选择的典型要多样化,坚持面向基层、面向群众。榜样的树立要坚持多样化的标准,契合大众的多样化价值追求,选择不同层次、不同类型的榜样。适合大学生学习的榜样既可以是道德模范,也可以是政治家、创业先锋、专业杰出人物等,以满足不同认知水平、不同专业、不同性格的青年大学生的需求,使其自觉选择和效仿榜样行为,从而提高榜样示范教育的针对性。

第二,创新榜样宣传方式。榜样是一种向上、向善的力量,对先进典型的有效宣传是其示范引领作用得以发挥的前提。因此,必须充分挖掘先进典型的可贵精神及其所体现的时代价值,采用丰富多样的宣传方式,加大榜样宣传力度,以增强先进典型影响力和感召力。在利用报刊、书籍、广播、电视等传统形式对榜样进行广泛宣传的同时,要善于利用现代信息技术、传媒技术等先进传播手段,开创并完善榜样教育的网络工作平台,有效宣传和弘扬先进典型事迹及精神,塑造良好的社会舆论氛围,扩大榜样影响范围。要特别注重网络舆论的正向引导,以权威性、主流性声音引领公众舆论,将社会主义道德观念传播到高校校园,有利于提升青年大学生的道德素质，树立正确的社会价值取向，营造积极健康的社会风尚，从而推进社会主义核心价值体系建设。

第三，建立健全榜样示范教育长效机制。

其一，教育先进典型正确认识既得荣誉，树立正确的荣辱观，将荣誉作为激励自己不断前进的动力。榜样并非完美无瑕，任何榜样都不可避免地存在缺点，要始终保持自身的先进性，就必须正视自身不足，不断进行自我教育、实现自我完善，同时要注重对榜样的人文关怀，在全社会营造尊重榜样、呵护榜样的社会氛围，使榜样持续发挥示范引领作用，保障榜样示范教育作用的最大化。

其二，尽可能地让先进人物现身说法。让有理想的人讲理想，守纪律的人讲纪律，有牺牲精神的人讲牺牲精神，诚信的人讲诚信，先进榜样就会产生更强的感染力和说服力，也更能打动人心，取得最佳的教育效果。

其三，既要大力培养、宣传正面榜样，发挥先进典型的示范带动作用，也要善于利用反面教材和反面榜样的威慑、劝阻与警示作用。毛泽东在实际工作中善于运用反面典型作用，他曾指出："为什么要种牛痘？就是人为地把一种病毒放到人体里面去，实行'细菌战'，跟你作斗争，使你的身体里头产生一种免疫力。发行《参考消息》以及出版其他反面教材，就是'种牛痘'，增加干部和群众在政治上的免疫力。"① 正如其所言"杂草有个好处，翻过来就是肥料"，反面典型同样可以发挥正向效应。通过先进人物和反面人物的鲜明对比，使人们分清哪些是应该弘扬的真、善、美，哪些是该摒弃的假、恶、丑，从而增强道德判断和行为选择能力。

其四，优化榜样教育的道德与法律环境，切实保障榜样权益。中共中央办公厅印发的《关于培育和践行社会主义核心价值观的意见》指出："注重把社会主义核心价值观相关要求上升为具体法律规定，充分发挥法律的规范、引导、保障、促进作用，形成有利于培育和践行社会主义核心价值观的良好法治环境"。② 因此，完善教育与自我教育相结合的榜样教育机制，保障榜样可持续发展；建立物质奖励与精神奖励相结合的榜样奖励机制，保障榜样正当利益，激励社会成员学习效仿榜样行为；建立健全

---

① 《毛泽东文集》第七卷，人民出版社 1999 年版，第 196 页。
② 中共中央办公厅印发《关于培育和践行社会主义核心价值观的意见》，《新华每日电讯》2013 年 12 月 24 日。

相关法律体系，惩恶扬善，为榜样的道德行为提供强有力的法律保障，切实维护榜样权益，等等，是发挥榜样的示范和引导作用时特别要注意和把握的重要问题。

第十一章　社会主义核心价值体系
提升道德建设实效性

任何价值体系只有被人们认可接受,并付诸具体的实践活动和实践过程,才能得以具体展现。作为衡量和体现社会整体文明状态的道德建设与社会核心价值体系之间有着密不可分的必然联系。社会主义的道德建设要想取得应有的实效,离不开社会主义所凝练和倡导的核心价值体系的有力支撑、积极提升和有效验证。社会主义核心价值体系成为全民族的价值归属,公民自身对建设核心价值体系的价值担当和身体力行,必然能唤醒、激发和提升公民参与道德建设的积极性,推进道德建设走向实效;就能在全社会树立起与社会主义核心价值体系相匹配的价值取向、思想观念、道德操守;就能用社会主义核心价值体系构筑全体公民的精神支柱,促进公民思想政治素质、科学文化素质、身体心理素质的健康、和谐和全面发展;就能真正坚持马克思主义指导,树立中国特色社会主义共同理想,弘扬民族精神和时代精神,践行社会主义荣辱观。①

一　提高道德建设实效性

继党的十七大对社会主义核心价值体系的主要内容作了明确的理论阐述之后,党的十八大进一步用 24 字对其具体内容和要求进行了明确的表述。国家层面的富强、民主、文明、和谐的价值目标,社会层面的自由、平等、公正、法治的价值取向,以及公民个人层面的爱国、敬业、诚信、友善的价值准则,使得社会主义核心价值体系更加清晰、具体、明确且便

---

① 龙静云:《社会主义核心价值体系引领道德建设论纲》,《华中师范大学学报》2011 年第 5 期。

于传播和遵循。24字的凝练表述很好地融入了马克思主义中国化的最新成果，反映了中国特色社会主义的共同理想，是社会主义荣辱观、民族精神和时代精神的最好体现。同时，也昭示了其在社会主义道德建设中的灵魂地位。社会主义道德建设在内容上的覆盖性、在对象上的差异性、在层次上的多样性和在方向上的主导性都决定了其自身建设的复杂性和长期性。只有充分发挥社会主义核心价值体系以及社会主义核心价值观的引领作用，才能确保社会主义道德建设实效性的呈现。因此，提高社会主义道德建设的实效性无疑应该成为社会主义核心价值体系引领道德建设的落脚点。

（一）核心价值体系建设目的之一是提高道德建设实效性

从根本上讲，对理想道德状态的追求是人类社会一切活动的立足点、出发点和归宿。换句话说，人类文明的昨天、今天和明天正是由一个个道德进步的台阶搭建起来的。古往今来，道德建设实效性问题始终是统治者、管理者以及研究者孜孜以求的理论和实践问题，因为道德状况不仅关系到每个社会个体生活质量的提升和幸福感的获得，也关系到社会整体的稳定和可持续发展。

"尊重差异，包容多样，最大限度地形成社会思想共识"，这是当代中国社会主义思想文化建设所应该遵循的基本原则，社会主义道德建设也不例外。"差异"是现实，在某种程度上它昭示着生机和活力；"多样"是存在，在一定条件下它孕育着发展和希望。但是，面对"差异"和"多样"，我们绝不能视之必然，处之坦然，将人的思想观念的存在和发展当成是春夏秋冬的季节变化，认为只可顺其自然，不可人为地进行干预、引导和矫正。在主流与边缘、一元与多样、先进与落后的思想观念和价值取向泥沙俱下的情况下，只有坚守社会主义核心价值体系，高举有中国特色社会主义的旗帜，充分发挥以马克思主义为指导的主流意识形态的有效作用，用有中国特色的社会主义思想道德观念教育、引导广大人民，才能最大限度地凝聚人们的思想和意志，提升全体人民的道德水平，汇集最广大人民的根本利益，协调全体人民的共同行为，实现预期的目标和理想。

国人对指导思想的认可、共同理想的树立、民族精神和时代精神的传承和发扬，以及对社会主义荣辱观的践行，无疑是社会主义道德建设取得实效的集中体现。社会主义核心价值体系四个方面的有机协同和贯通互进，能够从根基上为社会主义道德建设奠定坚实的基础，指明正确的方向。其次，全体公民对社会主义核心价值体系的自觉践行，能够对其社会公德、职业道德、家庭美德等领域德行的践行产生自然而然的引领、提升和指导作用，从而产生出应有的实效。因此，社会主义核心价值体系的建设正是为了推进社会主义道德建设的有效开展，促进社会主义道德建设产生应有的实效。相互贯通、相互促进的四个方面所形成的这个有机整体，其方向是一致的，作用点也是唯一的，都是为了巩固全体人民的社会主义世界观、人生观和价值观，提升全体人民的思想道德水平，凝聚意志，统一思想，形成合力。如果背离这个目的和作用，忽略这个实效和功能，社会主义核心价值体系就会失去其存在的意义和价值，就会幻化成一段飘扬在现实生活上空的"嘹亮"鸽哨。因此，社会主义核心价值体系的建设应该围绕提高社会主义道德建设实效性这一主旨而展开。

（二）提升道德建设实效性对核心价值体系建设具有促进作用

人类的每一个理想目标的实现，只能建立在每个成员对自我行为的理智选择、对自我情感的理性把握、对目标实现的绝对信念的基础上，而道德建设的目的正是要在每一个成员身上实现这一切。只有道德建设的实效性得到充分展现，社会个体的行为方向和力量才能得到有效的凝聚，每一个成员的自我感和集体感才能得到有效的结合，社会总体目标的实现才能获得真实而永恒的力量。正如社会主义核心价值体系建设能够促进社会主义道德建设取得实效一样，社会主义道德建设也能反过来促进社会主义核心价值体系的建设。社会主义道德建设的具体内容覆盖和渗透在人们日常生活的方方面面，是发展先进文化的重要内容。把依法治国与以德治国紧密结合起来，在加强社会主义法治建设的同时，切实加强社会主义道德建设，是提高全民族素质的一项基础性工程，对弘扬民族精神和时代精神，形成良好的社会道德风尚，促进物质文明与精神文明的协调发展，具有十分重要的意义。社会主义道德建设的每一个方面都紧紧地与社会主义核心价值体系的每一个环节联系在一起。离开道德建设的具体支撑，社会主义核心价值体系的建设就难以产生"顶天立地"的引领作用，就会失去应有的指导意义和实际价值。社会主义道德建设的着眼点在于培养有理想、有道德、有文化、有纪律的社会主义新人，提升全民族的思想道德素质，它对于人们的社会公德、职业道德、家庭美德和个人品德的建设，对于帮助人们形成正确的世界观、人生观、价值观和荣辱观，都具有具体而贴切的价值和意义。

此外，以为人民服务为核心、集体主义为原则、诚实守信为重点的社会主义道德建设，充分彰显社会主义意识形态的主导性和指导性，与社会主义核心价值体系建设所倡导的基本内涵和精神实质也紧密对接。社会主义道德建设所积累的丰富成果，也为社会主义核心价值体系建设注入着新鲜而充足的精神养料，不断丰富和拓展着社会主义核心价值体系的基本内涵。这些都为社会主义核心价值体系的建设奠定着广泛的基础，提供着坚实的支撑，产生着必然的促进作用。

二 判断道德建设实效性的维度和标准

一切所谓文明的建设与发展，只有引发社会关系、社会治理以及人的行为的有效进步，才有意义和价值。道德建设也是如此。对于一个社会来说，该社会生产与交换的关系的客观需要，以及该社会大多数社会成员的觉悟程度应该成为其道德建设的现实坐标。人为什么要有道德，或者说道德对人的生存和发展有何意义，道德的价值是什么等问题自古就是人们高度关注和倾力研究的重要社会问题。"目的论"是阐释道德行为原因的一种理论，另一种理论观点被人们阐释为"道义论"。至于以什么角度来分析和衡量、评价道德建设的"实效性"的问题，在理论界一直以来并没有一个确切的标准和尺度，也缺乏比较系统的理论界说和研究。当然，毫无疑问，"道德建设"实效性问题分析的支点必然在于观察和衡量"道德"在社会生活中作用发挥的程度。然而，作为意识形态化的道德的精神效能只有通过它对人的生活的指导价值的展现来反映，也就是说，考察它如何能够直接或间接地转化为有形的物质力量来展现，而这种有形的物质力量最终要通过它对社会行为和社会关系所产生的调节功能，以及对幸福生活、公平正义等体现社会文明发展状态的诸多因素的保证作用来体现。

道德建设实效性的体现，必须建立在对道德结构诸要素内在和谐统一前提下，要充分符合结构质变规律的要求。结构质变规律的基本含义在于，系统结构的性质由要素的质量、数量和其连接、组合方式（序量）

等因素决定；这些因素中有一个因素发生变化，其结构性质就会发生变化。因此，我们认为，衡量道德建设实效性应该坚持物质尺度与精神尺度相结合、社会尺度与个体尺度相统一的方法。所谓物质尺度与精神尺度相结合，是指我们在评价一个社会的道德建设实效性时，不仅要关注道德建设对人们的物质生活水平实际提高的程度所产生的促进作用，而且要关注道德建设对提高人们的精神生活水平所发挥的实际作用。所谓社会尺度与个体尺度相统一，是指在评价道德建设实效性时，不仅要从社会整体进步和发展（社会的政治、经济、文化等状态）的角度来衡量，而且要从社会个体的生活态度、生活质量和生活感受的角度来衡量。

由于每个社会的发展历史不同，文化背景各异，判断一个社会道德建设实效性的标准确实难以把握，但是，判断维度并非不可确定。把所谓量化的标准用在对一个社会的道德建设实效性的评判上当然是幼稚的，但是社会因素之间的非线性关系的存在依然可以为我们分析社会的道德状况提供一定的科学纬度。一个社会的整体道德水平高低，不是通过什么深厚的传统道德观念或者什么繁华的思想理论体系来体现的，而是应该表现为社会成员的道德自觉和道德追求。具体来说，评价道德建设的实效性要从社会维度和个体维度两个方面展开。在社会维度上其评价标准表现为人际关系的和谐程度，社会经济、政治和文化制度的文明程度，社会风气的和美程度。在个体维度上其评价标准表现为个体的道德认知水平、个体的道德移情能力、个体的道德信仰状况、个体的道德自律能力，等等，同时也表现为社会成员道德知、行能力的共同提高和社会成员对道德信仰的自觉追求。当然，这两个维度之间是内在和谐与统一的，其最终的指向只能是维护个体的物质利益和精神利益。与此同时，保障社会个体获得这些利益的神圣权利和均等机会。

表11-1　　　　　　　判断道德建设实效性的维度和标准

判断道德建设实效性的维度	判断道德建设实效性的标准体系
社会维度	社会制度体系的文明程度
	社会人际关系的和谐程度
	社会道德规范的认同程度
	社会道德风气的和美程度

续表

判断道德建设实效性的维度	判断道德建设实效性的标准体系
个体维度	个体的道德认知水平
	个体的道德移情能力
	个体的道德信仰状况
	个体的道德自律能力
	个体的道德实践能力
	个体的道德行为习惯

（一）社会维度和标准

一切社会行为说到底都是交换行为，一切人际关系说到底都是交换关系。而所有这些关系的样式如何，都会在人们的政治、经济和文化活动中通过人际关系的和谐状态表现出来，同时也都是对该社会的道德建设效果的充分反映。道德建设的效果如何，其实效性怎样，从社会维度来看，主要体现为人际关系的和谐程度，社会政治、经济和文化制度的文明程度，以及社会风气的和美程度。三者之间存在着相辅相成的对应关系，人际关系的和谐程度必然会在社会个体的政治、经济和文化的行为与活动中得到充分的展现；社会政治、经济和文化制度的文明程度反过来也会为该社会中人际关系的和谐程度奠定积极的人文基础；而人际关系的和谐程度以及社会政治、经济和文化制度的文明程度之综合表现便是一个社会和美风气的产生和形成。

1. 社会制度体系的文明程度

首先，从政治角度评价道德建设的实效性，就是要看道德建设对社会的政治能否产生积极的保障和促进作用，具体体现为公民对社会的政治制度的认可程度和公民参政、议政的积极性。如果一个社会的公民对这个社会的政治制度持怀疑或反对的态度，对社会的政治策略漠不关心，对社会的政治主张阳奉阴违，那么这个社会的道德建设就必然存在着一定的问题，甚至潜伏着一定的危机，此时该社会的道德建设就是失效的或是无效的。反之，如果一个社会的公民对该社会的政治制度具有高度统一的认识，对社会的政治策略积极谏言，对社会的政治主张都积极拥护，公民的民主权利能够得到真正的保障，那么该社会的道德建设无疑就具有一定的实效性。公民对政治的关注程度和参与积极性的高低，充分地反映着公民道德素质的真实状况，成为表征社会道德建设实效性的重要尺度。正因为如此，任何一个追求发展的现代社会，在充分保障公民的民主权利和参政、议政权利方面都倾注了最大的政治资源，竭尽全力地从制度建设和民主决策的角度推进社会的政治民主化和民主制度化，为本社会的道德建设奠定坚实的制度基础。公民对政治的高度认同和积极参与，反映出的是公民对社会的基本政治结构、政治制度、政治关系、政治行为和政治理想的高度共识与共契，反映出的是公民对个人与社会关系认识水平的提高，反映出的是公民对社会道德准则的普遍遵守，最终反映出的是整个社会的道德建设的实效性。这既是社会政治文明的集中展现，也是社会道德建设实效性的充分体现。政治文明的最高价值是社会普遍的正义精神的建立，而这种正义精神只有在充分的道德理性的滋润和哺育下才能建立起来；政治制度的最佳形态是社会普遍的民主精神的确立，而这种民主精神也只有在广泛的道德原则和规范的指引下才能植根于大众的心中。现代社会的政治文明不再是靠政治家的运筹帷幄来形成，而是建立在公民良好的道德理想和道德追求基础之上，通过道德建设不断提高公民的公共意识和社会责任感来实现。因此，政治文明与全体成员的道德素质高低有着密切的关系，是衡量一个社会道德建设实效性的重要表征。

其次，经济制度的文明程度是社会道德水准高低的重要的衡量尺度，因为一切道德行为背后最直接的诱因均来源于人们对利益的权衡和取舍。一个社会的经济制度的文明程度如何，是这个社会中人们的道德修养、道德理想、道德践行状态最恰当的反映。道德是人在利益环境下的自我意识，没有人的自我意识就没有道德，没有利益的冲突也就没有道德的存在，利益冲突之处正是道德生发之时。正因为如此，道德与经济之间有着天然的血缘关系。经济行为直接的效应是对人的物质需求的满足，对人的求利欲望的迎合。经济制度文明的标志就在于能否孕育、培养和激发人们德行的力量，以合理规范和正确引导人们的经济行为。经济学的建立和发展是立足于"人是自私的"和"人是有理性的"这两个假设的基础之上的，人的经济活动的正常进行虽然离不开人的自由的求利欲望，但更离不开由人的理性发展而来的崇高的德行的支撑。经济环境下所崇尚的知识和理智如果没有人的德行来掌舵，它们很快就会走向人的对立面。由人的思想、信念、情感、意志等精神因素凝聚而成的精神动力，在推动人的物质活动的同时，会以自觉性、能动性、目的性、选择性和超越性的方式对人的精神世界发挥出持续不断、历时弥坚的净化作用和激发力量。主体德行在经济活动中的展现程度和价值理性在经济行为中的有为状态,既是一个社会经济制度文明程度的重要标志,也是衡量该社会道德建设实效性的重要因素。经济制度文明的表现即在于通过对人的德行智慧的涵养、发挥,使人们学会用道德的力量来制衡飞涨的物欲,引导经济沿着理性的轨道前行。龙静云教授指出,在经济制度的建设中应该充分体现三个基本的伦理向度,即"尊重个人正当权益""确保个体公平分享发展成果""扩大人的自由选择"[1],这些无疑是促进经济制度走向文明的基本原则。一个社会的公民如果在经济活动中能够遵循道德的最起码要求,在分享自由正当权利的同时承担相应社会义务,以德的态度参与经济合作并正当地践行自己的经济角色,包括自觉遵守社会的基本道德规范,维护正常的社会经济秩序,担负必需的社会责任,尊重他人平等的社会权利和正当的个人权利,那么无疑这个社会的经济制度是合理的,而蕴含其中的道德建设的成效也就显而易见了。

最后,在现代社会,文化对人行为的支配作用日益凸显。以经济为基础的文化的发展已经成为社会文明的集中象征,文化对经济和政治的反作用力越来越大,社会的经济在被人们的物质需求推动着自然而然地向前飞奔的时候,文化的作用已经由被产生和被扯动的地位一跃而成为支配政治方向和制约经济发展速度的决定性力量。这一现象的出现,并非是对经典的物质决定论的违背,而是反映出人类社会正在逐步迈向更加理性的自觉和更加高度的文明,人类对价值的自觉追求正在迈过物质层面而向精神层面挺进,人类越来越关注对自我的精神世界的建构,越来越倾心于对活着的目的、意义和价值的追问。于是,作为文化的集中表现,人类对道德价值追求的愿望和自觉性越来越强烈,文化的繁荣程度和先进性也越来越成为衡量一个社会道德建设实效性的重要指标。文化对人的道德精神的孕育、涵养和传承功能是任何其他社会元素都无法企及的。一个社会道德建设的实效如何,最能够在该社会的文化状态和发展潜能中反映出来。同时,一个社会的文化资源和文化发展引发的精神动力,也最能够对该社会的道德建设产生"如沐春风"的恒久动力。无怪乎万俊人教授疾呼道:"今天的人们更乐于谈论知识创新和技术创新,而我想呼吁的是,在大力

---

[1] 龙静云:《经济伦理的三个维度》,《哲学研究》2006年第12期。

提倡这些创新的同时,也应当同样甚至更多地提倡社会主义现代文化和道德的创新。换句话说,我们必须自觉我们所面临的'国家伦理资源亏空'和社会道德资本的欠缺这些严峻的现状,以建设性的姿态来建构有中国特色的社会主义新文化和新道德,这是自'五四'以来一直摆在我们面前的一项未完成的文化使命。"① 文化制度的文明之路,正在于为社会的道德建设营造健康向上的人文环境,弥补伦理资源亏空,同时成为一个社会的道德建设成效大小的晴雨表。

2. 社会人际关系的和谐程度

自然界的风云变幻会对生存在其中的一切生物的活动产生必然的影响,同理,社会"风习"的状态也会对生活在其中的人们的道德观念和道德行为方式产生直接的影响。人是环境的动物,既会受到自然环境的影响,也会受到社会环境的影响。正所谓"近朱者赤,近墨者黑","蓬生麻中,不扶自直"。因此,人际关系的和谐既是道德建设的重要目标之一,也是衡量一个社会道德建设实际效果的有效砝码。要考量一个社会道德建设的实效性,就必不可少地要考量这个社会的人际关系的和谐状态。道德存在的意义就在于通过社会个体的自我修养,调整个人的社会行为方式,从而使自己顺利地融入社会群体之中,与他人形成和谐共存的真实社会。因此,反过来看,一个社会中的人际关系的和谐状态如何,就能够很好地反映出该社会的道德现实。同时,社会风气的美善也是衡量一个社会道德建设成效的重要标尺。一个社会的人际关系和谐状态和社会风气的美善就是这个社会的道德状态的一面镜子。人际关系的和谐既是社会的不懈追求,也是道德建设的理想。人际关系的和谐状态不是一个空洞的理念,而是一个社会文明程度的反映,是一个社会道德现实的真实写照。人际关系是人们通过物质和精神的交往而形成的具体的社会关系,既有物质层面的相互联系表现于外,更有心理和情感层面的相互联系隐藏于内,是社会关系的"特殊横截面",是对人的社会关系的"一种复杂的折射"。在这个"横截面"中反映出的是人与人之间的道德关系,"折射"出的是一个社会的道德现实和道德状况。人际关系渗透在各种社会关系之中,把社会上各阶层、各利益群体的人连接在一起,构成一个和其他社会关系并存的、纷繁复杂的人际关系网络,对人类行为及社会是否和谐发展产生直接

---

① 万俊人:《世纪回眸:"道德中国"的道德问题》,《天津社会科学》2001 年第 3 期。

的影响。① 人际和谐作为社会和谐关系中的一种，和其他任何一种社会和谐关系一样，必然要受到经济是否和谐的制约和其他社会结构是否和谐的影响。同时，它作为一种社会和谐关系也必然要对其他社会和谐关系产生影响。人际和谐不仅是社会和谐系统中的一种微观层次和具体表现形式，也是社会道德建设追求的核心目标。一个社会中的人际关系的和谐状态如何，可以从内在和外在两个方面得以验证。内在的和谐指的是人的自我的身心和谐，外在的和谐指的是人与社会（即他人）和人与自然之间的和谐。而这一切，都只有建立在社会整体的道德建设之上才能得以实现。

和谐的人际关系是和谐社会系统的微观层面和具体表现，也是社会道德建设追求的核心目标之一。人际关系的和谐状态指的是人与他人在社会交往中，在物质流和信息流的交互作用过程中所呈现出的一种融合、平衡、协调、可持续的现实状态和发展状态。而这一切，都只有建立在社会整体的道德建设之上才能得到实现。那么，自然而然，一个社会的道德状况就可以通过对生活在该社会中的人们之间的相互关系状态得到有效的印证。而其实这一切的背后所蕴含的力量源泉则来源于社会的道德建设，代表着一个社会的道德建设的成果。所以，如果一个社会中的人们都能够奉行"己所不欲，勿施于人"，"己欲立而立人，己欲达而达人"的处世原则，在行为上充分地表现出宽容、理解、民主、诚信、互利、正义的优秀品质，那么这个社会的人际关系就必然是和谐的，其道德状态必然是良好的，道德建设的成效也自然是显著的。反之，如果一个社会中的人们奉行的是"人不为己，天诛地灭""人为财死，鸟为食亡"的处世哲学，在行为上表现出的是欺诈、虚伪、争权夺利、见利忘义、损公肥私，那么这个社会的人际关系则是紧张的，生产效率和生活质量必然是低下的，道德建设的成效自然也就难以言表了。

3. 社会道德规范的认同程度

复杂的社会结构的本质就是人的欲望产生、冲突、调整和引导的过程。社会系统既要对人的欲望的产生给予足够的关注，更要对丛生的各类欲望所必然引发的各种"冲突"做出有效的规约和引导。对整个人类而言，"哀莫大于心死"反映出的是社会制度的反动，"欲火焚身"状态的极端化倒映出社会制度的悲哀。如何在两者之间找到一个有效平衡点，其

---

① 杜灵来：《当代中国道德建设实效性研究》，博士学位论文，华中师范大学，2007年。

实就是社会治理体系建构和治理能力现代化的恒久使命。法律是道德的底线，是道德的"最大公约数"，是社会管理的最后一道底线，而道德才是体现和表征社会文明发展状态和程度的真正有效的"天空"。缺少完备的法律，社会可能会"乱"；没有了基本的道德规范，社会则不仅会"乱"，更会陷入"败""坏"。所以，社会成员对源于"风习"的社会道德规范的认同程度和遵循状态是确保社会存在、稳定和可持续发展的根本力量。因此，每一个社会都会竭尽全力地传承、维护和构建维系其社会生活基本秩序的道德规范。通过对道德传统的系统解读和全力阐发来"传承"自身道德文明的精华，通过对当下道德现实的审视来构建有效的道德规范体系，不断稳定并提升人们对本社会道德规范的认同感，进而产生敬畏与遵从。自然，社会成员对社会道德规范的认同状态即能成为反映一个社会道德建设实效性大小的基本维度和重要标准。社会成员对本社会道德规范的认同程度高，敬畏和遵从的自觉性就强，社会整体的道德建设成效就大；相反，社会成员对本社会道德规范的认同程度低，敬畏和遵从的自觉性就弱，社会整体的道德建设成效就小。

反观中国道德现实，自 2002 年《公民道德建设实施纲要》颁布以来，"爱国守法、明礼诚信、团结友善、勤俭自强、敬业奉献" 20 字的公民道德基本规范已深入人心，具体到社会公共生活领域的主要规范（文明礼貌、助人为乐、爱护公物、保护环境、遵纪守法）和家庭生活领域的主要规范（尊老爱幼、男女平等、夫妻和睦、勤俭持家、邻里团结），以及职业领域的主要道德规范（爱岗敬业、诚实守信、办事公道、服务群众、奉献社会），得到了广泛的宣传和弘扬，整个社会的道德风尚有了明显的进步。人们的道德理想在进步，道德选择更加冷静、客观和理智，道德认知更加契合社会现实，道德实践更趋于真实和有效。但是，我们还必须承认，道德理想与道德现实之间的差距在扩大；道德的先进性与广泛性之间的矛盾依然突出；传统道德与"新道德"之间的共振与颉颃依旧激烈；道德建设的"投入"与"产出"的失衡现象还很"刺眼"；"适应"与"超越"的难题依然存在。历史和现实给予我们的启示是，只有在法治的基本框架下，在社会生活的各个领域更加坚定地弘扬好社会主义核心价值体系，将"爱国、敬业、诚信、友善"的价值准则渗透进人们的一言一行，对当代中国人在新的社会历史条件下的道德认知和道德信仰产生有效的正向激励，整个社会的道德建设才会走出逡巡的状态，走出中国的风采。

4. 社会风气的和美程度

道德存在的意义就在于通过社会个体自我修养，调整个人的社会行为方式，从而使自己顺利地融入社会群体之中，与他人形成和谐共存的真实社会。因此，一个社会中的人际关系的和谐状态如何，就能够很好地反映出该社会的道德现实。同时，社会风气的美善也是衡量一个社会道德建设成效的重要原因。一个社会的"风气"会对生活在其中的人们的观念建立和行为方式产生重大的影响。中国古代的大同理想始见于《礼记·礼运·大同》篇中孔子对学生子游所说的话。孔子说："大道之行也，天下为公。选贤与能，讲信修睦。故人不独亲其亲，不独子其子。使老有所终，壮有所用，幼有所长，矜、寡、孤、独、废、疾者，皆有所养。男有分，女有归。货，恶其弃于地也，不必藏于己。力，恶其不出身也，不必为己。是故，谋闭而不兴，盗窃乱贼而不作。故外户而不闭，是谓大同。"今天人们心目中的社会美善当然在内容上已发生了根本性的改变，但是对"美"与"善"的本质的追求不会改变，社会的美善依然是我们的道德理想和道德追求。当然，社会的美善不能仅仅停留在一种概念层次上，它的具体体现还要落脚到社会人际关系的和谐状态上，落实到人对真善美的崇尚和实践活动之中。因此，我们应将道德建设成效的评价最终与一个社会的风气的美善紧紧联系在一起。

（二）个体维度和标准

道德约束功能的发挥是建立在社会个体道德观念和道德信仰的基础之上的，只有在坚定的道德信仰的支配下，个体的道德自觉和自主才能得到有效的实施。如果说道德认知是道德行为的前提，道德情感是道德行为的触发，那么在道德信念的作用下所形成的道德意志则是道德行为获得恒久动力的源泉。道德信念的牢固确立和持久作用就会使人们形成一定的道德信仰。"信仰是我的心灵、我的灵魂所需要的，而不是我的远见卓识所需要的。并不是我的抽象的头脑必须得到拯救，而是我的具有情感的、似乎有血有肉的灵魂必须得到拯救。"[①] 道德信仰则是人们在面对"生"之有限与"精神"无限之矛盾时所产生对某种道德目标及其理论的信服和崇拜，它既是道德形成的精神基础，也是道德的最高目标和最高境界。道德

---

① 维特根斯坦：《文化和价值》，清华大学出版社1987年版，第47页。

信仰作为人的一种高级精神需要，往往表现为人对尊严、荣誉、道德人格、自我实现的需要，具有社会性、利他性、自觉性、超越性和理想性。它以主体的信服和崇拜为基础，基于现实又超越现实指向未来，是主体对道德的本质、内容及道德理想、原则等的笃信和敬仰，是主体道德行为由他律走向自律的精神力量来源，是人们选择做人的道德范式的自觉出发点和心理依据。道德信仰是一种精神纽带，是一个团体、一个阶级或阶层、一个社会或国家成员团结起来的精神基础和精神动力。因此，一个人的道德信仰状态如何，即能够最充分地反映出他的道德水准和道德践行能力，是判断一个人道德水平高低的有效砝码。一个社会的道德建设成效如何，从社会个体的角度来审视，一要看他们的道德认知和道德行为能力如何，二要看该社会的成员能否在社会生活中自觉地追求道德信仰，并且普遍地确立起应有的道德信仰。

1. 个体的道德认知能力的提升和道德行为能力的增强

人的道德信仰的产生不是单靠知识和观念的灌输就能够实现的，而是必须遵循道德信仰发生的社会和心理机制。道德信仰的发生机制包括需要的体认机制、伦理义务的内化机制和道德心理的整合机制三个方面。需要的体认机制涉及对人性、人生的价值、人的使命等问题，它是道德信仰形成的主体基础；伦理义务的内化机制涉及人的社会伦理关系、社会规定性和制约性、社会价值、社会道德规范及其教化等问题，它是道德信仰形成的客观条件；道德心理的整合机制涉及道德认知、道德情感、道德意志和道德人格等问题，它是道德信仰形成的主、客观方面的动态的统一。[①] 因此，社会成员道德信仰的确立只有建立在道德感知和道德践行能力不断提高的基础之上。如果从人的一般心理过程来分析道德认知、道德践行和道德信仰之间的关系，我们可以将之表述成以下图式：

"道德需要 A→道德认知→道德情感→道德意志→道德信念（信仰）→道德践行→道德需要 B……"

从中可以看出，道德信仰是将道德认知和道德践行联系起来的纽带，知、行的互动共进是道德信仰发生、发展的力量源泉，道德信仰指引道德知、行前进方向。人的道德知、行能力的不断提高是人的道德修养不断加强、道德信念不断坚定、道德信仰不断走向崇高的基础和保障。如果说一

---

① 魏长领：《道德信仰的发生机制》，《伦理学研究》2004年第11期。

个社会的道德建设的终极目的在于其所有成员道德信仰的普遍确立,那么,道德建设的首发阵容就应该由道德知、行能力的培养来组成。在一个社会中,如果成员的道德知、行能力低下,则道德信仰的根基必定孱弱,那么该社会的道德建设成效也就无从谈起了。因此,审视一个社会中成员的道德知、行能力的高低,应该成为衡量一个社会的道德建设实效性大小的重要尺度之一。只要一个社会中的成员的道德知、行能力在不断得到提高,我们就可以判定该社会的道德建设是有成效的,否则,就是没有成效的。

社会成员道德知、行能力不断提高的标志主要有以下几个方面:

第一,社会全体成员具有正确的是非观念和较高的辨别善恶的能力。对道德是什么和为什么需要道德有准确的理解和把握,在道德认知上不只是知其然,而且知其所以然。对现实社会的道德体系能够客观认识并准确把握。

第二,社会成员注重个人的德行培养,能够认识到"德行是人安身立命所不可或缺的,它不仅可以给自己带来良心的安宁、人格的尊严、社会的赞誉,同时也可以带来某种生存与发展的基本条件与便利。"① 人不可能离群索居,德行是确保个人与社会紧密相连的唯一法宝;只有具有优秀德行的人才能顺利实现与他人之间的物质和精神交往;没有德行的人,就会被社会所抛弃,就会丧失获得物质和精神利益的可能机会。

第三,在现实生活中,具有疾恶如仇、从善如流的道德自觉性和行为自警能力。道德情感敏锐,道德意志坚定,具有仁慈心、同情心、怜悯心、羞恶心和正义感,能够树立正确的世界观、人生观、价值观。

第四,注重道德人格的培养,有坚定的道德信念和崇高的道德理想。"道德人格是人们通过道德生活意识到自己的道德责任和道德义务以及人生的价值和意义,从而自觉地选择自己做人的范式。它和道德品质、良心是同等层次的道德范畴,都是道德认识、道德情感、道德意志、道德信念和道德行为的有机统一,是个人道德水平和道德境界的集中体现。"② 道德人格是个体道德知、行能力的发展方向和目标。只有当以上这些道德品行在一个社会的全体公民中得到了充分的表现,我们才可以认为该社会成

---

① 高兆明:《制度公正论》,上海文艺出版社 2001 年版,第 180 页。
② 魏长领:《道德信仰的发生机制》,《伦理学研究》2004 年第 11 期。

员的道德知、行能力在不断提高,该社会成员道德信仰的普遍确立具有了坚实的思想基础和实践基础。

2. 个体的道德移情能力的展现

所谓"移情",顾名思义,指的是人的情感的传递和转移。从其基本意义上讲,有通过"共情"—"通情"—"入情",进而产生情感共鸣之意。人是情感动物,人之所以能够成为世界之主宰、万物之灵长,就在于人不但能够产生感情,而且能够传递和沟通感情,并在感情的支配下理性地行为。荀子曰:"水火有气而无生,草木有生而无知,禽兽有知而无义,人有气有生有知有义,故为天下贵也。"人之为人的根本特性就在于人的道德性,在于人能够在理性的规约下让情感的动力得到有效的释放,也就是能够实现"道德移情"。道德移情能力是人类特有的、区别于其他动物的根本能力。"感同身受"就是对人的移情能力的精确表达。这是对他人道德情感的一种分享、分析、理解、感受、体验能力。同时,道德移情也是人类所特有的一种社会能力。道德移情能力的高低对维持和发展社会关系、提高人的实际交际能力都发挥着至关重要的作用。当然,既然是一种社会能力,那么就一定可以通过有效的社会生活方式加以训练和提高。道德移情就是社会个体能够通过对他人情感的感知和体验,分享到他人的道德实践成果,进而对个人的道德行为产生积极有效的启发和引领作用。有研究认为,社会成员的道德移情能够强化其本人"公正"和"关爱"的道德价值取向,在其面对道德两难选择时能够通过激活道德原则而对其道德判断和推理能力产生正向推动作用,同时,道德移情能力的高低直接影响到社会个体的道德动机,进而对个体的道德行为抉择产生核心的引领价值。道德建设的实效性是立足于每一个社会个体的道德品质的不断提升的基础之上的,而每一个社会个体的道德品质的优劣高低又是与其自身的道德感受性的优劣高低紧密相连的。简言之,道德移情通过对人的道德价值取向的引导、道德判断能力的提升和道德行为能力的推动对个体的道德发展产生巨大的内在驱动力,因而是从个体维度上考量道德建设实效性的有效砝码。

3. 个体的道德信仰状况及自觉追求

道德是属人的,人是道德的主宰和核心。因此,道德建设的终极目标理应是指向"人"的——人的存在状态、人的价值实现、人的理性发挥、人的德行陶养……一句话,人的生活和人的幸福!但是,人的生活和人的幸福必须建立在信仰基石上，因为只有在信仰的引导下，才能摆脱物欲的纠缠，走出一片体现人的本质的精神天空，从而真正体会到生活的意义和幸福的感觉。哲学家卢梭曾经指出："人是生而平等的，但却无处不在的枷锁之中。自以为是其他一切的主人的人，反而比其他一切更是奴隶。"① 这究竟是为什么？这副枷锁源自何处？人类文明的不断发展为现代的人们揭开了这个秘密——这副枷锁的主人是我们人类自己，把"主人"变成奴隶的也是我们人类自身。这是因为，我们人类在自己的发展历程中，往往会由于一时的"胜利"而妄自尊大，在狂妄的幻想中迷失自我；也往往会由于不断地沉迷物欲而身心俱裂，灵魂出窍后的痛苦让我们找不到精神的寓所。问题根源就在于我们在很多的社会活动中常常忘记了"人"的存在，忘记了对生活价值和意义的追寻，忘记了对道德信仰的追求。

康德认为："实践理性所把握的东西要比理论理性所把握的东西要高，信仰比知识高，本体比现象高，自由比必然高。在康德看来，光有理论理性，光有现象，光有知识，光有必然，不能满足人的理性的要求，只有通过实践理性，通过信仰，把握了自由的主体，才能满足人的理性的最高要求。"② 与政治信仰、宗教信仰、法律信仰等信仰形式相比较，道德信仰具有鲜明的主体性和自觉性，它靠的是主体的自觉，而不可能诉诸强制。"道德信仰是人们基于道德之于人的生存发展的价值以及对道德理想与道德现实的张力的认识而产生的对道德规范、道德理想（人格）的笃信与崇敬，并以此设定人生目标、付诸道德行动的强烈情感。"③ 道德信仰带有强烈的个人情感属性，那么对道德信仰的追求就一定会表现出鲜明的个人特征，即自觉性、自主性和选择性。人的道德信仰一旦确立，即表明了其独立的内在道德价值体系的形成，其个人的道德认知、道德情感、道德意志、道德观念、道德动机以及价值观念等得到了有机整合，其行为选择具有了自己的基本范式，摆脱了盲从，形成了自己的道德人格。"道德信仰的价值整合性表现在两个方面：一方面，在个体身上，它表现为一个完整的道德人格，是对人在道德上的各种主观因素的整合；另一方面，在群体和社会中，共同的道德信仰可以作为巨大的凝聚力或内聚力，把群

---

① 卢梭：《社会契约论》，商务印书馆1996年版，第8页。
② 张世英：《康德的纯粹理性批判》，北京大学出版社1987年版，第22—23页。
③ 黄明理：《道德信仰论纲》，《江海学刊》2005年第1期。

体和社会成员团结在为共同理想的奋斗中。"① 因此，一个社会中的人们如果能够对道德信仰拥有正确理解和认识，在思想和行为上自觉地追求道德信仰，说明该社会的人们对人生价值的思考已经摆脱了纯粹物质意义的局限，开始追求生命真正的价值和精神理想的归宿。如果离开了个体对道德信仰的自觉追求，那么一切可操作性的道德规范、普遍可接受的合理性的社会秩序都会被社会成员视为自我发展的羁绊，社会的公共秩序和共同的道德理想就只能永远定格在一张蓝图上。只有当一个社会的全体成员都能够自觉地追求道德信仰，积极地建构道德信仰，坚定地实践道德信仰时，这个社会的道德建设才能够获得聚沙成塔的威力，才能够拥有生生不息的力量。所以，要考量一个社会的道德建设成效，从微观层面考察生活在该社会中的人们的道德信仰状况，无疑是有效的。

4. 个体的道德自律能力的增强

顾名思义，"自律"指的是自己约束自己，道德自律展现的则是人作为行动者对自我行为的一种主体性的控制和调整的力量，对于个体生活质量的提升和社会良好秩序的形成具有决定性的意义。康德曾说过，有两种事物，我们越是对它加以深入的思考便越是充满对它的崇敬与敬畏，这就是头上的星空和心中的道德律。心中的道德律源自内心对自我价值的追求，源自人的自我提升的发展需要和自我约束的社会需要。道德的本质在于"自我立法"，只有展现出"自律"品行的道德才是人们追求的真正的道德。道德自律能力是道德生成的内在品质，是道德"他律"发挥作用的力量基础，是个体道德能力的综合体现。我国哲学思想中关于"知"、"行"关系的阐释和论证所讨论的就是人的"认知"走向、"行为"的先后次序和难易程度问题，其实质也就是对人的"自律"能力的审问和思考。现代社会所倡导的"行胜于言"的哲学思想，所追求的就是对人的"躬行实践能力"和"严格自律能力"的实现。一个社会道德建设的实效性的整体呈现具体化为每一个社会成员的道德自律能力的不断增强。离开"自律"谈道德，就好比离开"空气"谈飞翔，离开"阳光"谈生长，离开一个社会的个体的道德自律谈"社会道德建设"，也是同样的道理。在我们国家的道德文化和道德传统中，不缺乏"慎独""自律"的肥沃土

---

① 刘太恒、魏长领：《论道德信仰在构建社会主义和谐社会中的地位》，《马克思主义与现实》2005 年第 6 期。

壤，缺乏的是由个体的"洁身自好"式道德"自赏"走向群体的"道德自律"的社会化过程，缺乏的是对严格自律者的社会推崇和大力褒奖。道德自律是一种"日常"功夫，在于其日常性和平常性。对当今社会而言，面对物质主义所带来的"功利化"社会风气，急切需要通过不断创新道德自律的涵养方法，积极倡导道德自律，形成道德自律的良好风尚。个体是社会的构成细胞，个体道德的自律能力决定社会整体道德的现实水平和发展状态。个体道德状态是社会整体道德要求的具体反映，一个社会的道德理想只有立足于每一个社会个体道德自律能力的不断提升才可能实现。因而顺理成章地，一个社会的道德建设的整体效果也有赖于每一个社会个体的道德自律能力的增强。

5. 个体的道德实践能力的提高

如果说实践是人类在自我意识支配下改造自然和社会的一切活动，那么道德实践则是人类在道德认识引领下所开展的一系列社会活动。实践是道德的源泉，也是道德的本质属性。道德实践是人的社会实践的重要组成部分，决定着人的实践活动的方向、动力和性质。道德实践能力是道德实践得以展开的内部驱动力，道德实践能力的提高需要通过反复的道德实践过程来实现。人类有关道德的一切认知来源于自身的道德实践活动，又在道德认知、道德情感和道德意志的协同作用下推动道德实践走出螺旋上升的发展轨迹。道德的本质属性在其社会性，但其力量的显现又必须依赖于社会个体道德品行的有效展现。所谓"听其言而观其行"，关涉个体道德的道德认知、道德情感、道德意志等一系列问题的最终指向必然是其自身的道德实践能力。因此，一个社会个体的道德实践能力的大小和水平的高低，直接左右着一个社会的整体的道德实践效果的好坏和状态的优劣。

首先，个体的道德实践能力的提高是推进道德知、情、意转化为道德素养的必由之路。道德认知向道德情感的转化和道德情感向道德意志的转化，最终通过转化为道德行为能力而实现人的道德素养的形成，是道德建设的理论设计和实践选择。其中所蕴含着的一系列"转化"过程尽管存在着其内在的逻辑性，但是使这一系列"转化"发生的内在动力，无疑是每一个社会个体的道德实践能力的充分展现。个体道德能力的提高是实现每一次"转化"的内在规定和动力源泉。

其次，个体的道德实践能力的提高为形成良好的道德习惯奠定了坚实的基础。"习惯"是人的第二天性，所谓"习惯成自然"。古人对人的成长发展和品行修养也有"少成若天性，习惯成自然"的认识总结。不断发展的生活感受和社会实践，也一次次印证了一个普遍的真理，那就是"美德孕育于良好的习惯之中"。这就意味着，社会个体道德实践能力的持续提高，为"良好习惯"（道德习惯）的养成奠定了坚实的实践基础。

最后，个体的道德实践能力的提高是推动社会整体的道德生态良性发展变化的源泉。一个社会的道德生态是一个社会的道德风尚的集中表现，也是一个社会道德建设的精神核心和运行轴心。离开个体的道德实践能力的提高谈一个社会的道德建设无疑会使之坠入空洞的描绘和虚幻的构想。党的十八大提出的积极培育和践行社会主义核心价值观的精神文明建设总目标，理应成为当代中国道德建设的新方向和新目标。无论是国家层面的富强、民主、文明、和谐价值目标的实现，还是社会层面的自由、平等、公正、法治价值取向的确立，最终都要通过个人层面对"爱国、敬业、诚信、友善"价值准则的广泛遵循来实现，而个人层面的所有价值准则的设立都是建立在个体道德实践能力不断提高的基础之上的。

6. 个体的道德行为习惯的养成和道德境界的提升

作为社会成员的个体不仅应该提升道德认知和行为能力，还应该经过道德习惯养成从而固化、强化已有的道德知行能力，从而逐步提升自身的道德境界。这是评价道德建设实效个体维度的第二层面。

具有一定的道德认知和行为能力并不代表道德效果已经取得最后的成果，还必须通过一定的途径（如道德习惯和道德仪式等）将道德规范和社会道德要求加以固化，即性格化、品格化。个体通过不断自觉地践行社会道德，一次又一次认知社会道德规范的价值和意义，不断强化已有的道德观念，最终使社会道德规范的"概念化产物"一直永驻或伴随个体较长的人生历程，同时又必须通过习惯、行为、风俗、仪式等成为个体稳定的、持久的道德心理倾向，即个体自觉性的性格特征，最后演变成个体的道德品质和精神境界。道德习惯在知行能力向个体品质和境界提升中起桥梁和强化作用，即在"认知—行为—习惯—品质"过程中作用巨大。由于习惯相对于行为而言具有更大的自主性、自觉性、长期性和稳定性，因而我们在评价道德建设成效时更应该将习惯作为重要的考量标准。

当然，习惯还有进一步的指向，即通过良好习惯的养成不断强化已有的道德模式，抬升自身的道德境界。一般认为，道德境界是从人们的长期道德行为和道德习惯中表现出来的道德觉悟和道德水平的高低。"大公无私""先公后私""公私兼顾""自私自利",就是人们对不同道德境界的通俗概括。一个人达到了某种道德境界,就意味着他能够自觉地以该境界的道德要求为指导,具有该境界的思想感情和道德情操,并且由于对这种道德和自己行为意义的充分了解,会形成与此相适应的长期而稳定的道德实践能力。同理,也可以将个体长期而稳定的道德实践能力和行为习惯模式作为考察其道德水平的重要指标。作为社会主义社会中的成员,理应不断提升自身的境界,向共产主义的道德境界和道德信仰前进。

三 当前我国道德建设缺乏实效性及其原因

人类在不懈追求着理想的生活,但常常会觉得与理想的生活越来越远。前进的步伐不会停止,愿望所激发出的物质追求的引领力量不会消退,这是历史发展内在的规律。但是,理想的生活状态又不可能仅仅依靠物质的发达就能自然地出现。人类该如何走出这矛盾的生活,冲出这心灵的困惑,走向理想生活的彼岸呢?这是自人有了主体意识之后,人类永恒的疑惑和梦想。新中国的道德建设历史尽管并不是很长,然而中华民族的道德成就在人类文明史上却占据着足可令我们骄傲的重要地位。但是,面对"现代化"和"全球化"所带来的一轮轮的冲击波,"中国的社会变化尤其迅速,花样迭出,追随各种'主义'的人们被折磨得忽喜忽悲,悲喜轮转,蔚为壮观……"[①] 当代中国人的道德前景也变得越来越模糊不清和令人担忧。尽管我们在道德建设领域的投入在不断加大,也取得了一些有目共睹的成就,然而与社会发展的客观要求相比,与人民生活的真实愿望相比,仍然存在着巨大的差距,道德建设的步伐缓慢,实际效果不能令人满意。因此,正确认识和科学评价当前我国社会的道德现状,认真探究造成道德建设实效性不高的主要原因,对加快我国道德建设的步伐,提高道德建设的实效性,自然是有着重要的现实意义的。

(一) 道德建设缺乏实效性的表现

就我国当前的道德建设现状来看,尽管人们的满意度不高,然而,如果排除由于道德愿望的超越性在人们心理上所造成的落差这样一些主观因

---

① 赵汀阳:《论可能生活》,中国人民大学出版社2004年版,第5页。

素，从人们的道德觉醒程度、道德的社会理想、道德实践成就来看，我国道德建设的成效还是非常显著的。但是，在这里要做的是以审视的目光，分析在道德建设中存在的主要问题，促进道德建设取得更大的实效性。当前我国道德建设的实效不大，主要表现在两个方面：一是"投入"与"产出"之间的严重失衡；二是对社会行为的解说乏力，对精神世界的导引滞后。

1. 道德建设成本与收益严重背离

道德建设的目标是让人们过上有德性的生活。道德存在的本性是付出，提倡的是不求回报的无私奉献。但是，从社会整体的道德建设实践活动形式上看，作为人类的一种实践活动，必然存在着一定的物质和精神投入，需要耗费一定的社会资源。因此，道德建设也有一个资源配置问题，也就存在投入—产出、成本—收益的衡量问题。例如，对道德遗产的研究、挖掘和整理，道德规范的制定与贯彻，道德教育资源的扩大等都需要大量的人力和物力的投入。那么，在实际的道德建设过程中，自然就应该考虑到成本问题，追求产出的效益，否则道德建设就会处于低效或无效运行状态。

《中共中央关于加强社会主义精神文明建设若干重要问题的决议》共分七个部分，其中的第六部分就以"切实增加精神文明建设的投入"为题专门论述了精神文明建设中的物质保障问题，指出："建设社会主义精神文明要有物质保障。没有必要的物质保障，精神文明建设的许多任务就难以落实。要从社会主义现代化建设的全局出发，把精神文明建设纳入经济和社会发展的总体规划，保证必需的资金。要适应社会主义市场经济的要求，建立规范有效的筹资机制，逐渐形成对精神文明建设多渠道投入的体制。"这充分说明了国家对精神文明建设包括道德建设的重视程度，也充分认识到了加大投入对推进道德建设的重要保障作用。然而，道德建设的投入有了政策上的保障，道德产出的监控和测评却没有得到很好的落实。各级政府在道德建设上的投入巨大，可是，最后评价这些投入的产出时，政府所罗列出的数字往往是一些硬件建设数据，对人的精神风貌、公民道德素养等方面的进步和成绩却没有认真地进行过测评和反映，道德建设变成了基础设施建设，文明的体现不是对人的道德素养的提高程度和公众对社会风气的满意度的调查与统计分析，而是变成了马路的宽度、楼房的高度、城市的亮度,变成了城市广场的大小,甚至是高尔夫球场的个数。①

从研究调查来看,以"对某项政策有不同意见时,是否想表达自己的意见?"为题的调查结果是:回答"想表达"的占 46.92%;回答"不想表达"的占 33.48%;回答"不敢表达"的占 19.59%。以"您如果对某项政策有不同意见也不想(不敢)表达,主要出于什么考虑?"为题的调查结果是:回答"制定政策是政府的事与百姓无关"的占 6.92%;回答"位微言轻,表达意见也没有用"的占 59.06%;回答"没有表达意见的途径"的占 17.89%;回答"祸从口出,少说为好"的占 16.54%。从结果中可以看出,国民的"公民精神"还没有培养起来,公民的权利和义务观念还很淡薄,公民的道德素养还不高,公德精神也不强。当然也反映出政府为公民所提供的参政议政的渠道还不畅通。传统的道德建设过分强调国家的主导作用,而相对忽视了道德的可行的个人实践。国家试图设计、创造社会的道德秩序,不仅提出道德建设的目标,而且要用自身的力量去改变所有人的伦理行为。为此,道德成为服从于政治,达到政治目的的手段。这就存在两个问题:一是当国家作为道德建设的主体时,需要投入的资源是多种多样的,而资源的行政性配置,使得这些投入在实际的运行过程中,往往成了不求效果、不计成本的行为,严重影响了道德建设的效益。二是国家作为主体的道德建设,往往将重点放在直接倡导某种道德行为规范,这种采用道德灌输、树立道德典型来替代个人做出道德判断和价值判断的做法,收效并不理想。② 由此造成的结果是,由国家行为推动的道德建设呈现出"上边热、下边凉""投入大、产出小"的畸形局面,投入与产出之间严重失衡。道德建设上的国家意志和国家行为没有能够通过积极的制度体制和文化体制的有效运行而渗透到大众的个人利益之中,道德建设的现有模式和运行机制与社会个体的道德言行之间的结合度还很低。这样导致的结果是,大众对以国家意志推展的道德建设活动的关心程度有限,参与积极性不高,最终的成效自然就不大。在这一点上,一些西方发达国家的道德建设方法值得我们借鉴。"由于西方现代性在社会秩序(尤其是社会民主制度或法律体系)建构上的领先和成熟,由于其社会宗

---

① 杜灵来:《当代中国道德建设实效性研究》,博士学位论文,华中师范大学,2007 年。
② 张晓明、王欣:《经济学视角中的道德建设》,《社会科学》2001 年第 2 期。

教文化传统的平稳转型和连贯发展，为西方社会和道德生活世界提供了相互支撑和制约的'软''硬'兼容的支持系统，因而尽管社会的道德生活世界多有不测之风云，尽管其现代道德和知识系统多有内在紧张和冲突的干扰，西方现代性的道德文化系统，包括其实际运作和理论知识的成长，仍然保持着它特有的文化效率和知识规范。"① 道德建设的国家意志是不可避免，也是必需的，但是国家意志只有产生于公众的道德愿望、顺应公众的道德需求、维护公众的道德利益，才能够唤起公众参与的热情，使道德建设的功效从最基本的活动单位个人身上得到响应，由此而产生的建设实效才能真正凸显出来。

罗马俱乐部的创始人奥雷利奥·佩西认为："任何发展和进步，如果不同时导致道德、社会、政治以及人的行为的进步，就毫无价值可言。"② 道德自身的发展和进步，即道德建设的终极价值的落脚既在于经济与社会的发展，更在于人的行为的进步。而人的行为进步的集中表现则在于人的道德行为的广泛性和自觉性，这也正是道德建设"投入"后的最终"产出"。"社会主义的本质，是解放生产力，发展生产力，消灭剥削，消除两极分化，最终达到共同富裕。"③ 而这种富裕绝不能仅限于物质财富，应该是物质与精神双重性的富裕。这种富裕的获得有赖于一个道德社会的建立，有赖于良好道德秩序的形成。国家在道德建设中的行为不是包办代替，不是一统天下，而是重点在于建立一套行之有效的法律制度和伦理制度，一方面惩处道德恶行，增大恶行成本；另一方面激励道德行为，增加德行收益。让道德行为与人们的实际利益（物质的和精神的）紧密结合起来，从而焕发人们的道德自觉性，这才是确保道德建设走向实效的支点。

2. 道德对社会变迁的适应力和解释力不足

"一个社会最大的危机是失去支撑它的精神结构。具有终极关怀的价值系统是将一个社会凝结为整体的黏结剂，它赋予个人行为收敛性，从而使社会保持稳定。一旦缺失这样的系统，无所遵循，唯以利为衡量价值的标准，社会就会失去凝聚力，群起争利却难以解决争利引发的社会紧张和冲突，尤其一个人口与资源严重失调的社会，最终难免不因无止境的发散

---

① 万俊人：《世纪回眸——"道德中国"的道德问题》，《天津社会科学》2001年第3期。
② 奥雷利奥·佩西：《未来一百年》，中国展望出版社2000年版，第155页。
③ 《邓小平文选》第三卷，人民出版社1993年版，第373页。

而解体。"① 那么，我们国家具有终极关怀的价值系统在哪里，情况如何？应该说，支撑我们这个社会的精神结构到目前为止并没有有效地建立起来，精神危机趁着现代化和经济全球化的狂风正在冲击着我们孱弱的神经。中山大学的郑永廷教授将现代人的精神疾病总结为十个字：焦躁、烦躁、急躁、浮躁、暴躁。且不论它们相互之间的内在关系如何，但是精辟的语言的确概括出了现代人普遍存在的心理问题。如果我们追寻一下出现这些问题的根源，恐怕还要归咎于当代社会道德文化发展的滞后和混乱，源于人们世界观、价值观、人生观的飘摇和对道德观的冷漠与亵渎。

长久以来萦绕在中国人实际生活中的思想限制和精神压力，随着改革开放带来的历史性巨变而渐行渐远，使每一个中国人都产生了一种"久在樊笼中，复得返自然"的精神快感，而且在把我们推上了兴奋和喜悦的山峰的同时也让我们迷失于不断快速前进的迷障之中。"道德"，这个人类精神世界的精灵，此时好像也失去了它应有的导向功能，对各种社会行为的解说出现了乏力和迟钝，对精神世界的导引也产生了滞后的现象。我们的行为常常会变得让我们自己都难以理喻。"为什么要这样做？"，"这样做究竟是为了什么？"，类似的疑惑总是在纠缠着人们。"由于在相当长的时间里，社会的主要精力被集中于物质资源的创生与积累方面，文化和道德的建设不仅相对滞后，而且被严重忽略。这就是邓小平同志曾经尖锐指出过的'一手硬、一手软'问题。上述种种原因造成了迄今为止我国社会道德文化资源的严重不足，缺少社会伦理建设，'国家伦理资源的亏空'在所难免；缺少对道德传统资源的更新转化，社会伦理资源的短缺势所必然；而缺乏社会主义现代道德伦理的创造性建设，社会的道德资源便出现只有消耗没有积累的递减状况。毋庸讳言，我们至今仍在简单挪用早期的'革命道德'资源。姑且不论这种简单挪用是否能够满足和适应社会现实生活的实际需求，单单是挪用本身已经显露出我们的社会在道德文化的创造性建设能力方面的严重不足。"② 零乱性、不确定性、无原则性、无我性、无深度性、卑琐性等西方社会在后现代状态下要面对的问题，被正走在"现代"道路上的我们无奈地亲密接触。我们的道德建设就正处在这样的一种环境之中。对花样百出的经济行为，我们没有及时

---

① 刘智峰：《道德中国》，中国社会科学出版社1999年版，第141页。
② 万俊人：《世纪回眸——"道德中国"的道德问题》，《天津社会科学》2001年第3期。

地从道德上做出解释，行为的"无根性"使我们越做得多便越恐慌，由于不知道"为什么做"，所以"做什么都行，怎么做都可以"。黑格尔的"恶是历史前进的动力"、弗洛伊德的"本能说"、尼采的"权利意志说"、萨特的"存在即合理"以及所谓的解构主义、后现代主义等思潮中所隐喻的相对主义和非道德主义思想被我们某些人片面放大和歪曲。于是，主流意识形态的伦理基础被消解，许多畸形的道德在市场经济的催生下早产，非伦理的和贫困化的"科学"的经济学在我国大行其道。与过去相比，我们似乎获得了冲决原有道德钳制的"无限"自由，但随即发现这种自由让人眩晕，无法承受。于是，有人开始怀念过去，试图在旧梦重温中获得片刻的安宁，我们开始大声呼唤着"道德"，可是"适应性"的理想道德又在哪里呢？本能性的生物动力和物质欲求动力在飞速膨胀，精神动力却在慢慢萎缩。源于对既往畸形道德的鄙视和恐惧，我们一股脑儿地将理想、信念等思想和精神的欲求都当作"乌托邦"给倒掉了。然而我们忘了，"乌托邦的隐退展现在人们面前的是一幅贫乏的精神画面，人类生活的实践告诉我们，如果没有昭示未来的乌托邦，我们所感受到的是一个颓废的存在。"① 精神世界的颓废就是人的道德的颓废，就是人活着的意义的沦丧。

（二）道德建设缺乏实效性的深层原因

道德建设是一项复杂的社会系统工程，涉及社会的政治、经济、文化、教育等很多方面。影响道德建设实效性的因素有宏观的，也有微观的，大到社会的制度建设和文化传统，小到个体的心理品质和道德素养，很难一一列举。但是，针对不同社会的道德建设实际现状来看，总是有一些因素对当下的道德建设实效性存在着决定性的影响作用。就当前我国的道德建设而言，我们认为影响实效性的主要因素表现在两个方面：一是在道德建设目标设定上缺乏梯次性；二是在道德建设过程中存在一定的政治化、形式化倾向。

1. 道德建设目标脱离实际

哈佛大学教授劳伦斯·科尔伯格（Lawrence Kohlberg）通过长期对儿童道德行为的研究，把道德发展的过程划分为七个阶段：第一，惩罚与服

---

① 龚群：《道德乌托邦的重构——哈贝马斯交往伦理思想研究》，商务印书馆2003年版，前言。

从阶段；第二，工具性目的阶段；第三，人际关系和谐阶段；第四，维持规则阶段；第五，权利与利益阶段；第六，良心阶段；第七，普遍的哲学公设阶段。这一研究成果的意义不仅在于揭示出了儿童道德行为发展的规律性，而且也反映出了个体人的道德养成的内在逻辑性和发展的阶段性。"由于生活价值涉及生活的诸个领域，标志生活价值的因素是多种多样的，人们对生活态度的认识不可能完全相同，所以，要求所有人都以同一种态度来对待生活的观点是没有存在理由的；……因而，个体生活价值观上的多元性来源于个体自身对生活意义的不同思考和对生活实践的不同体验，有意识地限制个体生活价值的多元发展有悖于生活的真正意义，生活价值的多元性是不可能被某一'道德原则'所涵盖的。我们必须要认真思考和研究的是：在多元性基础上，个体对生活价值做怎样的选择与调适才有利于发展一种积极和向上的人生？"①

在既往和现行的道德建设行为中，在目标设定上往往存在着明显的整体化和理想化现象，不是从不同个体的实际生活状态和道德修养水平出发，而是从社会整体发展要求和现有的规范出发，规定人们朝着统一的方向前进。对道德与利益关系认识的错位，掩埋了人们的正当利益需求；对现实生活的"失度"超越，使人们产生出对道德的疑惑和畏惧；以政治标准代替社会生活标准，没有了先进性要求与普遍性要求之分。"在中国传统道德体系中，对有为的道德非常重视，提出了一系列理想性的道德规范，并为那些在有为道德上有所追求的人们不厌其烦地提供了晋升的阶梯，即鼓励每一个人通过道德修养达到高远、超脱的终极境界。但是，若将视线由阶梯的顶端转向底层时，就不难发现，广大庶民的日用生活并非总是以向往理想道德为急务，这样的有为道德美则美矣，却因太过于理想，绝大多数普通公众万难企及。"②先进性道德要求的目的在于激励、提升、带动普遍性道德要求，而不能企图消灭普遍性道德要求。道德建设追求的目标应该是实现人民性、典范性、传统性、普遍性、客观性的共生共存和有机统一。

《中共中央关于社会主义精神文明建设指导方针的决议》指出："社会主义道德所要反对的，是一切损人利己、损公肥私、金钱至上、以权谋

---

① 廖申白、孙春晨：《伦理新视点——转型时期的社会伦理与道德》，中国社会科学出版社1997年版，第43—44页。

② 李萍：《中国道德调查》，民主与建设出版社2005年版，第195页。

私、欺诈勒索的思想和行为，而绝不是否定按劳分配和商品经济，绝不能把平均主义当作我们社会的道德准则。""在道德建设上，一定要从实际出发，鼓励先进，照顾多数，把先进性的要求同广泛性的要求结合起来，这样才能连接和引导不同觉悟程度的人们一起向上，形成凝聚亿万人民的强大精神力量。"

中国共产党第十四届中央委员会第六次全体会议通过的《中共中央关于加强社会主义精神文明建设若干重要问题的决议》中也指出："要把先进性要求同广泛性要求结合起来，鼓励支持一切有利于解放和发展社会主义社会生产力的思想道德，一切有利于国家统一、民族团结、社会进步的思想道德，一切有利于追求真善美、抵制假恶丑、弘扬正气的思想道德，一切有利于履行公民权利与义务、用诚实劳动争取美好生活的思想道德，团结和引导亿万人民积极向上，不断提高全民族的思想道德水平。"

《公民道德建设实施纲要》也再次强调："坚持把先进性要求与广泛性要求结合起来。要从实际出发，区分层次，着眼多数，鼓励先进，循序渐进。积极鼓励一切有利于国家统一、民族团结、经济发展、社会进步的思想道德，大力倡导共产党员和各级干部带头实践社会主义、共产主义道德，引导人们在遵守基本道德规范的基础上，不断追求更高层次的道德目标。"既然从国家方针的高度一再强调在道德建设要求上应该注意层次性的问题，为什么实际的状况却总是不理想呢？问题的关键，在于我们社会的道德建设，基本上是在政府主导下的一种群众性的道德实践活动，这种建设方式的局限性决定了目标设定的单一性。社会道德的先进性要求和普遍性要求之分，是人类社会道德存在的普遍形式，其不同只在于这种分层的结构与程度。以一种宽容和谐的方式使不同层次的道德目标之间形成合理的梯次，把它们有机地联系起来并使其内在实现贯通，才是现代社会应该构建的道德建设理性模式，在此基础上才可能建立起有理、有序、有效的社会道德建设系统或建设程序。

2. 道德建设手段过分依赖政治活动

以儒家思想为核心的我国传统伦理道德，在罢黜百家独尊儒术之后，便形成了政教合一的发展样式，道德成为统治者控制社会、平衡矛盾、解决冲突的主要手段，道德成了治国之术，政治化了的道德担负起本应由法律承担的职责，以德治国的思想传统便在我国逐渐形成。这种德治思想在中国延续了几千年，使我国的传统哲学中严重缺乏人性解放所必需的自觉意识和自我精神，人被当成了隶属于社会的一种角色，而不是有生命的、有实际活动的个体的存在。从那时起，道德就以一种治理社会的工具的面目而出现，奠定了我国封建社会道德建设政治化和形式化的根基。在封建社会"家天下"的制度传统下，道德一直扮演着统治者训练和培育忠臣顺民的工具角色，成为政治的附属品和附庸物，成为政治的马前卒。于是，政治本身所固有的强权化品质就自然地被强加在了道德的头上。道德建设的立足点始终就不是对人的生存与发展权的尊重和保障，对人的道德品行的培养，而是变成了政治家手中的扑克牌和当权者横行霸道的造势者。"新中国成立以后，一度整个社会建设、管理以阶级斗争为中心，阶级情感取代了传统道德中的忠孝仁义等范畴，特别是'文化大革命'时，一味强调阶级斗争，认为政治方向决定一切，政治不仅取代了经济建设，也取代了道德建设，使得怜悯、同情、互助、容忍、扶贫济危、尊老爱幼等文明社会的基本道德观念所存无几，人们生活在阴谋、告密、揭发、猜疑等无义行为的阴影中。"① 在这样的情况下，大众伦理生活的合理性论证，被政党意识形态的神圣性所取代，一旦党的意识形态发生变化，社会伦理秩序就会出现失序。"文化大革命"期间，用毛主席语录决断一些是非，评价人的行为和道德，便是与古代社会的"引经决狱"极其相似的一幕，是政治干预社会道德生活的极端表现。要知道，"国家化的政党伦理作为社会伦理，是自上而下由国家法权建构的伦理，它没有获得切实的社会性，即没有取得社会中个体自主的自愿认同。无论政党伦理的价值意涵何等向善，没有个体意识的自愿参与，仅靠与强制性制度结构相结合的伦理教育或灌输，并不能保证取得个体自主的积极行为的支撑。政党伦理的社会化困难首先不在于其道德要求本身，而在于它的国体化性质杜绝了个体自主伦理的责任意识的参与。"② "政府以道德建设为己任，并在道德建设中起主导作用，一方面把'去私为公'的高尚的统一的道德观作为道德建设的唯一目标，倡导所有社会成员一心为公，无私奉献；另一方面，以为通过广泛的道德宣传，不断地树立各种道德典型，搞一些文明窗口之类的方式，就可以建立市场经济的道德秩序。事实上，为实现某种道德理想状况而推行的一些措施，恰恰破坏了道德调节的无形力量和道德形

---

① 马润海、戚本超主编：《公民道德建设评价体系》学习出版社 2003 年版，第 104—105 页。

② 刘智峰：《道德中国》，中国社会科学出版社 1999 年版，第 69 页。

成的文化传统，事与愿违。实际上，只有个人才是道德的主体，只有个人的自由意志才能作出道德判断，也只有在适当的社会氛围中，个人才能将自己的道德判断付诸实践。"①

　　道德建设本身的社会性特征，决定了道德建设活动必然依附一定的组织形式，但是作为国家政权的持有者必须明确自身权利的有限性和外在尺度，对道德建设活动的干预程度不能超过一定的界限。伦理学家弗里德曼认为，"干预受其自身规律的支配，这些规律不是立法机关制定的条例，而是科学的规律。这些干预服从于强制力量，并按照与其创议者或支持者的意图或愿望很少相关的方向进行。"② 我国道德建设中存在的低效率现象，有很大一部分原因要归咎于政治对道德的过分干预，或者说政治赋予了道德过多的意识形态性。"政治伦理为生命价值和生活实践提供宏伟指引，把个人生活的伦理价值引向宏大的社会理想与目的，通过社会目的指引、社会组织的定位（如个人隶属于单位）、教育与宣传机器的灌输、社会改造与流动机制、社会惩罪标准的强制、日常生活的约束把个体的道德生活、日常生活、思想与行为规约在政治伦理之下。"③"政治的极'左'意识形态成为社会伦理的基础，规约着整个社会生活的形式及价值取向，提供具体社会制度环境的道德秩序，以及衡量个人行为模式和日常生活中有关善的行为的尺度。"④ 实际上，随着社会个体在现代公共生活中作用和地位的不断提升，道德生活价值取向的多元化已经成为一种常态，由国家或政府规范的共享性价值体系的社会约束力正在下降。整齐划一的强制性道德观念，在道德建设过程中不但无法奏效，反而会导致社会伦理秩序出现失序状态。《公民道德建设实施纲要》强调了切实加强对公民道德建设的领导的问题，指出："各级文明委和党委宣传部，在公民道德建设中担负着指导、协调、组织的具体职责。要深入实际，调查研究，了解新情况，分析新问题，及时发现、总结和推广群众创造的新鲜经验，探索道德建设规律，改进方式方法，指导面向工作。"但是，各级组织在实施领导过程中，必须明确自身的使命和责任，做到"到位不越位，指导不主导"。为此，首先要完善政党伦理的社会正义基础，修补政党伦理的正当

---

① 张晓明、王欣：《经济学视角中的道德建设》，《社会科学》2001年第2期。
② 弗里德曼：《自由选择》，商务印书馆1982年版，第201页。
③ 金生鈜：《德性与教化》，湖南大学出版社2003年版，第320页。
④ 同上。

性资源，培养个体自主的伦理责任意识，使伦理秩序获得个体的主动责任感和良知意识的支持。其次，要恢复社会中传统的自主性宗教信仰，并为它们发挥伦理功能提供法定的空间。必须划清政治与道德的界域，不能再让道德成为实现某种政治意图的工具，背负其不该承担的那么多意识形态的重负。

此外，在道德建设过程中所存在的严重形式化倾向，也是造成道德建设实效性低下的另一个重要原因。作为重要的实践活动，道德建设当然不能仅仅局限于"内在修行"或是"自我醒悟"，虽说是观念支配行为，但是观念和意识都是实践的产物，而实践则必然要通过一定的形式来实施。道德建设实效的获得最后当然要落实到人的道德行动之上，看不到道德行为的"思想斗争""观念更新"或是"灵魂震撼"之类的情感悸动是没有真实意义的。荀子曰："闻之不若见之，见之不若知之，知之不若行之，学至于行之而止矣。"① 对道德实践而言，更是如此。但是，问题的关键在于如何"行动"，是发自主体内在的动力驱使之"行"，还是摆样子、耍架子的外在表演之"行"。我国的道德建设在政府主导下，通过举办各种形式的群众性建设活动，的确取得了很大的成绩。比如，"希望工程""送温暖""志愿者""手拉手""幸福工程""春蕾计划""扶残助残"等公益活动，还有利用"五四""七一""八一""十一"等革命节日，"三八""五一""六一"等国际性节日，以及民间传统节日和重大历史事件、历史人物纪念日等，举行形式多样的群众性庆祝、纪念活动，以及"公民道德论坛"，等等。举办这些活动在宣传道德风尚、树立道德榜样、唤醒道德自觉、落实道德行动等方面发挥了很好的技法和推动作用。然而，还必须看到，在许多地方还存在着非常严重的"形式主义"问题。特别是在政府主导下所开展的一些建设活动，不是潜心于从文化建设和思想建设的角度进行长远的积淀，不是从民风民俗的优化培育和全民教育的角度进行系统的规划，而是醉心于举办声势浩大的群众性运动，以图短、平、快地取得突出的"政绩"。热衷于发文件、提口号、定目标，什么"一年有突破、三年见成效、五年大变样、七年创一流"。在长官意志左右下，评比性和创建性的活动畸形发展。不是遵循以人为本的原则，遵循道德发展"知·情·意·行"互动共进的内在规律，从道德认知的

---

① 《荀子·效儒》。

学习、道德情感的培育、道德品质的锻炼三方面，因人而异，循序渐进地推动道德的自我教育和自我提高。而是倾心于"科学管理"、"制度先行"，试图仅仅通过建立一整套的规章制度来"规范"人们的道德，更有甚者放任法律越俎代庖地侵入道德领地，对人的道德言行实施制裁。道德建设是不可能通过制度手段或法律手段一蹴而就的。道德是人内心的法，是自己为自己立法。如果不是由主体的道德需求而生发，不是由规则体系的内化而形成，任何的道德"建设"都是缺乏原动力的，最终都是难以取得实效的。

四 提升我国道德建设实效性的主要对策

面对日新月异的经济和社会发展形式，要提高道德建设的实效性，就必须要充分反映社会主义社会的本质特征，符合人类社会发展规律、市场经济内在规律以及当代人身心发展规律的基本要求，贴近现实生活，确保道德建设"从人出发，向人走去"。在道德体系建设上反映层次性，容纳多样性；在道德实践环节上彰显自主性，注重道德个性品质的培养；在道德制度建设上充分保障社会正义，注重制度的可操作性。

（一）完善社会主义市场经济体制

法国哲学家爱尔维修认为，如同物质世界为运动规律所支配，精神世界为利益规律所统治。如果说自然界服从运动规律，那么社会就不折不扣地服从利益规律。马克思主义认为："物质生活的生产方式制约着整个社会生活、政治生活和精神生活的过程。不是人们的意识决定人们的存在，相反，是人们的存在决定人们的意识。"① 人类社会发展到今天，关于物质生产对人的存在和发展的决定性作用、物质利益对人的道德形成的制约性作用，以及社会的经济发展对道德建设的基础性作用等基本的社会理论已经得到了普遍的验证，被人们所广泛接受。道德作为社会的核心的意识形态，自然也要受制于一定社会的物质生活条件和生产方式。一个社会的经济结构是一个社会最基本和最重要的现实基础，社会的一切活动都必然地应从这一现实际出发，包括社会的政治、法律、道德等社会意识形态。

---

① 《马克思恩格斯选集》第 2 卷，人民出版社 1995 年版，第 32 页。

这是由经济活动性质决定的，也是由人的生存和发展需要决定的。经济发展正是能够满足人的生存和发展需要的根本保证。首先，经济发展对道德建设具有决定性的奠基和推动作用。一个社会的道德只有从该社会的经济生产方式出发才能得到说明，一个社会的道德建设也只有建立在该社会的经济发展基础上才能得到有效实现。一个人不管在主观上如何想超脱各种社会关系，他在社会意义上总是这些关系的产物，一切以往的道德论归根结底也都是当时的社会经济状况的产物。因此，只有发展和完善好社会主义市场经济体制，提高整个社会的物质生活水平，不断扩大对道德建设的投入，才能为我国的道德建设奠定坚实的物质基础。

然而，在现实生活中，出于对发展经济可能带来的物欲横流社会景象的担忧，现实生活中关于经济发展与道德建设关系的论证始终在进行着。有人担心对经济发展的过度"纵容"会毁灭人们的精神世界，也有人担心道德建设的不适当"扩张"会钳制人的欲望，扼杀社会发展经济的动力。经济与道德之间究竟应该建立一种什么样的适应性关系，无论过去还是现在都一直在争论着。事实证明，社会发展问题并不仅仅只是一个"经济"问题，经济的发展并不能自然而然地为我们带来一个文明和谐的世界。要建设好社会主义的道德文明，对这一问题的思考应该进一步继续推向深入。怎么样才能在充分肯定经济发展的基础性作用的前提下，使道德建设获得来自主体的更加自觉而坚韧的恒久动力；怎么样防止在经济大潮的作用下将道德建设逼入"资本"核算的行列——精神的动力不是为了有动力的精神，为了人的精神自由，而是变成了经济发展的"清道夫"。这些问题都是我们在今天的社会主义道德建设过程中必须加以澄清的，否则道德建设的实效性就难以得到持久的体现，在经济繁荣中昙花一现的道德美景终将转瞬即逝。

（二）坚持以人为本

马克思在《政治经济学大纲》中，以个人在社会中的独立自主性为坐标，把人类社会的发展历程划分为三个阶段，他认为：人的依赖关系（起初完全是自然发生的），是最初的社会形态，在这种形态下，人的生产能力只是在狭隘的范围内和孤立的地点上发展着。以物的依赖性为基础的人的独立性，是第二大形态，在这种形态下，才能形成普遍的社会物质交换、全面的关系、多方面的需求以及全面的能力的体系。建立在个人全面发展和他们共同的社会生产能力成为他们的社会财富这一基础上的自由个性，是第三阶段。第二阶段为第三阶段创造条件。① 蕴含在马克思这一划分之中的基本观念就是对人的关注，以人的存在状态作为划分人类社会发展阶段的重要依据，反映出了马克思主义"以人为本"的基本哲学思想，"把人的世界和人的关系还给人自己"。所谓以人为本，就是把人作为人的活动的中心。从人出发、向人走去、成就人、完善人、实现人。而以人为本的道德教育，就是把人作为道德教育的主体和根本，把人的全面发展作为道德教育的根本出发点和归宿，充分认识和把握人的本性，引导和满足人的正当欲望，最终实现人的自由个性。

发展经济能够为道德建设夯筑坚实的物质基础，但是"基础"只是基础，道德建设不能只停留在物质层面，必须走向更高的精神世界，走向物质与精神和谐发展的幸福生活。"道德资本""精神动力""精神经济""道德力""心经济"，这些概念的出现，只能说明人们对经济运行的关注点已经由过去的"物质资源"角度转向了"精神资源"角度，说明人们对经济生活中"人"的意义和价值赋予了更高水平的理解和认识，但是绝不能由此而忘记了人的存在，把人的精神等同于一般的"物质资源"来运作。"经济的发展必须要有一种人文精神作支柱和动力，这种人文精神对经济的发展具有规范和推动的作用。如果丧失了人文精神的支撑，财富的追求欲望就必定会沦丧为纯利欲的冲动，就会导致人们动物性的膨胀、人性的泯灭、社会秩序的混乱和财富的浪费。"② 正确认识经济发展与道德建设之间的辩证关系，对当代中国经济与社会的发展非常重要，道德建设的物质基础要夯实，道德建设的人本原则也应该得到有效的贯彻。与此相应，我们认为，对当代中国人来说，呼唤"道德人本"意识比张扬"道德资本"意识更具有现实意义，更有利于经济与社会的和谐发展，更有利于加快社会道德建设前进的步伐。所谓"道德人本"，就是倡导从人的生存和发展需要出发来理解道德，从人自身的完善和幸福出发来说明道德，从精神世界与物质世界的和谐统一、共同发展出发来建设道德。道德是人的道德，人是道德的人，不能离开道德来认识人，也不能离开人来"运用"道德。道德"资本"还是道德"人本"，换句话说，是把道德当成实现经济目的的要素和手段，还是把道德当成人自身存在和发展必须追

---

① 《马克思恩格斯全集》第 46 卷（上），人民出版社 1979 年版，第 104 页。
② 刘智峰：《道德中国》，中国社会科学出版社 1999 年版，第 55 页。

求的意义；是为经济而道德，还是为道德而经济；道德应该以"资"为本，还是以"人"为本。从分析生产过程的角度，把道德作为人力资源的有效组成部分而列入分析要素，来说明道德能够唤起人的精神力量、提升人的生产能力、提高生产效率，从而更进一步说明和认识道德的意义和价值，这种分析思路本身并没有错。问题是，不能把道德作用局限化为增进经济效率的一种资本元素，这就难免会滑向将道德"工具化"的泥潭。如果道德游离于"人"之外，成为经济发展的筹码或是"清道夫"，脱离了意义世界的价值导向，人的生存意义就变成了可以用来被预算、决算的经济物，那么就算人的幸福生活有了雄厚的经济基础，幸福的感觉和生活的意义也会离我们越来越远。

（三）严格实施现代法治

"如果把精神文明比作一只小鸟，这个鸟的头是思想理论建设，这是旗帜、灵魂、方向、精神支柱；鸟的身体部分是科教文等，这是主体；而鸟的两翼则是道德和法律，这两翼不存在谁主谁辅的问题，缺一翼这只鸟便飞不起来。"①罗国杰先生的这个比喻，形象地说明了道德和法律对社会文明与发展的重要意义。《公民道德建设实施纲要》指出："建立健全有关法律法规和制度，把公民道德建设融于科学有效的社会管理之中。逐步完善道德教育与社会管理、自律与他律相互补充和促进的运行机制，综合运用教育、法律、行政、舆论等手段，更有效地引导人们的思想，规范人们的行为。"道德的价值表现在两个方面：一是其内在价值，其本身即为人类一种生存和发展的内在需要，相应地表现出其超功利性的一面；二是其外在价值，为维系合理的社会秩序提供担保，相应地便具有手段性或工具性的一面。"所有超过最亲密的社会群体的更大范围的社会合作都需要一定程度的强制。"②"那些被视为社会交往的基本而必要的道德正义原则，在一切社会中都被赋予了具有强大力量的强制性质。"③道德的外在价值是为展现其内在价值服务的，但是其内在价值只有通过外在价值才能得到体现和保障。道德的规范性决定了道德应该具有鲜明的制度特征。要加强道德建设，要提高道德建设的实效性，就必须对道德的规范性和制度

---

① 罗国杰主编：《道德建设论》，湖南人民出版社1997年版，第551页。
② 莱茵霍尔德·尼布尔：《道德的人与不道德的社会》，贵州人民出版社1998年版，第3页。
③ E.博登海默：《法理学——法哲学及其方法》，华夏出版社1987年版，第361页。

价值给予充分的肯定，同时也必须很好地实现道德与法律之间的有机衔接，从而最终对社会的公平和正义提供最有力的保障。因此，完善道德规范，健全道德建设的制度体系，是保障道德建设实效性的关键。人并非生来就自然具有一定的社会属性，这种社会属性只有在人的成长过程中通过不断地规范和引导才能够逐步获得。而社会的规范功能，是通过将被实践反复证明过的正确思想和行为，凝固化为一定的"制度"的方式来实现的。从人的社会化过程来看，可以说人的存在和发展就是通过不断适应各种社会制度来实现的。没有制度，就没有人的联系和发展，也就没有社会，社会就是一种制度化的存在实体。制度是"人为的"，也必然应该是"为人的"，制度是道德的外在表现形式，道德是制度的内在价值体现，这正是制度伦理与伦理制度所要说明的问题。"一个社会赏罚严明，便会对社会大众起到良好的督导作用。它犹如一种酵素，推动着人们按照社会所倡导的道德规范去严格要求自己，规范和约束自己的行为，并由此进一步推动社会道德欣欣向善。反之，如果一个社会赏罚错位，是非混淆、善恶颠倒，必然会扶邪驱正，推动着道德之风的腐败和堕落以及道德危机现象的蔓延。"[①] 但是，周延性的缺乏、模糊性的存在、滞后性的约束等弊端都是法律所无法克服的先天缺陷，因此无论立法的速度如何加快，都不可能合理应对和穷尽覆盖到一切的人类行为，如果对法制的力量过于依赖或迷信，而不从人的道德层面加大培育和挖掘力度，激发人自身的本质力量，就会陷入"法治主义"的旋涡，暂时的社会良好秩序也许可能呈现，永久和根本的社会和谐与发展则无从期盼。

（四）严厉打击权力腐败

党的十八大报告指出："新形势下，党面临的执政考验、改革开放考验、市场经济考验、外部环境考验是长期的、复杂的、严峻的，精神懈怠危险、能力不足危险、脱离群众危险、消极腐败危险更加尖锐地摆在全党面前。不断提高党的领导水平和执政水平、提高拒腐防变和抵御风险能力，是党巩固执政地位、实现执政使命必须解决好的重大课题。"而坚决反对权力腐败，增强党的"道德领导力"亦是党应对"四大考验"，实现执政使命，巩固执政地位的重要一环。

[①] 龙静云：《治化之本——市场经济条件下的中国道德建设》，湖南人民出版社1998年版，第207页。

司马光在《资治通鉴》里分析智伯（中国春秋时期晋国卿大夫，于公元前475年成为晋国执政官——作者注）无德而亡时写道："才德全尽谓之圣人，才德兼亡谓之愚人，德胜才谓之君子，才胜德谓之小人。"历史反复证明，政德正则民风淳，政德败则民风降。政德之于政治和社会的发展、之于国家安危和人民的祸福，确有千钧之重。正因如此，孔子认为："为政以德，比如北辰，居其所而众星拱之。"孔子所言的为政者的良好道德及其影响力与这里所讲的党的"道德领导力"有异曲同工之妙。在现代民主政治制度之下，"道德领导力"是指执政党及其领袖人物高尚的政治道德操守及其所展现的巨大影响力和社会示范作用。它是执政党成功执政，赢得民心的重要保证。新加坡政府提出执政成功的六条原则：（1）发出明确的信号，不要迷惑人民；（2）前后一致，不要突然转向和改变，以保持人民的信任；（3）保持廉洁，杜绝贪污，不辜负人民的重托；（4）要受人尊敬，不要讨人喜欢，拒绝避重就轻，从人民的长远利益出发；（5）广泛分摊利益，不剥夺人民应有的生活条件，公平地让人民分享利益；（6）努力争取成功，绝不屈服，为人民利益而战。贯穿在这些原则中的核心理念就是"人民"、"利益"和"行动"。这六条原则绝不是纸上空文，而是执政党和政府所有成员实实在在的行动。从这里我们不难发现新加坡执政党和政府高超的"道德领导力"，它对我们党加强"道德领导力"建设，提供了非常有益的借鉴。

中国共产党的"道德领导力"，从根本上说，有赖于政治体制改革的深化和民主政治制度的完善。而随着政治体制改革的不断深化和民主政治制度的完善，党的执政行为必须重点解决两个问题：一是执政与人民的关系；二是执政权力的行使。因此，党的"道德领导力"首先表现在正确处理党与人民群众之间的关系方面。党的执政地位是人民赋予的，"为人民服务是党的根本宗旨，以人为本、执政为民是检验党一切执政活动的最高标准。任何时候都要把人民利益放在第一位，始终与人民心连心、同呼吸、共命运，始终依靠人民推动历史前进。"唯有这样，党才能如同"众星拱月"般地得到人民的衷心拥戴，党的执政地位才能坚如磐石。其次，党的"道德领导力"要求党要正确对待和使用执政权力。具体说，必须坚持以下几点：（1）依法配权。即党的执政权力是由宪法来配置的，执政权力的实施必须在法律规定的范围内进行，并严格接受法律的制约。（2）以制制权。即建立一系列严格的制度和规范，将权力限定在制度和规范的框架之内行使，从而避免各种越权和权钱交易及其所产生的各类权力腐败。（3）以权限权。即以公民的权利来制约执政党及其官员的权力。在公权力和私权利配置上应体现出这样的人文关怀：对于公权力，法不授权不得行，法有授权必须为；对于私权利，法无禁止皆权利，法无禁止不得罚，使公权力和私权利达致平衡与和谐。（4）以新闻媒体监权。新闻媒体为"社会公器"，其最大的职能就是监督执政权力的行使，对权力腐败及时加以揭露和曝光，把权力执掌者的恶行彻底暴露在阳光之下。（5）以道德塑权。就是要按照"立党为公，执政为民"的道德宗旨和"干部清正、政府清廉、政治清明"的具体道德要求，通过政德教化和自我修养，增强党自我净化、自我完善、自我革新、自我提高的能力，培养出一大批以德修身、以德服众、以德润才、德才兼备的领导干部队伍，使他们成为社会全体成员的表率和榜样，进而带动和促进良好社会风尚的形成。

此外，还要加强对公务员国家意识、民族精神、职业道德和理想信念教育，帮助他们树立正确的权力道德观；要通过制度手段，督促公务员树立民主、法治、公正、责任的理念，明确并遵守政府公务员的基本行政道德规范；要继承并弘扬我国传统行政道德中的优秀遗产，从培育民主法制传统、健全制度体系、营造公平正义的社会氛围等角度构建反腐倡廉的文化和社会基础；要稳定提高公职人员的福利待遇，使他们工作起来无后顾之忧，无权力之虞；要加强立法，建立和不断完善公共权力运行的约束制度，并充分发挥媒体的监督和警示作用。总之，要通过努力培养，最终使公务员具备高效、透明、信任、平等、公正、服务、责任、独立、高质量、专业化等道德思想和道德准则，确保公务员在道德践履过程中在认知上实现自觉、在情感上体现自愿、在行为上达到自然。

（五）建构公民利益表达机制

亚当·斯密认为："与其说仁慈是社会存在的基础，还不如说正义是这种基础。虽然没有仁慈之心，社会也可以存在于一种不很令人愉快的状态之中，但是不义行为的盛行却肯定会彻底毁掉它。"① 正义观念最初起源于人来自动物的自卫和自我保存本能，私有制出现以后，正义观念便从原始的同态复仇转变为对私有财产和个人权利的维护。《中共中央关于构

---

① ［美］亚当·斯密：《道德情操论》，商务印书馆1998年版，第106页。

建社会主义和谐社会若干重大问题的决定》（2006年10月11日中国共产党第十六届中央委员会第六次全体会议通过）指出："社会公平正义是社会和谐的基本条件，制度是社会公平正义的根本保证。必须加紧建设对保障社会公平正义具有重大作用的制度，保障人民在政治、经济、文化、社会等方面的权利和利益，引导公民依法行使权利、履行义务。"并且进一步指出，要"统筹协调各方面利益关系，妥善处理社会矛盾。适应我国社会结构和利益格局的发展变化，形成科学有效的利益协调机制、诉求表达机制、矛盾调处机制、权益保障机制。"道德建设的实效最终决定于制度正义的实现，因为制度的正义是建立在人的正义感、道德观之上的，制度的背后是人的德行的表现，离开了道德建设，制度的建设和制度建设的正义性也就失去了根本的依托和意义。因此，建构公民权利与利益的表达机制，实时化解社会矛盾，对提升道德建设的实效性非常重要。

既然制度是道德建设产生实效不可或缺的重要因素，那么在正义性原则指导下，制度建设或者说制度优化则是道德建设走向实效的有力保障。制度优化的方向不仅仅只是制度本身内在体系的完整化或科学化，而应该使一定社会所共同追求的伦理价值在制度中得到有效的体现。只有使社会所倡导的伦理价值在制度体系中得到充分的反映，才能使人们对制度的遵守由被动走向主动，由他律走向自律，在制度的环境下逐步培育出道德的情操，产生出对道德的向往和追求，最终对社会的道德建设发挥出积极的推动和保障作用，实现一个社会的道德理想和道德追求。秩序是社会主体之间相互作用、相互制约、遵循社会规范而形成的一个稳定的、连续的、有机的统一状态，这种统一状态形成的根本基础是成员的普遍的德行，这种统一状态形成的直接前提是社会制度体系的建立和完善。如果一种制度体系不能对人们的物质和精神需求产生必要的保障，不能使有德者受到肯定，使缺德者得到惩处，与人们的道德追求相一致，那么这种制度体系就无法有效地建立起来。因此，制度的优化比制度的建立更为重要。制度的建立只有与道德的诉求相吻合，与人们的生活幸福相一致，才能找到自己存在的根本依据。优化社会制度，实现德福统一，是道德建设取得实效的重要保障。

实时化解社会矛盾，首先要保障对社会公平和正义的追求，不能够充分体现公平和正义的社会制度是得不到人们的遵从的，也就更无法奢谈对社会道德建设的推动和保障；其次要促进社会个体"义利统一"观念的确立。在现代社会，我们应该树立的是先义后利、义利统一的社会主义义利观。只有社会个体具有了这样的义利观，社会制度的优化才能具有坚实的人文基础，社会制度的执行和遵守才会变成人们一种自觉的选择。在社会制度的安排上保证"公平正义"，在公民行为理念上实现"义利统一"，让制度优化和德行修养相得益彰，使制度文明和德行之光交相辉映，这才是道德建设应该选择的前进道路。

（六）弘扬中华传统美德

习近平总书记说过："牢固的核心价值观，都有其固有的根本。抛弃传统、丢掉根本，就等于割断了自己的精神命脉。博大精深的中华优秀传统文化是我们在世界文化激荡中站稳脚跟的根基。中华传统美德是中华文化精髓，蕴含着丰富的思想道德资源。不忘本来才能开辟未来，善于继承才能更好创新。对历史文化特别是先人传承下来的价值理念和道德规范，要坚持古为今用、推陈出新，有鉴别地加以对待，有扬弃地予以继承，努力用中华民族创造的一切精神财富来以文化人、以文育人。"① 我国有着悠久而深厚的道德文化传统，传统道德对现代社会道德建设有着根源性和前提性的重要地位，不管人们对它是推崇、褒扬还是厌恶、否定，它都是流淌于我们中国人血脉之中的文化基因。对待传统道德，我们应该本着批判继承、弃糟取精、综合创新、古为今用的原则，不断使之"优化"，从而走上"现代化"和"大众化"的发展之路，促进其与市场经济接轨。所谓"优化"，就是对灿若星辰的道德遗产进行一番去粗取精、去伪存真的研究，继承其精华，涤除其糟粕，彰显其文明的内核。所谓"现代化"，就是要对优选出来的道德精华进行再加工和再升华，使之对现代生活产生出更具有指导意义的价值。所谓"大众化"，就是让"内圣外王"式的修养之道变得更加生活化和具体化，变成大众的优秀的生活习俗，以可信、可亲、可近的示范样式，附着于丰富多彩的各种传播形式渗透到家庭、学校和社会生活之中。因此，应该给予社会习俗以应有的重视，认真研究风俗习惯与道德建设之间的关系，并通过继承与弘扬传统文化中的优秀成果，不断优化社会风习，弘扬"修己安人"的道德风习，坚持走从"教化"走向"生活"的道德建设之路，为当今社会的道德建设开辟出更为广阔的发展之路。

---

① 习近平 2014 年 3 月 9 日在全国人大代表会议期间参加安徽省代表团审议时的讲话。

要在道德活动中体现出主体性和能动性，就必须使"教化"走向"生活"，走出有限教化，回归现实生活，实现教化的"生活化"。我们这里所指的生活，是人们所直接感受和经历着的可以进行交流与描述的现实的人际关系、行为方式、情趣习惯和人生境遇等，是人们现实的生活世界。这个现实世界应该由真实的生活场景所构成，是一个鲜活生动并充满感性的世界。我们之所以这样强调，是因为很久以来我们常常把那些由观念和意识抽象或推演而来的虚幻、空洞的"理想世界"当成了现实世界。马克思主义道德观的核心和灵魂不是从先验性和抽象性的理念中推衍出来的，而是从现实生活中人们的实际需要和交往关系中提炼出来的，道德的起源是建立在人的现实生活基础之上，道德的发展和流变也是以人的实际生活需要为指南的。如果背离人的本质，把道德的建设立足在脱离生活的空洞的理性之上，抽象地构建主观化的道德世界，道德的理论就变成了被符号化了的哲学游戏，道德又如何能产生有效的引领作用。所以应该大声疾呼："让道德回归生活"，"让生活走向真实的道德"，"向自身的复归"。所谓"向自身的复归"，就是指我们人的本质力量的对象化的产物，不会反过来压迫、控制我们，而是使得整个人化的世界更合乎人性，只有这样的人化，才能给人以很好的教化。当然，我们倡导让道德走向生活，绝不是要片面而机械地一味迎合现实生活，或者是像某些人所误解的那样要远离崇高、媚俗生活。而是要对当代道德与现实生活之间一定的"游离"状态作出积极的检讨，让道德亲近生活，让生活追求道德，恢复道德与生活之间固有的有机联系。

（七）改进道德教育内容方法

在现有的各种对道德概念的阐释中，尽管强调的角度和表述的方法有所不同，但是，共同的特点：一是"社会和阶级的主宰性"（或者说"主体的被动性"）；二是"规范的预制性"。道德教育的主体性和互动性在其中并没有得到应有的重视。随着现代教育理念的逐步确立，传统教育中存在的"单向式传授"方法已经受到了很大的质疑和挑战，信息技术的现代化使教育的主动性和互动性有了很大的提高。特别是道德教育，不再是停留于纯粹知识的传授和领悟，而是被赋予了更多的情感因素。在道德教育的过程中，"知、情、意、行"之间的逻辑关系已不再是以"知"为始，逐步向"情"、"意"、"行"的递进，主体情感和行为的自觉性、感受力在道德教育过程中的作用越来越大。如果忽视这一点，没有给予主体在道德发展中应有的主动地位，道德教育的实现就会遭遇无的放矢的尴尬或低效。道德应该是"人的"道德，应该是"生活中的"道德，而不应该成为"预设的"或是"无主的"道德。道德教育只有从现实生活中的具体的人出发，关注人的感受和需求，关注人的生存和发展，其实效性才能有所保障。道德教育的"生活范式"的确立，充分焕发主体的德行自觉，是现代社会道德教育必须实现的重要转折。"道德体验论"研究者刘惊铎博士认为："道德教育开始从游离生活的作为学习者的研究对象的知性范式转向以有意义的生活为基础学习道德的生活范式。日常生活形成人的教养和德行的根基，生活中的特殊经历，包括意外和变故，可以激发'非常态意识体验'。这些体验不仅是检验在日常生活中所形成的教养的试金石，还具有触动心灵、提升精神境界的作用。我相信，当道德教育不再远离人的生活的时候，它便不再枯燥，而出现'学习道德是快乐的，做道德的人是幸福的'的景象。"[①] 这应该成为当代道德教育面向现代化、面向未来的重要转折点之一，也是改良当代道德教育的关节点。当代教育应该选择的发展之路必须突出道德体验的核心地位，积极建构"主体·发展"的德育，以培养健全的道德人格为最终目的。

首先，一切教育活动只有建立在对个体既有的生理、心理和社会认知承认和尊重的基础之上，才有可能，也才有意义。现代德育应突出以人为本的精神，重视人在道德活动中的主体性，以人格培养为根本。所以，道德教育只有走出单纯认知式的接受性模式，走向突出主体性、发展性的现代德育，才能适应时代发展和人的自我完善的要求，产生出应有的实效。其次，应将培养健全的道德人格作为道德教育的核心任务和最终目的。对当代中国人而言，高度集权的社会组织控制着一切资源，个人愿望的实现受制于权力之手，历史与现实的交错作用共同造就了中国人"权力依附性"的人格缺陷，出现对权力的迷信和崇拜。在权力面前的屈尊俯就，使部分人丧失了人格的独立与尊严。如此一来，道德人格的培养便面临着严重的个体"无觉"和社会"失语"，道德教育变成了无主格的纯粹社会行为。最后，应极力推崇道德体验在道德教育中的核心地位。离开道德体验，就无法顺畅地实现人的道德认知的内化和道德感受的优化，道德教育就会变成纯粹的强势"意识输入"，道德的内在动力就难以得到有效的

---

① 刘惊铎：《道德体验论》，人民出版社2003年版，总序第6页。

发挥。

(八) 促进社会组织发展

随着经济不断发展，人们社会活动的领域在不断扩大，行为的自主性在不断增强，伴随着公民社会的逐步形成，政府在社会管理中的权限在缩小，许多原来由政府统管的社会领域逐渐让位于由公民自觉形成的自主性组织。在这种组织内，公民自觉地遵守着由他们自己制定的各种规章和行业规范，与原来在政府主导下的刚性约束相比，这些规范有了更强的"约定"性和"自主"性，同时也有了更加鲜明的"道德"性。在非政府组织内，人们之间的结合是建立在自主、自愿、自觉的基础上的，维系相互之间关系的纽结有着更加强烈的自律性。组织给予每一个人充分的自由、平等和尊重，成员则主要是凭借个人的道德修养和自我约束来获得组织的信任和接纳。无疑，在这样的一种组织内，人们的道德修养就获得了一种非常有效的生长环境。如果这种组织形式能够不断发展壮大，社会整体的道德建设必将得到了长足发展，建设的实效性也能得到有力的保障。

社会组织的突出特点表现为：组织上的自主性和行动上的志愿性、公益性和非营利性，充分体现社会的公平和正义；积极彰显社会的民主、法治精神和人道主义精神。总之，在其组织原则和活动方式中充满着深厚的伦理意蕴。在经济活动、社会管理尤其是在消除贫困、帮助弱势群体、人道服务、保护环境等社会公益事业中，非政府组织已成为与政府和市场相媲美的第三部门。由于非政府组织具有非营利性、志愿性及其弹性组织形式的民主性、平等性等特性，因而与市场和政府相比，具有更为丰富的道德色彩。非政府组织的发展能够培育人们的公民意识、互助合作精神和社会公益精神，保障社会稳定和谐发展，因而是道德建设的一个新途径。我国政府机构改革的目标是"小政府、大社会"，这预示着国家、市场、非政府组织三种力量均衡格局在我国的形成。非政府组织在我国的出现和发展有主、客观两个方面的原因。从客观上看，一是市场经济体制的建立为非公有制经济的发展开拓出了更加广阔的活动领域；二是政府体制改革对政府职能的科学规约和"职能卸载"使非政府组织的存在具有了更加现实的意义。

此外，国际上各种非政府组织的蓬勃发展和向国内的广泛渗透也在客观上促进了我国非政府组织的发展。从主观上看，大众权力意识以及民主和法制观念的增强，使人们对个人和团体社会权益的维护有了更加强烈的愿望，为此而自发地组织起来也成为自然而然的事情。随着我国改革开放和社会主义市场经济体制的建立与不断完善，非政府组织在经济发展，尤其是社会管理中的重要作用日益凸显了出来。其自身的非营利性、自主性等特征，使之与现代社会发展之间的适应性和协调性功能得到了充分的体现，其内在的伦理蕴含和道德特性更使之在提高社会道德建设实效性方面发挥着不可或缺的重要作用。非政府组织内在的志愿性能够很好发出人们的伦理精神，使公民的道德认知更加自觉、道德情感更加真挚、道德意志更加坚定、道德理想更加崇高。非政府组织奉行的利他主义和人道主义的行为宗旨，可以有效地培养成员的奉献精神，组织内部的管理遵循的是高度的自觉性和自治性原则，这些都能够很好地培养和提高人们的道德自治水平。非政府组织的发展，会使人们在实践中不断提高其关爱他人、互助合作的精神。比如在美国，当人们遇到困难和问题的时候，首先想到的不是政府，而是他们周围的非政府组织。因此，非政府组织是我国未来加强道德建设、提高社会整体的道德建设实效性不可忽视、不可或缺、前景无量的一块肥沃土壤。要提高我国当前道德建设的实效性，就应该不断加大对非政府组织的扶持力度，充分发挥非政府组织在提高公民道德意识和道德修养自觉性方面的优势，为道德建设走向实效开拓出更为广阔的天地。

（九）扩大新闻自由

人们的思想观念不会像肌体一样自身就有生长的功能，而是源于社会这个庞大的环境之中，社会舆论所形成的观念磁场对人的思想意识、情感世界、道德取向等都发挥着巨大的影响和感染作用。舆论对道德建设的作用可以概括为五个方面：形成正确的道德观念；弘扬高尚的道德情操；评价指导道德选择；揭露贬斥缺德现象；营造良好的道德氛围。舆论引导道德建设的原则可以概括为真实原则、主流原则、党性原则和民主原则。舆论引导道德建设的方法主要包括注重理论宣传、树立先进典型、塑造高尚精神、净化舆论环境。[①] 在道德建设过程中，充分发挥舆论引导作用，营造健康积极的人文环境，对推进道德建设走向实效是至关重要的。无论是西方的"破窗理论"，还是东方的"逾淮而枳"的基本认识都告诉我们一个再普通不过的基本道理，那就是场景与环境对人的观念形成和具体的行为选择存在着巨大的影响力。

---

① 罗国杰主编：《道德建设论》，湖南人民出版社1997年版，第507—510页。

就当代中国而言，媒体道德在建设中存在的问题集中表现在以下几个方面：在市场经济大潮的冲击下，从业者的道德追求意识淡化，意义世界和价值理性被金钱所取代，假新闻和有偿新闻屡禁不止，大行其道；在利益驱使下，片面追求发行量，对负面新闻津津乐道，热衷于煽情、媚俗和炒作；无视法律和道德，侵犯他人隐私，背弃人文关怀。出现这些现象的原因有多方面，从媒体之外看，首先是由于大众道德情怀的麻痹和对意义世界的忽视而产生的对感觉世界刺激的无意识追求，以及由此而滋生的媚俗环境对媒体机构的诱导与影响；其次是由于新闻监督和惩戒机制的不完善而产生的媒体对自由的滥用。从媒体内部来看，一是缺少应有的新闻法律规范，一些行业性的自律条款的约束力非常微弱；二是从业者道德素养低下和社会责任感缺乏。行业的自律、受众的监督、政府的监管，必须三管齐下，才能对新闻发挥出积极的道德建设作用。

《公民道德建设实施纲要》总共分为八个部分，但是却拿出了整整一个部分（第六部分）以"积极营造有利于公民道德建设的社会氛围"为题论述了社会氛围对道德建设的重要作用。

《公民道德速建设施纲要》指出："大众传媒、文学艺术以及体育活动，对公民道德建设有着特殊的渗透力和影响力。一切思想文化阵地、一切精神文化产品，都要宣传科学理论、传播先进文化、塑造美好心灵、弘扬社会正气、倡导科学精神，大力宣传体现时代精神的道德行为和高尚品质，激励人们积极向上，追求真善美；坚决批评各种不道德行为和错误观念，帮助人们辨别是非，抵制假恶丑，为推进公民道德建设创造良好的舆论文化氛围。"这一切都为在社会主义市场经济条件下营造积极向上的道德建设环境指明了方向，规划了发展蓝图。舆论应该承担弘扬真善美、鞭挞假恶丑的社会责任，为道德建设营造出良好的人文环境。舆论的力量建立在每一个社会成员对真善美的科学认识和正确评价的基础之上，公民正确的荣辱观的建立是形成积极的社会舆论的关键。

《公民道德建设实施纲要》还指出："广播、电视、报纸、刊物等大众媒体，要坚持团结稳定鼓劲、正面宣传为主，牢牢把握正确舆论导向，满腔热情地宣传两个文明建设中涌现出来的、反映新时期道德要求的新事物、新典型。要利用群众喜爱的名牌栏目，加强对社会普遍关注的道德热点问题的引导。要积极开展舆论监督，有力地批评背离社会主义道德的错误言行和丑恶现象。要发动群众参与，对具有典型意义的人和事展开讨论。计算机互联网作为开放式信息传播和交流工具，是思想道德建设的新阵地。要加大网上正面宣传和管理工作的力度，鼓励发布进步、健康、有益的信息，防止反动、迷信、淫秽、庸俗等不良内容通过网络传播。要引导网络机构和广大网民增强网络道德意识，共同建设网络文明。"这一切必将为营造积极的道德建设人文环境和培育、激发、引领全体公民的伦理精神发挥强大而持久的推动作用。

（十）借鉴国外道德建设经验

"道德建设"本身是一个非常中国化的概念，但是以教育、法制、文化等手段对整个国家的道德状况不断进行推进与优化的社会活动在世界上则有着明显的广泛性和普遍性。无论任何一个国家，在通过发展经济不断提高国民的物质生活水平的同时，无一例外地都会投入巨大的精力来关照国民的道德生活，提高国民的精神生活质量。这是由人的存在本质所决定的。在提高我国道德建设水平，不断推进道德建设走向实效的过程中，我们也理应对国外道德建设的现状给予足够的关注，从他们的道德建设中汲取有益的营养。现代社会的道德解释图式和实践方式是多种多样的，作为人类道德文明的成果，我们没有理由拒绝分享，也不能因为意识形态的差异而采取一概排斥的态度。

本着"他山之石，可以攻玉"的学习精神，按照"去粗取精、去伪存真、取长补短"的原则，广泛摄取一切积极因素为我所用，才是我们应该秉持的现代理念。例如，新加坡与我国在民族和文化传统上有着很深渊源，其道德建设成效也为世人所公认，它那弘扬传统、兼容并包的道德文化和制度先行、人格感召的道德实践都值得我们细细品味。新加坡是一个以华人为主体的移民国家，自1965年8月脱离马来西亚联邦独立之后，只用了不到30年的时间就发展成为了一个经济高速发展、政治持续稳定、人民安居乐业的新兴发达国家，居亚洲发达国家第二位，"亚洲四小龙"之首。之所以能够取得这样辉煌的成就，与新加坡人注重文化价值观教育，努力加强公民道德建设，是密切相关的。首先，面对多种族、多宗教、多文化的复杂局面，在弘扬儒家文化的同时，新加坡积极致力于构建兼容并蓄的道德文化，通过开展"共同价值观"教育，努力在人民中形成共同的道德价值观。其次，奉行行动哲学理念和实用主义思想，一切以人民生活幸福和国家繁荣为宗旨，全面开展制度先行与人格感召相结合的道德实践活动。人民行动党名称中的"行动"一词即已鲜明地标榜了其重行动、求功效的指导思想。新加坡人民行动党中央首任秘书长李光耀坦言:"在一切理想主义之外,我和我的同僚也在'功效至上'的基础上决定政策。"① 再比如,日本作为一个经济大国,在民族精神的培育和实现东西方伦理思想的融合等方面独辟蹊径,经验也值得我们借鉴。由企业集团主义思想中生发出来的是忠贞团结的力量,反映出来的是日本人对东西方文化的融会贯通能力。不囿于自己的文化传统的日本人,在物质文明建设上积极借鉴西方的文明成果,在精神文明上努力保持东方文化的宝贵精髓,凝练成了自己独有的面向世界、面向现代化的合璧中西的道德精神。而作为世界上最发达的资本主义国家,美国在国民道德观念和精神中所根植的自由与公正核心价值观对其社会发展所产生的巨大作用力,也应该引起我们深深的反思。美国作为一个新大陆国家,在其发现者之间所存在的原始性的自由、平等状态得到了有效的保持和发展,多元文化背景下所形成的开放心态、冒险精神、商业价值观、宗教信仰等思想和精神元素被不断地放大着、丰富着。由此而生发出来的道德原则是以实用主义为核心、个人主义为方向的。美国人那种推崇个性、喜欢标新、渴望竞争和崇拜个人奋斗的品行,使得他们对人的自由和社会的公正尤为关注,并且有着非常强烈的维护和捍卫精神,并且将之确立为自己国家道德建设的核心原则。

当然,我们反对那种将道德凌驾于历史和民族差别之上的观点,也反对把任何道德教条当作永恒的、终极的、从此不变的伦理规律,因为一切道德问题归根结底只有立足于当时的社会经济状况才能得到有效的实际的答案。因此,要想真正构建起与我国传统文化相协调、与市场经济相适应、与现行法律法规相承接的具有中国特色的社会主义道德建设体系,并确保其不断产生出应有的实效,还需要我们根据自己的道德国情,在观念更新、机制完善、理论建构、实践创新等方面不懈努力。

---

① 贺圣达等:《战后东南亚历史发展(1945—1994)》,云南大学出版社1995年版,第217页。

参考文献

(一) 专著类

国内著作

1. 《毛泽东选集》第一至四卷，人民出版社1991（2008重印）年版。
2. 《邓小平文选》第一至三卷，人民出版社1983年版、1994年版。
3. 《江泽民文选》第一至四卷，人民出版社2006年版。
4. 江泽民：《2001年全国宣传部长会议讲话》。
5. 胡锦涛：《在抗震救灾先进基层党组织和优秀共产党员代表座谈会上的讲话》（2008年6月30日），人民出版社2008年版。
6. 胡锦涛：《高举中国特色社会主义伟大旗帜　为夺取全面建设小康社会新胜利而奋斗》（在中国共产党第十七次全国代表大会上的报告）（2007年10月15日），人民出版社2007年版。
7. 胡锦涛：《坚持走中国特色自主创新道路　为建设创新型国家而努力奋斗》（在全国科学技术大会上的讲话）（2006年1月9日），人民出版社2006年版。
8. 《习近平十八大以来的重要讲话》，腾讯网。
9. 中共中央宣传部：《毛泽东邓小平江泽民论社会主义道德建设》，学习出版社2001年版。
10. 《公民道德建设实施纲要》，人民日报出版社2001年版。
11. 全国整顿和规范市场经济秩序领导小组办公室编：《整顿和规范市场经济秩序干部读本》，中国言实出版社2001年版。
12. 中央文明办未成年人思想道德建设工作组：《未成年人思想道德建设文件选编》，学习出版社2004年版。
13. 首都精神文明建设委员会办公室、北京市青少年教育与发展研究中心：《未成年人思想道德建设研究》，中国青年出版社2007年版。

14. 中央文明办未成年人思想道德建设工作组：《未成年人思想道德建设工作创新案例》，学习出版社 2007 年版。
15. 《孙中山全集》第 6 卷，中华书局 1985 年版。
16. 罗国杰：《道德建设论》，湖南人民出版社 1997 年版。
17. 罗国杰：《以德治国与公民道德建设》，河南人民出版社 2003 年版。
18. 罗国杰、徐惟诚：《伦理学与道德建设研究丛书》，河南人民出版社 2003 年版。
19. 宋希仁：《伦理的探索》，河南人民出版社 2003 年版。
20. 徐惟诚：《传统道德的现代价值》，河南人民出版社 2003 年版。
21. 徐惟诚：《市场经济与道德建设》，教育科学出版社 2000 年版。
22. 周辅成：《西方伦理学名著选辑》上卷，商务印书馆 1964 年版。
23. 周辅成：《西方著名伦理学家评传》，上海人民出版社 1987 年版。
24. 王小锡、郭建新：《邓小平经济伦理思想研究：兼论道德建设与社会主义市场经济》，南京师范大学出版社 2001 年版。
25. 万俊人：《比照与透析——中西伦理学的现代视景》，广东人民出版社 1998 年版。
26. 万俊人：《我们都住在神的近处》，辽宁人民出版社 1998 年版。
27. 万俊人：《道德之维——现代经济伦理导论》，广东人民出版社 2000 年版。
28. 万俊人：《寻求普世伦理》，北京大学出版社 2009 年版。
29. 王小锡：《经济的德性》，人民出版社 2002 年版。
30. 王小锡等：《道德资本论》，人民出版社 2005 年版。
31. 王小锡：《道德资本与经济伦理》，人民出版社 2009 年版。
32. 吴潜涛：《伦理学与思想政治教育》，河南人民出版社 2003 年版。
33. 吴潜涛、周洪晋：《社会主义荣辱观与公民道德建设》，海南出版社 2008 年版。
34. 吴潜涛、龙静云、李茂森：《论公共伦理与公德》，湖北人民出版社 2008 年版。
35. 龙静云：《治化之本：市场经济条件下的中国道德建设》，湖南人民出版社 1998 年版。
36. 龙静云：《马克思主义视野中的德治研究》，湖北人民出版社 2008 年版。

37. 宋士昌：《马克思主义中国化的最新成果：以胡锦涛为总书记的党中央战略思想研究》，山东人民出版社 2006 年版。
38. 冯契：《人的自由和真善美》，华东师范大学出版社 1996 年版。
39. 冯契：《认识世界和认识自己》，华东师范大学出版社 1996 年版。
40. 陈来：《古代宗教与伦理——儒家思想的根源》，生活·读书·新知三联书店 1996 年版。
41. 厉以宁：《超越市场与超越政府》，中国经济出版社 1999 年版。
42. 周中之、石书臣：《社会主义核心价值体系教育探索》，上海人民出版社 2007 年版。
43. 中华全国总工会宣传教育部：《社会主义核心价值体系职工读本》，中国工人出版社 2008 年版。
44. 韩震：《社会主义核心价值体系研究》，人民出版社 2007 年版。
45. 韩震：《我们的"主心骨"——大力建设社会主义核心价值体系》，人民出版社 2008 年版。
46. 李敬真主编：《社会主义核心价值体系概论》，湖北人民出版社 2008 年版。
47. 曹保刚主编：《社会主义核心价值体系研究书系》，河北人民出版社 2008 年版。
48. 陈亚杰：《建设社会主义核心价值体系》，人民出版社 2007 年版。
49. 李乐刚：《建设社会主义核心价值体系百题问答》，湖北人民出版社 2008 年版。
50. 何文治：《道德建设》，天津人民出版社 1991 年版。
51. 胡盛仪、刘金芳主编，王庆洲等编写：《道德建设概论》，湖北教育出版社 1992 年版。
52. 魏则胜：《道德建设的文化机制研究》，广东人民出版社 2005 年版。
53. 晏辉等：《公共生活与公民伦理》，北京师范大学出版社 2007 年版。
54. 张博颖：《当代中国公民道德建设：国家伦理与市民社会伦理的视角》，天津社会科学院出版社 2007 年版。
55. 贾新奇等：《公民伦理教育的基础与方法》，北京师范大学出版社 2007 年版。
56. 张吉明等：《社会主义道德建设的理论与实践》，党建读物出版社 2006 年版。

57. 王学义：《企业伦理学》，西南财经大学出版社 2004 年版。
58. 陈金华：《伦理学与现实生活——应用伦理学引论》，复旦大学出版社 2006 年版。
59. 陈正良、范骏、康洁：《公民道德建设与区域和谐发展》，中国环境科学出版社 2006 年版。
60. 张晓华：《文化传承与道德建设》第八辑，中华工商联合出版社 2005 年版。
61. 国际儒学联合会学术委员会：《儒学与道德建设》，首都师范大学出版社 1999 年版。
62. 钱广荣：《中国道德建设通论》，安徽大学出版社 2004 年版。
63. 郭广银等：《伦理新论：中国市场经济体制下的道德建设》，人民出版社 2004 年版。
64. 魏胜：《大学生道德建设的理论与实践》，西南交通大学出版社 2004 年版。
65. 吴奕新：《当代中国道德建设研究》，中国社会科学出版社 2003 年版。
66. 黄家驹：《公民道德建设教程》，广东高等教育出版社 2003 年版。
67. 李春秋等：《公民道德建设通论》，青岛出版社 2002 年版。
68. 温克勤等：《伦理学与道德建设》，天津人民出版社 2001 年版。
69. 王华：《美德论：传统美德与当代公民道德建设研究》，山东人民出版社 2002 年版。
70. 王立新、王文礼：《共产党员道德建设简论》，陕西人民出版社 2002 年版。
71. 明炯成、罗志：《新时期道德建设问题研究》，武汉工业大学出版社 2000 年版。
72. 王锁娥：《中国社会主义道德建设论纲》，陕西人民出版社 2000 年版。
73. 刘云林：《善的求索：当代中国道德建设研究》，黑龙江人民出版社 2001 年版。
74. 郭广银、杨明：《当代中国道德建设》，江苏人民出版社 2000 年版。
75. 中国伦理学会：《社会主义市场经济与道德建设：中国伦理学会第九届讨论会论文集》，广西人民出版社 2000 年版。
76. 国际儒学联合会学术委员会：《儒学与道德建设》，首都师范大学出版社 1999 年版。

77. 臧乐源、乔植英：《社会主义道德建设》，兰州大学出版社1998年版。
78. 舒金城：《市场经济与道德建设》，中国商业出版社1998年版。
79. 陶秀英、王刚：《社会主义道德建设新思考》，中国档案出版社1998年版。
80. 邱玉霞、王章煌：《道德建设与青年人格塑造》，中国青年出版社1999年版。
81. 曹劲松等：《青年道德建设论》，江苏人民出版社1998年版。
82. 李皓：《市场经济与道德建设》，山东人民出版社1997年版。
83. 王玄武、胡清玉：《社会主义市场经济与道德建设通论》，武汉大学出版社1997年版。
84. 陈泽环、方放：《社会主义市场经济与道德建设》，上海人民出版社1997年版。
85. 于利中、王宜民：《社会主义市场经济与道德建设》，江苏人民出版社1996年版。
86. 刘月林：《市场经济与道德建设》，中共中央党校出版社1996年版。
87. 张友春、杨效春：《社会主义市场经济与道德建设》，内蒙古人民出版社1996年版。
88. 时雨、梅子选编：《道德建设新论：八十八位知名学者党政领导纵论新时期道德理论和实践》，中共中央党校出版社1996年版。
89. 田源、曲青山：《社会主义市场经济条件下的道德建设概论》，青海人民出版社1996年版。
90. 申成川等：《中华民族传统道德与新时期的道德建设》，冶金工业出版社1996年版。
91. 中共广东省委宣传部理论处：《新时期道德建设研究》，广东人民出版社1996年版。
92. 李权时、章海山：《经济人与道德人：市场经济与道德建设》，人民出版社1995年版。
93. 田源、曲青山：《市场经济条件下的道德建设概论》，青海人民出版社1994年版。
94. 杨丙安、于晋民：《社会主义初级阶段的道德建设》，河南大学出版社1988年版。
95. 董承耕、郑其灿：《论转型期思想道德建设》，吉林人民出版社2008

年版。

96. 杨业华：《社会主义思想道德建设前沿问题研究》，中国社会科学出版社 2007 年版。

97. 杨再鹏：《未成年人思想道德建设的方法与策略》，天津教育出版社 2007 年版。

98. 夏伟东：《中国共产党思想道德建设史略》，山东人民出版社 2006 年版。

99. 苏宁：《关注成长：未成年人思想道德建设前沿问题研究》，人民出版社 2005 年版。

100. 陈永弟：《借鉴与参考：部分国家和地区未成年人思想道德建设掠影》，上海三联书店 2006 年版。

101. 沈壮海：《新时期未成年人思想道德建设概论》，湖北科学技术出版社 2005 年版。

102. 鞠文灿：《未成年人思想道德建设新问题与对策》，东北师范大学出版社 2005 年版。

103. 福建省炎黄文化研究会：《传统文化与思想道德建设》，海峡文艺出版社 2001 年版。

104. 李霞：《市场经济与思想道德建设：当代大学生人生价值观教育论纲》，湖北人民出版社 1999 年版。

105. 余忠钦：《大学生思想道德建设论》，四川人民出版社 1998 年版。

106. 王正平：《加强社会主义思想道德建设》，上海人民出版社 1998 年版。

107. 杨儒柏等：《思想道德建设研究》，南海出版公司 1997 年版。

108. 秦刚：《社会主义思想道德建设》，青岛出版社 1997 年版。

109. 胡钦太、林伟光：《高等学校思想道德建设概论》，华南理工大学出版社 1997 年版。

110. 虞友谦、陈有：《思想道德建设理论与实践》，河海大学出版社 1997 年版。

111. 杜寿杰、李长明：《思想道德建设理论探微》，中国人事出版社 1996 年版。

112. 赵仲英等：《社会主义思想道德建设研究》，云南人民出版社 1996 年版。

113. 陈光林：《文化环境与思想道德建设》，山东人民出版社 1992 年版。
114. 林克信等：《思想道德建设简明教程》，大连海运学院出版社 1991 年版。
115. 王伟：《行政伦理概述》，人民出版社 2001 年版。
116. 王伟等：《中国韩国行政伦理与廉政建设研究》，国家行政学院出版社 1998 年版。
117. 周奋进：《转型期的行政伦理》，中国审计出版社 2000 年版。
118. 张康之：《寻找公共行政的伦理视角》，中国人民大学出版社 2002 年版。
119. 彭定光：《社会的正义基础研究》，湖南师范大学出版社 2002 年。
120. 中国行政管理学会编：《入世与政府改革》，知识出版社 2002 年版。
121. 马啸原：《西方政治思想史纲》，高等教育出版社 1997 年版。
122. 张贤明：《论政治责任》，吉林大学出版社 2000 年版。
123. 张宇燕：《经济发展与制度选择：对制度的经济分析》，中国人民大学出版社 1992 年版。
124. 高兆明：《制度公正论》，上海文艺出版社 2001 年版。
125. 彭定光：《政治伦理的现代建构》，山东人民出版社 2007 年版。
126. 张文显：《20 世纪西方法哲学思潮研究》，法律出版社 1996 年版。
127. 荆学民：《社会转型和信仰重建》，山西教育出版社 1999 年版。
128. 陈金华：《伦理学与现实生活——应用伦理学引论》，复旦大学出版社 2006 年版。
129. 张康之：《公共行政中的哲学与伦理》，中国人民大学出版社 2004 年版。

国外著作

1. 《马克思恩格斯全集》，人民出版社 1960 年版、1972 年版。
2. 《马克思恩格斯选集》，人民出版社 1995 年版。
3. 《列宁全集》，人民出版社 1990 年版。
4. 《列宁选集》，人民出版社 1972 年版。
5. 黑格尔：《法哲学原理》，商务印书馆 1961 年版。
6. 康德：《历史理性批判文集》，何兆武译，商务印书馆 1990 年版。
7. 康德：《实践理性批判》，商务印书馆 1960 年版。

8. 康德：《道德形而上学原理》，苗力田译，上海人民出版社 2002 年版。
9. 柏拉图：《理想国》，商务印书馆 1996 年版。
10. 亚里士多德：《政治学》，吴寿涛译，商务印书馆 1965 年版。
11. 亚里士多德：《尼各马可伦理学》，苗力田译，人民出版社 2003 年版。
12. 马克斯·韦伯：《经济与社会》上卷，林荣远译，商务印书馆 1997 年版。
13. 马克斯·韦伯：《学术与政治：韦伯的两篇演说》，冯克利译，生活·读书·新知三联书店 1998 年版。
14. 马克斯·韦伯：《新教伦理与资本主义精神》，于晓、陈维纲等译，生活·读书·新知三联书店 1987 年版。
15. 伍德罗·威尔逊：《行政学研究》，载彭和平、竹立家编《国外公共行政理论精选》，中共中央党校出版社 1997 年版。
16. 约翰·罗尔斯：《政治自由主义》，万俊人译，译林出版社 2000 年版。
17. 约翰·罗尔斯：《正义论》，何怀宏等译，中国社会科学出版社 1998 年版。
18. 洛克：《政府论》（上、下），叶启芳等译，商务印书馆 1964 年版。
19. 孟德斯鸠：《论法的精神》，张雁深译，商务印书馆 1982 年版。
20. 卢梭：《论人类不平等的起源和基础》，李常山译，商务印书馆 1962 年版。
21. 边沁：《道德与立法原理导论》，时殷弘译，商务印书馆 2000 年版。
22. 弗里德利希·冯·哈耶克：《法律·立法与自由》，邓正来等译，中国大百科全书出版社 2000 年版。
23. 爱弥尔·涂尔干：《职业伦理与公民道德》，梁敬东译，上海人民出版社 2001 年版。
24. 哈耶克：《自由秩序原理》上册，邓正来译，生活·读书·新知三联书店 1997 年版。
25. 哈罗德·孔茨、海因茨·韦里克：《管理学》第十版，张晓君等译，经济科学出版社 1998 年版。
26. 彼得·德鲁克：《管理实践》，王忠明译，上海译文出版社 1999 年版。
27. 彼得·德鲁克：《管理：任务、责任、实践》，孙耀君译，中国社会科学出版社 1987 年版。
28. 罗贝尔·萨蒙：《管理的未来：走向以人为本》，王铁生译，上海译文出版社1996年版。
29. 罗伯特·海勒：《现代企业的成功管理》，崔勒龙等译，中国经济出版社1992年版。
30. 威廉·葛德文：《政治正义论》，何慕李译，商务印书馆1980年版。
31. 莱斯利·里普森：《政治学的重大问题：政治学导论》，刘晓等译，华夏出版社2001年版。
32. 让·雅克·卢梭：《卢梭文集——社会契机论》，李常山、何兆武译，红旗出版社1997年版。
33. 丹尼尔·贝尔：《意识形态的终结：50年代政治观念衰微之考察》，张国清译，江苏人民出版社2001年版。
34. 埃德蒙·柏克：《自由与传统——柏克政治论文选》，蒋庆、王瑞昌等译，商务印书馆2001年版。
35. 迈克尔·沃尔泽：《正义诸领域》，褚松燕译，译林出版社2002年版。
36. 梅因：《古代法》，商务印书馆1984年版。
37. 川岛武宜：《现代化与法》，王志安等译，中国政法大学出版社1994年版。
38. 西摩·马丁·李普塞特：《一致与冲突》，张华表等译，上海人民出版社1995年版。
39. 塞缪尔·亨廷顿：《变革社会中的政治秩序》，李盛平、杨玉生译，华夏出版社1988年版。
40. 罗伯特·诺齐克：《无政府、国家与乌托邦》，何怀宏等译，中国社会科学出版社1991年版。
41. 戴维·伊斯顿：《政治生活的系统分析》，王浦劬等译，华夏出版社1999年版。
42. R. A. 达尔：《民主理论的前言》，顾昕、朱丹译，生活·读书·新知三联书店、牛津大学出版社1999年版。
43. 亚当·斯密：《国民财富的性质和原因的研究》下卷，郭大力、王亚南译，商务印书馆1974年版。
44. 亚当·斯密：《道德情操论》，钦兆愚等译，商务印书馆1997年版。
45. 罗素：《伦理学和政治学中的人类社会》，肖巍等译，中国社会科学出版社1992年版。
46. 乔伊斯·阿普尔比等：《历史的真相》，刘北成、薛绚译，中央编译出版社 1999 年版。

47. 弗里德里希·包尔生：《伦理学体系》，何怀宏、廖申白译，中国社会科学出版社 1988 年版。

48. 汉娜·阿伦特：《人的条件》，竺乾威等译，上海人民出版社 1999 年版。

49. H. T. 恩格尔哈特：《生命伦理学的基础》，范瑞平译，湖南科学技术出版社 1996 年版。

50. 杰弗里·亚历山大：《社会学二十讲：二战以来的理论发展》，贾春增、董天民等译，华夏出版社 2000 年版。

51. L. J. 宾克莱：《理想的冲突——西方社会变化着的价值观念》，马元德等译，商务印书馆 1992 年版。

52. 戴维·奥斯本、彼得·普拉斯特里：《摒弃官僚制：政府再造的五项战略》，中国人民大学出版社 2002 年版。

53. 欧文·E. 休斯：《公共管理导论》，彭和平、周明德、金竹青等译，中国人民大学出版社 2001 年版。

54. 特里·L. 库珀：《行政伦理学：实现行政责任的途径》，张秀琴译，中国人民大学出版社 2001 年版。

55. 康芒斯：《制度经济学》上册，于树生译，商务印书馆 1962 年版。

56. 丹尼尔·布罗姆利：《经济利益与经济制度》，陈郁等译，上海三联书店、上海人民出版社 1996 年版。

57. 乔治·赫伯特·米德：《心灵、自我与社会》，霍桂桓译，华夏出版社 1999 年版。

58. 齐格蒙特·鲍曼：《个体化社会》，范祥涛译，生活·读书·新知三联书店 2002 年版。

59. E. 博登海默：《法理学——法律哲学与法律方法》，邓正来译，中国政法大学出版社 1999 年版。

60. 乔·萨托里：《民主新论》，冯克利、阎克文译，东方出版社 1993 年版。

61. 威廉姆·奥斯维特：《哈贝马斯》，沈亚生译，黑龙江人民出版社 1999 年版。

62. 弗兰克·J. 古德诺：《政治与行政》，王元、杨百朋译，华夏出版社 1987 年版。

63. H. T. 恩格尔哈特：《生命伦理学的基础》，范瑞平译，湖南科学出版社 1996 年版。
64. 莱茵霍尔德·尼布尔：《道德的人与不道德的社会》，蒋庆、王守昌等译，贵州人民出版社 1998 年版。
65. 列奥·施特劳斯：《自然权利与历史》，彭刚译，生活·读书·新知三联书店 2003 年版。
66. Kieron Sheehy, *Ethics and research in inclusive education: Values into practice*, London: Routledge Falmer, 2005.
67. Kathy Fitzpatrick, Carolyn Bronstein, Thousand Oaks, *Ethics in public relations: Responsible advocacy*, Calif: SAGE Publications, c2006.
68. Ismail Serageldin, Richard Barrett, Ethics and spiritual values: Promoting environmentally sustainable development, Washington D. C.: World Bank, c1996.
69. Raziel Abelson, Marie-Louise Friquegnon, *Ethics for modern life*, New York: St. Martin's Press, c1982.
70. E. F. Carritt, Morals and politics, theories of their relation from Hobbes and Spinoza to Marx and Bosanquet [S. l.: s. n.] [n. d.].
71. Reinhold Niebuhr, *Moral man and immoral society: A study in ethics and politics*, New York: C. Scribner's Sons, 1932.
72. John Dewey, Boston, *Moral principles in education*, Houghton Mifflin Company, 1909.
73. James P. Sterba, Belmont, Calif, *Morality in practice*, Wadsworth Pub., Co., c1997.
74. Sharon L. Bracci and Clifford G. Christians, *Moral engagement in public life: Theorists for contemporary ethics*, New York: Peter Lang, c2002.
75. Betty A. Sichel, *Moral education: Character, community, and ideals*, Philadelphia: Temple University Press, 1988.
76. Stephen Macedo and Yael Tamir, *Moral and political education*, New York: New York University Press, c2002.
77. William M. Kurtines, Jacob L. Gewirtz, *Morality, moral behavior, and moral development*, New York: Wiley, c1984.
78. R. S. Peters, *Moral development and moral education*, London: George Al-

len & Unwin, 1981.
79. John Beck, *Morality and citizenship in education*, London: Cassell, 1998.
80. Cary A. Buzzelli, Bill Johnston, *The moral dimensions of teaching: Language, power, and culture in classroom interaction*, New York: Routledge Falmer, 2002.
81. Joseph Raz, *The morality of freedom*, Oxford: Clarendon Press, 1989.
82. Melanie Killen, Daniel Hart, *Morality in everyday life: Developmental perspectives*, Cambridge; New York, NY, USA: Cambridge University Press, 1995.
83. R. M. Hare, *Moral thinking: Its levels, method, and point*, Oxford: Clarendon Press, 1987.
84. William M. Kurtines, Jacob L. Gewirtz, *Morality, moral behavior, and moral development*, New York: Wiley, c1984.
85. Paul Bloomfield, *Morality and self-interest*, New York: Oxford University Press, 2008.
86. Michael Barnett and Thomas G. Weiss, *Humanitarianism in question: Politics, power, Ethics Ithaca*: Cornell University Press, 2008.
87. Marie Connolly and Tony Ward, *Morals, rights and practice in the human services: Effective and fair decision-making in health, social care and criminal justice*, London: Philadelphia: Jessica Kingsley, 2008.

(二) 学术论文

1. 《中共中央关于构建社会主义和谐社会若干重大问题的决定》,《人民日报》2006 年 10 月 19 日。
2. 吴潜涛:《准确理解社会主义核心价值体系的科学内涵》,《人民日报》2007 年 2 月 12 日。
3. 雒树刚:《建设社会主义核心价值体系》,《人民日报》2006 年 11 月 13 日。
4. 颜晓峰:《坚持马克思主义指导地位不动摇》,《解放军报》2006 年 11 月 17 日。
5. 杨振斌:《世界观人生观价值观与核心价值体系》,《人民日报》2007 年 2 月 12 日。

6. 周振国等：《巩固社会主义核心价值体系的主导地位》，《光明日报》2007年8月6日。
7. 罗国杰：《为人民服务——社会主义道德建设的核心》，《党建》2002年第2期。
8. 章海山：《〈纲要〉对社会主义道德建设理论的发展》，《高校理论战线》2002年第3期。
9. 吴潜涛：《社会主义核心价值体系的科学内涵》，《道德与文明》2007年第1期。
10. 唐凯麟：《加强社会主义核心价值体系教育是"思想道德修养与法律基础"课教育的重要任务》，《思想理论教育导刊》2008年第10期。
11. 王泽应：《社会主义核心价值观之本质规定性及路径选择》，《湖南师范大学社会科学学报》2007年第5期。
12. 俞睿：《关于社会主义核心价值体系建设的几点思考》，《求索》2007年第6期。
13. 刘莉：《构建社会主义核心价值体系的思考》，《理论月刊》2008年第10期。
14. 张忠良：《把社会主义核心价值体系融入高校思想政治教育之中》，《高校理论战线》2007年第5期。
15. 田海舰、戴木才：《社会主义核心价值观初探》，《道德与文明》2007年第1期。
16. 辛向阳：《构建社会主义和谐社会的两个路径》，《马克思主义研究》2007年第8期。
17. 沈亚生：《社会主义和谐社会的根本价值导向》，《社会科学研究》2007年第4期。
18. 杨金海：《关于构建社会主义核心价值体系的几个理论问题》，《毛泽东邓小平理论研究》2007年第9期。
19. 常超：《论社会主义核心价值体系的灵魂》，《高校理论战线》2007年第4期。
20. 戴木才、田海舰：《论社会主义核心价值体系与核心价值观》，《中国党政干部论坛》2007年第2期。
21. 高国希：《马克思人的全面发展理论与社会主义核心价值观》，《中州学刊》2007年第6期。

22. 王长存：《强化社会主义核心价值体系的基础建设》，《党建研究》2007年第5期。
23. 黄斌：《人的全面发展与社会主义价值体系的当代构建》，《社会主义研究》2006年第5期。
24. 陆士桢：《如何开展社会主义核心价值观教育》，《人民教育》2007年第7期。
25. 矫海霞、吕会霖：《积极推进社会主义核心价值体系的建立》，《党政论坛》2007年第5期。
26. 周双丽：《论社会核心价值体系的理论实质与精神内涵》，《社会主义研究》2007年第5期。
27. 左宪民：《论社会主义核心价值体系的建设与形成》，《新视野》2007年第6期。
28. 李晓东：《论社会主义核心价值观的核心性质与基本精神》，《山东社会科学》2007年第7期。
29. 殷安阳：《紧紧围绕社会主义核心价值体系建设社会主义和谐文化》，《科学社会主义》2007年第2期。
30. 郭唐松：《建设社会主义核心价值体系具体实施方略刍议》，《当代世界与社会主义》2007年第5期。
31. 王正明：《价值观：和谐文化的核心——关于社会主义核心价值体系的构架及其特征的思考》，《当代世界与社会主义》2007年第3期。
32. 胡爽平：《对社会主义核心价值体系的几点理解》，《理论月刊》2008年第10期。
33. 欧阳康、栗志刚：《核心价值体系研究：民族精神视角》，《江西社会科学》2007年第2期。
34. 任玉秋：《社会主义核心价值体系若干问题研究笔记》，《新视野》2007年第6期。
35. 陈新汉：《社会主义核心价值体系——从价值哲学的角度看》，《哲学研究》2007年第11期。
36. 何颖：《以社会主义核心价值体系指导和谐文化建设》，《学术交流》2007年第7期。
37. 邹安乐：《试论社会主义核心价值体系的建设主体》，《唯实》2008年第10期。

38. 张利华：《试析中国特色社会主义核心价值体系的结构与内涵》，《中国特色社会主义研究》2007年第4期。
39. 张卫、王振卯：《社会主义核心价值体系的社会学向度——兼论当前主要社会群体的价值取向》，《江海学刊》2007年第6期。
40. 耿步健：《论社会主义核心价值体系与集体主义价值观》，《社会主义研究》2007年第5期。
41. 周家荣、廉永杰：《社会主义核心价值体系的价值生成：前提、动因与途径》，《河南社会科学》2007年第6期。
42. 葛晨虹：《社会主义荣辱观是社会主义核心价值体系的基础》，《高校理论战线》2007年第6期。
43. 彭家理等：《哲学视野中的社会主义核心价值体系》，《中国特色社会主义研究》2007年第6期。
44. 贺新元、邵晓秋：《社会主义核心价值体系构建的路径思考》，《新视野》2007年第5期。
45. 陈晓飞：《当代青年的价值认同与社会主义核心价值体系》，《求索》2007年第6期。
46. 黄建明等：《构建社会主义核心价值体系基本思路的思考》，《理论学习》2008年第1期。
47. 贾少英、王滨有：《多样化人生价值观状态下加强社会主义核心价值体系教育探讨》，《学校党建与思想教育》2007年第12期。
48. 李忠杰：《构建中国特色社会主义核心价值观》，《科学社会主义》2005年第2期。
49. 周位彬：《试论社会主义核心价值体系的包容性》，《河南师范大学学报》（哲学社会科学版）2007年第3期。
50. 钱同舟：《社会主义核心价值体系：社会和谐的思想道德基础》，《河南工业大学学报》（社会科学版）2008年第1期。
51. 梁周敏：《用社会主义核心价值体系引领道德建设》，《郑州大学学报》（哲学社会科学版）2007年第5期。
52. 牛耀堂：《试论道德模范与社会主义核心价值体系的关系》，《学校党建与思想教育》2008年第7期。
53. 闫丽琴、孙春晨：《用社会主义荣辱观指导公民道德建设》，《道德与文明》2006年第4期。

54. 向敬德：《公民道德建设需要树立社会主义荣辱观》，《湖南师范大学社会科学学报》2006年第5期。

55. 杨业华：《"八荣八耻"：社会主义思想道德建设的新境界》，《马克思主义研究》2006年第11期。

56. 詹世友、张军宝：《社会主义荣辱观的道德价值及其文化涵蕴》，《南昌大学学报》（人文社会科学版）2008年第5期。

57. 冯秀军：《"社会主义荣辱观与公民道德建设"学术会议综述》，《学校党建与思想教育》2007年第2期。

58. 唐志龙：《建设社会主义核心价值体系的道德基础》，《学习论坛》2007年第10期。

59. 赵玉红：《建设社会主义核心价值体系需要把握的几个关系》，《山东社会科学》2007年第5期。

60. 梁禹祥：《加强社会主义道德建设的若干思考》，《道德与文明》2001年第5期。

61. 华曦：《贯彻"以德治国"方略，发扬中华优秀道德传统——学习江泽民同志关于在社会主义道德建设中弘扬中华美德的思想》，《毛泽东思想研究》2002年第5期。

62. 焦开河：《论弘扬传统美德对加强社会主义道德建设的积极意义》，《理论前沿》2007年第19期。

63. 孙海义：《毛泽东对社会主义道德建设的重要贡献》，《毛泽东邓小平理论研究》2006年第6期。

64. 赵传海：《毛泽东对社会主义道德建设的卓越贡献》，《社会主义研究》2004年第4期。

65. 郭洪亮：《社会主义道德建设的理论基石——学习邓小平道德价值思想的一点体会》，《毛泽东思想研究》2004年第3期。

66. 徐光春：《社会主义道德建设的重要指导方针——谈学习和贯彻胡锦涛同志"八荣八耻"的重要论述》，《领导科学》2006年第13期。

67. 王文斌、王长存：《社会主义道德建设与先进生产力发展》，《道德与文明》2002年第6期。

68. 王凤良：《试论社会主义道德建设中的集体主义原则》，《理论学刊》1999年第4期。

69. 季明：《效率与公平的统一是社会主义道德建设的重要目标》，《求实》2002 年第 3 期。

70. 李亚珍：《正确处理社会主义道德建设中的几个关系》，《理论探索》1999 年第 2 期。

71. 周道华：《中国传统文化与社会主义道德建设》，《求实》2001 年第 11 期。

72. 许启贤：《社会思潮研究》，《淮南工业学院学报》（社会科学版）1999 年第 1 期。

73. 本刊记者：《坚持以马克思主义引领社会思潮——访中国社会科学院马克思主义研究院特聘研究员梅荣政》，《马克思主义研究》2007 年第 2 期。

74. 林锦峰：《论社会思潮的预测和疏导》，《现代哲学》2001 年第 2 期。

75. 张博颖：《以社会主义核心价值体系引领当代社会思潮》，《伦理学研究》2007 年第 4 期。

76. 包心鉴：《积极做好用社会主义核心价值体系引领社会思潮的工作》，《党建》2008 年第 4 期。

77. 王音、宋波：《社会主义核心价值体系与当代社会思潮》，《辽宁大学学报》（哲学社会科学版）2007 年第 3 期。

78. 王剑：《以社会主义核心价值体系引领社会思潮》，《党政论坛》2007 年第 10 期。

79. 张理海：《坚持以社会主义核心价值体系引领社会思潮》，《西安政治学院学报》2006 年第 6 期。

80. 张波、崔文卿：《论社会主义核心价值体系对社会思潮引导的有效性》，《思想政治教育研究》2007 年第 4 期。

81. 张耀灿、杨静：《以社会主义核心价值体系引领社会思潮的着力点》，《思想理论教育》（上半月·综合）2007 年 10 月。

82. 王培芝：《坚持以社会主义核心价值体系引领社会思潮》，《理论视野》2007 年第 9 期。

83. 张晓永：《社会主义核心价值体系引领社会思潮的路径研究》，《中国特色社会主义研究》2008 年第 1 期。

84. 万生更、刘宏俭：《社会主义核心价值体系建设的动力》，《求实》2008 年第 5 期。

85. 张雷声、王炳权：《社会主义核心价值体系的科学性研究》，《思想理论教育》2009 年第 7 期。

86. 袁贵仁：《建设社会主义核心价值体系》，《中国社会科学》2008 年第 1 期。
87. 魏守军、廖玲浦、金艳玲：《关于社会主义核心价值体系三维性的思考》，《广西社会科学》2009 年第 3 期。
88. 王增国：《对社会主义核心价值体系几个基本问题的审思》，《江海学刊》2009 年第 6 期。
89. 王晓丽：《道德评价与社会主义核心价值体系建设》，《南方论刊》2009 年第 1 期。
90. 周家荣：《社会主义核心价值体系价值生成的动因》，《安徽师范大学学报》（人文社会科学版）2009 年第 5 期。
91. 袁祖社：《试论社会主义核心价值体系建设问题》，《南开学报》（哲学社会科学版）2009 年第 1 期。
92. 唐凯麟：《儒家传统道德观念与社会主义道德建设》，《新华文摘》2009 年第 8 期。
93. 王小锡：《消费也有个道德问题》，《光明日报》（理论版）2010 年 6 月 1 日。
94. 常素梅：《社会主义核心价值体系价值本质的三维向度分析》，《广西社会科学》2010 年第 4 期。
95. 程恩富、郑一明：《关于社会主义核心价值体系研究和践行情况的调查报告》，《民主与科学》2010 年第 2 期。
96. 程太生：《社会主义核心价值体系教学实效性研究》，《山西高等学校社会科学学报》2010 年第 6 期。
97. 郭昭君、荆海涛：《社会主义核心价值体系价值认同何以可能》，《宁夏党校学报》2010 年第 5 期。
98. 冯景源、林坚：《社会主义核心价值体系的基础、内容及意义》，《江淮论坛》2010 年第 2 期。
99. 刘杰：《基层工会如何培育和践行社会主义核心价值观》，《现代企业文化》2014 年第 5 期。
100. 胡伯项、贾凌昌：《社会主义核心价值体系研究的三维视角》，《江西社会科学》2010 年第 9 期。
101. 黄莉、邹世享：《大学生对社会主义核心价值观的认同调查分析》，

《西南交通大学学报》(社会科学版) 2010 年第 3 期。

102. 黄蓉生等：《社会主义核心价值体系建设的重大时代课题——提炼社会主义核心价值观调研报告》，《探索》2010 年第 3 期。

103. 李景源：《核心价值体系与中国发展道路》，《马克思主义研究》2010 年第 5 期。

104. 孙学玉：《我国社会主义核心价值体系建设的现实基础与实践路径》，《新华文摘》2010 年第 4 期。

105. 戴木才：《社会主义核心价值观与核心价值体系的辩证关系》，《南昌航空大学学报》(社会科学版) 2011 年第 2 期。

106. 张小平：《破解当前社会主义道德建设中的困惑》，《青海社会科学》2011 年第 4 期。

107. 龙静云：《社会主义核心价值体系引领道德建设论纲》，《华中师范大学学报》2011 年第 5 期。

108. 李金和：《社会主义核心价值体系建设的主体指向》，《兰州学刊》2011 年第 4 期。

109. 周利方、沈全：《国外核心价值观建设的实践类型及启示》，《理论月刊》2011 年第 11 期。

110. 周熙明：《为什么把社会主义核心价值体系建设作为文化建设的首要任务》，《中国党政干部论坛》2011 年第 11 期。

111. 廖小平：《论核心价值体系的三大关系》，《天津社会科学》2012 年第 6 期。

112. 陈立旭：《从核心价值体系到核心价值观》，《中共浙江省委党校学报》2012 年第 6 期。

113. 邱琳：《怎样理解社会主义核心价值观》，《长白学刊》2012 年第 4 期。

114. 高国希：《社会主义核心价值体系教育的几个关系》，《思想政治教育研究》2012 年第 5 期。

115. 孔润年：《伦理学视野中的社会主义核心价值体系建设》，《道德与文明》2012 年第 2 期。

116. 廖小平：《论核心价值体系的根本特性》，《江海学刊》2013 年第 5 期。

117. 危煜祥：《新时期加强社会主义道德建设的几点思考》，《长江大学学报》（社会科学版）2012 年第 10 期。

118. 李茂平：《志愿服务与社会主义道德建设》，《湖南社会科学》2012 年第 5 期。

119. 鲍娜娜：《提升社会主义道德建设实效性的途径探析》，《长春理工大学学报》（社会科学版）2013 年第 4 期。

120. 袁世军、叶国平：《天津市培育和践行社会主义核心价值观实践活动调查》，《道德与文明》2013 年第 5 期。

121. 陈新汉：《怎样理解核心价值体系》，《社会科学》2013 年第 11 期。

122. 李维意、徐兰英：《大学生社会实践对社会主义核心价值体系教育的作用》，《河北大学学报》（哲学社会科学版）2013 年第 5 期。

123. 欧阳军喜、崔春雪：《中国传统文化与社会主义核心价值观的培育》，《山东社会科学》2013 年第 3 期。

124. 李淑兰、赵坤：《对社会主义核心价值体系三个基本层次的探讨》，《中共南昌市委党校学报》2013 年第 5 期。

125. 周文彰：《深刻理解切实践行社会主义核心价值观》，《前线》2013 年第 1 期。

126. 陈曙光：《社会主义核心价值观凝练中的若干问题》，《理论视野》2013 年第 5 期。

127. 杨红英：《道德文化自觉与社会主义核心价值观的培育践行》，《学术论坛》2013 年第 4 期。

128. 陈凯晨：《浅议国企培育、践行社会主义核心价值观的关键所在》，《企业与文化》2013 年第 3 期。

129. 刘艳萍：《略论大学生社会主义核心价值观构建的三个维度》，《教育与教学研究》2013 年第 12 期。

130. 罗崇光、夏建辉：《试论社会主义核心价值观对于大学生成长及发展的指导作用》，《时代教育》2014 年第 3 期。

131. 牛芳等：《关于社会主义核心价值体系几个基本问题的思考》，《山西高等学校社会科学学报》2014 年第 8 期。

132. 徐宁：《社会主义核心价值观传播有效性案例研究》，《思想政治工作研究》2014 年第 2 期。

后　记

　　建设社会主义核心价值体系是党的十六届六中全会通过的《中共中央关于构建社会主义和谐社会若干重大问题的决定》第一次明确提出的重要命题和重大战略。其后，社会主义核心价值体系的研究已然成为学术界的热点和亮点。然而，社会主义核心价值体系在道德建设领域如何获得贯彻和落实，学界还较少涉及，成果也不多见。社会主义核心价值体系建设与道德建设具有密不可分的关系，把二者之间联系起来进行研究和探讨，亦是伦理学研究者的重要责任之一。正是在这样的背景下，本人于2008年年底以"社会主义核心价值体系引领我国道德建设"为题申报了国家社科基金项目，2009年被评审通过而获得资助。在其后的研究和写作过程中，本人得到了每一位参与者的大力支持与合作。虽然他们承担着繁重的课堂教学任务，有的还主持了国家社会科学基金项目、教育部人文社会科学基金项目和湖北省社会科学基金项目，但他们还是挤出有限的时间，尽最大努力完成了所接受的研究和写作任务。在此，谨向他们表示诚挚的感谢！他们是：华中师范大学马克思主义学院张耀灿教授、梅萍教授、唐克军教授、陈华洲教授、熊富标博士、戴圣鹏副教授，河南师范大学杜灵来教授，中南大学曹清燕教授，等等。

　　本著的写作分工如下：绪论，龙静云教授；第一章、第六章、第八章、第九章，熊富标博士；第二章，张耀灿教授、曹清燕教授；第三章，唐克军教授；第四章，梅萍教授；第五章，龙静云教授；第七章，戴圣鹏副教授；第十章，陈华洲教授；第十一章，杜灵来教授。全书由龙静云教授拟出写作提纲并对全书进行统稿、修改和完善，熊富标博士协助完成上述工作。

　　本著在出版过程中得到了中国社会科学出版社卢小生主任的大力支持

和帮助，在此一并致以衷心谢意！

由于学术水平有限，本著的缺点和错误在所难免，望学界同仁不吝赐教。

龙静云

2015年6月于武汉